传播前沿

——博士后研究成果文集

（2015）

山东省新闻出版广电局　编

山 东 大 学 出 版 社

图书在版编目(CIP)数据

传播前沿:博士后研究成果文集.2015/山东省新闻出版广电局编.
—济南:山东大学出版社,2016.2
ISBN 978-7-5607-5502-1

Ⅰ.①传… Ⅱ.①山… Ⅲ.①广播电视—中国—文集
Ⅳ.①G229.2-53

中国版本图书馆CIP数据核字(2016)第034648号

责任策划:尹凤桐
责任编辑:陈佳意
封面设计:牛 钧

出版发行:山东大学出版社
社 址 山东省济南市山大南路20号
邮 编 250100
电 话 市场部(0531)88364466
经 销:山东省新华书店
印 刷:济南新科印务有限公司
规 格:720毫米×1000毫米 1/16
25.5印张 445千字
版 次:2016年2月第1版
印 次:2016年2月第1次印刷
定 价:50.00元

前言

2010年8月31日，山东省广播电视总台博士后科研工作站由国家人力资源和社会保障部正式批准设立。这是我国继上海、重庆之后设立的第三家广播电视博士后科研工作站。建站以来，工作站紧密联系山东新闻出版广播影视改革发展实际，力争将工作站打造成重要的参谋咨询平台、战略发展与研究开发平台、人才培养和储备平台、改革实验平台、理论研究与对外交流平台，为山东新闻出版广播影视的中长期发展提供参谋咨询服务。

目前，博士后工作站的合作院校主要有清华大学、北京大学、复旦大学、中国人民大学、浙江大学、中国传媒大学等国内著名高等院校，国内新闻传播学界的一批学术权威和顶级专家任联合培养导师。工作站逐步发展成全国新闻传播学、广播电视艺术学的重要理论阵地。2011～2015年，工作站招收五批共十名博士后入站，前两批博士后已顺利出站。博士后在站期间，科研成果丰硕，先后有十大科研课题通过专家开题及答辩，科研成果结合山东广播影视的发展实际，具有一定的前瞻性、实用性、针对性和可操作性。

工作站坚持"培养和使用相结合，在使用中培养，在培养和使用中发现更高级的人才"，与国内著名高校共同培养优秀博士后，使工作站教学科研活动健康有序推进。山东省新闻出版广电局将以工作站为平台，提升山东广播影视的战略研发能力，为山东省经济文化强省建设做出应有的贡献。

该文集收录了第二批出站的博士后王虎、于晓风的出站报告，分为《社交电视发展前瞻研究》《鲁剧创新发展研究——题材多元转型与产业链完型》两部分，共计20多万字。两位博士后的研究报告结合山东广播影视的发展实际，理论上有诸多创新和突破，研究成果"接地气"，视野开阔，内容翔实，论证严谨，对广播影视发展具有一定的指导性、针对性和可操作性。

本文集作者及其研究成果受到全国新闻传播学界的诸多专家和教授的帮助指导，在此我们要特别感谢清华大学新闻与传播学院常务副院长尹鸿教授，北京大学新闻与传播学院副院长俞虹教授，复旦大学新闻学院博士后流动站站长童兵教授、新闻学院博士生导师孟建教授，中国人民大学新闻学院博士后流动站站长陈力丹教授、新闻学院博士生导师彭兰教授，浙江大学传播研究所所长邵培仁教授，中国传媒大学副校长兼艺术学部学部长廖祥忠教授、传媒艺术与文化研究中心主任胡智锋教授，山东大学历史文化学院博士生导师刘长允教授、文学与新闻传播学院院长郑春教授、外国语学院院长王俊菊教授，山东师范大学文学院博士生导师周波教授等专家的大力支持。

由于文稿数量多，编辑工作量大、时间紧，且编者水平有限，研究成果文集有不当之处，敬请作者和读者指正。

编　者

2015 年 12 月

目　录

上　篇
社交电视发展前瞻研究

王　虎

下 篇
鲁剧创新发展研究
——题材多元转型与产业链完型

于晓风

上　篇

社交电视发展前瞻研究

王　虎

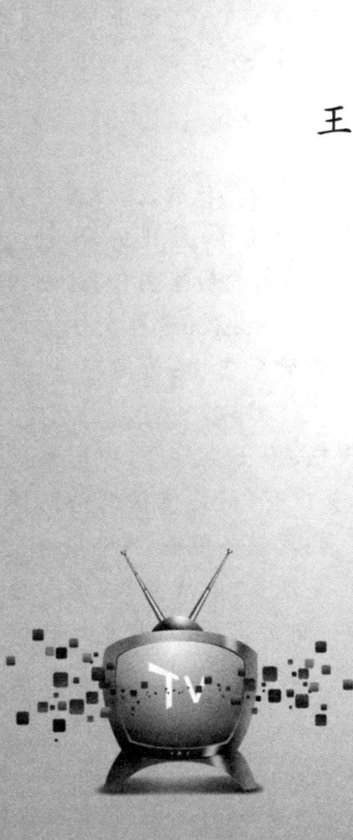

博士后:王虎

王虎,男,1981 年生人,华东师范大学文学与传媒专业博士,山东师范大学传媒学院副教授、硕士生导师,美国特拉华大学访问学者。其出版了《数字媒体艺术》《中国手机电视产业发展研究》《文化产业创意与策划》等著作,在 CSSCI 期刊发表学术论文 10 余篇。曾主持国家社科基金项目、教育部人文社科项目、省软科学项目等课题,参与国家社科基金重大项目 2 项;创作的电视专题片、纪录片先后获得中国政府出版奖、中国电影电视神农奖、泰山文艺奖等。博士后在站期间获得山东省创新项目二等资助。

合作导师:陈力丹、彭兰、吉保邦

陈力丹,中国人民大学新闻学院新闻学责任教授、传播学方向博士生导师、博士后流动站站长,《国际新闻界》月刊主编,新闻与社会发展研究中心新闻传播所所长、新闻史教研室主任;兼任国务院学位委员会新闻传播学科评议组成员。出版《精神交往论》《舆论学》《世界新闻传播史》等专著。主要研究方向:新闻理论、舆论学、世界新闻史、传播学。

彭兰,中国人民大学新闻学院教授、博士生导师,中国新闻史学会网络传播史分会副会长。主要著作有《网络传播概论》《网络传播学》《网络多媒体新闻》。研究方向:新媒体传播、媒介融合。

吉保邦,山东省广播电影电视局巡视员、高级编辑,博士后科研工作站站长,山东大学博士生导师。先后出版《耕耘集》《传媒运营方略》《山东电影发展战略研究》等多部学术著作。获国务院颁发政府特殊津贴。

第一章　社交电视发展前瞻研究概述

没有什么革命像信息技术那样，悄无声息、翻天覆地，让我们要么“快速衰老”，要么成为下一个新事物的“焦虑症患者”。[①] 在我们还没来得及定义什么是“新媒体”的时候，“新媒体”仿佛就已成为传媒界的陈词滥调。78 年前电视是新媒体，16 年前 sina. com 是新媒体，11 年前分众传媒是新媒体，4 年前知乎是新媒体，1 年前微信公众号是新媒体……到底有没有新媒体，什么是新媒体？

对此，尼古拉斯·尼葛洛庞帝在 1997 年出版的《数字化生存》中就已作出了预判：“在以比特为基础的数字化空间里，信息可以以极快的速度进行无限距离的传播，在它传播时，时空障碍完全消失，这些都是现实社会中那些采取‘模拟’形式传播的信息所无法做到的。因而，在数字化空间，人类可以随时随地，完全按自己所需获取更加大量、更加清晰的信息，而不再受现实社会中信息传播的时间、地点的困扰。”[②]我们可以确信，随着移动互联网技术的发展，今天的“新媒体”正在与我们的“身体”高度结合，正在与社会网络深度融合。

电视诞生的 78 年来，节目形态在变、内容在变、人们观看习惯在变，但是至少有一项没有变，那就是电视的社交属性。MIT 教授 Marie-José Montpetit 在 IMTC2025 大会上的演讲“Social TV：Linking People and Devices”，或许能够说明社交电视的主要特征：“电视应该总是被赋予‘社交媒体’的属性，它使得人、终端和网络之间实现互联，将内容解放出来，使得人们不仅可以不再受限于终端设备、时间或是空间而自由获得内容，而且可以参与创作

① 参见蒲实：《移动互联，技术与商业模式创新》，载《三联生活周刊》2013 年第 48 期。

② [美]尼古拉斯·尼葛洛庞帝：《数字化生存》，胡冰、范海燕译，海南出版社 1997 年版，第 24 页。

内容，并由此带来新的内容产业的新商业模式。”①

第一节 研究背景

——社会化媒体时代的电视变革

2014年8月18日，中央全面深化改革领导小组第四次会议审议通过了《关于推动传统媒体和新兴媒体融合发展的指导意见》，习近平总书记提出“要着力打造一批形态多样、手段先进、具有竞争力的新型主流媒体，建成几家拥有强大实力和传播力、公信力、影响力的新型媒体集团，形成立体多样、融合发展的现代传播体系”的发展目标。该意见指出：“要顺应互联网传播移动化、社交化、视频化的趋势，积极运用大数据、云计算等新技术，发展移动客户端、手机网站等新应用新业态，不断提高技术研发水平，以新技术引领媒体融合发展，驱动媒体转型升级。”

由国家最高层面讨论、推进支持传统媒体发展的意见，力度之强、影响之大、规格之高可谓“罕见”。这在相当程度上表明了在以社会化媒体为代表的新媒体时代背景下，中央对传统媒体改革这一宏大命题的积极思考和主动应对，表明了传统媒体进行生存式改革的紧迫性和必要性。可以说，社交电视正是“引领媒体融合发展，驱动媒体转型升级”的重要途径。良好的用户洞察、平等的对话和精确的送达，是传统电视的软肋，而这正是社交媒体的长处，二者在内容、渠道、平台、经营、管理等方面的深度融合，将为传统电视媒体的升级转型和市场开拓提供无限的想象空间。

一、社会化媒体时代的到来

(一)社交网络的本质是以人为媒介的分享

早期的互联网，是将一个个静态的文件通过格式化(如 HTML)连接在一起供人们使用(见图 1-1 左侧)。进入 WEB2.0 时代，互联网发展为包含社交媒体的互联网(见图 1-1 中间)。其显著特征是用户消费互联网的模式，从使用内容到贡献内容(UGC)，典型应用是论坛和博客。SNS(Social Networking Services，社会性网络服务)是第一个真正意义的社交网络，它以用户之间的社交关系为核心，针对特定用户来说，信息以 Timeline(时间轴)的方式展现，内容也以个人的生活状态信息为重点。

---

① 转引自罗斯青：《法国电信社交电视探讨及实践》，中广互联网，http://www.sarft.net/a/40627.aspx，2012年3月21日。

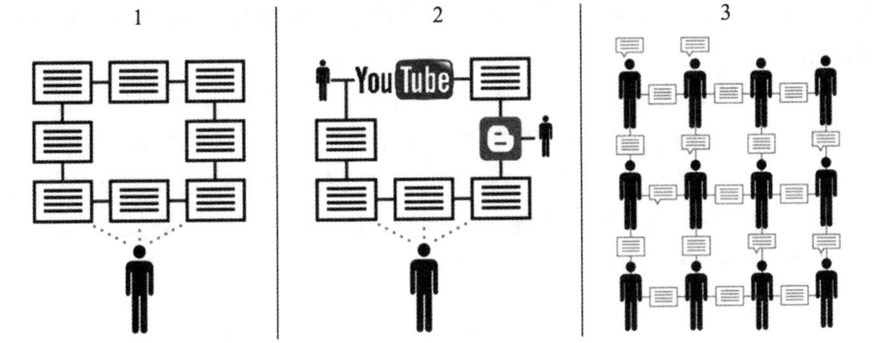

图 1-1　互联网向以人为中心的分享网络演变

早先的 WEB2.0 应用，UGC 的内容还需要通过个人网站、分享网站等进行分享，这种分享通常是非实时的。随着社交网络的兴起，互联网正在变成以人为中心(见图 1-1 右侧)。人们在访问不同的网站或是访问彼此的时候，就会携带上自己的内容或文件。典型代表就是微博和各种即时通信软件，内容的分享直接变成以“人”为中心，及时快速有效。此时用户不仅仅是内容的消费者，还是内容的生产者和传播渠道。微博不同于 SNS 之处还在于微博的社交关系多属于弱关系，这种松散的社交关系决定了微博的媒体化特征明显。[①] 如图 1-2 所示，当前互联网社交已经发展到多元化社交时代，各种社交形式共同推进，并且不断完善自身形态。目前全球 7 大最高流量的网站，其中 4 个(Facebook、YouTube、Wikipedia 和 Live. com)是社会化媒体

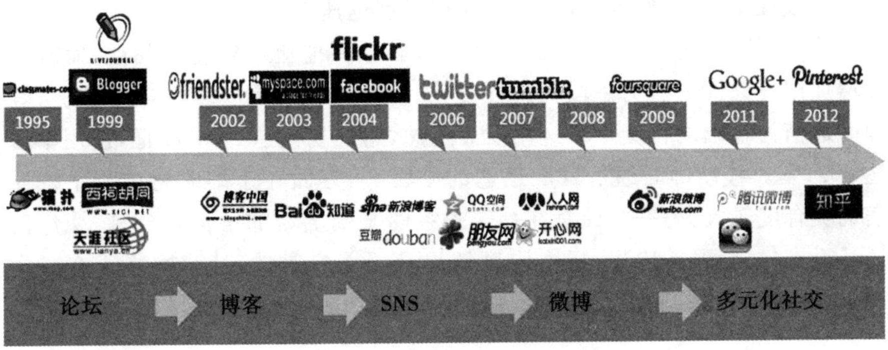

图 1-2　社交网络发展的五个阶段

① 参见艾瑞咨询集团:《2014 年中国移动社交应用市场研究报告》，艾瑞网，http://report. iresearch. cn/2122. html，2014 年 3 月 11 日。

网站。新的社交形式也在不断出现,如各种兴趣社区以及移动端的新型社交应用等。

其实,社交网络并不新鲜,人类社会就是由一个个社交网络组成。人们组成团体、公司或家庭,与其他人建立或强或弱的关系。人与人之间通过一定信任关系分享自己的想法、体会或者传播流言蜚语等。当前的社交网络,只不过是将这样的关系从线下搬到了线上,提供给人们一个更加方便分享的平台。

(二)移动互联网使得媒体深度嵌入我们的生活

CNNIC发布的《33次互联网发展统计报告》显示,截至2013年12月,我国普通互联网的用户规模达到5.9亿人,增长6.8%;移动互联网用户规模则达到5亿,增长了19.1%。预计到2017年,移动互联网将赶超PC网络,成为互联网的第一大用户群体。同时,2013年1~9月,用户在移动端的有效使用时间上升到43.1%,用户花在PC端的时间占比明显下降,这充分说明用户的注意力在逐渐从PC端转移到移动端的各类应用中,移动端将成为网民最主要的上网渠道。[①]

艾瑞资讯同期发布的数据显示,2013年,中国移动互联网市场规模达到1060.3亿元,同比增长81.2%,对传媒产业增长贡献率达30.3%,移动互联网正式走入第一媒体的序列。[②] 在移动互联网的推动下,契合手机使用特性的网络应用进一步增长,社交媒体、网络视频、OTT TV(Over The Top TV,基于开放互联网的视频服务)、数据库等新的商业模式层出不穷,移动网络正在快速嵌入我们的生活。

1. 以社交为基础的综合平台类应用发展迅速

移动互联网时代光有流量是不够的,必须要把流量转化成黏性,而有助于增加用户黏性的有力手段就是社交化。如图1-3所示,2013年,以微信等即时通信为基础的社交平台应用发展迅速,用户规模达到5.32亿,使用率高达86.1%。移动即时通信发展迅速的原因,一方面在于即时通信与手机通信的契合度较大;另一方面是在社交关系的基础上增加了信息分享、交流沟通甚至支付、金融等应用,极大限度地提升了用户黏性,社交网络正在成为视频、购物、游戏的基础元素和重要入口。

---

① 参见艾瑞咨询集团:《2014年中国移动社交应用市场研究报告》,艾瑞网,http://report.iresearch.cn/2122.html,2014年3月11日。

② 参见艾瑞咨询集团:《2012~2013年中国移动互联网行业年度研究报告》,艾瑞网,http://report.iresearch.cn/2019.html,2013年8月30日。

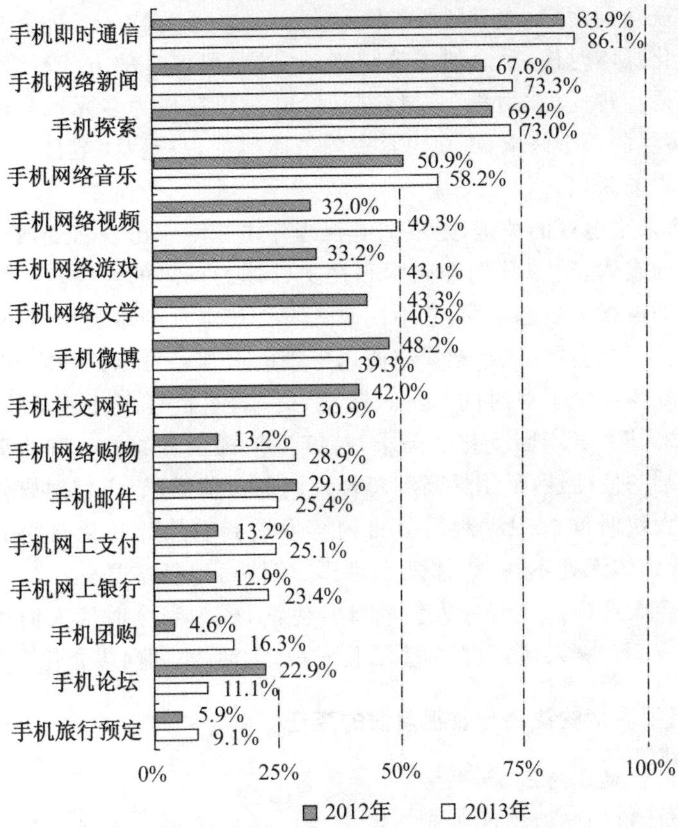

图 1-3　2012～2013 手机网民各类移动应用使用率[①]

2. 手机视频应用增速明显

2013 年，手机视频服务增长迅速，用户规模增长明显，我国通过手机在线收看或下载视频的用户数为 2.47 亿，增长率高达 83.8%。手机视频跃升至移动互联网第五大应用。[②] 从社交的角度看，视频可以增强社交的深度，展现出社交的价值。Facebook 已经成为全球第三大视频提供商，腾讯视频也已经成为国内主流的视频平台。代入社交要素的视频，更容易帮助上游的视频内容制作环节进行精准的内容制作，也有助于广告主投放更精准的广告。因此，无论是社交视频化，还是视频社交化，都是移动互联网发展的重要方向。

① 参见《第 33 次中国互联网络发展状况统计报告》，中国互联网络信息中心，http://www.cnnic.net.cn/hlwfzyj/hlwxzbg/hlwtjbg/201403/t20140305_46240.htm，2014 年 3 月 5 日。

② 参见《第 33 次中国互联网络发展状况统计报告》，中国互联网络信息中心，http://www.cnnic.net.cn/hlwfzyj/hlwxzbg/hlwtjbg/201403/t20140305_46240.htm，2014 年 3 月 5 日。

3. 从观众到用户,从节目到产品

社会化媒体时代,观众的需求越来越多,获取信息的方式越来越便捷,他们正在逐步转变为"用户"。与此同时,电视正在成为多元媒介的一种形式,成为多屏的一个终端,电视内容资源依然抢手,只是从"节目"走向了"产品",竞争空前激烈。

"理解未来电视的关键,是不把电视当作电视……电视将变成一种可以随机获取的媒体。"①以移动互联网和社交媒体为标志的新一轮传播革命正在深刻影响电视的生态格局,它不仅改变着传统电视的微观形态,更是在重构电视媒体的社会网络,重塑我们使用电视的习惯。可以说,移动互联网的普及使得媒体摆脱了对时间、地点、环境、终端、平台等多种因素的依赖,完全围绕着"人"本身不断变化的需求,持续性地提供各类内容和服务。加之智能化终端的便捷性、易用性高度契合人们的价值需求,人们对媒体的消费方式从花大块时间"寻找"观看节目内容发展到利用碎片化时间的随处收看,这使得媒体无处不在、媒体随手可得、媒体可以精准送达。从来没有一个媒体像今天这样深度嵌入人们的日常生活,成为当今时代人们社会化生存的重要方面——媒体,正在向生活化发展;生活,正朝向媒介化变革。

二、电视观众的疏离与收视习惯的变迁

(一)电视观众的疏离

"新媒体将加速电视的灭亡",这俨然已经成为很多电视人头顶挥之不去的魔咒。互联网和手机平台的快速发展,催生出许多新的媒介形态,传统电视的垄断地位逐渐动摇,电视观众迅速流失。2009 年,奥巴马就职美国总统,在 Facebook 上观看 CNN 节目的人数首次超过了通过电视机观看 CNN 节目的人数;两年之后,美国有线电视网的订户数遭遇 30 年来最大跌幅,广播公司"开始迎来最艰难的经济环境"②。

我国的情况也不乐观,2013 年,国家新闻出版广电总局发布的《中国视听新媒体发展报告》显示,受个人电脑和智能手机的冲击,北京地区的电视开机率从 70%下降到了 30%,其中 40 岁以上的中老年受众成为主要的收视人群,电视收视结构呈现典型的老龄化特征。

---

① [美]尼古拉斯·尼葛洛庞帝:《数字化生存》,胡冰、范海燕译,海南出版社 1997 年版,第 63～65 页。

② [美]罗伯特·L·西利亚德等:《美国广播电视史》,秦珊等译,清华大学出版社 2012 年版,第 347 页。

与之伴随的是网络视频用户的快速增长，CNNIC发布的《第33次中国互联网络发展状况统计报告》表明，截至2013年12月，中国网络视频用户规模达4.28亿，增长率高达15.2%。随着年轻用户的流失，广告市场的重心也在迅速向该领域转移，仅在2007～2012的5年间，中国网络视频广告市场的增幅就有3年超过120%，大大超过同期电视广告的增速，新媒体正在不断蚕食传统电视的市场蛋糕。

为了探究（移动）互联网、社交媒体等对传统电视的影响，笔者于2014年4月在北京、上海、天津、山东、河南5地进行了用户调查。① 结果表明，在18～35岁的年轻群体中，视频观看的总体需求并没有减退，不过媒介正在快速从传统的电视向视频网站、手机客户端和社交网站转移（见图1-4）。正如尼尔森在《贪婪的视频观众》中指出，观众从未关掉“电视”，而是转向那些可以让他们随时随地获取喜爱节目的新技术和新设备。应当说，传统电视观众的疏离并不意味着收视需求的下降，网络视频、手机电视等新的传播形态正在不断分化传统电视的注意力资源，受众的“碎化”必然导致品牌、消费和市场的碎化，电视的传播格局正在由单一媒体垄断发展为多种媒体并行。

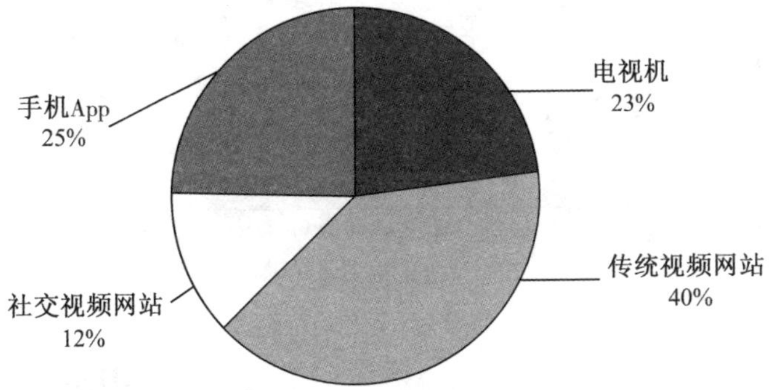

图1-4　年轻人观看视频节目的主要途径

（二）电视收视率与社交媒体的用户讨论行为重度关联

2013年1～10月，关于41档季播综艺节目的讨论量接近2亿条，其中有超过80%的讨论量集中在前20%的节目中（见图1-5）。结合央视索福瑞和新浪微博发布的《中国梦之声》和《最美和声》数据（见图1-6），用户的收视行为和微博讨论行为相互推动。

① 数据来自山东省博士后创新项目“基于传播力模型的微信不良信息扩散机制及监管体系研究”中的“青年群体使用社交媒体情况调查”。该调查于2014年4月1～30日，在北京、上海、天津、山东、河南，分层抽取500名18～35岁年轻用户展开，回收有效问卷463份。

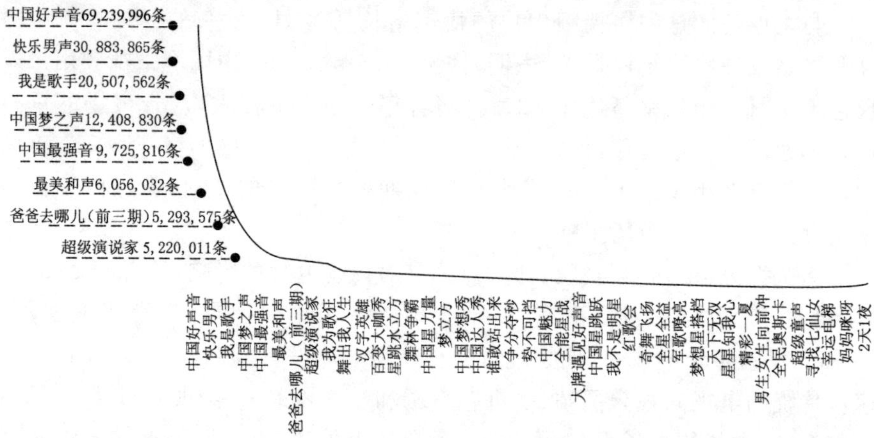

图 1-5　2013 年 41 档季播综艺节目微博的讨论量分布①

注：2013 年 1～10 月关于 41 档季播综艺节目的讨论量接近 2 亿条，其中有超过 80％的讨论量集中在前 20％的节目中。

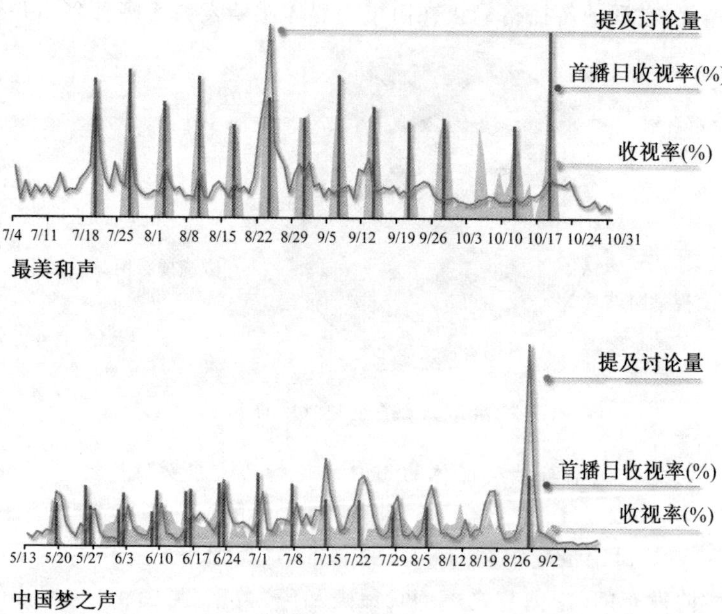

图 1-6　《中国梦之声》和《最美和声》收视行为和微博讨论相互推动②

① 参见 CSM 媒体研究以及 2013 年 1～10 月新浪微博讨论量。

② 参见 2013 年 1～10 月新浪微博讨论量；2013 年 1～10 月 CSM25 省网＋4 直辖市收视数据。

可见，碎化并不能完全概括多元媒体时代的电视收视特点，随之改变的还有用户的媒介使用行为。爱立信消费者研究室发布的2014 ICT发展趋势表明，新媒体并没有显著增加用户对视频节目的主动性收视需求，人们不断强化的社会交往需求，使得服从式视频消费趋势更加强劲[①]，其收视行为会受到社交媒体中用户评论的影响。笔者调查发现，有66%的年轻用户在观看节目时，会在社交媒体分享自己的体会（见图1-7）；48%的用户表示，自己的亲朋在社交媒体上对某一影视节目的讨论或推荐会影响自己的收视行为（见图1-8）；社交媒体对真人秀节目、影视剧的收视影响最为明显（见图1-9）。

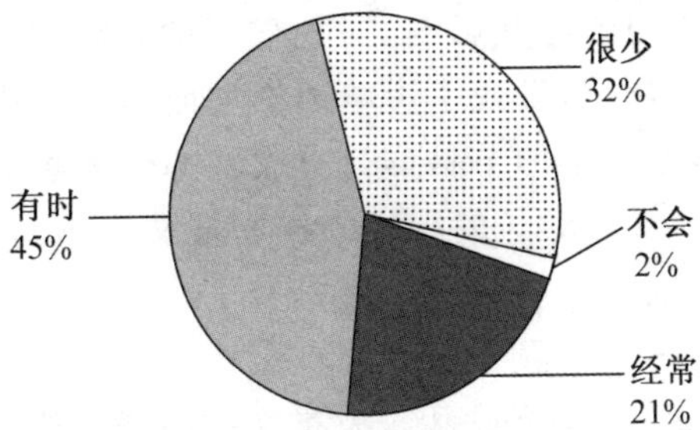

图1-7　受访者观看节目时，是否会在社交媒体上与好友分享体会或推荐节目

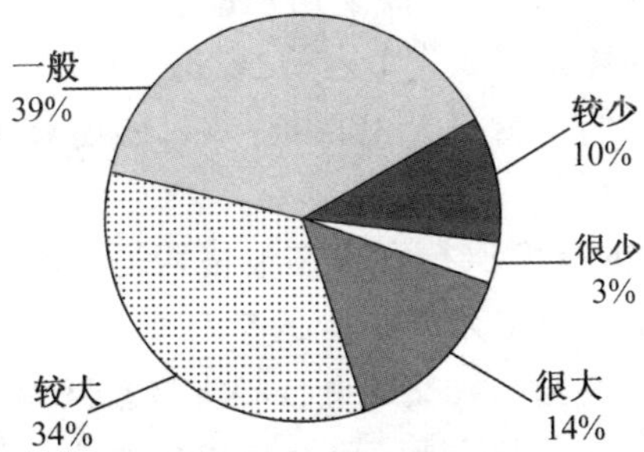

图1-8　好友在社交媒体上的讨论或推荐对受访者收视的影响

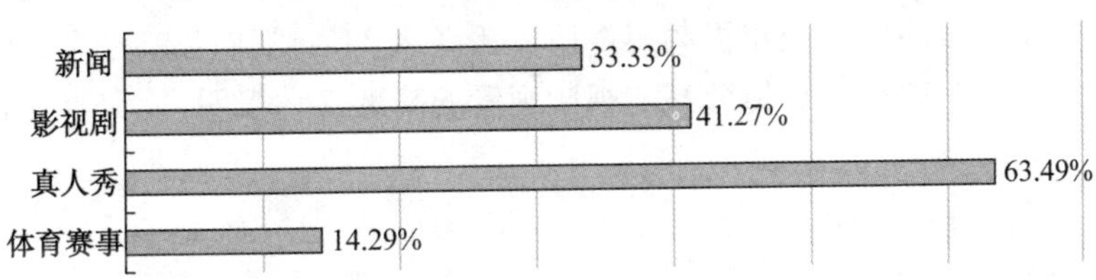

图1-9　受访者收看哪一类电视节目更容易受到社交媒体的影响

① 参见《爱立信发布2014年十大消费者趋势》，载2013年12月20日《南方日报》。

尼尔森在美国的调查结论与中国相似:电视节目的收视与Twitter围绕该节目的讨论互为影响。该项研究运用时序分析来确定Twitter的活动是否提高了无线电视的收视率,以及电视的收视是否促使Twitter的活跃度有所增加。通过分析每分钟实时收视率以及221个黄金时段电视节目推文的走向,发现推文会对29%直播节目的实时收视率产生明显变化。尼尔森研究总监Paul Donato指出:"通过时序分析,我们发现了一个数据上很明显的互为因果关系:收视率的高峰能增加推文量,相反地,推文的高峰也能增加收视……这个严谨、以调研为基础的方法,让我们的客户和传媒业更好地了解推特和电视收视之间的相互影响。"[①]尼尔森的研究首次量化了推文对不同节目类型的收视率影响,发现了影响因类型而异。受推文影响最大的是竞争性现实类节目,近一半的节目(44%)收视率受影响而变化。喜剧类节目(37%)和运动类节目(28%)的收视同样受推文影响而有所增长,而戏剧类节目受推文影响略小。[②]

Twitter高管罗宾·斯隆指出,Twitter日均微博量已达9000万条,其中很大一部分与电视节目有关。用户发推文的高峰时段与电视黄金时间吻合。Twitter带来了"社交观看"体验,用户可在观看节目时发表评论,这些评论会被整合到节目中,大大提高了用户的参与感。可见,现在说"电视已死"过于武断,社交媒体正在成为个人的"虚拟客厅"和个性化的电视节目指南,在它的推动下,人们重新打开电视机,节目的内容价值有可能被充分挖掘出来。

正如Facebook的首席执行官朱克伯格所说:"视频是互联网服务中最生动、直接,同时也是用户最乐于接受的信息媒介;社交则是所有网民最根本、最迫切的需求。"[③]视频与社交的融合必将带来巨大的价值。我国社交媒体与视频网站的融合发展也反映了受众需求的变化。新浪微博数据中心发布的年度报告显示,在2013年新浪微博中,视频短链的点击量高达32亿次,占全站点击量的19%,全年视频短链回流比高达2304%,明显高于全站短链回流比(见图1-10)。[④] 微博分享与视频观看的高度互动表明,社交媒体正在

---

① 《社交媒体与电视收视率之间的因果关系》,艾瑞网,http://web2.iresearch.cn/others/20130827/209989.shtml,2013年8月27日。

② 参见《社交媒体与电视收视率之间的因果关系》,艾瑞网,http://web2.iresearch.cn/others/20130827/209989.shtml,2013年8月27日。

③ 《视频社交化带来新商机》,载2013年4月17日《科技日报》。

④ 参见新浪微博数据中心:《视频网站微博发展报告(2013)》,http://data.weibo.com/report/reportDetail? id=116,2014年1月1日。

重塑人们的收视习惯。此种背景下，如何厘清社交媒体与电视的内在作用机制，将电视的内容生产、传播形态和营销手段纳入社会化网络之中，以适应受众的视频消费需求，关系到电视媒体未来的变革方向和生存方式。

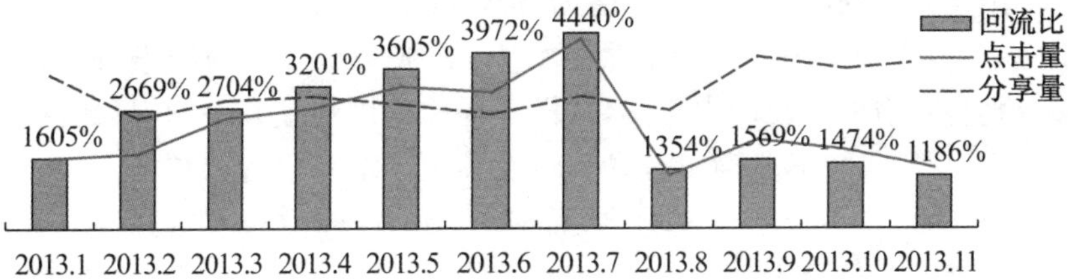

图 1-10　2013 年 1～11 月新浪微博视频短链分享量、点击量、回流比趋势

（三）从 TV1.0 到 TV2.0——电视正在回归社交媒体

电视最早出现的时候，就是作为家庭主要的社交载体而存在。家庭成员习惯围坐在电视机前，彼此交流看法，形成电视早期的社交体验。在用户流失及社交网络越发普及的大背景下，电视有可能重新回归原先的主流社交媒介。我们可以将模拟电视过渡到单向数字电视比作 TV1.0 的时代，它具备几个特征：点到面广播式传送，观众等待内容，不能互动或是有限交互，观众不能贡献内容（如观后感等）。

双向数字电视以及 IPTV（Internet Protocol Television，网络协议电视）、互联网电视的出现，引入了 IP 网络作为传输介质，这相较于之前的 TV1.0 来说丰富了几个特征：内容可以点到点单播传送，观众可以点播内容而不必完全等待内容，较高级别的互动（如点播、游戏等），但这种互动是基于内容的互动，观众依旧不能贡献内容或者在同一场景下有效互动，并没有改善用户观看电视的社交化体验，仍是“我看我的，你玩你的”。我们不妨将这个阶段定义为 TV1.5，是电视内容较为丰富、电视体验初步互动的阶段，但缺乏社交属性。

社会化媒体时代，用户与电视的接触点产生变革，电视的使用进入体验时代：用户参与到不同的社会化群体中，通过对话来建立联系，与兴趣相投者分享观点，从圈子中获得建议。社交网络能够赋予电视一种新的分享体验，内容来自于哪里不重要，如何获得内容也不重要，重要的是这种体验除了延续现有的家庭成员之间的及时分享，同时能延伸到好友甚至陌生人。当人们越来越习惯于通过社交网络来评论其正在看的电视内容的时候，电视正在重新回归主流社交媒介，进入 TV2.0 时代。只不过变化的是媒体，不变的是内容和谈资。实际上，已经有很多电视公司在进行这方面的尝试。

例如美国的有线运营商 Dish、DirecTV、Comcast 以及内容提供商 Time Warner、Cablevision、ABC、ESPN 等,都推出了手机或 iPad 上的社交电视应用。①

如图 1-11 所示,社交网络传播的方式是网状方式——即每个用户都是一个中心点,用户周围有一定数量的好友,构成一个个小的网络,而这些好友又分别是各自朋友圈的中心点,这样不同的网络连接在一起,形成网状结构。社交电视带来的,是通过分享和转发实现了节目内容的传播,传播的主体是用户,用户是否愿意分享给自己的朋友或者推荐、转发给其他人,决定了电视内容的传播范围。

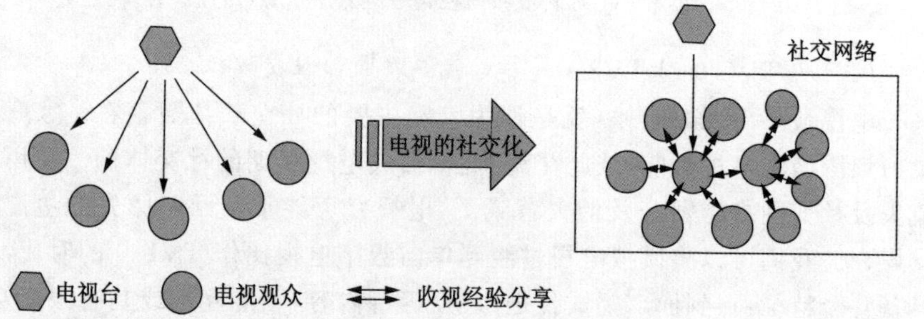

图 1-11　社交电视传播方式的变革

社交电视不等于"社交网络＋电视",它不是独立的一个社交网络,也不是简单的通过互联网电视来访问社交网站,而是通过社交技术或平台来支持用户进行与电视相关的社交活动,这种活动包括电视内容的推荐、电视体验分享、实时交互、电视节目营销、电子商务等。作为 TV2.0 的核心应用,社交电视是向电视媒体嵌入社交基因,它在技术上是互联网技术和移动技术的融合,在应用上对现有传统电视的冲击主要表现在电视广告、电视关联媒体发行方式、电视营销等方面,社交电视应具有以下因素:

1. 收视——人们借助微博、IM(Instant Messaging, 即时通讯工具)和 SNS 平台讨论电视内容,可以扩大用户规模和关注度。

2. 分发——社会网络成为有线电视和无线以外的一个新的分发渠道。

3. 生产——将受众引入节目生产过程。

4. 收入——社会网络使得受众愿意向参与者付费,社交电视推进精准营销。

① 参见 Eaglear:《社交网络推动下一代电视的革命》,载《中国 IPTV 产业动态》2011 年 7 月号,总第 37 期。

三、社交电视推动传统电视的变革

社交电视将对电视媒体产生革命性的影响，它将创造新的商业模式，使未来的节目内涵更加丰富，涵盖范围更加广泛，表现形态更加多样，在主体结构、运营方式、传播模式和产业布局等方面表现出更强的开放性、互动性、社交性和无处不在的渗透性。从本质上说，社交电视不是电视终端的社交化，而是互动关系的建立和经营。电视媒体应当主动适应用户对社会交往的新需求，认识到关系建设对媒体运营和舆论影响力提升的重要价值。

（一）社交化带来电视媒体社会资本的扩张

社会资本是行动主体通过社会联系摄取稀缺资源的能力。[①] 带有与生俱来的社交属性，但是节目的获取和评价局限于熟人社会。社交媒体将家庭等地域性社区为主的可视空间扩大到虚拟网络空间，社会网络的"弱连接"打破了人际交往中关系同质化的束缚[②]，电视积聚了更为广泛的受众资源，具有不同文化、地域和工作背景的人们对特定的电视节目内容，形成以兴趣为基础的弱关系网络群体，极大地扩展了电视媒体的社会资本。

媒体社会资本的扩张一方面会产生网络效应，从而降低电视媒体建立和维护社会关系的成本，将用户使用电视的"费力程度"降至最低，正如克莱·舍基在《人人时代：无组织的组织力量》中所说："我们已经被戏剧性地联系在一起。我们显露出来的自身信息极大地增加了社会可见度，使我们更容易找到彼此。"[③]

另一方面，社交化使得电视媒体可以获得更具市场价值的优质社会资本，在用户中形成具有共同兴趣、行为特征和价值观的虚拟社区，即滕尼斯所说的"生活共同体"[④]，传统电视媒体赖以生存的"注意力经济"正在向更为精准、用户黏度更高的"粉丝经济"发展。过去的一年间，湖南卫视的"呼啦"、北京卫视的"BTV 大媒体"等 App 产品相继上线，电视媒体发力移动社交市场，其关注的焦点不仅仅是节目，还有认同感，媒体与用户共同打造品牌和资产，通过开放性的平台与用户共同定制契合用户需求的产品。"粉丝

---

① 参见边燕杰、丘海雄：《企业的社会资本及其功效》，载《中国社会科学》2000 年第 2 期。

② Granovetter, M. S. "The Strength of Weak Ties," *The American Journal of Sociology*, 1973,78(6).

③ [美]克莱·舍基：《人人时代——无组织的组织力量》，胡泳等译，中国人民大学出版社 2012 年版，第 2 页。

④ Francis Fukuyama, "Social Capital and Civil Society," http://www.imf.org/extenal/pubs/ft/seminar/1999/reforms/fukuyama.htm#I. 11/10/1999.

经济”为碎化后的电视观众提供了重新聚合的可能,媒体和广告主也可以据此进行更为精准的受众细分。

(二)社交电视实现了传统电视受众“碎化”后的“重聚”

1. 受众的“碎片化”与“重聚”

“碎片化”(Fragmentation)一词最早出现于20世纪80年代的“后现代主义”研究文献中。后来,哈贝马斯在谈到“公共领域”在19、20世纪的衰落时,就把这种衰落的原因之一归结为大众传媒所带来的碎片化语境:“原先由面对面相互辩论的市民所组成的公共领域,在现代社会已经瓦解为由消费者组成的碎片化世界。这些消费者沉迷于传媒景观与传媒技术之中不能自拔,成为它们的奴隶。”[①]

进入21世纪,人们尤其是年轻群体的价值观总体上发生了重大变化,个人意识得到较大程度提升,自我关注度明显提高,人们越来越多地带有后现代个人的特征:“后现代个体是松散而灵活的,以感觉、情绪和内在化过程为旨归的,并持有一种‘成为你自己’的态度。他(她)是一个积极主动的人,他(她)建造着自己的社会现实,追求着对意义的自我解答,但是他(她)不对结果做出真理性的断言’。后现代个体关心他们自己的生活、他们的特殊的主观满足和自我发展。”[②]这种后现代性实际上就是个性化、多样化趋势的表现,归根结底是由于人们个性化意识的提升。“从众消费”时代已经过去,所谓“权威意见”已不再是人们消费的指南,“我”的意见才是消费行为的根源。[③]

社交电视的发展很好地契合了后现代个体的主动性以及自我中心的生活和心理方式,它拥有交互式的传播方式、分享化的传播内容以及数据存储的高质量和大容量特性,使人们摆脱了单纯接收信息的模式,成为信息的制造者和分享者,成为媒介的“使用者”。当每个使用者都可以成为媒介中心、传播中心的时候,传统大众传播的概念显然就不再适合这种传播模式,受众“碎片化”时代已经来临。据统计,美国人口一年有2000亿小时的“碎片化”时间,信息借助这些“碎片化”时间被分享,将产生巨大的社会力量。受众“碎片化”的信息选择方式又带来了品牌、消费以及媒介的碎片化,这就对传统电视的优势地位带来了巨大冲击,使得媒介市场格局逐渐由单一媒体垄断转化为多种媒体并存发展。

---

① [德]尤尔根·哈贝马斯:《公共领域的结构转型》,曹卫东等译,学林出版社1999年版,第3页。

② [美]波林·罗斯诺:《后现代主义与社会科学》,张国清译,上海译文出版社1998年版,第78页。

③ 参见黄升民、杨雪睿:《“碎片化”来临品牌与媒介走向何处》,载《国际广告》2005年第9期。

总的来说，受众市场的“碎片化”具有以下特点：单一媒体垄断转化为多个媒体并存发展，各类媒体的传统地位发生改变；年轻受众群体正在快速从传统电视市场分流，被互联网、手机等吸附的注意力资源正在赶超传统媒体；“权威”的坍塌与自我意识的崛起，受众的意见主导力和购买力逐渐增强；受众对个性化、专业内容的需求强烈。可以说，用“碎片化”来描述新媒体时代的受众特征，能够准确并有穿透力地概括当今全球化、后现代消费语境下，社会大众分化、个性化生存的现状。

尽管在“碎片化”时代强调消费者的个性与自由，但是马斯洛的需求层次论说明，在社会生活中，人是不能离开社会群体的，归属的需要是人的本性，追求个性化与寻求群体归属之间并不矛盾。黄升民教授指出，现实生活中不可能存在绝对的个性化，个体仍然要在群体中获得交往需求、安全需要、自尊心需求、自我表现需求。[①] 如果说受众在现实生活中寻求群体归属还要受到地缘、血缘、业缘的制约，那么以网络为基础的新媒体的发展则为受众的群体归属提供了沃土。人们在个性化时代寻找特定群体的归属是推动受众重新聚合的内在动力，社交电视无疑为他们提供了彼此分享和对话的平台。

2. 通过节目指导“重聚”受众

Twitter、Facebook 等社交媒体都开设类似节目推荐的功能，方便用户向好友推送自己喜爱的节目，同时也方便自己更高效、更有针对性地收看电视。美国有线电视服务商 Tunerfish，2010 年开始尝试将电视收视与观众的社交行为联系起来，在网站上推出一系列功能：一是显示当下社交媒体的朋友圈里最为流行的节目，作为收视参考；二是显示用户好友正在收看的节目，方便其随时参与到节目的讨论中；三是用户对节目的评论内容将同时出现在 Facebook 之类的社交网站中，支持 iPhone 等移动终端；四是向成功推荐节目的用户给予一定的奖励。[②] 通过此种游戏式的社交收视行为，使得电视更加“亲民”，也引导青年受众围绕特定节目内容，在不同媒体平台上重新聚合。

3. 通过建构网络社会的“弱关系网络”形成某种社会身份或文化认同

以家庭为单位的传统电视收看模式，是以亲人、好友与同事对电视节目的评价与推介主导社会交往，电视媒体的社会化生存主要依赖于传统的“强关系网络”。在“强关系”网络的传统社会中，电视节目的获取与评价局限于传统的“熟人社会”，电视收视具有某种孤立感与封闭感。

---

① 参见黄升民、杨雪睿：《碎片化：品牌传播与大众传媒新趋势》，载《现代传播》2005 年第 6 期。

② 参见郭小平：《社交电视：传统电视的社会化生存及其网络分析》，载《现代传播》2013 年第 3 期。

依照“六度分隔”理论的逻辑，社会化媒体所构建的“弱链接”“弱纽带”，在电视的社会化传播与用户的日常收视中扮演越来越重要的作用。在“弱关系充当信息桥”理论中，马克·格兰诺维特(Mark Granovetter)认为，在组织交流或人际交流中，“弱关系”可以有效地充当信息传递的桥梁，即通过“弱关系”的“信息桥”作用，人们扩大社会交往并获取更多的资源。

将电视媒体嵌入庞大的社交网络，可以依据某种社会身份或文化认同，在后者形成相互独立而总量庞大的收视群体，从而将原本“碎化”的受众通过弱连接重新聚合起来，同时赋予用户更好的收视体验。自2010年开始，英国BBCiPlayer便在其点播服务中提供个性化选项和社交功能：只需点击一个按钮，就可以把iPlayer上的纪录片推荐到Facebook、Twitter上。以色列社交电视服务提供商BeeTV让“电视时间”不再孤单，用户们一边看电视一边通过社交媒体分享感受。

SocialGuide网站诞生的灵感源自Facebook和Twitter好友对各种电视剧的评论，它实时链接电视节目单和社交媒体，成功地创办“社交电视单”。SocialGuide汇集Twitter和Facebook上大约24000部电视剧的1亿多条评论，并且全部链接到自己的电视节目单上。与其他卫星电视或有线电视服务商的节目单不同，SocialGuide不仅显示电视节目信息和观众的实时评论，还根据口碑排序。注册用户可以查看好友的评论并在电视节目播放期间参与讨论。

(三)社交电视赋予用户更多的选择权和更好的收视体验

社交电视通过社交网络重建电视观众群，其“弱关系”的信息桥功能为电视媒体积累了丰厚的社会资本，也使用户的电视观看行为不再孤立和封闭，为用户提供了更多的收视选择与收视体验。社交电视适应新媒体文化从“后仰”体验到“前倾”体验的变化，观众不再被动地接受电视节目，而是可以根据自身喜好、好友推介或互联网信息来自主选择电视节目内容。

从这个意义上讲，社交电视不同于以往的观众与电视台的简单互动，而是观众与观众以及电视内容之间的互动。视频用户从封闭式收看到开放式收看，用户的收视行为不再是孤立的，而是嵌入整个社交网络之中。从这个意义上来讲，社交电视本质上是一种观看电视的方式——电视收视行为的社会化，并不特指某项发明或产品。社交电视发挥了社交网络的作用，让电视用户通过社交网络分享和讨论自己看过的节目，并影响其他社交网络用户的观看选择。2009年底，美国麻省理工学院媒体实验室开发社交电视并建立一个中央数据库，集成了众多视频网站上的视频，还包括用户对节目的感想、评论等数据。用户通过互联网访问数据库、观看评论并据此寻找、选中自己最感兴趣的电视节目；媒体将用户选中的节目在其指定的时间发送到用户的电视上；在观看完电视节目之后，用户还能通过手机发送评论，并对电视节目进行评级；用户之间可通过在线沟通工具分享交流，彼此推荐观看其他的视频节目。

江苏卫视于2012年12月开通了"乐享电视"社交电视平台，开始尝试满足用户在不同终端的多元需求。它将话题讨论、节目推荐、收视指南、节目分享、嘉宾互动、节目投票、有奖竞猜，以及电子商务、LBS（Location Based Service，基于位置的服务）人群聚合等资源，在电视端、互联网端和移动终端进行共享，在跨屏互动的基础上精准定位收视人群，促进与定向观众群体的实时沟通，从而完成从"看电视"到"玩电视"的转变。该平台具有以下特点：

1. 即时分享。观众在"看"电视的同时还能"玩"电视、"用"电视，满足进行节目信息分享的社交需求，从中获得消费电视外延业务的乐趣和动力。

2. 多维度获取电视信息。观众可通过第二屏应用、在线互动、对节目内容深度挖掘等，获得更多在电视节目播出过程中无法获得的信息，实现多维度的电视信息接收，增强收视效果。

3. 提升电视收看的价值。通过电子节目单、用户评论、好友节目推荐，观众可以快速地在数百个频道中找到自己想看的节目。

4. 零距离与栏目组互动。通过多种互动方式，观众可以以最直接的方式与栏目组取得联系，包括与孟非等知名主持人一起边看边聊，自己的观点、投票等能通过在线包装系统直接在屏幕上展现出来。

5. 直接的购物体验。通过其中的电子商务平台，可以实现直接的方便购买和优惠券的获取。比如观众看到《非诚勿扰》女嘉宾的什么衣服和首饰漂亮，就可以通过社交电视平台的展示和购买链接，直接下单。[①]

（四）社交电视改变传统电视的节目形态和生产方式

每一种相关的重大技术发明都会引起人类现有文化形态的改变，信息革命也将无一例外地改变传统线性播出的电视节目形态。社交电视正在推动传统的线性节目形态向多维互动形态发展。通过社交媒体的平台，可以提供观众感兴趣的、关联性的内容与观众进行互动。比如与节目内容相关联的话题，它们因为与用户有了更多的兴趣或情感关联，更具贴近性。

社交电视还可以利用社交网络创造的双向互动条件，创造一个"马戏团式"的收视场，使得节目主创人员与观众处于同一收视空间，实现观众与节

① 参见郭小平：《社交电视：传统电视的社会化生存及其网络分析》，载《现代传播》2013年第3期。

目实时互动,使节目变成一个全民可参与的"大游戏"。互动不是可有可无的噱头,而是贯穿始终的节目组成部分,并决定着节目的进程,使得观众的权力欲、控制欲、参与感等人性的欲望得到满足。

同时,大数据等技术的引入也在改变节目的形态。腾讯视频的《你正常吗?》是国内首档借助大数据制作的网络调查类互动节目,它借助腾讯每期600万左右的超大用户量所构成的数据库,深挖时下社会热点,解读未来社会文化发展趋势。这种依赖于数据分析和整理的"革命性"的节目形态吸引了大批网友。

从节目生产的角度看,社会化媒体时代,媒体的内容生产从"专业内容生产"(Professional Produced Content,PPC)向"用户创造内容"(User Generated Content,UGC)和"消费者产生的媒体"(Consumer Generated Media,CGM)转变;受众也从单一的"使用内容"到兼顾"使用内容"和"贡献内容"。对于今天的用户来说,信息消费过程也是信息生产过程,信息生产也是一种信息消费方式。促进用户的信息消费行动向信息生产活动延伸,或者促进其信息生产成果为更多用户共享,是社交电视生产的重要特点之一。如今的"美国互联网第一大报纸"《郝芬顿邮报》成立于2005年,作为一家纯粹的社交新闻网站,它只有150名正式员工,但是凭借其3000多名核心博客作者和上万名公民记者,它的网络流量在2011年首次超越了《纽约时报》网站,《郝芬顿邮报》在新闻传播上实现了生产者和消费者的共享。[①] 这种内容生产与消费相互融合的形态也愈发成为未来电视生产的新常态。

因此,电视社交化不能简单地理解为"社交+电视",它既不是终端或技术的组合,也不是电视节目向社交网络的简单移植,而是社交元素融入节目的生产环节,是关系网络与内容产制的深度融合。多屏互动的关系不仅仅是相互补充,而是深度融合与相互放大。在社交媒体的带动下,观众不再只坐在沙发上接受单向的信息灌输,也不再是发个微博简单地分享和交流,每一个电视节目的收看者都可能转变成为重度参与者。用户可以与嘉宾一起竞赛、共同答题、上传视频,节目内容通过多屏交互形成传播闭环。

社交电视在观众收看过程中将推动观众洞察的潜在价值。在此之前,传统电视媒体、内容提供商和免费平台从未拥有与它们的观众间一对一的关系,也从未拥有渠道来获取如此持续和即时的反馈。对于电视行业而言,需要重新定义与渠道的关系,并重新设计生产流程以考虑观众洞察。如果

① 参见彭兰:《再论新媒体基因》,载《新闻与写作》2014年第2期。

观众洞察能够被成功利用，社交电视和其产生的社交数据将为媒体行业带来变革性影响。

(五)社交电视变革传统电视的节目评估方式

2013 年，宁财神打造的电视剧《龙门镖局》尽管有“四星联播”这样最强的播出阵势，但平均收视率维持在 0.5%左右，勉强进入收视总排名前十。不过，在八大视频网站播出榜单上，《龙门镖局》却独占鳌头，一举夺得网络点击率冠军。可见，《龙门镖局》的收视主角已不再是电视机前的观众，而是使用手机、电脑、iPad 等工具的新一代年轻视频群体，因为该剧的笑点和吐槽点是专门为年轻群体设计的。

在注意力资源流失的背景下，传统电视单一的收视率统计方法无法概括一档节目的真正“收视”情况。一档好的节目，可能在网络上具有极高的人气，但是电视收视率却得不到应有的体现；也可能开机率并不高，但是其用户活跃度却很大，与之相伴的黏性和付费意愿也更大。苦于找不到科学有效的节目评估和利润分成标准，电视媒体唯一能做的就是售卖节目的网络版权，眼巴巴地看着广告客户纷纷“跳槽”新媒体。

微博讨论量与节目收视率之间的相关关系，为建立一种综合、实用的电视节目分析与评价工具提供了基础，可以对现有的收视率评估形成有益的补充，让电视媒体更清楚地了解受众，体现电视媒体在社交媒体上的价值与影响力。上海电视台总编室副主任戴钟伟认为：“评估的东西维度越多，对电视从业者来说越有参考价值。因为我们其实知道用户规模很大，但是不知道用户在哪里；知道用户爱看什么，但不知道用户到底为什么爱看。如果有一种横向评估指标，对我们以后做节目会有更多帮助。”① 当前国内电视机构在使用微博、微信进行推广方面呈现出三个问题：一是零散，使用上缺少系统性；二是电视台内部使用自下而上，缺少统一性；三是数据使用不连续，缺乏系统性、标准化的考量数据，不能很好地进行数据对比分析和更有效地进行微博营销及互动。为了找出社交媒体对电视收视率的影响，尼尔森与索福瑞等电视调查机构相继推出“电视社交收视率”，旨在为电视节目的科学评估提供标准化、系统化的衡量指标。

2012 年 11 月，尼尔森与麦肯锡的合资公司购买了 SocialGuide。SocialGuide 是一个实时社交电视监测服务，涵盖了英语和西班牙语的 232 个频道、超过 30000 个电视节目。SocialGuide 的分析和参与平台能够提供对电

---

① 《央视索福瑞与新浪微博合作将推国内首个微博收视指数》，人民网，http://media.people.com.cn/n/2014/0110/c120837－24080881.html，2014 年 1 月 10 日。

视社会化影响的深入认识,使网络实时与社会化工具的粉丝群建立关系。正如Nielsen(全球媒体产品和广告客户解决方案提供商)董事长Steve Hasker所言:“消费者对于社交媒体的广泛使用正在将观看电视这种行为改变成一个更直接和具有共享性的体验。作为电视网络,他们需要理解社交电视对于节目本身、收视率和广告效果的影响。”①

2013年10月,尼尔森又推出了“Twitter电视收视率”,可以精准地反映电视节目在社交媒体中的相关推文数量和观众群体规模,为传统电视行业的节目评估和广告售卖向多元化发展提供了依据。数据表明,同一节目在Twitter上的热度往往与电视收视率有较大差异:在18～49岁电视观众中,电视收视率仅排名第六的《绝命毒师》却成了Twitter的收视冠军;而CBS(哥伦比亚广播公司)观众超过2000万的热播喜剧《生活大爆炸》在Twitter上没有进入前十。显然,社交媒体用户群体与电视观众群体并不完全重合,Twitter的用户整体上呈现出年轻化和高度城市化的特点,意识到这一群体巨大的市场价值,美国的广告主在向某一电视节目投放广告时,开始将其Twitter人气作为一个重要考量指标。

在我国的互联网和社交网络平台,有多达6亿的新兴、活跃、充满消费力和影响力的用户。一些传媒监测机构也开始采用全新的评价体系来分析这一部分用户的收看行为,以解决收视率指标已经不能完全反映电视节目传播影响力的难题。2013年,泽传媒相继发布“全国卫视‘综艺百强’全媒体收视率排行榜”“中国全媒体卫视收视率排行榜”等数据,将传统的收视率统计与网络媒体收视行为进行关联统计。具体而言,泽传媒选取微博、微信、百度贴吧、天涯社区等具有典型性的社交网络,统计话题数、转发量等量化指标,同时对各种评论进行分级和赋值计算,将这些数据给予相应的权重,融入传统的电视收视率考察,最终得出《中国好声音》《舞出我人生》等节目的全媒体收视率(见图1-12)。② 紧随其后,北京美兰德媒体传播策略咨询有限公司也推出了一款名为“TNI”的“电视节目网络传播影响力评价体系”,该评价体系采用“T3＋2”的指标分类。“T3”指的是网媒关注度、网民评议度及视频点击量,“2”指的是将网民评议度细分为网民美誉度及微博提及量两个细分指标。

---

① 《Nielsen:“社交媒体“是如何影响电视收视率的》,199IT互联网,http://www.199it.com/archives/80238.html,2011年11月21日。

② 参见牛春颖等:《全媒体收视率和网络评价正在改写传统收视率》,载2013年9月10日《中国新闻出版报》。

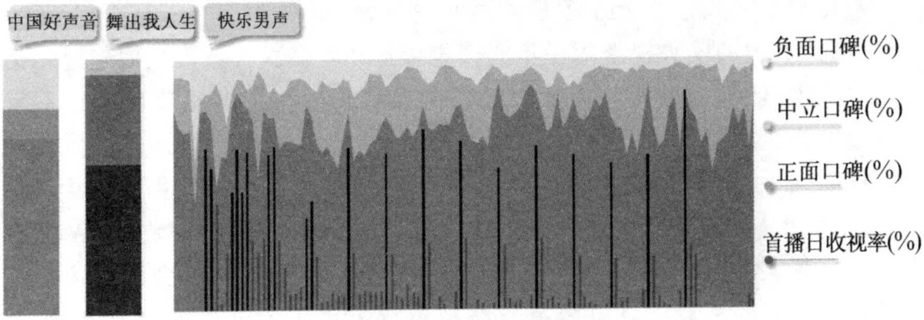

图 1-12　结合收视率和社交媒体的用户口碑
可以更好地评价节目

2014 年,央视索福瑞也开始与新浪微博合作,推出新的标准化收视分析产品——微博收视指数。该指数参考国际标准,围绕一档节目的微博推送数、用户规模、用户口碑等指标,进行科学统计和分析(见图 1-13)。结合该公司传统的收视率产品,为电视媒体提供一档节目的社交化传播效果以及全媒体的整合传播效果。它可以帮助媒介客户对消费者/观众在网络上进行的特定内容的讨论开展实时监测和研究,讨论内容可以覆盖频道、节目、广告、品牌等多方面。该项目可以通过综合分析电视收视数据和互联网口碑数据,为代理商、广告商提供快速有效的工具,帮助各方更好地了解消费者的需求,并制定相应战略。

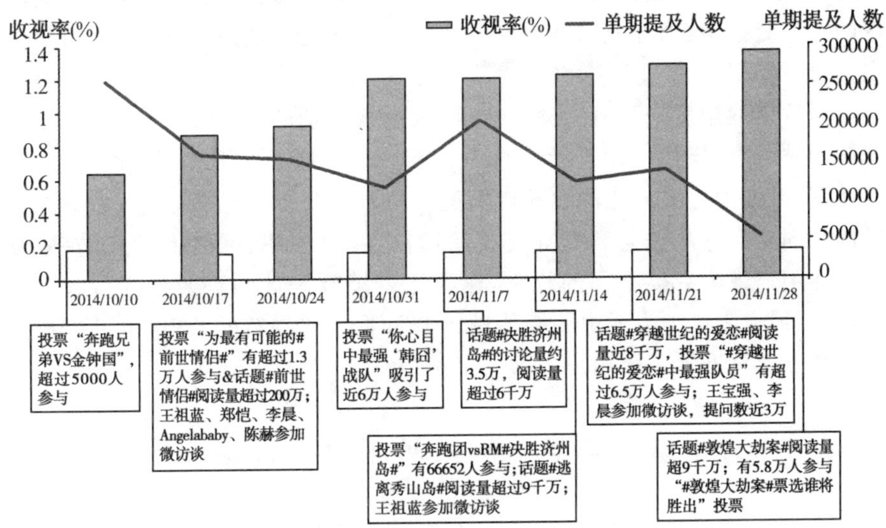

图 1-13　《奔跑吧兄弟》微博收视指数①

① 参见 CSM 媒介研究(25 省网+4 直辖市)。

数据显示,在新浪开通官方微博的电视台、电视频道和节目超过 7000 个,影响力最大的@央视新闻一年阅读量接近 200 亿次。新浪微博超过 5 亿的用户规模,能够为微博收视指数提供海量数据支持。电视节目已经不仅仅通过电视机进行传播,同时会通过网络、社交媒体等进行全媒体传播。社交媒体时代,用户是最好的话题制造者和传播媒介。一个“元芳”,可以将《神探狄仁杰》推向舆论高点;一段“神评论”,可以让《第十放映室》火爆异常。越来越多的电视观众,在看电视过程中会参与微博讨论,微博话题与电视节目有关的越来越多。电视节目已经形成了以传统电视收视为主,融合网络视频传播和社交电视传播的多样化传播模式。央视索福瑞此次推出的微博收视指数,在电视全媒体传播格局当中可以形成一个以电视收视率为主,跨越电视、网络视频、社交电视等全媒体的定量评价系统,为电视节目的跨平台传播提供定量支撑。

从电视媒体的生产角度来看,互联网元素、可以分享的社会话题和广泛互动,应该成为一档电视节目的标准配置。那么,哪些电视内容容易触发微博讨论?怎样的微博曝光频次会触发其增加收视行为?以上问题的解决需要建立电视节目收视率和社交媒体收视指数融合分析模式,对电视节目进行科学有效的评估。这不仅有利于节目制作方更好地了解观众反馈及需求,调整节目生产,更是可以在受众碎化和市场分流的大背景下,在社交电视的产业链条中,为建立合作共赢的商业模式和合理的利润分成机制提供定量分析依据。

从营销的角度来看,社交网络与传统电视密切的价值关联也为电视台、视频网站、社交媒体之间进行整合营销提供了可能。合作各方作为利益共同体,一方面通过立体化的互动传播提升电视节目的整体收视率;另一方面可以共同与广告主建立利润分成机制,将电视收视率、网络视频点击率、社交媒体用户评论数以不同的权重,作为广告绩效统计的重要指标。以上方式,可以最大限度地激发电视媒体进行节目生产和创新的动力,也可以帮助合作各方更精准地了解用户需求。

第二节　研究问题的提出

“人类以自己的天赋和才能创造发明了网络技术,而网络技术则以自己无处不显、无所不在、无所不能的强悍威力,正在和已经极为深刻地改变着、影响着甚至颠覆着人类社会既往的思维方式、行为方式和生活方式,当代人类社会已经越来越融入网络技术之中,而网络社会也越来越渗入人类社会的一切和全部。”[①]新的技术变革也在催生电视新的生存逻辑，社交媒体正在改变以往固有的媒介场景，改变电视的传播形式和生产方式，改变传统媒介环境下信息有序流动的权力话语格局，与社会网络的深度嵌入已成为电视发展的重要趋势。

本课题的研究目标取材电视媒体和社交传播平台，主要在微观层面上通过实证方法研究电视媒体和社会网络的融合过程、融合结果，试图揭示媒介融合环境下不同媒介生存、竞争、合作的现实图景。当前国内外对社交电视的研究还非常少，并呈现出多宏观、少微观，多描述、少实证，多一维观察、少多维审视的特征。多数论述带有浓重的理想化色彩，对该产业的发展缺乏指导意义。可以说，我国社交电视的发展还存在理论和实践上的双重缺失。

在这种背景下，本研究定位于实现一个问题式的理论架构，紧扣我国社交电视的发展脉搏，从新闻传播学和经济学视角，结合定量调查，全面分析该产业发展中出现的各种问题，把握用户的接受心理和行为特征，并在此基础上提出建设性的运营思路，创新发展模式，最终建立一个相对完善的、能够支撑我国电视媒体与社交网络融合发展的产业体系，实现传统电视媒体的社会化转型。这些问题的研究，有利于产业链各环节正确调整自身定位，有利于运营商更有效地整合业务资源、拓展产业增值渠道，有利于电视媒体更好地进行内外资源整合和运营方式变革。因此，从这个意义上来考察社交电视发展，具有较强的实践价值和战略意义。

本研究将紧紧围绕我国社交电视发展中遇到的现实问题，从以下几个方面展开论述：

1. 社会化媒体时代的到来，对传统电视媒体带来压力的同时，还带来了哪些变革性力量？在与社交媒体的竞争中，传统电视媒体将逐渐走向消亡，还是在融入社会化网络后拥有更大的舞台？

2. 在多屏融合时代，社交电视是否就等同于“电视＋微博”？如何正确认识社交电视的内涵和发展特点？电视媒体进入社交电视领域的必要性何在？

3. 社交媒体除了可以放大电视媒体的影响力，能否在更深层次上促进关系网络与内容生产的互动融合，实现生产主体、内容和生产流程的变革？

4. 社交电视丰富的签到、层标签、LBS、精准营销等技术功能，如何转化为商

---

① 尹韵公：《当前网络发展的新特点》，载《新闻与写作》2013 年第 1 期。

业价值？它将对收视率统计、商业模式和具体的市场运营带来哪些影响？

5. 协同运作的社交电视产业链具有哪些特点？电视媒体在产业链中应当处于什么样的地位？如何通过产业运作和资本融合，实现电视媒体的社交化变革？

6. 大数据背景下，社交电视在运营策略、节目形态和广告投放上具有哪些优势？

7. 社会化媒介生态下，电视媒体由经营内容转向经营关系，面对完全不同的运营思路，传统的电视媒体应当如何进行体制和运行机制的调整，实现转型？

第三节　研究文献综述

一、社交媒体的功能、特点和影响力研究

国外对社交媒体的研究主要是对 Twitter、Facebook、YouTube 等微博和社交视频媒体的研究外，以定量研究方法为主。除了前几年对社交媒体的定义和使用初级阶段的研究，近几年学界已主要聚焦在社交媒体的功能、社交作用、使用人群等方面。

对社交媒体功能的延伸研究有：Courtenay Honeycutt, Susan C. Herring(2009)提出微博具有很好的群体沟通和项目协调功能，并指出 Twitter 如何改进变成协作工具。① Nicholas A. Diakopoulos, David A. Shamma (2010)在研究 2008 年美国总统竞选时发现，Facebook 中相关的态度和情感信息会伴随竞选大量增加，他们据此提出可以将电视与微博结合起来提供一种社交化电视体验(尤其是电视辩论类节目)，并希望能够找到一种帮助记者和专家测量网民态度的方法。②

社交媒体的表达特征方面，Neil Savage(2011)指出 Twitter 等社会化媒体工具可以反映整个社会现实，他将 Twitter 上发帖、话题讨论等互动行为用结构图进行了直观表现，认为可以据此窥探社会这样一个有机体。③

---

① Courtenay Honeycutt , Susan C. Herring, "Beyond Microblogging: Conversation and Collaboration via Twitter," Proceedings of the 42nd Hawaii International Conference on System Sciences, 2009.

② Nicholas A. Diakopoulos , David A. Shamma, "Characterizing Debate Performance via aggregated twitter sentiment," Conference on Human Factors in Computing Systems (CHI), April, 2010.

③ Neil Savage, "Twitter as medium and message," *Communications of the ACM*, 2011, 54(3).

Takeshi Sakaki，Makoto Okazaki(2010)等学者对日本发生地震后的微博内容，通过建立关键词筛选和数学建模的方式进行了分析，指出实时性是微博区别于其他所有媒体的最为典型的特征。[①] 同样，进行微博公共事件研究的学者还有 Cynthia Chew 和 Gunther Eysenbach(2010)，他们选取的事件是 2009 年的 H1N1 流感爆发，探讨 Twitter 的信息流动特征，指出 Twitter 不仅是政府和公共信息的发布平台，也是各类观点发表、碰撞和讨论的平台，公共卫生部门应当关注这些信息，加强对社交媒体庞杂信息的内容分析和知识传播研究。[②]

社交媒体的个体表达和社会交往行为研究成为近年西方学者研究的热点。Dejin Zhao，Mary Beth Rosson(2009)等学者指出，微博在个体表达上具有个体状态的频繁更新、信息的实时传播、定制化信息等显著特征，微博发布的字数限制和功能设计又带来了表达简介、易于发布、重在分享等独特优势。[③] 对于微博的字数限制，Jana Herwig(2009)认为与其他媒体丰富绚丽的表达相比，微博更加直观和简洁，符合人们快节奏的生活和碎片化的时空消费特征。[④] 在社会交往行为研究方面，Mor Naaman，Jeffrey Boase (2010)等学者专注于群体动机研究，认为按照表达行为和内容可以将社交媒体用户分为两类：一类以自我表达为中心，虽然不以社交为主观目的，但是客观上达到了社会交往的效果；另一类直接以社交为目的，注重分享体验，通过与别人的互动获取更为广泛的社会资本。他们认为，当前的社交媒体都能够满足这两类人的表达和分享需求。[⑤]

在社交媒体用户研究方面，B. A. Huberman, D. M. Romero(2009)通过数据分析发现，在 Twitter 上存在着两种不同的网络：一是由微博名人、公

---

① Takeshi Sakaki，Makoto Okazaki，Yutaka Matsuo，"EarthquakeShakes Twitter Users: Real-time Event Detection by Social Sensors，" Proceedings of the 19th International Conference on World Wide Web 2010.

② Cynthia Chew, Gunther Eysenbach, "Pandemics in the Age of Twitter-Content Analysis of Tweets during the 2009 H1N1 outbreak," *PLOS ONE*, 2010,5(11).

③ Dejin Zhao, Mary Beth Rosson, "How and Why People Twitter: The Role that Micro-blogging Plays in Informal Communicationat Work," Proceedings of the ACM 2009 International Conference on Supporting group work, 2009.

④ Jana Herwig, "Liminality and Communitas in Social Media—The Case of Twitter," http://homepage. univie. ac. at/jana. herwig/PDF/herwig_ir_liminalitycommunitastwitter_v5oct09. pdf.

⑤ Mor Naaman, Jeffrey Boase, Chih-Hui Lai, "Is it Really About Me Message Content in Social Awarenessstreams," http://www. mendeley. com/rescarch/earthquake-shakes-twitter-users-realtime-event-detection-social-sensors-3.

共号和大量粉丝群体构成的广泛网络,二是由真实朋友构成的相对紧密的简单网络。他们认为,用户更喜欢在后者进行真实互动和交流,它的传播影响力要显著大于前者。[①] Sarita Yardil, Danah Boyd(2010)等学者认为,Twitter上这两种不同范围和传播力的网络,既可以让不同的观点进行充分的讨论和碰撞,又可以很容易找到与自己意见相同的朋友圈;使得个体既能充分表达自己的观点又不陷入极端,满足了他们渴望的归属感。这种多元观点的表达能够产生积极的社会效果。[②]

与国外相比,我国对社交媒体的研究并不晚,近两三年来随着国内微博、微信的迅猛发展,新闻传播界给予了强烈关注,学者和从业者做了大量的研究。从中国知网文献分析中心(2014)给出的关于"微博"关键词的文献互引图(见图1-14)可以看出,目前国内的研究主要集中在微博营销研究、微博发展研究、微博谣言研究以及传统媒体与微博的互动研究等方面。

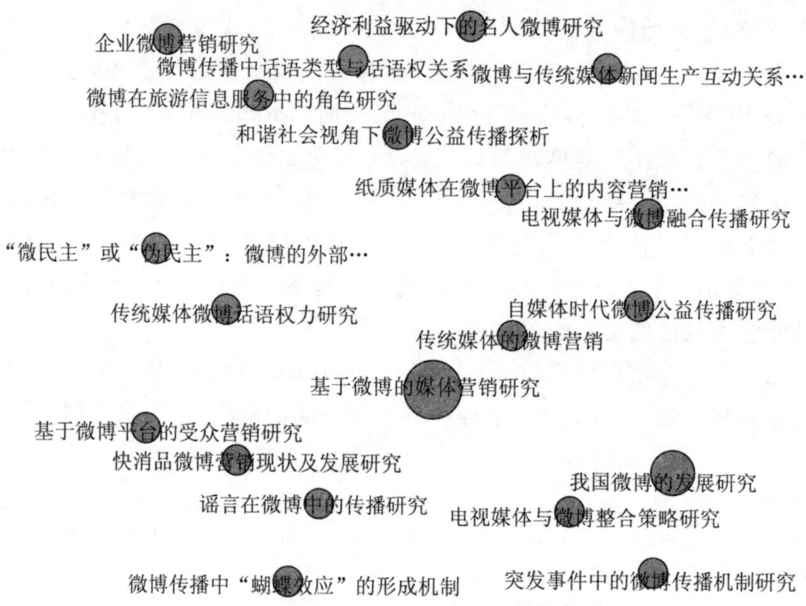

图1-14 关键词为"微博"的文献互引图[③]

① B. A. Huberman, D. M. Romero, "Social Network that Matter Twitter under the Microscope," *First Monday*, 2009, 14(1).

② Sarita Yardil, Danah Boyd, "Dynamic Debates—An Analysis of Group Polarization over Time on Twitter," http://www.danah.org/papers/2010/BSTS-TwitterPolarization.pdf.

③ 参见中国知网文献分析中心,时间截至2014年6月29日。

微博发展研究主要涉及微博的定义、传播特点和影响力等基础性研究方面。谢耕耘(2011)等学者认为,微博的信息传播具有碎片化的传播方式,多渠道、多方式整合的传播信道以及病毒式加速信息流通的传播速度等特征。[①] 杨善顺(2009)从传播影响力的角度出发指出,微博具有点对面的实时传播、层叠在社会关系上的传播以及关系资源背书内容传播三大特征,微博去中心化的传播结构源于技术所带来的便利最大化,而微博传播迅速、广泛流行的深层原因在于传统传播渠道不畅和信息匮乏。[②]

在微博的社会传播机理方面,宁妮娅(2009)认为,Twitter 具有简单、聪明、实用三个特点,这就与媒体接近权、政治传播、公民新闻相契合,成为大众传播语境的新形态。[③] 喻国明(2011)指出,微博有价值的内容会在多次转发中形成多次"次级传播",从而达到"裂变传播"效应,当每个人都成为信息的分享者、传播者,微博特定公共事件就会形成巨大的社会影响力和舆论动员力,导致最终的全社会围观和上层介入。[④] 栾絮洁等(2011)认为,微博的围观效应来自于复杂网络和人际关系所构建的"蝴蝶效应",网民具有了更多的话语权和议题构建能力,使得微博成为传统媒体的信息源,成为公共议题的"议程设置者"。[⑤]

在硕博士论文数据库(2014)中,吴敏的《基于微博的媒体营销研究》、梁赛楠的《微博客受众的媒介使用研究》、王娟的《微博客用户的使用动机与行为》、段超龙的《微博营销初探》等论文,多从如何在微博抓住使用客户进行营销的角度出发,讨论微博营销的问题。

上述研究结果显示:国内外对社交媒体的研究主要集中在微博研究领域,并已形成系统性,各方面基本涵盖,但通过对国内外传播学期刊的搜索,较少发现对社交媒体和传统媒体融合的实证研究。

二、社交媒体与传统媒体的互动传播研究

国内传统媒体首次大范围地结合微博进行报道,是在 2010 年的"两会"阶段,《人民日报》、《光明日报》、新华社等纷纷推出媒体微博。吴姗(2010)以新华网"新华视点"推出的"两会微博"为研究对象,分析主流媒体如何利

---

① 参见谢耘耕、徐颖:《微博的历史、现状与发展趋势》,载《现代传播》2011 年第 4 期。

② 参见杨善顺:《微传播时代的来临与传统媒体的利用》,载《传媒》2009 年第 8 期。

③ 参见宁妮娅:《Twitter 在大众传播语境中的表现》,载《新闻爱好者》2009 年第 12 期。

④ 参见喻国明:《微博影响力发生的技术关键与社会机理》,载《新闻与写作》2011 年第 10 期。

⑤ 参见栾絮洁、王军:《微博围观效应:公共舆论的生成机制分析》,载《新闻与写作》2011 年第 9 期。

用社交媒体进行新闻报道以及创新报道方式。她指出,"两会微博"报道在传播实效、传播内容、传播方式上具有动态化、细节生动、精辟解读、互动参与等多方面优势,而这是传统媒体所不具备的。① 应吉庆(2010)认为,如何利用微博的特点进行新闻发现、采写和发布,对传统媒体是一项挑战,二者可以借此进行融合,实现双赢。②

彭兰(2012)指出,社交媒体的共同属性是基于用户社会关系的内容生产与交换平台,它开启的以"用户为中心"时代,体现出两方面的特征:一是内容生产与社会关系网络的结合,人们的社交需求促进了社会化媒体平台上的内容生产,这些平台上的内容也反之成为连接人们关系的纽带;二是社交媒体平台的中心是用户,而不是传统的信息发布者或网络运营者。③

"水能载舟,亦能覆舟。"社交媒体在为传统媒体的转型和传播力提升提供新的传播工具的同时,后者也在一次次地被社交媒体所冲击,报道手段、传播语境上的诸多壁垒,使其常常失语。"7·23"甬温动车事故报道中,微博比互联网的信息报道提前2个小时,但是很多传统媒体却鲜见事故现场的第一手信息。社交媒体跃升为突发性公共事件的第一报道源④,随之而来的是传统媒体的公信力和影响力的急剧下滑。造成这种问题的原因,赵战花、来向武(2010)认为,是由于微博的报道门槛低,传播手段便捷,信息传播数量急剧攀升;原本多元化的传播渠道在微博出现后实现了信息的整合;传者和受众的界限逐渐模糊;加之信息丰富,传播速度快,使得微博成为越发重要的新闻来源。⑤

也有学者认为,传统媒体的一些优势是微博难以取代的。段钢(2010)认为,报纸媒体在新闻真实性、信息筛选的专业化以及媒体的制度保障等方面具有的优势,是报纸得以继续生存的基础,报纸媒体需要通过发展特色评论、深度报道不断地求变,以博得生存空间。⑥ 陈海明(2010)认为,传统媒体应当通过加快自身的媒介融合进程,将新媒体转变为自身获取信息、拓宽传播渠道的重要途径。⑦

孙卫华、张庆永(2008)等学者提出了微博等社交媒体发展所带来的负

① 参见吴姗:《浅析主流媒体如何利用微博活跃"两会"报道》,载《新闻世界》2010年第5期。

② 参见应吉庆:《微博客:发现新闻和发布新闻的新途径》,载《新闻实践》2010年第4期。

③ 参见彭兰:《社会化媒体、移动终端、大数据:影响新闻生产的新技术因素》,载《新闻界》2012年第16期。

④ 参见丁青:《从7·23事故看自媒体力量和报纸应对》,载《传媒观察》2011年第9期。

⑤ 参见赵战花、来向武:《微博客对新闻信息传播的影响探析》,载《理论导刊》2010年第4期。

⑥ 参见段钢:《微博时代:报纸"变"与"不变"》,载《中国记者》2010年第4期。

⑦ 参见陈海明:《微博对平面媒体新闻采写的启示》,载《青年记者》2010年第4期。

效应，即当碎片化文本以侵略的姿态占据人们生活的时候，大众会陷入玩味无意义信息的语境中，忽略了信息传播的价值和自身的需求，甚至会被微博“娱乐至死”。[①] 陈昌凤（2011）的调查发现，由于微博等社交媒体在传播内容、传播形式、传受机制、管理机制等方面带给传统媒体的巨大变革，大学的专业教育也应当随着改变，他指出美国大学已经将Twitter等课程作为新闻学院学生的必修课。[②]

三、社交电视的界定与功能研究

作为电视社交化转型的典型应用，社交电视才刚刚出现，无论在实践上还是理论上都处于探索期。从世界范围看，日、韩、欧、美与我国几乎同时开展了社交电视业务，虽然其技术扩散速度快，市场化程度高，但在理论及产业研究方面也颇为零碎，没有形成完整的理论著述和专业系统的研究分析。我国学者和从业者对社交电视的研究起步于2011年，多为零散的描述性研究，尚未发现一本有关社交电视的专著。根据笔者对“中国优秀硕士学位论文全文数据库”和“中国博士学位论文全文数据库”的检索，截至2014年6月，共检索到社交电视及相关领域的硕士论文3篇，分别是《基于Android的社交电视设计与实现》《社交电视的传播方式研究》《国内社交电视发展研究》，尚未发现相关的博士论文。总的来看，当前国内外对于社交电视的研究主要集中在技术、现状和传播特点研究。相关的产业研究缺乏，且大多采用描述性的研究方式，缺乏有力的实证研究作为支撑。可以说，对于社交电视这一蕴藏巨大市场前景、具备融合类业务特征且与人的关系最为密切的社会化媒介，当前的理论研究已经落后于业界的实践和创新。

在社交电视的界定方面，主要从三个角度加以研究：一是将社交电视看作一种新媒体形态，着重从技术角度加以界定，以维基百科的定义为代表，即“泛指能够在看电视（或电视内容）情境下支援传播及社交互动的任何技术，并包含能够研究电视相关的社交行为、装置及网络”。目前国内的研究多引用此定义，将电视的社交功能寄希望于机顶盒和电视机功能的拓展。二是将社交电视等同于社交电视节目，主要从具体的节目形态出发，研究社交媒体与电视媒体的互动传播规律，本研究后面将加以分析说明。三是广电人的内部研究，从电视系统内部出发，研究社交电视的发展。如广播科学研究院施玉海、邹峰等人（2012）认为：“社交电视开展的前提条件是完成广

---

① 参见孙卫华、张庆永：《微博客传播形态解析》，载《传媒观察》2008年第10期。

② 参见陈昌凤、曾福泉：《微博如何改变着新闻业》，载《新闻与写作》2011年第1期。

播电视网的双向改造,在此基础上,加入社交网络应用元素,形成在智能机顶盒平台上的社交电视应用。社交电视是一种社交网络应用,不同的是社交电视主要是以广播电视网为承载,以电视机屏幕为展现平台。同时,社交电视主要的功能是对节目的讨论以及对节目的推广推介,社交网络则包罗万象。社交电视是智能机顶盒的一个具有发展前景的应用点。"[①]这种观点无疑是电视媒体人的封闭思维,将社交电视的功能扁平化、网络封闭化。

在社交电视的功能研究方面,王浩程、张守信、盖鹏(2013)等学者从传播学的角度出发,认为社交电视的社交属性满足了观众对于社交沟通的需求,带给观众全新的观看体验,实现了从"看电视"到"用电视"的转变。对于电视媒体而言,社交电视为内容生产提供了全新的制作思路和互动渠道;对于社交网络而言,社交电视带来了丰富的流量资源,以及节目互动、即时通信、收视指南、电子商务等多种应用的集合;对于广告客户而言,社交平台的海量用户和收视行为为基于大数据的精准营销和整合传播带来了重要契机。[②]

四、社交电视的社会资本研究

传统电视时代,节目的获取和评价局限于熟人社会,满足的是观众闭合情境中看的需求,忽视分享、被关注的需要。社交媒体将家庭等地域性社区为主的可视空间扩大到虚拟网络空间,弱连接的产生和信任的转移,为电视积聚了广泛而有效的受众资源,带来的是媒体社会资本的扩张。

社会资本是行动主体与社会的联系以及通过这种联系摄取稀缺资源的能力。[③] 作为社会网络参与者彼此互动的积极结果,社会资本在微观领域偏重社会网络和人际互动研究。具有代表性的是格兰诺维特(1973)提出的"弱连接优势假设",该理论将相识时间、感情强度、亲密度、互惠程度作为划分关系强弱的维度,指出弱连接是群体间的信息桥梁,与强连接相比,其网络规模大、非重复性信息多,在信息扩散中具有更高的价值。[④]

依据这种理论,可以把社交网络中的群体进行区分,如图 1-15 所示,依据掌握信息的同质性程度和双方情感关系的紧密程度两个维度,把社交应用中的各类联系人划分成强关系社交圈子(灰色)和弱关系社交圈子(白

---

① 施玉海、邹峰等:《社交电视发展现状及对我国的启示与建议》,载《中国会议》2012 年第 7 期。

② 参见王浩程等:《中国社交电视发展模式分析》,载《中国记者》2013 年第 2 期。

③ 参见边燕杰、丘海雄:《企业的社会资本及其功效》,载《中国社会科学》2000 年第 2 期。

④ M. S. Granovetter, "The Strength of Weak Ties," *The American Journal of Sociology*, 1973,78(6).

色)。强关系社交圈子有:现实生活中的朋友、亲人/亲戚、老师/领导、同学、同事等,这些圈子个人关系较为紧密,或者接触的人群或掌握信息较为相似。弱关系的圈子有:陌生人、明星、网友(仅限于网上接触并未在现实生活中接触的朋友)等群体。通过弱连接所建立的异质化网络关系,个体可以扩大与外界的互动,促进资源交换和信息传播的多样化。

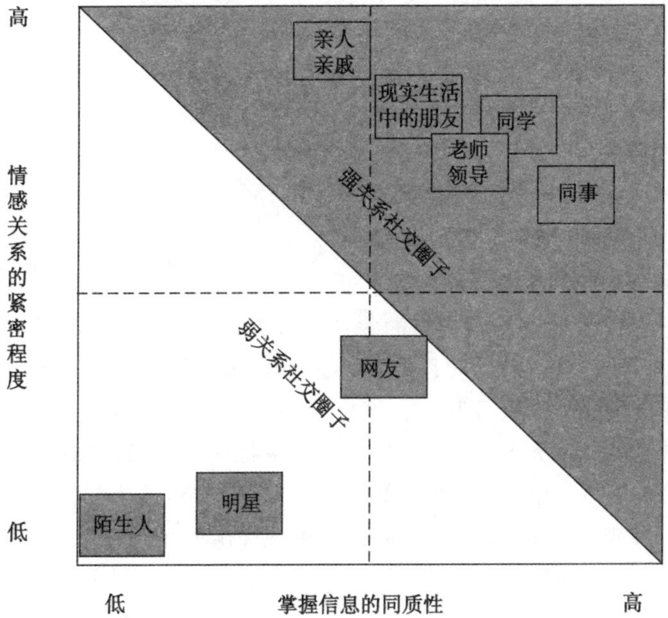

图 1-15 社交应用中各群体关系性质矩阵图

社会信任、社会网络、社会参与是社会资本的三个维度。霍普金斯大学教授福山(1999)认为,普遍信任是维系社会资本的关键维度[1],在高信任社会中,人们超越了血缘关系而形成互为交叉的社会群体,群体之间在共同的行为规则和秩序下形成一个个信任圈,一直延伸到非熟人群体,促进了社会网络的最大化(见图 1-16)。

---

① Francis Fukuyama, "Social Capital and Civil Society," http://www.imf.org/extenal/pubs/ft/seminar/1999/reforms/fukuyama.htm#I. 11/10/1999.

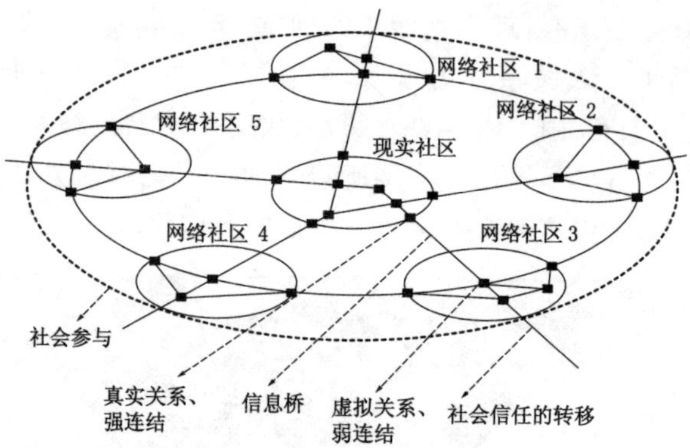

图 1-16　社交媒体的社会网络

(一)通过弱连接扩大社会资本

1929 年,匈牙利作家卡林斯在小说《锁链》中描述道:随着传播和技术的进步,世界正在缩小,交流日益频繁的关系网络正在使人们的社会距离远远小于物理空间的间隔。40 年后,美国社会心理学家米尔格伦(1967)用实证方法验证了卡林斯所说的“小世界”现象,提出了“六度分隔”理论。按照该理论的逻辑,社交媒体将人际交往的现实网络扩大到虚拟网络空间,打破了关系同质化的束缚,具有不同文化、地域和工作背景的人们对特定节目内容,形成以兴趣为基础的弱关系网络群体,极大地扩展了电视媒体的社会资本(见图 1-17)。

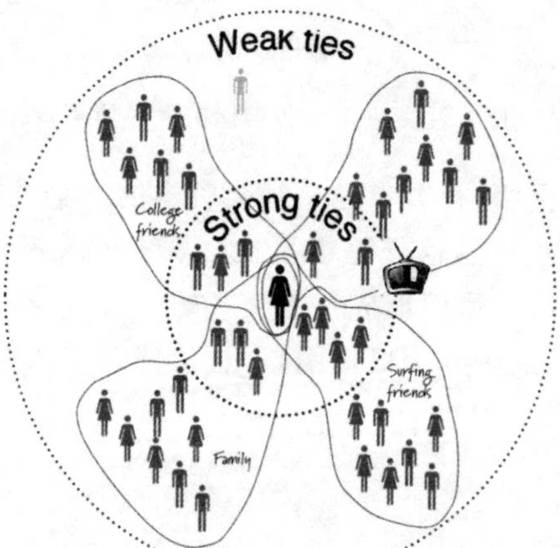

图 1-17　强连接与弱连接社会网络中的电视①

① L. A. Gutillo, R. Molva, T. Strufe, “A Privacy-Preserving Online Social Network Leveraging on Real-life Trust,” *Communications Magazine*, 2009,47(12)。

媒体社会资本的膨胀会产生网络效应，降低电视媒体建立和维护社会关系的成本，将用户使用电视的“费力程度”降至最低。正如克莱·舍基(2012)在《人人时代：无组织的组织力量》中所说：“我们已经被戏剧性地联系在一起。我们显露出来的自身信息极大地增加了社会可见度，使我们更容易找到彼此。”[①]这种低成本为电视媒体聚合受众、创新内容生产和传播机制提供了可能。

(二)通过转移信任扩大社会资本

为了实现福山(1999)所说的社会资本扩张所需的普遍信任，媒体的社交化需要依赖两种机制：一是自我披露机制，用户在网络空间的人际互动中具有较为强烈的自我披露倾向，往往会主动增加接触频率和接触密度来提升自己的受信任程度；二是通过信任的转移机制，包括线下的真实身份向网络空间的转移，以及网络用户之间的转移。它建立在线下的身份验证以及熟人与陌生人的相关性基础上，即通过“朋友的朋友”机制将信任由一个已知个体向未知个体过渡。信任的转移增加了电视媒体扩展网络关系的可能性，一方面控制因陌生人的加入带来的社会风险，另一方面也有利于节目的跨平台运作和产业链的延伸。

(三)通过虚拟社区重聚受众群

滕尼斯(2013)将社区定义为以地域、意识、行为或利益为基础，具有共同价值观的同质化人口所组成的关系密切、富有人情味的生活共同体。[②]电视的社交化对人们的社会交往行为和电视使用习惯带来了变革，但是社区作为“利益共同体”的内涵没有转变，人们开始在线上重塑个体间的社会关系，在虚拟社区中共守规范，共担风险，彼此获取信息和情感支持。虚拟社区的功能机制为传统电视观众的“碎化”提供了重新聚合的可能，也为受众的细分提供了精确的依据。

近些年，在媒体社会资本理论的基础上，国内学者也开始对社交电视等社交媒体的社会网络进行研究。向梦龙(2001)认为，媒体常根据它与其他市场经济主体之间相互关系的性质和距离，通过社会关系网络来获取价值连城的信息，而不是通过交易性的市场关系和授予性的权力关系，这是媒体

---

① [美]克莱·舍基：《人人时代——无组织的组织力量》，胡泳等译，中国人民大学出版社2012年版，第2页。

② 参见聂磊、傅翠晓、程丹：《微信朋友圈：社会网络视角下的虚拟社区》，载《新闻记者》2013年第5期。

社会资本的一种表现。[①] 邓建国(2007)在博士论文中系统地分析了三种Web2.0网络应用的原理、传播学意义以及它们对网民社会资本的潜在意义,使用社会资本的理论考察以上三种网络使用行为对网民社会资本的影响。[②] 聂磊(2013)认为,社会网络分析的视角引发了社区概念的变化,社区不再是空间上被界定的地点,而是具有社会关系意义的网络。作为基于社会网络的虚拟社区,微信朋友圈呈现出强连带与弱连带的有机结合,有助于媒体社会资本的培育。[③] 郭小平(2013)对传统电视媒体进行社会化生存的网络进行了剖析。他认为,社交网络会重塑观众的收视习惯,不可避免的是观众对电视的疏离,反过来社交媒体也会帮助传统电视重新聚合受众群体。它所编制的"弱关系"网络,扩大了电视媒体的社会资本,也使传统的电视观看行为不再单一和封闭,电视观众有了更多的选择权、更好的收视体验、更为优良的应用平台。[④]

总的来说,作为一种"弱关系"网络,社会化媒体的网络关系、网络结构与网络资源,连接了由真实社会关系所构成的新媒体社会资本和由虚拟社会关系所构成的新媒体社会资本。在这种背景下,新媒体时代观众的疏离与收视习惯的变迁,对电视而言,虽然苦口,但也是良药。社会化网络与传统媒体的深度融合,为电视媒体社会资本的扩张奠定了基础。因此,电视媒体社交化转型的核心不是媒介形态变革,而是关系建设及其与内容产制、运营模式的互动融合,是电视生存的社会化。

五、社交电视的商业模式及营销策略研究

如何围绕社交电视构建起合理的商业模式,通过有效的营销策略把社交电视的市场价值挖掘到最大,是目前行业从业者和学者关注的焦点。唯众传媒总裁杨晖(2014)指出,在电视媒体、移动媒体与社交网络多屏互动的传播时代,电视的新型商业模式应当建立在细分、植入、交叉的基础上[⑤]:大数据基础的细分会让传播更精准,通过内容、渠道和时段的细分,结合不同

① 参见向梦龙:《媒体的社会资本与经营》,载《新闻与传播研究》2001年第2期。

② 参见邓建国:《Web2.0时代的互联网使用行为与网民社会资本之关系考察》,复旦大学博士学位论文,2007年。

③ 参见聂磊、傅翠晓、程丹:《微信朋友圈:社会网络视角下的虚拟社区》,载《新闻记者》2013年第5期。

④ 参见郭小平:《社交电视:传统电视的社会化生存及其网络分析》,载《现代传播》2013年第3期。

⑤ 参见杨晖:《大视频时代的营销法则》,载2014年5月23日《综艺报》。

内容、时间和媒介的特点以及不同屏幕接触人群的接受心理，可以让电视的公信力和互动智能相结合，让“巨内容”和“微视频”相结合，最大限度地赚取广告的点击率；植入会让营销更加隐性，电视媒体需要建立“内容即平台”的意识，将内容作为平台去整合各方面的资源；交叉是指电视媒体与电商、旅游、游戏等资源进行跨领域、跨行业的产业融合，创新媒体的商业模式。

在营销策略方面，中国人民大学倪宁、金韶（2014）等学者，以布尔迪厄的“场域理论”为基础，提出了新媒体场域中全新的思维方式和广告传播逻辑[①]：借助大数据技术工具，从目标消费者精准定位、消费需求深度挖掘、投放过程精准可控、广告效果精准评估四个方面，可以全面实现广告精准投放。它颠覆了“以媒体为中心”的传统广告逻辑，真正实现了“以消费者为中心”。学者们进一步提出了具体的营销策略：一是通过内容营销，变传统的“推送广告”为“推送内容”，即借助社交平台和“自媒体”方式，直接生产内容，和用户直接互动；二是通过关系营销，让用户传播广告。社交分享已经成为互联网、移动互联网平台的“标配”功能，关系营销就是利用用户所在的“关系”网和“圈子”，让用户通过分享，自主进行广告的扩散式传播，将新媒体广告传播的效果提升到前所未有的程度。

在产业链研究方面，王浩程（2013）等对社交电视的产业链进行了初步阐释，指出它应当包括内容、平台、终端制造等主要环节：内容提供商需要参考用户对电视节目内容的评价和分享，进行后续节目的内容生产和编排，并形成良性运转；平台提供商不仅要搭建节目内容的评价和推送平台，还可以创新节目的营销模式和广告经营方式，提升社交电视的商业价值；终端制造企业通过进军社交电视领域，可以提升产品的科技含量和品牌知名度，进一步催熟社交电视市场。[②]

综合当前国内外的研究，有关社交电视的研究还很少，并且多局限于基础性应用研究和初步的理论研究方面，研究成果对社交电视的界定不够清晰，多是从技术和具体的节目形态入手进行浅层分析，研究视野不够开阔。不能从产业融合的视角去审视社会网络对传统电视生产所带来的深层变革，缺乏对社交电视商业模式的创新研究，缺乏从电视媒体内外价值整合的视角对社交电视产业链进行深入分析。

---

① 参见倪宁、金韶：《大数据时代的精准广告及其传播策略》，载《现代传播》2014 年第 2 期。

② 参见王浩程、张守信、盖鹏：《中国社交电视发展模式分析》，载《中国记者》2013 年第 2 期。

第四节　研究框架与研究方法

一、研究思路和方法

本研究主要采用三种研究方法：一是理论研究与应用研究相结合，使用发展传播学、产业经济学的分析方法，以国内外社交电视产业运营的实践经验为背景，对我国社交电视发展中出现的问题进行分析；二是在用户调查、行业调查、行业访谈的基础上，将实证研究和定性分析相结合，探索适合我国国情和时代发展规律的社交电视运营策略；三是宏观分析与微观分析相结合，比较、归纳与演绎相结合，探讨在社交媒介生态下，欧美的BBC、CNN、尼尔森、Twitter和国内中央电视台、上海文广、山东广电、新浪、腾讯等企业在媒体社交化应用的实践，总结它们在内容生产、商业运营、市场营销等方面的经验得失，为社交电视发展和电视媒体的变革提供可以借鉴的运作模式。

在以上研究方法的指引下，本研究分析材料的来源有以下几个方面：一是对用户的定量调查数据；二是对电视和新媒体经营者、从业者的深入访谈；三是一些公开信息的渠道，包括政府数据与信息、相关的经济数据、行业公开信息(如艾瑞资讯、新浪微博数据中心、CNNIC等发布的报告)、企业年报/季报、行业资深专家公开发表的观点等，对公开数据信息的参考使用最终帮助本研究获得行业规模的数据；四是国内外社交电视运营的个案；五是相关学者的论著和学术文章。

在定量分析中，本研究主要采用网络问卷调查法，对目标受众进行了历时一个月的调查和统计分析，掌握社交电视在用户需求与消费行为等方面的客观情况，为进一步的理论研究提供数据支撑。然而，单纯的定量调查无法深入剖析社交电视发展中存在的深层次问题，如产业结构问题、市场运营问题。已故的社会学者Boourdieu曾指出，量化研究是用较粗的笔触来描绘事件的全貌，虽粗略但较完整，不过通常只观察到现象而无法探知事件背景的影响。[①] 质化取向则较适于揭露并解释在表面之下的意义[②]，它注重在自然情境下对特定的对象，以观察与访谈的方式来深入探讨对象内在对于社

---

① 转引自陈东旭：《两岸大学生接触对方新闻的现况与实效研究》，复旦大学博士学位论文，2005年。

② 参见Strauss，A. & Corbin：《质性研究概论》，徐宗国译，巨流出版社1997年版，第2页。

会事实的解读及意义，所以质化研究在研究的实行上寻求具有独特性的研究对象，并主张透过研究者亲身参与，以个人主观经验为研究主体，透过共同经验的互动分享以建构真相的多元性。[①] 因此，本研究另外在数据分析的基础上建立访谈提纲，以深度访谈的方式作为辅助，了解电视媒体和新媒体企业在内容生产、产业运作中存在的结构性问题，以访谈结果深化本研究的内涵。具体的研究流程如图 1-18 所示。

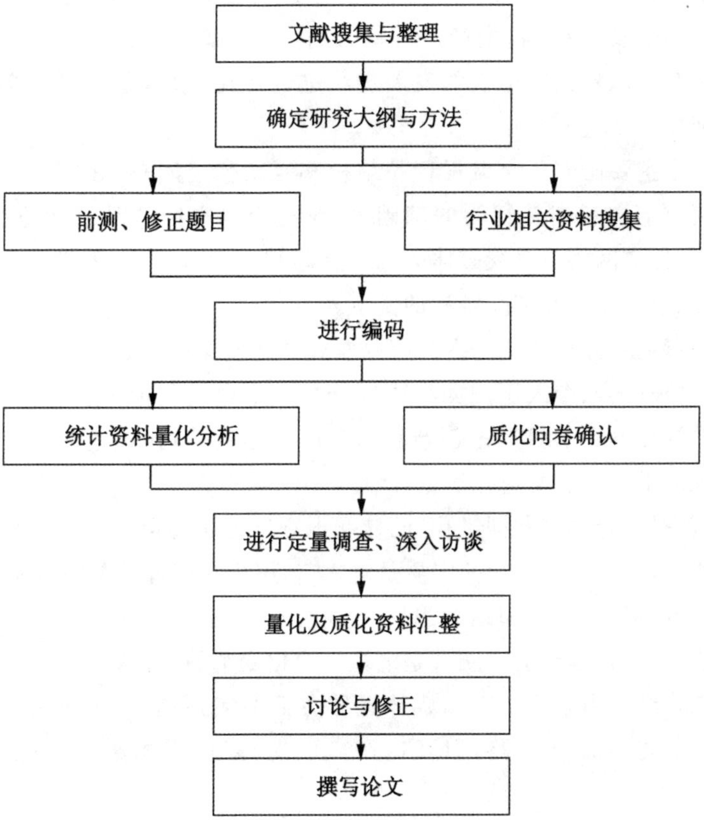

图 1-18　研究流程

① 参见郭良文、林素甘:《质化与量化研究方法之比较分析》,载《资讯传播与图书馆学》2001 年第 4 期。

二、研究框架

第一章交代了本研究写作的背景、研究的主要问题、研究综述和研究方法。

第二章首先通过社交电视的内涵界定，提出了本研究的立论基础，即社交电视不是具体的产品或技术，而是电视媒体与社会网络的深入嵌套，它着眼于互联网思维下以用户为中心的电视生态的建立。一切以电视和社交网络为基础的软硬件终端，生产、传播和经营模式都可以纳入社交电视的范畴。通过对国内外社交电视的发展现状进行对比分析，总结出社交电视的基本特征。

第三章主要研究社交电视产品结构和互动传播问题，在定量分析社交电视的用户结构和消费行为的基础上，对社交电视的产品结构进行剖析。指出用户、社交网络与电视媒体的浅层互动和深度融合，所带来的电视媒体生产主体、生产流程和产品结构的变革。

第四章主要分析社交电视的商业模式和运营策略问题，从企业、电视媒体、社交电视广告、个人用户四个维度分析社交电视的商业价值，提出基于大数据的社交电视节目形态创新和精准广告运营策略，通过流量经营强化社交电视的平台化和本地化运营。

第五章提出建立“共同进化”的社交电视产业链思路。电视媒体与视频网站角逐原创内容IP版权的实质是对入口、用户和广告资源的争夺，而电视媒体在技术、资本、用户和运营思路上的短板，并不适合建立“大而全”的新媒体架构，产业合作和资本融合是电视社交化变革的可行路径。

第六章结合山东广电在新媒体运营方面的实地调研，提出传统电视与社交媒体的融合发展思路，以及山东广电向“新型媒体集团”发展的具体路径。

最后研究结论部分回应问题、形成结论，并指出研究限制与未来研究方向建议。

具体研究框架参阅图1-19。

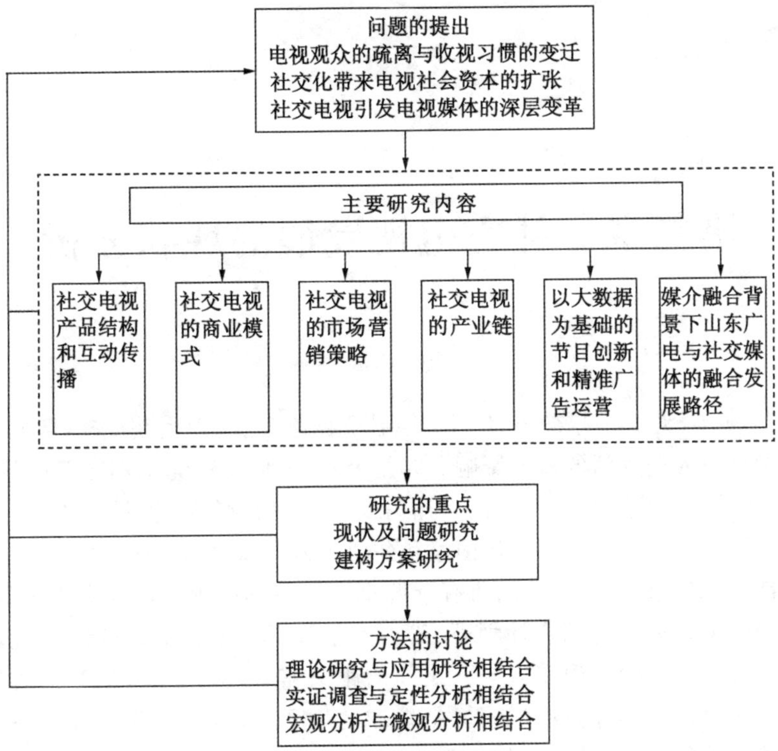
问题的提出
电视观众的疏离与收视习惯的变迁
社交化带来电视社会资本的扩张
社交电视引发电视媒体的深层变革
主要研究内容
社交电视产品结构和互动传播
社交电视的商业模式
社交电视的市场营销策略
社交电视的产业链
以大数据为基础的节目创新和精准广告运营
媒介融合背景下山东广电与社交媒体的融合发展路径
研究的重点
现状及问题研究
建构方案研究
方法的讨论
理论研究与应用研究相结合
实证调查与定性分析相结合
宏观分析与微观分析相结合

图 1-19　研究框架

第二章　社交电视发展的现状分析

2010 年,大卫·芬奇导演的影片《社交网络》之所以大获成功,要归功于社交网络对人们生活的深刻影响。时至今日,人们无时无刻不在 Facebook、Twitter、微博、微信上发表言论。托马斯·弗里德曼在《世界是平的》中指出,全球化 3.0 时代,个人取代国家和公司成为全球化的主体,只要个人有足够的能力和想象力,世界上的所有资源都可以为其所用。世界变小了,从小型变成微型,“在没有刻意计划下,班加罗尔成了波士顿的近郊”[①]。互联网尤其是社交网络的应用使人与人之间的距离缩短,抹平了人们沟通之间的障碍。于是,从几何的角度来看,把地球的表面无限细分,世界变成一个可以任意通达的平面。那么,在这样一个时代,电视媒体的结构将呈现出何种变化？当年轻的观众由被动的“后仰”体验转变为主动的“前倾”体验时,电视媒体如何跟上社交媒体的节奏嵌入到社会网络之中,成为影响未来电视格局的重要因素。

第一节　社交电视的内涵

一、社交电视的多维界定

社交电视(Social TV)作为一个兴起于 21 世纪初的概念,其初始目标是使不同地方的用户可以分享、讨论电视内容和信息,并且能够更容易地找到想看的节目。目前对社交电视尚未有准确、公认的定义。定义的模糊不清,也导致当前国内外对社交电视的研究聚焦于不同的客体。

---

① [美]托马斯·弗里德曼:《世界是平的——一部二十一世纪简史》,湖南科学技术出版社 2006 年版,第 1 页。

在维基百科中，社交电视被定义为"Social television is a general term for technology that supports communication and interaction in the context of watching television, or related to TV content. It also includes the study of television-related social behavior"，即"泛指能够在看电视(或电视内容)情境下支援传播及社交互动的任何技术，并包含能够研究电视相关的社交行为、装置及网络"。这种技术化的定义直接导致早期的研究者将电视的社交功能寄希望于机顶盒和电视机功能的拓展。随着社交媒体的崛起，有研究者认为，社交电视就是"一项第二屏应用，通过社交网络来提升观看电视的体验"[①]。还有研究者将社交电视节目等同于社交电视，认为其"能同时在电视、电脑和手机三块屏幕都形成焦点并使观众和用户参与讨论，并在多平台形成热点"[②]，一些电视制作机构开始将电视节目与 Facebook 或者 Twitter 结合，如 NBC(美国全国广播公司)制作了一档名为 20S 的节目，主要内容为收集某个城市 20 位博友的微博内容从而塑造这个城市的话语空间。随着移动互联网的迅速发展，人们又将社交电视的发展与智能终端结合，甚至有一种狭义的观点将社交电视 App 理解为社交电视。据不完全统计，目前全球有超过 1000 家公司从事与社交电视相关的服务，国内也涌现出包括新浪看点、蜗牛等社交电视 App，随着数字电视运营商、内容集成商、内容提供商、电视台、电视栏目、广告赞助商等已经在电视产业中的企业加入进来，使得社交电视的形态更加千变万化。[③]

2011 年，社交电视被美国 *Wired* 杂志评为六大技术发展趋势，在 Gartner 咨询发布的新兴技术成熟度曲线报告中[④]，社交电视被标注于"技术萌芽期"，在这一阶段，新产品快速大量发布，但仍旧需要 5～10 年才能成熟。因此，有关社交电视的构想大多是模糊而复杂的。虽然社交电视的概念并不足够明确，但可以肯定的是，社交电视不等于社交电视机，它可以呈现在电脑、手持移动设备等多种终端上；社交电视不是传统电视与社交媒体的简单组合，也不是简单的某种新媒体形态，它可能是有线电视、网络电视

---

① 《社交电视：拥抱，结婚还是躲避》，网易网，http://tech. 163. com/12/0424/12/7VRSNI0B000915BD. html ，2012 年 4 月 24 日。

② 杜毓斌：《西方电视台如何利用社交媒体》，新浪长微博，http://c. blog. sina. com. cn/profile. php? blogid=942047cd890006xt，2013 年 12 月 2 日。

③ 参见万丹妮：《影响社交电视发展的三大问题与思考》，人民网，http://yjy. people. com. cn/n/2012/1022/c245082-19344678. html，2012 年 10 月 22 日。

④ 参见 Gartner：《2011 年度新兴技术成熟度曲线报告》，http://www. zrway. com/news/newsin. jsp? RecNo=6507，2015 年 12 月 10 日。

(IPTV)、点对点视频服务(P2P)、开放开联网视频服务(OTT)或者互联网电视(OTT)。

本研究所指出的社交电视,不是具体的产品或技术,而是电视媒体与社会网络的深入嵌套,它着眼于互联网思维下以用户为中心的电视生态的建立。一切以电视和社交网络为基础的软硬件终端,生产、传播和经营模式都可以纳入到社交电视的范畴。作为互联网思维在电视上的移植,社交电视所带来的是用户从"看电视"到"用电视"的转变,是基于电视的一整套运营逻辑和思维的改变,涉及有关电视上下游的一整条产业链。从这个角度讲,社交电视有三个基本特征:一是生产、播出的互联网化;二是为跨媒体渠道定制节目;三是关系的建立和经营,通过关系建设提升电视媒体的经营实力和舆论影响力。要想全面地把握"社交电视"的概念,必须同时从数字终端、数字技术与社会功能、思维方式等不同层面予以审视。

(一)作为终端的社交电视

就终端而言,社交电视是将社交媒体与电视进行无缝结合,让电视成为社交媒体的重要终端,即身处不同地方的电视观众能够方便地共享和讨论他们正在观看的电视节目。这是一种以电视屏幕为中心的交互模式,即"社交电视机",如开发了社交功能的智能电视、各种电视盒子等。海尔在2011年推出了一款"卡萨帝"社交电视,屏幕高宽比达到21∶9,实现了个性化的分屏,一屏双用,可以边看电视边聊天。作为终端的社交电视可以分为三种类型:以电视为中心的形式、以电脑为中心的形式、以手机/平板等移动媒体为中心的形式。

(二)作为技术总称的社交电视

社交电视是一系列技术的总称,用户借助这些技术进行社会化的互动和交流,从而影响自己对电视节目及其信息的消费行为。从这个角度讲,社交电视不是简单地通过电视来访问社交网站,而是指用户在观看电视的同时,可以通过签到、层标签、LBS等技术进行通信、互动或者其他的与电视内容相关的社交化行为。

以"签到"应用来说,这个社交电视早期最为经典的技术形式,现在已经被演绎成各种创新性应用。用户可以通过手机对正在播出的电视节目进行音频识别或字幕扫描,实现签到并分享到社交媒体上。该功能可以与Facebook、Twitter、iTunes或Netflix等社交网络相连接,还可以通过与GPS层提供商合作,将GPS信息嵌入到签到当中。例如,美国CW电视网推出的用声音来触发的应用"SHOPKICK",支持观众用手机听电视。当电视节目中支持SHOPKICK的广告出现时手机上就会出现提示,用户打开后会有一个打折券或抵用券之类的回馈，形成社交电视与电子商务的链接。

此外，社交电视还具有弹幕评论、植入角色、基于层的标签等技术功能，可以标注画面中的人物，实现配音字幕从说话人嘴边出现，可以在画面上直接点击人物投票，也可以选中商品了解更多详情。社交电视基于AR实境增强和LBS地理信息服务的功能可以方便运营商开发各种增值服务。

当前社交电视的技术功能主要有：

1. 基于关键词和兴趣的推荐。

2. 群组聊天。

3. 上下文内容相关广告。

4. 基于社区的品牌植入。

5. 基于SOLOMO（社交、本地、移动）功能的扩展应用。

6. 签到功能，将自己正在看的电视节目分享给好友。

7. 声纹识别、字幕扫描、二维码扫描功能，可以侦测用户正在观看的电视节目内容。

8. 基于层的标签功能，可以标注画面中的人物，也可以点击了解商品详情。

9. 基于AR实境增强和LBS地理信息的各种体验和服务。

10. 为电视台/节目方提供数据支持。

（三）作为社会交往的社交电视

从社会交往的角度看，社交电视的本质就是“电视的社交化”，它使人们看电视的行为更加社会化，即通过社交网络为用户观看电视节目提供更多的信息支持和交流体验。中国电视的社交化变革有其存在的社会基础，一是现实社会的真实人际关系弱化以及独生子女群体的虚拟社会化需求强烈；二是社会公众对社交网络的态度正在从新鲜、娱乐逐渐向熟人社会和社会交往工具转变；三是当前的社交网络缺乏好的内容维系基础。因此，同样都有着广泛社会需求的视听内容与社交网络的融合，将催生新的电视消费方式的产生。

此种背景下，社交电视将社交网络与电视观看体验融合，给了用户一种全新的观看和参与电视的方式，从而为传统电视行业或互联网行业提供了一种新的商业机会。从这一角度来说，社交电视是一种融合传统电视行业和新兴互联网社交服务的媒介使用方式，它通过对节目内容的实时互动和热议，实现强关系和弱关系群体基于相同的兴趣爱好、话题乃至价值观进行的频繁互动交流。

(四)作为思维方式的社交电视

当前有关社交电视的构想大多是模糊而复杂的,但有一个事实却足够简单——“第二屏”已经成为了电视屏幕的最有益补充。越来越多的用户将碎片时间投入到社交媒体之中,哪怕是在观看节目的间隙也会不自觉地去刷微博、发朋友圈。从表面上看,这种社交消费好像是抢了电视的饭碗,但如果观众是通过社交媒体参与电视的生产和传播时,第二屏就成为了电视内容的延伸平台。剩下的问题就是如何利用这个平台使相关性内容与观众产生互动。

这首先需要我们从思维上转变,重新认识电视。如同阿尔文·托夫勒在《第三次浪潮》中所说:“第三次浪潮就这样开始了一个真正的新时代——非群体化传播工具时代,一个新的信息领域与新的技术领域一起出现了,而且这将对所有领域中最重要的领域——人类的思想,发生非常深远的影响。总之,所有这一切变化,变革了我们对世界的看法,也改变了我们连接世界的能力。”[①]社会化媒体时代围绕电视的关联行为,都可以成为以用户为基础进行多屏融合的“触发点”。无论是电视本身的社交化,还是电视与社交媒体更深度的融合,都应当建立起以用户为核心、注重媒体与用户关系营造的思维方式。在这种思维的指引下,电视媒体需要关注的是如何通过开放多元的媒体和渠道获取更好的用户黏性,如何进行大数据基础上的定制化推送和广告营销,以及如何变革电视媒体的生产和组织方式,建立更加完善的产业链条。

二、社交电视的发展模式

(一)基于移动终端或PC平台的客户端模式

这类社交电视应用主要基于移动App平台或PC客户端,在收看电视内容的同时实现与电视节目之间的实时互动服务。目前,此类应用多是通过自建多功能社区实现对节目的讨论和评价,如基于PC平台的Getglue和PPTV,基于平板电脑的TWCable TV、WatchESPN,以及基于手机平台的Numote、卫视通等。

基于PC电脑的网络电视为了适应社交化的需求,相继在原有内容供应的基础上增加了互动社交功能。用户通过访问特定的视频客户端对节目内容发表评价、推荐或是分享给好友等。这类客户端都能够支持用户对看过的

① [美]阿尔文·托夫勒:《第三次浪潮》,朱志森等译,三联书店1983年版,第225页。

内容进行“签到”(Check-in),同时支持与第三方社交网站的连接,可以将用户对电影、节目等的评价或是影片链接分享给自己在第三方社交网站的好友。

Getglue 创建于 2008 年,最初只是 FireFox 的一个浏览器插件,2009 年,GetGlue 转型为一个通过娱乐内容签到促进用户社会化分享的网站,2011 年,它又专注于社交电视应用,向用户提供节目的签到、评价、推荐、打分、排行榜、好友登录提醒、推荐到微博等服务。2011 年感恩节,GetGlue 联合美国家庭人寿保险公司(Aflac)推出感恩回馈活动,用户在 GetGlue 上每签到一次,Aflac 就捐款 1 美元,捐款用于美国儿童的癌症慈善事业。通过此种营销推广,GetGlue 在 2012 年的注册用户突破 300 万,电视节目和电影签到数突破 5 亿次,扩大了品牌影响力和市场价值。

相对于传统电视的转型,网络电视转型社交电视有其独特的优势,用户使用起来也更为方便。从内容组织上看,不同于传统电视按频道的线性组织和广播方式,网络电视的内容多是分散组织、非线性的,用户可以在观看视频节目的同时进行在线评论、推送节目、阵营 PK 等人际交互,并且多数网络电视都已与微博、微信或 QQ 进行账号捆绑和一体化登陆。当前很多网络电视同时开设有移动 App,并通过特定功能实现移动终端和 PC 端的联动,如“电视 e 族”的“晃一晃”截图功能,“网易电视指南”的“无缝对接”功能,可以实现节目内容的多屏互动传播。

互联网公司推出的社交电视应用面临的共同问题是,具有独立版权的节目内容资源还比较匮乏,使其在产业链中缺乏话语权,导致内容和功能的同质化严重,用户没有形成规模,甚至 EPG(Electronic Program Guide,电子节目指南)数据都不够准确。因此,选择与电视台合作是提高社交电视产品覆盖率的有效途径,电视媒体也可以据此培养用户尤其是年轻用户的附着度,扩大节目的影响力。

2012 年 7 月,SMG 上海文广百视通公司与新浪合作推出国内第一款社交电视产品“百视通看点”,这是基于新浪微博的社交电视开放平台,新浪为开发者、电视运营商、电视厂商等产业链相关参与者提供用户身份和用户社会关系的开放式服务,合作伙伴可以据此打造自己的社交电视产品。新浪 CEO 兼总裁曹国伟认为:“人们基于电视的互动和社交需求,正在被激发出来。为了满足用户更加丰富的需求,将电视媒体和社交媒体进行无缝连接,让用户实现更便捷的参与、分享和互动是大势所趋。”[①]社交媒体与电视媒体

① 转引自郭小平:《社交电视:传统电视的社会化生存及其网络分析》,载《现代传播》2013 年第 3 期。

的融合,将电视机作为视听终端的优势与手机的伴随化优势、PC 的互动优势结合起来,使身处不同地方的电视用户都能便捷地分享、讨论正在观看的电视节目。这种创新的模式,既是对用户需求的前瞻性响应,也是社交媒体与电视媒体融合的新起点。

(二)基于电视终端的“一屏两用”模式

“一屏两用”是在电视屏幕上既可以观看电视内容,又可以实现社交功能,这是一种以电视屏幕为中心的交互模式。它将社交功能植入电视机终端,实现边看电视边社交,其核心设备是可以连接社交网络的智能电视机或机顶盒。机顶盒方式主要是通过机顶盒中间件(如 iPanel)来支持,而智能电视(互联网电视)因为采用智能操作系统(如 Android),可以方便地在上面添加这些应用。这种方式主要由电视台、有线电视网络运营商、电视机或者机顶盒厂商主导,通过这种方式将年轻消费者拉回到电视机前,提升电视节目的收视率,增加电视机的销售量。美国电话电报公司的 Havac 247 频道是全球最早开展的社交电视业务之一。电视机直接与社交网站连接,可以支持观众在看电视的同时浏览与节目相关的 Twitter 消息,或是访问观众自己的 Facebook 账户,发表实时评论,及时查看好友动态或是访问好友相册等。

2011 年 4 月,海尔推出卡萨帝社交电视,应用网络技术,用户可以通过手机控制并转移电视节目,实现了“人与物”的交流;同时,该电视还首次实现了家电物联在视听终端上的应用,电视可与电脑、手机、DV 等家电实现内容互通,为用户提供了一套完整的家居视听影像解决方案,实现了“物与物”的交流;而视频通话功能则确保了消费者随时随地通过电视与家人、朋友进行交流、沟通,实现了“人与人”的交流。该产品将电视、手机以及电脑三屏的内容共享、操作互动。电视不只是节目接收终端,而是为消费者提供高品质影音娱乐体验的家庭娱乐中心。①

2014 年 5 月,海信电视以打造全球首个“家庭社交圈”为特色的“聚享家”App 正式在其 VIDAA2 新品和 K681、K600 系列智能电视产品上线。聚享家是海信自主研发的基于智能电视的家庭私密社交软件,家人可以通过手机号和安装了聚享家 App 的电视机进行绑定,从而实现手机移动端和电视端的信息互动。这个圈子仅限绑定过同一款电视的用户才可以看到,因此被称为“家庭社交圈”。

通过手机端聚享家 App 连接电视端后,用户可以发布文字、图片内容,

① 参见郭小平:《社交电视:传统电视的社会化生存及其网络分析》,载《现代传播》2013 年第 3 期。

同时可以选择可见群组。电视端用户查看信息后，还可以进行点赞和评论功能，从而把社交媒体的“朋友圈”功能移植到了电视上。通过电视和手机端的信息分享，聚享家不仅可以开启家庭社交圈，更是可以让熟悉遥控器而不是鼠标键盘的老人拥有和子女进行互动的便捷渠道。

目前这种社交电视产品在用户体验方面还不够理想，将传统的电视操控和交互功能同时集成在遥控器上，使得互动操作相对繁琐。简单的互动抑制了电视的社交功能开发，社交电视无法为用户提供诸如游戏、电子商务等更为丰富的应用。同时，用户将电视看作单一输出媒介的传统观念和使用习惯能否转变，也成为此类产品能否打开市场的重要因素。

（三）基于公共社交平台的用户自发应用模式

除了互联网公司、电视媒体或终端企业推出的社交电视产品，用户在电视收视过程中会主动利用微博、微信、SNS 等公共社交媒体，进行节目的搜索、讨论、推荐。前文提到，我国有 66％的年轻用户在观看节目时，会在社交媒体分享自己的体会；48％的用户表示自己的亲朋在社交媒体上对某一影视节目的讨论或推荐会影响自己的收视行为。用户的自发应用在很大程度上促进了社交电视的发展，为电视媒体聚合受众、提升用户的收视黏性起到了推动作用，也成为社交媒体导入用户流量、实现价值增值的重要环节。

意识到这一市场的潜在价值，电视媒体积极利用社交平台进行节目的推广。《2013 新浪媒体微博报告》显示，新浪微博上的电视媒体官微数已经超过 7000 个，包含 510 家电视台、712 家电视频道和 6000 多个栏目。① 山东卫视围绕 2011 年新《水浒传》打造“水浒季”，其中有一档直播节目《开讲》，邀请明星进行现场辩论，观众可以通过新浪微博与现场进行实时互动。借助微博这一平台，电视媒体可以在一定程度上弥补自身在互动、分享等方面的不足，把内容和服务延伸到了更为广阔的互联网，从而覆盖到更多的网络受众，有效地提升了节目和媒体的影响力。

第二节　国内外社交电视的发展现状

一、国外社交电视的发展

社交电视这一概念最早于 2006 年在欧美等发达国家出现，之后越来越多

① 参见新浪微博数据中心：《2013 新浪媒体微博报告》，http://data.weibo.com/report/，2014 年 1 月 1 日。

的电视生产厂商和运营商开始致力于社交电视的研发和推广,先后出现了PARC Social TV、Cha TV、Ambient TV等众多产品。从传统电视对社会化媒体的工具性使用,到基于技术融合的社交电视发展,欧美的电视公司在不断适应观众收视习惯的变迁并在自身的社会化过程中丰富观众的观看体验。

2009年,西班牙VEO7电视频道推出世界第一档社交电视脱口秀节目Twivision,主要由两位主持人与观众通过微博互动聊天构成。新西兰电视台TVNZ早在2011年就推出国内第一个社交电视"U频道",在音乐、编排、话题讨论等方面接受年轻用户在社交媒体上的互动体验和兴趣意见,以此强化电视媒体与观众之间的连接。U频道每天下午会播出一档时长为3个小时的名为"U LIVE"的生活秀节目,节目内容涉及音乐、访谈和其他公众关心的话题。观众可以通过Facebook参与到节目中来,在自由的氛围中进行投票、节目讨论。在播出过程中,他们的评论和受调查结果能够显示在屏幕上。

在西方的社交媒体中,影响力最大的莫过于Twitter、Facebook和Youtube三大社交网络。不同的社交电视节目对于这三个网站也有不同的侧重。如英国BBC的Question Time和法国France 24的Les Observateurs侧重使用Twitter与观众互动交流,半岛英语台的The Stream则可同时使用Twitter、Facebook、YouTube和Google+等多种社交媒体上传文字或音视频内容。

得益于成熟的技术和产业生态,西方的社交电视产业链条基本形成,初步构建起了包含社交电视运营商、电视机构、内容提供商、第三方手机应用、机顶盒解决方案提供商、硬件厂商等多个环节于一体的产业生态链条。与传统电视媒体相对单一、直达的产业链相比,社交电视产业链更加复杂,包含的盈利点更多,盈利模式更为多元,可以从多方位满足用户的个性化需求和不同市场运营主体的需要。电视机构从社交网络的链接中获得或多或少的访问流量,俄罗斯媒体RT(今日俄罗斯)电视台被视为使用YouTube最有效的媒体之一,其订阅用户达到112万,视频点击量超过9.9亿[①](截至2013年5月15日),有效地扩大了影响力。

(一)传媒机构进入社交电视领域

1. NBC

NBC是在社交电视方面走得最远的全国性电视网。它推出了一档通过微博内容制作的电视节目20S。该节目通过每个城市的20位微博用户来塑

① 参见杜毓斌:《西方电视台如何利用社交媒体》,新浪长微博,http://c.blog.sina.com.cn/profile.php? blogid=942047cd890006xt,2013年12月2日。

造城市的对话空间，在纽约和华盛顿成功推出后，节目迅速在全国范围内推广开来。

NBC 的早间新闻节目 Today 也在 2012 年实现了改版，推出了 today. com，不论是在电视还是在网站上都突出了与微博的互动。在改版当天的节目中，特意让近 60 岁的女主播在年轻主持人的帮助下，发出了她的第一条微博。

2. MTV

MTV 旗下 13 个频道所针对的主要受众为青少年，所以他们特别关注 13～24 岁观众的媒介消费行为，这一群体是社交媒体的主要使用者。为了吸引年轻受众，MTV 采取的应对措施是积极地拥抱社交媒体，并努力向社交电视转型。

为此，MTV 推出了一档黄金时间的脱口秀节目《亚力莎·钟秀》，节目使用各种社交媒体平台聚焦放学回家的孩子，通过 Facebook 和微博吸引学生们发动话题，上传视频内容，并在节目中与他们互动。为了推广社交电视，MTV 还推出了广受观众欢迎的活动——推选 TJ，即微博主持人（Twitter Jokey）。MTV 在社交电视的技术方面也频频发力，独自研发了音乐录像方面的趋势软件，能在社交网站和三星的智能电视机上使用。为了更好地融入社交媒体时代的"分享文化"中，MTV 已经与 Facebook 和 Twitter 合作推出 Twitter TV 和 Facebook Channel，打造纯粹的社交电视平台。

3. CNN

2009 年，CNN 在 Facebook 上直播奥巴马总统就职典礼成为社交媒体史上的里程碑，从那一刻起，通过社交媒体看电视的美国观众人数首次超过通过有线电视看节目的人数。

CNN 传奇的主持人拉里·金在其节目收视长期低迷后无奈隐退，其继任者、曾主持过英国达人和美国达人的 Piers Morgan 接过话筒。他没有简单地复制过往主持人的节目风格，而是大胆地使用社交媒体为自己的节目造势。通过 Twitter、Facebook 乃至基于地理信息的社交工具 GetGlue，CNN 为这位主持人做了大规模的宣传。Piers Morgan 在节目开播前一天，利用自己观看金球奖颁奖活动的机会发了一条引起极大震动的微博"Gervais not seen for an hour now. What the hell happened"，使得第二天他的节目收视率极高，这也是其社交粉丝为他的节目带来的巨大增值效应。在社交电视时代，一个善于使用社交媒体的主持人将比不使用社交媒体的主持人更吸引观众，保持较高收视率。

4. 半岛电视台

半岛电视台在中东北非地区的新闻报道中表现非常突出，但是其并没有在美国有效落地,所以网络视频成为其美国用户的主要收视来源。为此,半岛电视台购买了大量的微博关键词——埃及、塔希尔广场、穆巴拉克等。该电视台还推出了社交新闻脱口秀电视节目 Stream,摆脱传统电视依据脚本和提词器的做法,全面引入社交媒体作为话题和谈话内容的来源,通过 Storify 软件,实现社交媒体中新闻话题的自动归纳和故事自动生成。

5. BBC

与其他电视机构在社交电视领域的小范围尝试不同,BBC 将社交电视上升为集团重要的发展战略。BBC 早在 2006 年就提出了"创造性未来"计划,明确将"年轻受众"和"积极主动的受众"作为重点开发对象。BBC 希望与年轻受众建立一种新型关系,吸引他们以更加主动的姿态参与到节目收看、讨论、创作及分享的过程中。为此,BBC 推出了网络视频点播服务 iPlayer,实现了向年轻用户群体的延伸,建立起新型的视听关系。

随着社交网络的崛起,用户的分享需求激增。BBC 注意到这一发展趋势,开始积极着手用户关系的开发与维护。BBC 认为,为用户创制并维护关系,就是要让用户的观看行为不再是一个"孤岛",而是融入社交网络中去,通过好友间的分享观感和发送推荐形成以内容为中心的社交圈。这样一来,人与人的关系不再处于从属的地位,而是具有建设性和吸引力的"基础设施",这对于增强用户对媒体的依赖以及媒体自身品牌都很有价值。2010 年,BBC 推出第三代 iPlayer,将 Facebook、Twitter、Windows live Messenger 等社交媒体融合进来,用户可以在观看视频的同时进行查询、分享、推荐,还可以打造专属自己的个人电视台。BBC iPlayer 的整体战略是迈向"社交电视+个人电视台+认知媒体"发展,走出基于用户体验为核心的创新之路。

(二)主流的社交电视产品

1. Miso

2011 年 11 月,社交电视服务提供商 Miso 在 Khosla Ventures 牵头的新一轮融资中筹集到了 400 万美元,投资者包括者 Google Ventures 和 Hearst Interactive Media。加上此前获得的融资,Miso 的融资总额达到了 600 万美元。Miso 最初将 Foursquare 的签到概念带入到电视里,用户可以对自己喜欢的电视剧"Check-in",并支持同步到 Twitter 及 Facebook,看到用户关注的好友分享的剧集。该应用试图将人们传统的看电视方式改变为"看电视—分享喜欢的节目—赚取积分和虚拟徽章"。

Miso 在 2012 年 8 月推出了新版本,使得用户无须签到就可以对自己喜欢的电视节目进行评论、分享、查看、排名,甚至关注自己喜欢的电视节目主页。Miso 还提供与收看内容相关的社交服务,如应用库、收视率、聊天以及提问平台等。此外,Miso 与 DIRECTV 和 AT&T U-Verse 合作,无须用户主动搜索,就可在移动端自动显示当前的节目列表。①

2. TV Widgets

TV Widgets 是美国最大的无线通信提供商和本地电话交换公司 Verizon 在 IPTV 平台上开发的电视工具集,它类似苹果的 App Store,用户可以通过它浏览、下载和使用感兴趣的应用程序。目前该工具集包含 YouTube、Facebook、KODAK 等社交程序(见表 2-1)。例如,Facebook 程序可以使用户在欣赏电视节目的同时,在电视荧幕上更新 Facebook 状态,实现社交网络与电视的融合应用。

表 2-1　　　　TV Widgets 电视工具集中的部分应用程序

YouTube 直接在电视上观看最新的热门影片	KODAK 与朋友、家人在电视上分享 Kodak Gallery 相簿	WeatherBug 查看七天的最新天气预报	Facebook 与生命中重要的人联络感情和分享心情	Traffic 获得现场交通事故资料更新和所在地的交通拥堵状况
TMZ 以文字、图片获得最新娱乐消息	iHeartRadio 在电视上收听广播、增加喜爱的电台	美联社 随时获得更新的主要新闻标题	NYC311 获得纽约市五大行政区现场街景摄影	国际足球赛 免费与比赛同步获得国际足球赛分数,并且在电视上提示

3. 基于 iPad 的社交电视应用 My Generation

My Generation 是 ABC 推出的一款移动 App 应用,它取名于 ABC 2010 年热播的一部系列纪录片,可以将 iPad 等移动终端变成电视收视伴侣。该产品借助尼尔森公司开发的"Media-sync"技术,用户可以利用移动设备的麦克风采集当前正在收看的电视节目声音信号,设备会进行自动甄别并将用户导入到该节目的互动平台,从而方便地进行投票,观看播出计划、演员、剧情等幕后信息,还可以与节目的粉丝群体进行互动体验。

4. 基于 iPhone 的社交电视应用 Numote

2010 年,互动电视指南网站 Numote 发布了应用于 iPhone 的应用程序 Numote,公司对该产品的描述是——"不再独乐乐地享受电视,而是众乐乐地与好友分享"。

---

①　参见何玺:《社交电视会成为主流吗?》,凤凰网,http://blog.ifeng.com/article/15151510.html,2011 年 2 月 7 日。

观众使用 Numote 应用可以“签到”自己在看的电视节目,并同步将其发布到 Facebook 和 Twitter 上。该应用还具备提醒功能,避免用户错过自己喜欢的节目。为了提升社交用户的互动体验,用户还可以使用 Numote 创建与电视节目相关的一些小测验、小调查,以此来“挑战”在 Facebook 上的朋友。

5. Xbox360 的“游戏+社交+电视”模式

Xbox360 是微软开发的第二代家用体感游戏机。2009 年,微软在 Xbox360 中加入了对 Facebook 与 Twitter 社交网络功能的支持,用户可以通过 Xbox360 更新状态,观看和上传照片。

2011 年 10 月,微软正式公布 Xbox Live 的“下一代电视娱乐计划”,全球合作伙伴包括 Bravo、Comcast、HBO GO、BBC 等近 40 家媒体。2012 年 3 月,BBC 旗下的 iPlayer 与微软 Xbox 360 合作,在 Xbox Live 上推出视频服务。电视、社交与游戏平台首次实现融合,可以为用户提供全面的视频点播和在线交流服务。

(三)对社交电视的投资不断升温

2012 年社交电视服务融资情况如表 2-2 所示。

表 2-2　　2012 年社交电视服务融资盘点

公司	上一轮(美元)	累计融资(美元)
Audible Magic	128 万	128 万
BlueFin Labs	1200 万	2040 万
BuddyTV	600 万	905 万
Clicker	被 CBS 收购	1900 万
Dijit	未披露	未披露
Fav. TV	被 TV Guide 收购	未披露
Flingo	700 万	700 万
Get Glue	1200 万	2400 万
Into Now	2000～3000 万	未披露
Loyalize	460 万	被收购
Miso	400 万	550 万
NetBase	250 万	1800 万
Peel	1670 万	1670 万
Shazam	3200 万	3200 万

续表

公司	上一轮(美元)	累计融资(美元)
SocialGuide	150 万	150 万
TV Dinner	40 万	40 万
TweetTV	75 万	75 万
Umami	165 万	165 万
Viggle	未披露	未披露
Yap. TV	未披露	未披露
Zeebox	未披露	未披露

由表 2-2 可知,在国外,一些风险投资公司正在将目光转向社交电视创业公司,Miso 共获投资 550 万美元,Peel 为 1670 万美元,GetGlue 和 IntoNow 累计融资均超过了 2000 万美元,Shazam 则为 3200 万美元……投资者看到了社交数据的潜在价值,依据尼尔森在电视观众调研中预测的社交电视 0.02%～0.03%[①]的收视份额,这一领域迄今已获取和分配到了数十亿美元的广告收入。平台商也开始入股社交电视公司,时代华纳投资了 GetGlue 和 BlueFin 实验室,天空占有 Zeebox 公司 10%的股份。Facebook 董事会决定投资社交电视领域,正在寻求与内容提供商合作在其平台上发布内容,目前已与华纳、环球等好莱坞制作公司敲定了合作协议。预见到社交电视的潜在价值,越来越多的国外传媒公司和风投企业正在将其投资焦点定位于收集电视相关的社交数据,以及研究如何将社交功能整合进消费者的价值定位和商业模式,从而创造出更多的价值。[②]

二、国内社交电视的发展

与国外传统传媒巨头纷纷转向社交网络不同,国内社交电视业务的雏形最早出现在视频网站的运作环节,社交与网络视频整合的动作频频出现:早在 2008 年,六间房就开始了从传统视频网站向社交视频的转型探索;腾讯视频为增加社交化,打通了与 QQ 和腾讯微博的连接;人人公司则花巨资收购了 56 网;新浪微博无缝链接土豆网……紧随其后,蜗牛、电视猫等以导视、

① 英国 BARB 调研,全国 2600 万家庭中的 5100 个;美国尼尔森调研,1.15 亿家庭中的 37000 个。

② 参见《社交电视:拥抱,结婚还是躲避?》,网易网,http://tech.163.com/12/0424/12/7VRSNI0B000915BD.html,2012 年 4 月 24 日。

看视频为核心的社交电视应用开始出现并迅速占领市场。

到了2011年,由微博名人于建嵘发起的"随手拍解救乞讨儿童"的活动在互联网形成声势,也影响、渗透到了电视媒体,从而在社会形成了巨大的舆论效应。各家电视台意识到了社交网络的威力,开始密切关注微博上的信息,根据微博信息寻找新闻线索,还利用自身的网络力量形成合力制作节目,如通过中国公共电视新闻网,河南电视台都市频道的记者深入到三亚,而陕西的电视记者也开着转播车进入河南的地域。这场"新闻战"是社交媒体与传统电视的初步结合,也最终转化为政府部门的行动力,当时的温家宝总理曾经说道:"我在网上注意这个问题已经很久了,有的网民经过拍照上网来暴露许多流浪儿童的问题。不管什么原因,我们都不能让流浪儿童生活没有着落。"①

意识到电视媒体与社交网络融合的市场潜力,国内关于社交电视的研究工作也迅速展开。2011年11月,国内第一家社交电视专门研究机构——中国社交电视实验室在山东济南成立,它由山东网络广播电视台发起,联合国家广电总局广播科学研究院、浪潮、海信、新浪等多家企业成立。该实验室立足整合三网三屏资源,孵化培育多样化的具有发展潜力的社交电视产品,形成社交电视新思想、新创意、新技术的发源地,促进整个社交电视产业链的发展与合作。紧随其后,2012年5月,由清华大学新闻与传播学院、北京数码视讯和北京同享威视三方合作建立的"清华—数码视讯实验室"在北京成立。

(一)传媒机构进入社交电视领域

1. 央视打造以即时互动为核心的社交电视应用——CCTV微视

在国内,社交媒体为电视业注入了一股新的活力。如果说2012年的《一年又一年》还只是央视初次规模化地采用微博应用,那么到了2014年央视春晚,这一应用已经彰显出爆发的态势,从大年三十到初四,春晚的微博讨论量高达1.66亿,全媒体收视率达到22.15%,有3447万新浪的微博用户进行讨论,80后和90后是其中的主力军,尤其是90后的比例超过一半。

看到电视社交化带来的潜在价值,央视在2014年推出了国内首款以即时互动为主要功能的社交电视产品"CCTV微视",与其他的社交电视产品不同,CCTV微视以即时互动为核心,通过实时互动的节目评论和话题探讨,带动收看电视的不同群体、不同终端的相互关联和信息交流,丰富用户的收视体验。

它基于移动端的电视垂直内容社交应用,定位于强关系和弱关系的社

① 《温家宝总理与网友在线交流》,http://news.xinhuanet.com/2011-02/27/c_121126601.htm,2011年2月27日。

交平台，利用电视节目的实时互动进行同步沟通，利用电视节目的评议进行异步交流。

央视的入局，无疑是利用其大屏聚集的用户资源优势，通过社交平台形成与用户的良好黏合力，从而扩大节目和媒体的品牌价值。2014 年 4 月，《舌尖上的中国 2》登录央视的同时，陈晓卿总导演带领“舌尖 2”的主创团队，在每周五晚节目播出时在 CCTV 微视直播间与“舌尖迷”热聊互动，大玩粉丝效应。每周五“TV 圈”内的互动直播室都会被来自五湖四海的“舌尖迷”挤爆，导演带给他们的独家爆料、拍摄花絮、逗比趣闻、个人情感等精彩内容，都会引得在场的粉丝们为之欢呼，CCTV 微视独有的“篝火式”聊天系统，仿佛嘉宾与观众围坐在篝火旁促膝而谈，带给观众独特的聊天体验。[①]

2. 上海广播电视台寻求社交电视新突破——看看新闻网

看看新闻网是上海广播电视台旗下的网络新媒体，依托上海广播电视台强大的内容资源和制播能力支撑，凭借传统媒体背景，结合网络科技创新技术打造新媒体平台。看看新闻网由上海看看牛视网络传播有限公司运营，2012 年该公司接管了上海网络电视台(SMGBB)，这被业界称为“蛇吞大象”之举。那么上海广播电视台为什么让一个弱小的网络公司去接管传统意义的大网络电视台呢?

究其原因，就是上海台发现看看新闻网的社交电视模式具有更为强大的生命力。看看新闻网打破了传统电视传播与网络传播的界限，建设以视频新闻为特色的、网民积极参与的、具有公信力和影响力的新闻互动平台。它除了拥有 SMG 的强大资源外，还为用户提供视频上传通道，尤其是具有本地社区特色的聊天节目广受欢迎。在上海胶州路大火期间，看看新闻网组织的多次网民聊天都被网民挤爆。看看新闻网意识到社交电视将是网络电视台的发展方向，在节目设置、技术配备上向其靠拢，推出一档以地理信息为基础的互动聊天和报料节目“微现场”。该节目颠覆了单纯的传受形式，每个人将既是信息的消费者又是生产者，将信息传播建立在多渠道的平台上，以多种方式进行交互。

3. 湖南卫视的社交电视尝试——呼啦

从 2013 湖南卫视跨年狂欢夜、春晚，再到《我是歌手》《中国最强音》，几乎每场湖南卫视大型晚会或大型活动，都成为了呼啦用户欢聚的盛宴。上百万呼啦用户聚集到电视机前，表达自己的观点，乐此不疲地分享展示自己

---

① 参见《央视打造社交电视应用 CCTV 微视》，http://media.sohu.com/20140527/n400087163.shtml，2014 年 5 月 27 日。

的一举一动。呼啦是由湖南卫视与上海宏蝠网络联合研发的一款将电视与游戏相结合的手机互动 App,旨在搭建一条连接家庭共享的电视大屏和个人私享的手机小屏的通道,为电视用户提供新一代增值体验,让亲朋好友多一个在电视机前聚会的渠道,促进线下的共享时光和欢乐。

呼啦的主页面有活动、市集、公会、大礼包、背包、扫一扫、呼啦圈等菜单。以湖南卫视"2013 快男全国十强诞生战"的社交互动为例,"活动"中有最热点评、最新点评,用户还可以自写点评,竞猜 20 强进 10 人选,通过线上社交圈捆绑线下握手会的方式,成为快男与观众之间、观众相互之间最亲密的纽带。用户可以申请加入"公会",目前已有 10 万会员。"大礼包"主要用奖励的方式以吸引用户参与活动,在快男总决赛期间,呼啦不仅有嗨淘礼品包、数码产品等礼品派送,还推出了点评、分享等全新的奖励机制。

呼啦的核心就是解决电视台与用户连接方式的问题,随着移动互联的兴起、智能设备流行、二维码普及,湖南卫视捕捉到了这个时间点,为用户提供在观看电视的同时通过手机主动参与互动的通道。

(二)主要的社交电视产品

当前,国内市场主要存在如下几款社交电视产品(见表 2-3)。

表 2-3　当前国内市场上几款主要的社交电视产品

	公司	所在地	App 类型	App 内 SNS	外部微博分享	节目内容
Dopool	闪动科技	北京	iPhone/Android	YES	YES	多个卫视台,地方台,中央台,网络在线视频公司内容
卫士通	凤凰网	北京	iPhone/Android	YES	NO	多个卫视台,地方台,中央台,凤凰卫视
渔玩	渔玩科技	北京	iPhone/Android	YES	YES	多个卫视台,地方台,中央台
电视 e 族	视玲珑	北京	iPhone/Android	YES	YES	多个卫视台,地方台,中央台

续表

	公司	所在地	App 类型	App 内 SNS	外部微博分享	节目内容
看点	新浪	北京	iPhone/Android	YES	YES	多个卫视台，地方台，中央台，新浪视频
蜗牛	团队来自腾讯和华为	成都	iPhone/Android	YES	YES	多个卫视台，地方台，中央台，多个港澳台（剧情，体育，电影等）

1. 新浪看点

新浪看点是新浪网 2011 年底推出的社交电视产品，它基于微博好友关系的多媒体分发平台，用户可以在线观看视频、卫视节目、现场直播，并且边看视频边讨论、分享；还可以自己创建合辑，收集视频，创建属于自己的节目和电视台。新浪看点立足于在 PC 上观看电视的场景，并不是一个真正意义上的“第二屏”解决方案。目前来看，该应用主要通过嫁接新浪视频和微博创造一种新的视频体验。

2. 凤凰卫视通

卫视通是凤凰网推出的社交电视应用，其定位是与好友、观众、主持人分享看电视的乐趣。目前，卫视通包括全国 30 多个电视台的 100 多档精彩节目。

3. 蜗牛

2011 年，成都智慕科技推出社交电视应用蜗牛，为用户提供热门节目排行、节目预告、签到（支持同步到新浪微博和腾讯微博）、预约提醒等功能。与国内的同类产品相比，蜗牛的功能结构更为完善，除了同步的节目预报、微博评论之外，在社交架构方面还建立了自己独立的好友体系，甚至还为好友提供类似微信的文字和语音通信功能。在体验方面，蜗牛的独到之处在于为每一个频道建立一个聊天室，用户看电视时可以通过文字和语音进行实时交流。

4. 腾讯微视

伦敦奥运会期间，腾讯视频采用跨平台加多终端的视频模式，通过微信和微博这两个客户端推送社交视频，奥运期间日均播放量超过 2 亿，人们通过社交网络发表自己的观感，参与分享和互动。腾讯调用视频、微博、QQ炫舞三大平台进行资源联动应用和整合传播，对整个赛事传播的预热、直播以及台前幕后的内容挖掘起到了重要作用。

看到社交视频领域的良好前景，2013年10月，腾讯的社交视频产品“微视”正式上线。与之前的社交电视产品不同，微视并不是基于电视的社交平台，而是基于开放关系链的8秒短视频建立分享社区，用户通过QQ号、腾讯微博以及腾讯邮箱账号登录，便可以将拍摄的短视频同步分享到微信好友、朋友圈、腾讯微博。微视还有两个比较重要的功能模块：“发现”和“动态”。在“发现”中，用户可以分类浏览短视频，也可以在这个模块下通过搜索的方式查找与用户、标签或作品名对应的短视频；“动态”则以Timeline的方式展现每天的精选视频和朋友拍摄的视频，用户可以对其进行转发、评论。以短视频为传播介质的微视，打破了当前的社交产品形态，实现了从文字、图片到视频的升级，也增添了更丰富的社交元素，而这也为腾讯抢占未来移动社交应用的先机奠定了基础。

（三）中外社交电视发展的环境差异

我国社交电视的发展环境与欧美国家之间具有较明显的差异(见表2-4)。

表2-4　　中外社交电视的发展环境差异

社交电视发展环境	欧美	中国
内容产出	更愿意分享自己的日常生活	分享目的主要是出名、恶搞，因此更容易进行营销
社交网络	聚会较散、自由流动，话题、对象可自由变换	聚会围成一桌，与左右交流，信任关系建立较慢，因此社交网络主要靠熟人拉动
节目观看	视频网站差异化共存，如YouTube、Hulu和Netfilx，视频各有特色	节目内容和产品形态同质化现象严重，用户黏性较低
移动市场	Pad＋Wi-Fi，技术先进，发展较为成熟，增长空间较小	手机＋运营商网络，用户规模增长迅速，发展潜力巨大，需要4G技术的推动

续表

社交电视发展环境	欧美	中国
盈利模式	国内外差异不大，主要是用户付费、广告主付费和增值服务费，但由于发展阶段差异，一些 UGC 行业还没有形成较为清晰的盈利模式	

由表 2-4 可知，相对而言，国外社交电视发展的模式，无论是从市场规模、资本运作、网络技术，还是产业链构建的完整性等方面，起步较早，发展得较为成熟；而国内由于经济、政治、文化的差异，使得我们在发展进程中虽不像国外那么迅速，但也逐渐形成了自己的特色，在技术和市场方面存在广阔的增长空间。

第三节　社交电视的发展特点

随着技术和市场的逐渐成熟，社交电视的特征也逐渐显露，它正在改变用户的观看模式和收视习惯，体现在用户关系的建立、收视率统计、广告营销、分成模式等方面。同时，社交电视多元化的功能和丰富的呈现形态也使得产业链更长，能够吸引更多的产业进入，盈利点增多，可以派生出更为丰富的应用和运营模式。

一、观看模式的转变

有人将社交电视与目前广电行业的“新媒体”3D 电视、智能电视、互联网电视、云电视、OTT TV 等概念同起来，认为社交电视不过是一种新兴的媒体形式。实际上，二者有着本质的不同，诸多概念和应用始终关注的还是 PGC(Professinally-generated Content，专业生产内容)的渠道、分发，还是处于互联网行业的 Web1.0 时代，而社交电视从根本上建立了以用户为中心的传播模式，改变了电视的使用习惯和生产流程，主要体现在以下几点：

第一，社交电视使得用户能够便捷地为喜好和推荐排序，并实时获知流行节目，他们将不再仅仅收看现有的节目，这将使点击和非黄金时段的小众节目获益。

第二，社交电视将加速传统电视的单一线性直播向视频点播的转变，加速单屏播出向多屏互动播出、多媒体融合传播的转变，社交探索功能增强了推荐引擎的能力，并与社交式/传统式电子节目单相结合，能够使视频点播观看成为与传统电视一样具有吸引力和便捷的选择。

第三,社交电视将触发“看电视”到“玩电视”的转变,媒体与用户的互动、用户之间的互动、不同媒体间的互动——多元互动的形式将深刻影响电视的传播过程,形成电视生产流程的再造,使得节目生产带有更多的社交基因。

第四,社交电视将形成电视收视的长尾市场,使得更多的小众节目获得特定群体的青睐,激活更为广阔的节目制作市场,从根本上解决了电视的大众传播与个性化节目需求的矛盾。

二、功能更加多元

社交电视是诸多数字技术和网络技术的集合,诸如签到、层标签、数据捕捉、LBS等功能,在丰富用户收视体验、增加收视黏性的同时,也催生了天气、交通、生活、购物等多元化的信息服务,催生出丰富的商业模式。

在社交电视中,LBS(基于位置信息的服务)获得电视台的普遍青睐。因为这些服务都有一种签到的功能,用户因为多次签到可以获得实物或虚拟物品奖励。CNN和MTV相继与提供LBS服务的GETGLUE合作,用户只要看电视节目时签到,就可以获得不干胶贴纸等奖品,事实证明这是电视台提升收视率的有效办法。在美国橄榄球超级碗比赛期间,Foursquare(一家基于用户地理位置信息的手机服务网站)获得全球125个国家20余万人次的签到,引发了全球范围的“超级签到潮”,令运营公司看到了签到服务与电视媒体相融合的巨大潜力。

社交电视的延伸功能同样可以作用于人们的生活。2012年,一款名为“Beatthetraffic”的iPhone应用高居苹果应用商店的下载榜首,它与美国几百家电视台合作,将各地的手机用户侦测到的速度信息与地图结合计算后得到当地的交通实况图,并根据它制作交通信息电视节目,广受用户欢迎。

在气象服务领域,美国天气频道将手机用户手中的智能手机转变为千万个气象台,利用其可以感受温度和气压的功能形成大数据,当海量的数据被电视台搜集分析后,就可以为用户提供精确到1.5平方英里范围内的天气预报。用户通过社交电视,不管是大屏还是小屏,便可以接收到其住家范围、出行目的地或者上班地周围的精确天气预报,而数据的提供者正是用户自己。

多元化的功能和应用揭示了社交电视的未来发展趋势——更加实用和贴近生活。当然,这种多元化的功能也使得社交电视产业链中的盈利点增多(见图2-1),可以派生出更为复杂的盈利模式。对于电视媒体而言,不仅可以提升信息传播力，间接拉动收视率，还可以降低观众与节目的互动成本，提高用户对媒体的黏性，创新节目的生产；观众可以获得更好的收视体验，降低找寻节目的成本，获得与好友分享的机会；对于社交媒体而言，可以通过提高用户的参与度、活跃度，获得更多的流量聚合，创新营销模式；企业用户可以获得更为精准的用户信息元数据，为大数据基础上的精准营销提供依据。

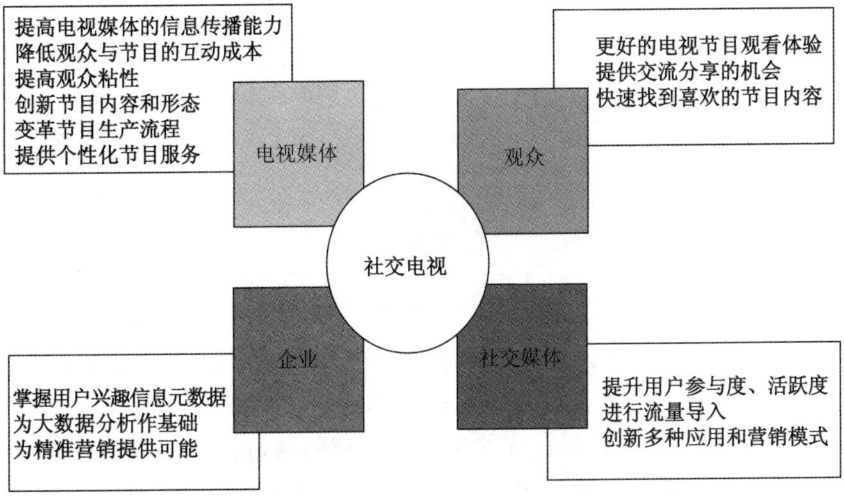

图 2-1　与传统电视相比，社交电视的价值点明显增多

三、用户社交关系与兴趣关系的结合

如果定义用户个体是社交关系和兴趣关系的结合体，那么反映到人的情感诉求上，相对应地就会出现基于真实关系的社交图谱和基于爱好的兴趣图谱（见图 2-2）。社交网络加深了用户真实的强关系，而兴趣社交则通过共同兴趣建立起陌生用户之间的弱关系。建立在兴趣之上的关系往往更加紧密和牢固，不会因为地域或者时间的改变而减弱。

与传统电视不同的是，社交媒体打破了电视观众的熟人圈子。基于关注与被关注的关系，用户之间被不同的兴趣点聚合成特定的群体，从目前的意见领袖及其跟随者之间较弱的社交关系，发展成为众多用户之间基于兴趣爱好交流的强关系。与基于真实社交关系的传统电视不同的是，社交电视的发展方向应该打破熟人圈子，成为基于真实社会信息的个人兴趣社交网络。简单来说，就是兴趣图谱和社交图谱的融合。同时，随着移动端的使用增多,社交电视融合 LBS,将会在社交和兴趣之外增加地理位置这一维度。

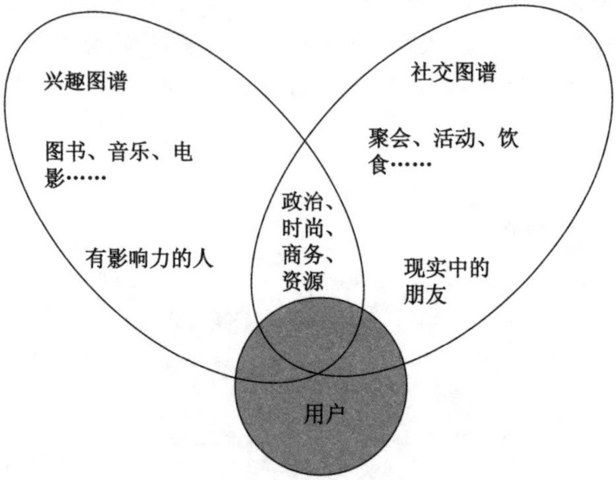

图 2-2　用户的兴趣图谱与社交图谱

对于电视媒体而言,需要由传统的以经营内容为中心,转向经营内容与经营关系并重。电视媒体要重视构建媒体与用户的关系,用关系“套现”。从这一点来说,社交电视与传统的电视台和视频网站在产品、文化、用户习惯等各个维度上都不尽相同,再延续原来电视的思维注定行不通。

四、收视率和分成模式的改变

在用户碎化的多屏时代,传统的以简单抽样为主的收视率统计方法不能完全反映节目的真实收视情形,一档节目可能在电视上的收视率不高,但是在网络媒体上却有极高的人气。这就需要电视行业引入综合收视率的概念,即综合考虑电视收视率、互联网上的点击量,以及社交媒体的讨论程度等因素,去判定一档节目的受欢迎程度。

尼尔森的研究发现,观众在观看电视时经常会搜索相关的电视节目,并且社交网络上的评论对不同类型的电视节目收视率会产生不同程度的影响。2012 年底,尼尔森收购了实时社交电视监测服务公司 SocialGuide,后者涵盖了英语和西班牙语的 232 个频道、超过 30000 个电视节目的监测服务。① 2014 年初,央视索福瑞(CSM)与新浪微博共同推出微博收视指数,对

① 参见艾瑞咨询集团:《2012 年中国微博商业化研究报告简版》,艾瑞网,http://report.iresearch.cn/1799.html,2012 年 9 月 25 日。

新浪微博上关于电视节目的讨论量及用户规模等进行规范化统计分析。① SocialGuide 和新浪微博收视指数能够提供对电视节目的社会化认识，使监测网络实时与社交网络的粉丝群建立关系，结合收视率统计，可以全面准确地分析一档电视节目的全媒体播出效果。

在转变收视率结构和统计方法的基础上，需要对社交电视产业链各环节的分成模式加以变革。如果观众喜好点击量较少的节目，以及一系列长尾小众节目，分成的转移将保护此类节目制作者的利益。分成变革的依据将越来越依赖对观众的洞察，电视媒体和内容提供商需要拥有一个实时的观众反馈循环。

五、广告形式的创新

传统电视的广告投放相对简单，根据目标受众选择收视率高的电视节目。在社交电视时代，广告形式注定将会变得更为复杂，广告的价值也将会发生转移，具体体现在以下三点：

第一，提升电视广告定位的竞争力。通过社交数据捕捉到的观众行为分析将使电视广告更加具有针对性和可测量性，更加精准地与用户的喜好和需求相契合。

第二，在第二屏上创建新的电视广告形态。手机、平板等第二屏为新形态的电视广告资产带来了机遇，它们将被用于优化现有的广告，如为 30 秒片段的广告提供"返回路径"或提供新的资产。

第三，增强产品认知定位。第二屏可用于提供关于节目中产品的额外信息，如"更多信息"或"点击购买"功能，通过社交电视的流量导流到电子商务平台。

在未来的社交电视节目中，用户或许很难分清节目与广告的界限，如某电视剧中女主角的服装赞助商可以直接通过标签功能来推荐产品，用户在观看节目时可以直接点击主人公的服饰来浏览商品的广告信息，进而直接完成购买行为。飞利浦旗下的 Civolution 公司，主要研发通过音频数字水印来识别电视和广告内容的技术，该项研究始于 1996 年，最早在热门科幻剧《行尸走肉》中使用。近年来，在美国深受欢迎的 Zeebox 社交电视应用也是通过 Civolution 技术来识别广告。用户使用 Zeebox 应用，设备会将搜集的电视声音通过云端对比识别技术"认出"当前播放内容，并将广告的相关折

---

① 参见《央视索福瑞与新浪微博合作将推国内首个微博收视指数》，人民网，http://media.people.com.cn/n/2014/0110/c120837-24080881.html，2014 年 1 月 10 日。

扣信息推送给用户。

社交电视还会推动电子商务的O2O(Online to Offline)化，将线下的商务机会与互联网结合，通过用户的签到和分享，利用其地理位置信息将更多中小商户引入电视广告的投放队伍中，如本地餐饮、电影票务、金融服务等等。社交电视会使得广告ROI(return on investment)更加精准——广告主可以利用社交电视分析广告到达率，以及用户对于广告的市场反馈。当人们在Facebook或新浪微博上讨论自己看到的感兴趣的广告时，他们会说出自己对产品的理解以及是否愿意尝试购买。而社交网络丰富的个人账户信息，为广告主提供了丰富的数据，这些都能使广告主了解到用户对于广告的接受情况，从而评估广告投放效果，调整品牌营销策略。加多宝赞助《中国好声音》第二季的广告费高达2亿，也是充分考虑了社交网络渠道带来的溢价效应。2013年3月，《中国好声音》官方App上线，从电视到移动互联网，打通多元化节目播出渠道，使观众的社交化交流更方便，也使得广告的到达和渗透更加精准。

第三章　社交电视的产品结构与互动传播分析

今天，手机、平板电脑的重度用户——80后、90后等年轻群体正以一种娱乐化的心态触碰着他们获取的信息，拥有敏锐发现能力以及分享精神的他们通过社会化媒体编织的网络尽情汲取专属于他们的“碎片”信息。在这样的情景下，传统电视似乎已经难以满足他们的需求，逐渐淡出了他们的视线。

然而，一些电视节目却凭借着独有的魅力吸引着年轻群体的关注，在享受电视节目的同时，他们已经形成通过社交媒体表达与分享的习惯。他们大多喜欢一边看电视一边使用社交媒体，搜索与电视节目相关的话题，或者发表评论，与朋友分享节目内容。新浪微博在央视马年春晚直播期间开设了“聊春晚领红包”专题，网友、明星围绕“吐槽春晚”“时间都去哪儿了”等话题热烈讨论。无论是Yif的“不太满意，我会继续努力”，还是小彩旗的“对我是一种修行，转时的感觉就像打坐一样，很平静”，与微博合为一体的春晚，不断成为娱乐话题的制造者，成为虚实社区里的重要谈资。有的观众感慨道，“一定要看春晚，否则你会看不懂微博”，“没有微博的春晚，真的不行”。

可见，对于同一内容，通过不同渠道进行传播，满足了不同用户的个性需求，也强化了对同一内容的不同层面的传播，达到比单屏时代更突出的传播效果。在用户看电视时“一心多用”的背景下，电视节目与社交媒体拥有了“同台演出”的机会。那么，多屏时代环境下二者将如何交互融合？在电视产品和用户之间，将是怎样的一种信息交互关系？

本章就是建立在分析社交电视的消费主体——年轻用户——特点的基础上，通过用户调查和定量分析对社交电视的产品结构、节目形态、流程、内容创新规律作出探讨，以期在产品、用户、平台之间达成良性互动。

第一节　社交电视的用户分析

社交需求和超细分是社交电视和移动互联网时代提出的新规则。它需要电视媒体首先去感受什么是社交需求,感受人对自由与社群关系的新要求,重新理解人性中那些曾经被掩藏的部分,重新感受人群的行为方式。其次,就要求对所要满足的需求与满足方式再细分,即使这个产品是呈现在传统屏幕上。开口越小,可能的使用者越众多,反而呈现出更大的价值。

为了更好地了解年轻用户的社交媒体使用习惯及其对电视消费心理和使用行为的影响,本研究于2014年4月1～29日期间,通过问卷星进行了定量调查,调查地域涵盖北京、天津、山东、安徽、广东、吉林和宁夏等地,总共统计有效问卷488份。问卷调查的目标群体是15～35岁的学生和上班族。

考虑到调查在样本采集和覆盖面的局限性,本研究同时结合CNNIC、新浪微博数据中心、艾瑞咨询的调查数据进行分析,主要数据来源有《2013中国社交类应用用户行为报告》《2013年年度视频网站微博报告》《2013年微博用户发展报告》《2013新浪媒体微博报告》等。

一、社交类应用的用户结构分析

CNNIC发布的《2013中国社交类应用用户行为报告》表明,在主要的三种社交类应用的用户结构中,使用社交网站的网民年龄偏大、收入偏低、学历偏低;使用微博的网民年龄偏小、收入偏高、学历偏高;使用微信的网民年龄偏大、收入偏高、学历偏高(见图3-1)。

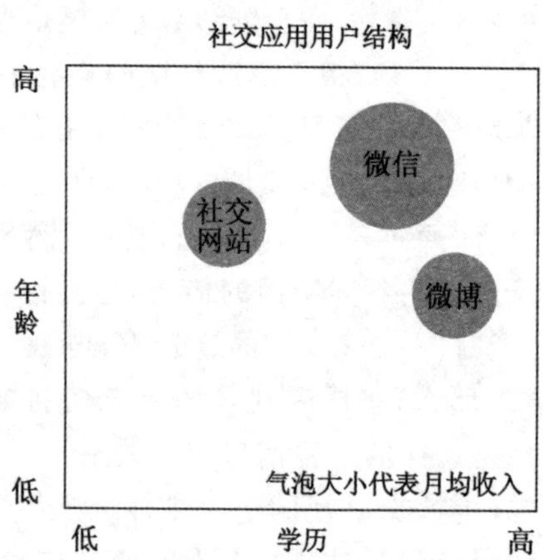

图3-1　社交类应用用户结构矩阵图

年龄结构上，微信用户年龄层次相对较高、社交网站居中、微博则相对较低。如图 3-2 所示，30 岁以上的网民比例，微信占比最高，达到了 40.2%；其次为社交网站，占比为 38.0%；最后为微博，占比为 35.6%。19 岁以下的网民比例，微信占比最低，仅为 8.7%，而社交网站和微博占比都在 10%以上。网民年龄结构差异，导致网民在使用行为上也有差异，使得针对不同群体的内容生产、推广和应用的营销策略都会有所不同。

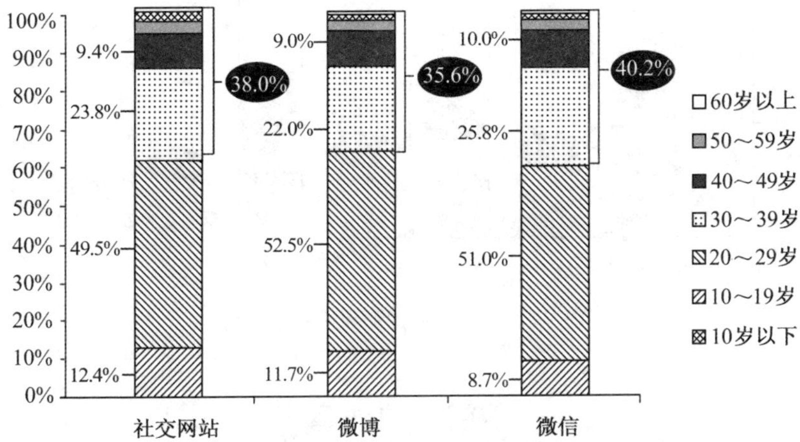

图 3-2　社交类应用用户的年龄结构

整体来说，微信用户的收入水平相对较高，微博次之，社交网站收入水平相对较低。近年来，社交网站用户群体从白领阶层向年龄偏大的中低收入群体转移，收入层次呈现下降趋势。如图 3-3 所示，社交网站低收入群体比重相对较大，月均收入 3000 元以下的网民比例，社交网站达到了 48.7%；其次为微博，占比为 44.1%；最后为微信，占比为 42.0%。月均收入 8000 元以上的网民比例，微信则要高于微博和社交网站。

CNNIC 调查样本呈现的学历结构方面，微博高学历用户比重相对较大，微信次之，社交网站最后。如图 3-4 所示，社交网站高中及以下群体用户比例为 42.5%，相对较高；其次为微信，高中及以下群体用户比例为 39.0%；最后为微博，高中及以下群体用户比例为 36.8%。

对于社交网站、微博、微信来说，超过 70%的用户同时使用两个以上的产品，使用的重合度较高。如图 3-5 所示，同时使用三个产品的用户占 37.0%，同时使用社交网站和微信的用户占 53.1%，用户重合度较大。重合度越大，二者面临的潜在竞争就越大，一旦某一类产品的功能延伸到对方，用户很容易就被分流过去，对于另一方来说会导致用户流失。只使用微信的人仅占13.3%,只使用社交网站的人仅占13.2%,只使用微博的人仅占3.3%,微博独立用户比重非常少,与其他两类产品的竞争也很激烈。①

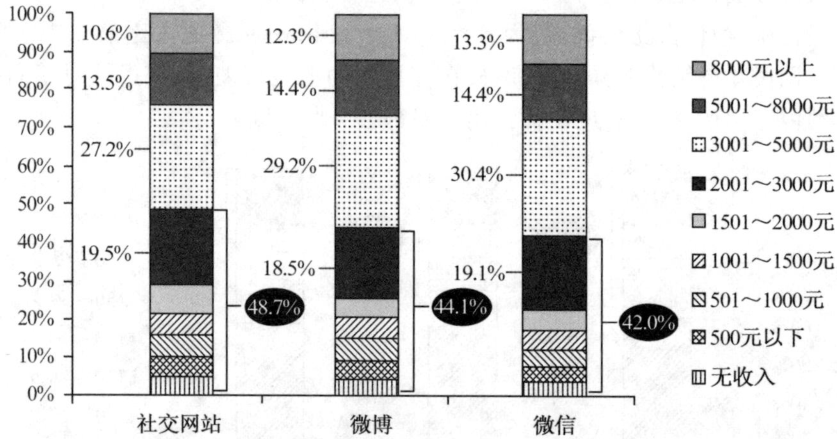

图 3-3 社交类应用的用户收入结构

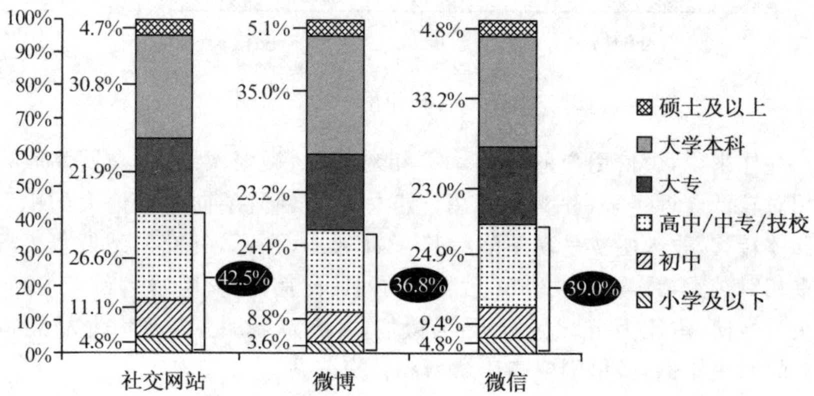

图 3-4 社交类应用用户的学历结构

① 参见《2013年中国社交类应用用户行为研究报告》,中国互联网络信息中心,http://www.cnnic.net.cn/hlwfzyj/hlwxzbg/sqbg/201312/t20131225_43545.htm,2013年12月25日。

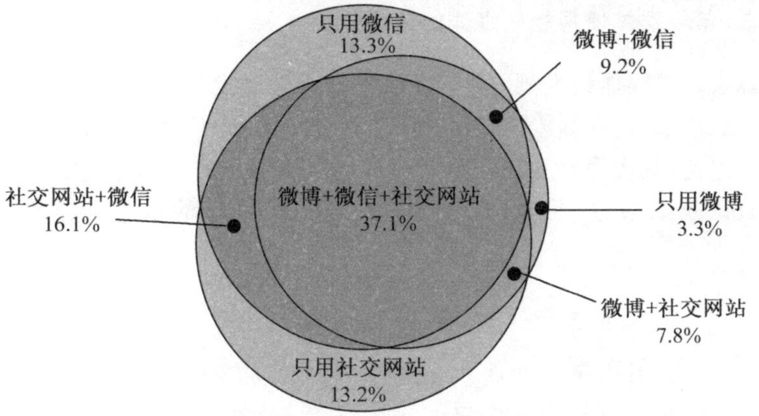

图 3-5　社交类应用用户重合度

新浪微博数据中心数据显示，在一个统计周期内（2012 年 12 月 1 日至 2013 年 11 月 30 日），在微博中观看视频的用户达到 4430 万人，男女差异不显著，但是用户结构呈现出年轻化、高学历和未婚等特点。具体见图 3-6。

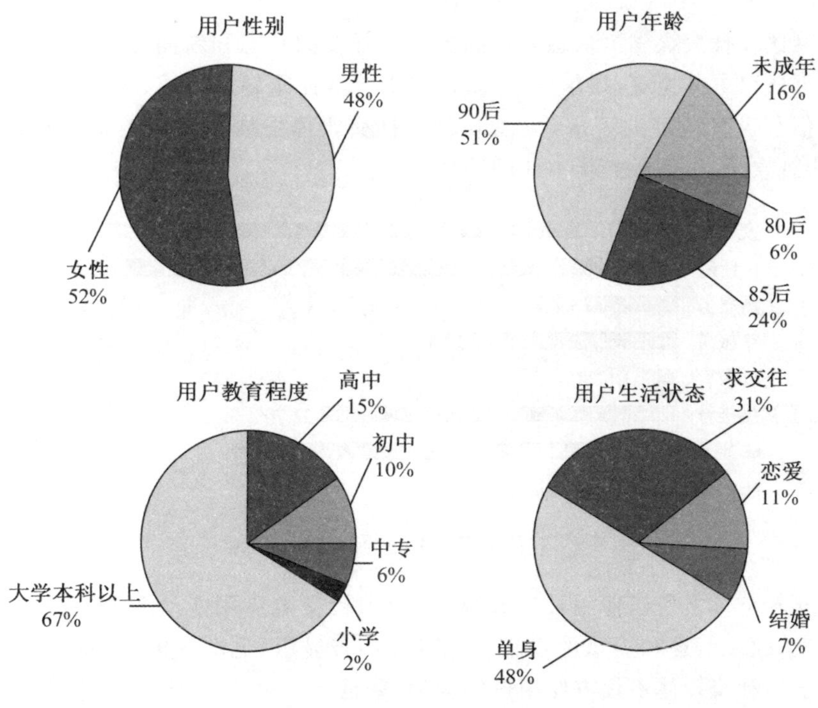

图 3-6　在微博中观看视频的用户结构

二、年轻群体使用社交媒体的情况分析

随着新兴媒体的发展，用户获取资讯的渠道发生了变化。如图 3-7 所示，报纸、广播、电视等传统媒体的比重迅速下滑，手机互联网成为获取信息的第一渠道，其次为 PC 互联网，社交媒体以 21％的占比超越了电视，成为第三大资讯获取渠道，互联网、社交媒体与电视并存的信息传播格局逐渐形成。

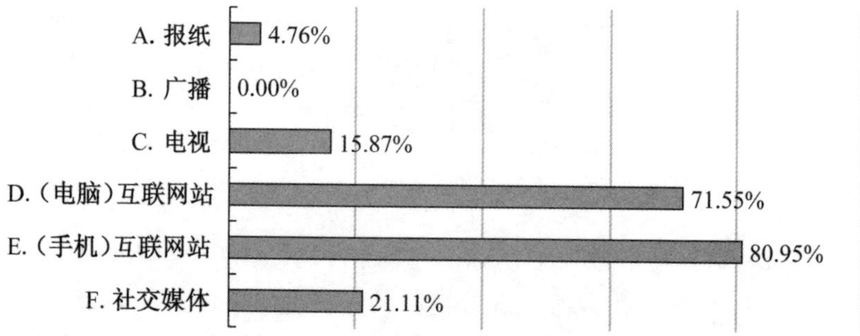

图 3-7　获取信息的渠道

网民在社交媒体上最感兴趣的内容是好友的状态和新闻/热点话题，占据了五成以上的比重；娱乐信息、影视剧推荐等比重超过三成；对生活类、旅游类信息也有一定的需求(见图 3-8)。社交媒体发展为大众舆论、沟通交流、影视娱乐、生活服务于一体的综合性平台。

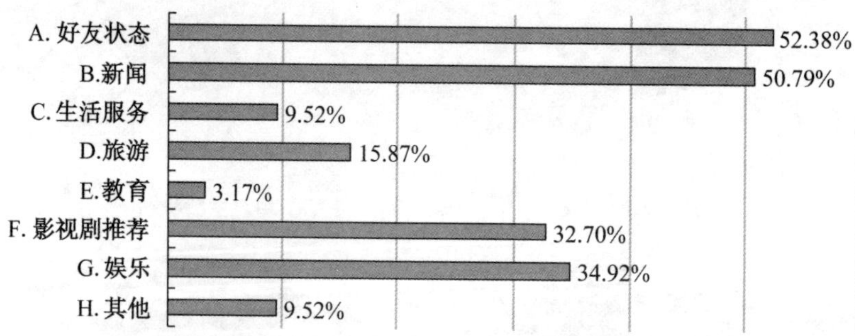

图 3-8　对社交媒体上哪类信息最感兴趣

年轻群体之所以使用社交媒体，是因为社交类应用能从多方面满足用户交友、获取信息和娱乐的需求。笔者的调查显示(见图 3-9)，五成左右的用户表示社交媒体不仅方便用户的沟通，降低了沟通成本，还有助于了解好友状态；与用户分享信息，可以扩大社会交流范围，体验获得赞赏的成就感，

获得融入亲人、朋友圈的归属感。社交媒体的属性决定了很多新闻、娱乐的热点话题必然首先在社交网络出现，如微博搜索热点、微信朋友圈推荐、社交网站热点话题推荐等等，用户通过这些渠道能更快地接触到正在发生的热点事件。此外，部分用户认为通过社交媒体提供的购物、在线支付、金融理财、打车等应用，方便生活。

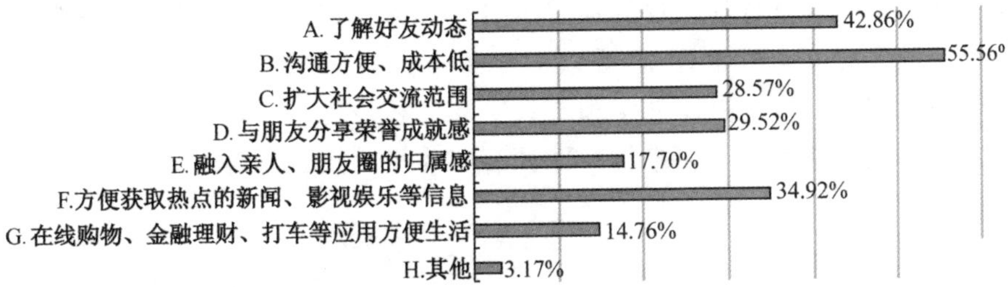

图 3-9　社交媒体的主要优势

三、社交电视的用户行为分析

（一）用户观看电视时使用社交媒体的动机分析

日常生活中用户情感诉求多元化，对电视节目的诉求也不尽相同，通过社交网络可以让用户达到与他人和节目的交互，促进自我的实现，满足用户多种情感诉求。本次调查对用户观看电视时使用社交媒体的动机作出了分析。图 3-10 中的数据显示，用户在观看电视过程中，通过社交网络互动，不仅可以使生活充满新奇，还可以通过与他人的交流，拥有归属感，满足交际的诉求；同时，通过社交网络，可以增加用户在观看电视过程中的享受生活、展示自我和受到尊重的需求。

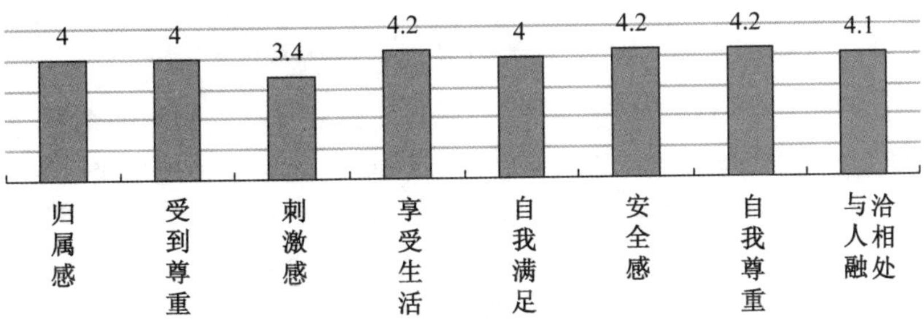

图 3-10　用户观看电视时使用社交媒体的动机

(二)社交和娱乐属性使得社交媒体成为电视传播的重要渠道

本调查同时显示(见图 3-11、图 3-12、图 3-13),年轻用户群体在观看电视时会在较大程度上受到社交媒体上好友的讨论或推荐的影响,有六成多的用户在观看节目时,会将自己的体会或对节目的推荐在社交媒体上分享。爱立信发布的“2014 十大消费者趋势”表明,服从式视频观看将成为未来视频消费领域的重要特征。尽管拥有更多的媒体选择,用户似乎很少自发地选择视频来看。调查也证明,在观看电视节目方面,朋友推荐的影响力很大。由于用户在社交媒体分享和收看电视的积极性较高,电视媒体可通过节目推荐或者其他方式促进用户在社交媒体里的交流与互动,从而增加节目的覆盖率、点击率。

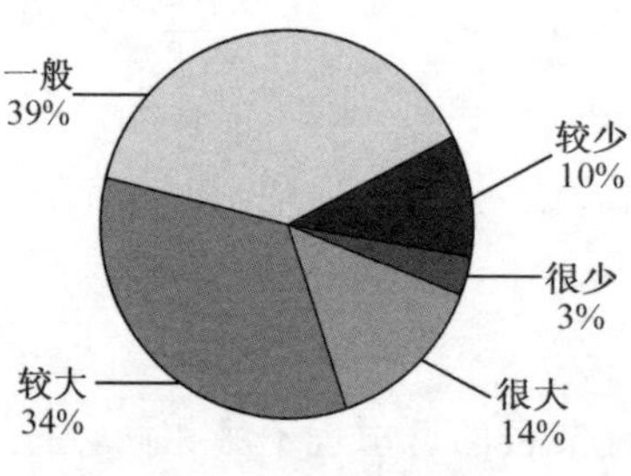

图 3-11 社交媒体上的讨论或推荐对受访者收视的影响

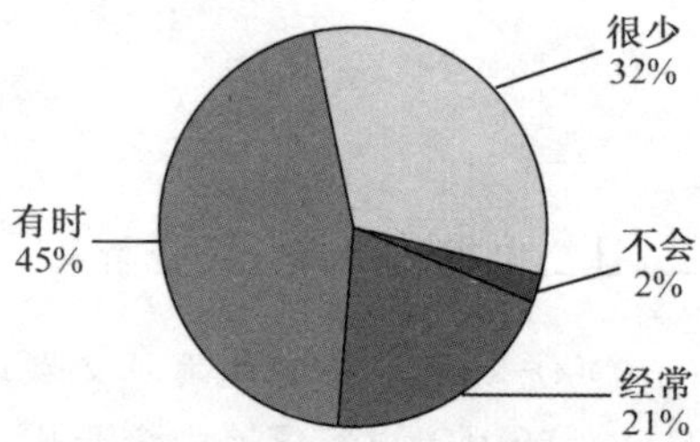

图 3-12 观看节目时是否会在社交媒体上分享体会或推荐节目

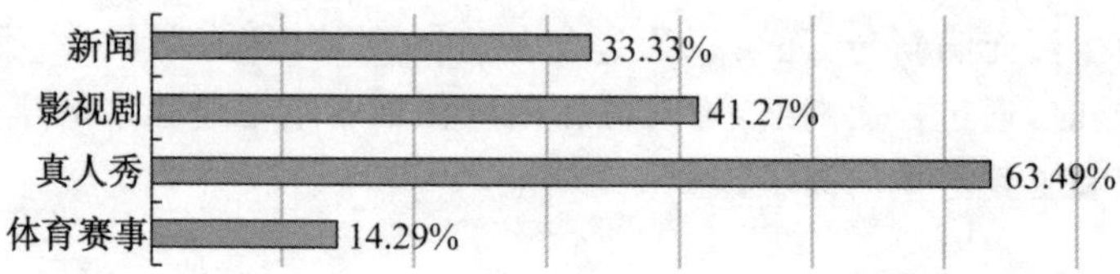

图 3-13 收看哪一类电视节目更容易受到社交媒体的影响

从热播综艺节目《中国好声音》的用户获取节目信息的途径来看(见图 3-14 和图 3-15),对于传统的单一电视用户而言,还是过多地依赖电视媒体和真实人际关系中的朋友推荐;但是对于互联网用户而言,他们获取信息的途径更加多元,除了传统的互联网广告形式,用户也习惯于通过搜索引擎主动获取信息以及通过社交媒体分享朋友的体会。

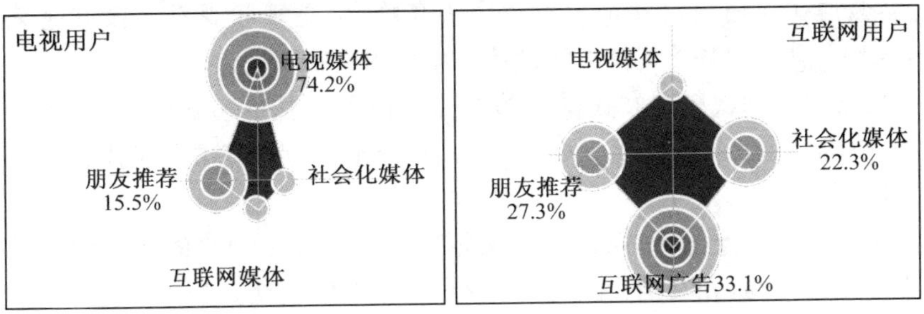

图 3-14　《中国好声音》用户首次了解节目的途径[①]

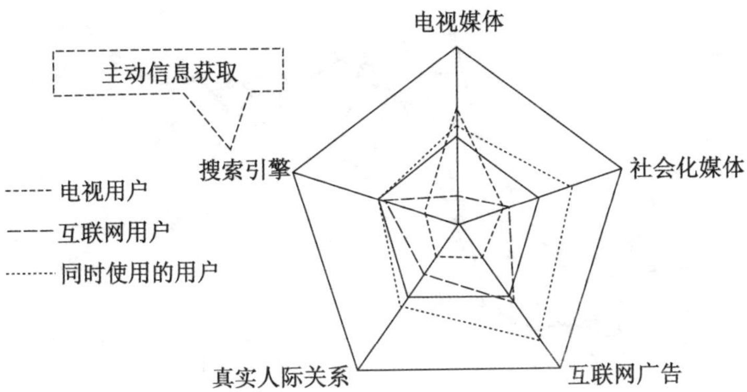

图 3-15　用户后续获得《中国好声音》信息的途径[②]

(三)用户使用社交媒体的时间与电视媒体发布时间存在差异

笔者对新浪微博数据中心发布的数据[③]进行综合对比发现，全天的微博使用与通过微博观看视频时段基本吻合。如图 3-16 所示，从早晨 6 点开始，用户数和播放数开始上升，全天出现三个高峰时段：中午 12～13 点，下午 14～17点，晚间 20～23 点。下午无论是微博使用还是视频观看，均处于较高、较平稳的水平，晚间时段达到全天最高峰。二者只有在早晨 7～9 点有所

① 参见艾瑞咨询：《第一期：数据视角看〈中国好声音〉》，艾瑞网，http://www.iresearch.com.cn/Report/1798.html，2012 年 9 月 19 日。

② 参见艾瑞咨询：《第一期：数据视角看〈中国好声音〉》，艾瑞网，http://www.iresearch.com.cn/Report/1798.html，2012 年 9 月 19 日。

③ 参见新浪微博数据中心：《2013 年年度视频网站微博报告》，http://data.weibo.com/report/reportDetail? id=116，2014 年 1 月 1 日；《2013 年微博用户发展报告》，http://data.weibo.com/report/reportDetail? id=76，2014 年 1 月 1 日；《2013 年新浪媒体微博报告》，http://data.weibo.com/report/reportDetail? id=159，2014 年 1 月 1 日。

差异，微博在线用户出现全天第一个小高峰，但是视频观看并没有显著增长，这与上班途中缺乏支持大流量社交应用的网络环境有关。

电视媒体和视频网站在博文的发布时段上也基本吻合，全天出现两次高峰，分别是上午8～11点，下午14点30分至16点，基本是媒体和公司的上班时间。

结合整体情况分析，媒体发布视频博文的时间与用户的使用时间仍然存在一定的差距，尤其是在晚间20～23点时间段，无法达到用户对视频消费的需求，建议增加该时段视频节目的发布量。

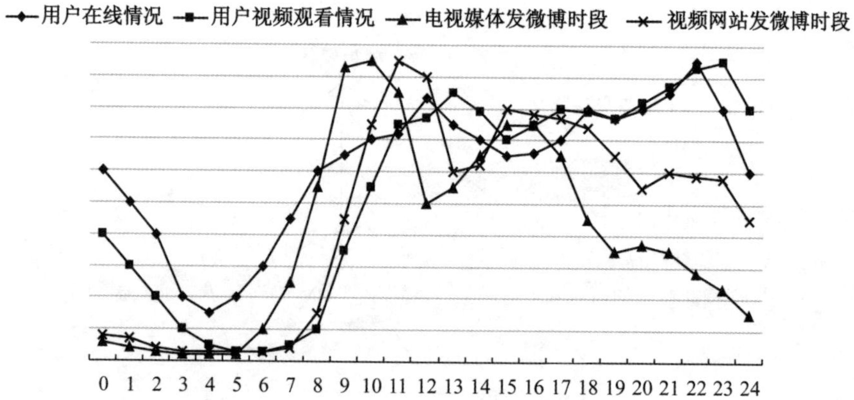

图 3-16　媒体微博发布情况与用户使用情况分析

（四）社交网络中强关系和弱关系朋友圈成为影响用户决策的重要因素

艾瑞咨询对Iclick社区2432份样本的调查显示[①]，社交网络带来的新的信息传播方式正在改变我们的生活，尤其是用户价值的释放，它会深刻影响人们获取信息和作决策的方式，对用户的消费决策也产生直接或间接的影响（见图3-17和图3-18）。其中，对用户消费决策影响最大的是强关系和弱关系朋友圈里面的交流信息，该类信息在信息获取及信息评估阶段的影响最为显著。

① 参见艾瑞咨询集团:《中国式UGC白皮书简版》,艾瑞网,http://report.iresearch.cn/1872.html,2013年3月15日。

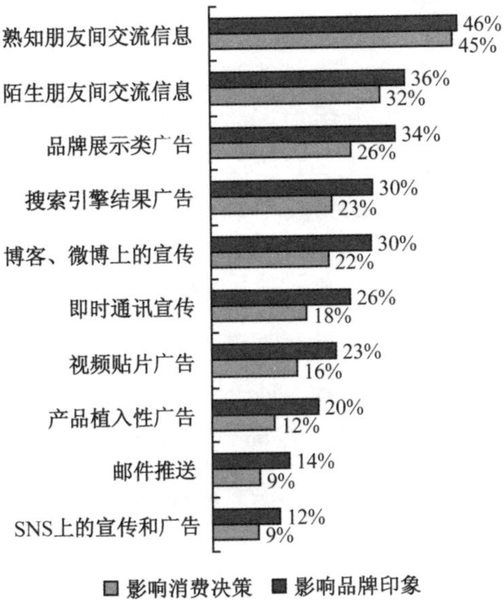

图 3-17　用户消费决策影响因素

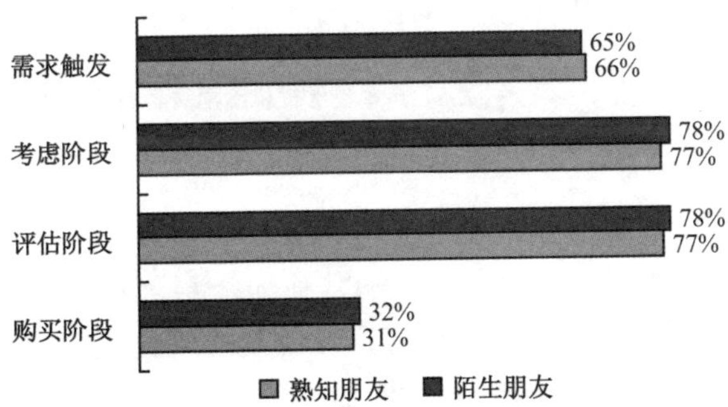

图 3-18　社交网络影响用户决策的各个阶段

第二节　社交电视的产品结构

内容产品化是互联网经济时代传媒生产的重要方向，产品化并非将一个传统的媒体业务形态贴上“产品”标签、把受众改口为“用户”那么简单。互联网时代，决定传媒产品消费的，不仅仅是内容本身，而是关系营造、移动需求、个性满足、电子商务和本地生活打造等综合层面的设计。

一、传媒产品的层次

P. 科特勒在 1976 年版的《营销管理》中，最早提出了产品的三层次划分理论，即核心产品、有形产品和附加产品。核心产品是提供给购买者或购买者所追求的基本效用或利益；有形产品是产品的外观，包括质量、特征、式样、品牌名称和包装；附加产品为买主取得有形产品时所获的附加利益。在 1984 年版的《营销管理》中，科特勒又对其产品结构理论进行了完善，提出了产品的“五层次模型”(见图 3-19)，增加了潜在产品(第五层)和期望产品(第三层)，附加产品层被推向第四层。期望产品层是购买者购买这种产品时通常期望和赞同的一组属性和条件，而潜在产品包括产品在将来可能经过的所有附加和转化，潜在产品指出了产品可能的演变。

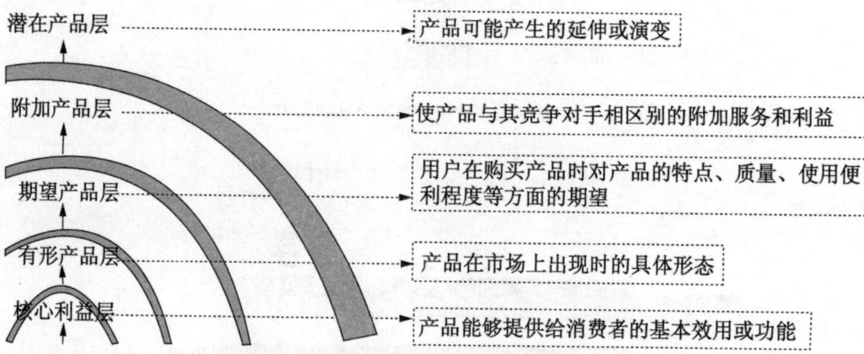

图 3-19 科特勒关于产品的五个层次①

中国人民大学彭兰教授认为，过去电视媒体的内容生产，主要是将注意力放在产品的核心利益层面上，而对于其他四个层面的关注是有所欠缺的。② 即使有时传统媒体能意识到传媒产品的其他层次，但是由于运营思路的陈旧、运营手段的简单和粗糙，并不能达到应有的传播效果。以有形产品层为例，它所对应的应当是电视产品在新媒体平台的“再包装”，针对新媒体平台特点和用户习惯，对原有内容的标题、视角、议程设置、编排等环节进行再包装。但是笔者在山东广电调研发现，旗下的一些“新媒体”平台，不过是把电视台播出过的节目直接“移植”到互联网或手机平台，将自己办成了传统电视的网络展示和视频点播平台，没有考虑渠道的不同特点进行有针对

① 参见宋咏梅、孙根年：《科特勒产品层次理论及其消费者价值评价》，载《商业时代》2007 年第 14 期。

② 参见彭兰：《再论新媒体基因》，载《新闻与写作》2014 年第 2 期。

性的调整和加工，也自然无法达到产品增值和节目传播效益最大化的要求。

与之不同，一些电视媒体生产的节目内容在视频网站等新媒体平台上却得到了更好地传播，其网络点击量、微博讨论热度等指标屡创新高。视频网站往往将其购买的一期综艺节目分解成几十个单元，充分抓取用户的兴趣点；还可以将一条新闻编辑十几个题目，哪个点击率高用哪个。这里所反映的不单是产品生产和编辑思路上的差异，还有对传媒产品结构认识上的差距。

二、社交电视的产品结构

基于科特勒的产品层次理论，我们对社交电视产品的结构进行了划分，一个完整的社交电视产品，应当包含社交、移动、个性、电商和本地五个层次（见图 3-20）。

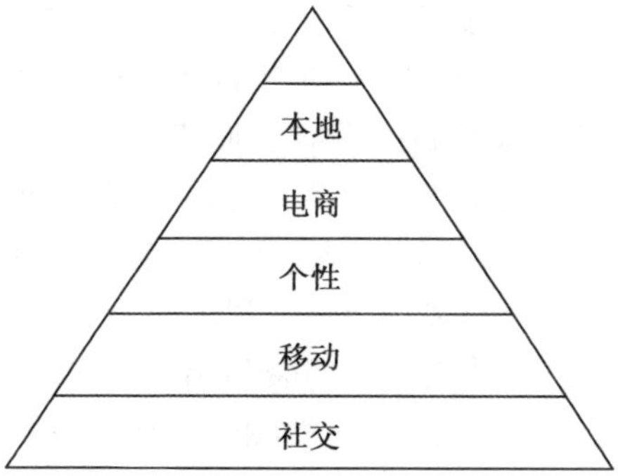

图 3-20　社交电视的产品结构

（一）社交——电视节目设计的起点和标配

从科特勒的产品层次理论看，社交元素为电视产品的附加值提升提供了基础。毕竟新媒体的传播活动如果不能与社交产品或活动产生深层关联，其传播效果也会受到抑制。[①] 在新媒体领域，关系产品的开发和运营，是内容产品生命力的重要组成。从早期商业网站推出的电子邮箱、论坛、BBS、博客，到今天的微博、微信以及丰富的即时通信工具，乃至腾讯一直坚持的"关系为先"战略，关系的营造成为互联网产品附加值提升的重要维度，而这也是传统电视媒体长时间所忽略的。

从空间上看，社交电视是对原有电视媒体社交环境的延伸——从家庭

① 参见彭兰：《再论新媒体基因》，载《新闻与写作》2014 年第 2 期。

客厅的现实环境转移到了网络社区和朋友圈的虚拟世界。如今,社交媒体里大量的信息都与电视相关。爱立信在 2012 年 8 月针对包括中国在内的欧、美、亚多国的一项调查显示,62%的受访者过去一周有着看电视同时浏览社交媒体的伴随行为,其中 25%在社交媒体上谈了正在收看的电视节目。95%的与电视相关的社会公共讨论的内容均来自于 Twitter,第一时间发布的 Tweet(用户发布到 Twitter 上的信息)中有 60%的内容与电视有关。电视台与社交媒体的多维互动,放大了电视溢出的影响力;关系网络与内容生产的深度融合,又进一步优化了节目的生产流程和内容生产方式,使之更加适应今天年轻用户群体的互动需求。因此,社交元素、可以分享的社会话题和广泛互动,应该成为一档成功电视节目的设计起点和标准配置。

互动需求是产生社交的动因。从期望产品层的角度看,互动存在于节目制作、播出的全过程,覆盖了从内容发现、内容消费到内容反馈的各个环节(见图 3-21),满足了用户参与、互动、分享乃至狂欢的需求,使用户获得了良好的体验。以一档综艺节目为例:在节目播出前,可以通过观众投票、推荐等数据方法,选择有观众基础的嘉宾参加节目,甚至他们要唱的歌、谈的问题、服装造型都可以由观众确定。节目播出过程中,观众可以打分、献花、投票、起哄;嘉宾在节目中也可以和观众沟通、献吻;观众通过屏幕抽奖、竞猜获得礼物;观众也可以把喜爱的节目片段通过社交网络分享到微博、微信等第三方平台,吸引更多人参与。在节目播出后,主持人和嘉宾可以在社交媒体空间接着与自己的粉丝沟通、拉票,组织粉丝与对手论战;用户可以和好友分享与视频相关的延后关联信息,并触发新的内容发现。

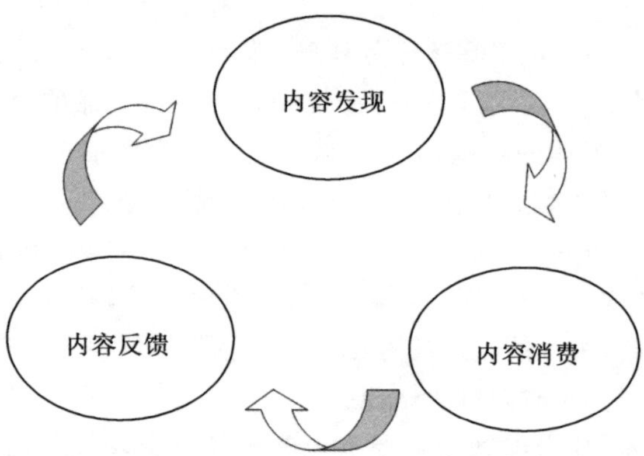

图 3-21 社交电视产品与用户的循环

在网络视频领域,2013年,以《报告老板》《晓说》《罗辑思维》《你正常吗?》为代表引发的现象级收视和文化影响,让市场看见了基于新媒体内容的潜力,这也成了"网络自制剧元年"的直接导火索。这些节目有一个共同点,即带有明显的社交网络基因,互动元素贯穿在节目的内容、营销等各个环节。《罗辑思维》通过微信每天向会员推送一段语音、一篇文章;与此同时,在QQ空间、人人等社交网络上,《晓说》的视频被网友频繁地分享,网友在社交网络上分享和推荐是视频播放的又一重要流量来源。[1]《报告老板》的成功,除了其独创性的内容和创意,还取决于其在商业模式上的探索,实现了剧方、观众和广告主的多赢。除了影视内容本身带来的品牌形象提升和观众趣味享受外,出品方万合天宜还采用整合营销策略,依托社交媒体的线上共同发力,构造了剧与主创、剧与观众、主创与观众的环形高积极性交流圈,同时辅助以线下活动等多种形式的互动,使主创团队的人气和认知得到提升,而观众也收获了剧外的情感联结。在多屏互动的媒介生态下,所有信息迭次形成N次传播,共同将《报告老板》推至收视巅峰。

这种节目和早先的短信投票、电视投票方式有本质的区别,它是"名人+平台优势+用户消费习惯+社交网络"的巧妙融合,得益于互联网的高效传播整合效力,是建立在人性基础上的复杂的互动体系,其运作经验值得传统电视媒体借鉴。

(二)移动——电视传播要适应移动平台的需求

随着移动互联网的普及,用户可以通过越来越多的移动随身设备收看电视节目,或者参与电视节目的讨论和生产流程,用户与电视的距离从未如此接近,电视媒体也因此获得真正了解用户、黏住用户的有利手段。电视媒体需要根据不同移动终端的特点,改造自身的"有形产品层",通过优质节目内容将不同平台的用户有效"聚合"起来。

早在2007年,BBC就提出了"四屏"(four screens,即电视、手机、平板电脑和电脑)的产品发展战略。2013年,BBC又进一步强化了"移动为先"(mobile first)战略,即在不同新媒体平台展示内容时首先要考虑移动平台的需要,把移动平台的内容展示处理好之后,再以此作为模板,推广到其他平台上。2012年,BBC在伦敦奥运会的转播中同时开通了24个高清频道,2500小时的赛事节目分布在数字电视、PC电脑、手机、平板电脑以及BBC播放器等不同的媒体平台上,方便不同需求和使用习惯的人群随时随地关

---

① 参见张凤:《中国自媒体节目发展现状及未来发展预测——以〈罗辑思维〉和〈晓说〉为例》,中国传媒网,http://www.media1.cn/2014/0508/8429.shtml,2014年5月08日。

注赛事情况。统计表明，奥运期间英国有5100万人观看了奥运转播，其中使用移动平台收看的人数达到1190万人，占到总收视人口的23%。①

(三)个性化服务——满足用户体验、增强用户黏性

用户体验(user experience)是近年来新媒体应用中一个新的关注点，它是指用户使用或假想使用一个产品、系统或服务时的感知和反馈。陈力丹教授认为，在今天的传媒领域，创意易被抄袭与复制，信息内容集成的简便与泛滥，都迫使媒体必须独辟蹊径，此时用户体验就成为衡量应用好坏的一种标尺，新媒体应当以打造用户良好的个性化体验作为自己的核心竞争力，于微小之处形成差异化竞争。②

从期望产品层看，用户体验的好坏来自于传媒产品与用户达成心里共鸣的程度，久而久之，它会在用户身上形成传媒消费行为的定式，即特定的传媒产品使用习惯，以此来增强用户的忠诚度。从潜在产品层看，社交电视最终带给用户的不仅仅是内容和社交的需求，更应当是产品和服务的关联，人们希望以较低的成本去获得自己真正感兴趣的信息和服务，这就对传媒产品提出了更高的要求，它需要广泛使用各类智能化技术以满足用户的个性化需求。

2014年6月，互联网传媒市场因为搜狐对"今日头条"的起诉再度火了一把，对于"传统"的新闻门户网站，为什么对上线不到两年的小媒体大动干戈？这需要从后者的运作模式说起。

"今日头条"是一款基于数据化挖掘的个性化信息推荐引擎，自2012年8月份上线以来，已经累计用户9000万以上，成为增长最快的资讯类客户端，包含了新闻动态、图片以及各类短文。"今日头条"与当前的新闻门户网站或互联网新闻中介产品最大的不同在于其是基于个性化推荐引擎技术，使得用户无须设置即可享受个性化的高质量信息，并且都是针对用户感兴趣的内容进行编辑播发，这样就大大降低了用户获取感兴趣信息的成本。而后者往往由编辑推荐信息，所有用户看到的信息一样，无法快速看到感兴趣的内容，内容体验不佳。具体而言，"今日头条"在用户体验方面实现了以下功能：

1.社交和用户行为分析。根据微博行为、阅读行为、地理位置、职业、年龄等挖掘出兴趣。通过社交行为分析，5秒钟计算出用户兴趣；通过用户行为分析，用户每次动作后，10秒内更新用户模型。

2.自然语言处理和图像识别技术。对每条信息提取几十个到几百个高

① 参见李文:《解析BBC的全媒体发展之路》，载《传媒评论》2014年第1期。

② 参见陈力丹、曹文星:《2012年新媒体技术与应用走势分析》，载《编辑之友》2013年第2期。

维特征，并进行降维、相似计算、聚类等计算去除重复信息；对信息进行机器分类、摘要抽取、LDA 主题分析、信息质量识别、敏感词过滤、正能量指数计算等处理。

3.基于机器学习的推荐引擎。根据人的特征、环境特征、文章特征三者的匹配程度进行推荐；推荐时考虑信息质量以及正能量指数，推荐热度高、正能量值高的文章给更多人。

4.实时海量数据处理构架。实时推荐，0.1 秒内计算推荐结果，3 秒完成文章提取、挖掘、消重、分类，5 秒计算出新用户兴趣分配，10 秒内更新用户模型。

5.精准定位人群进行传播。根据用户所在城市，自动识别本地新闻，精准推荐给当地居民；可根据用户年龄、性别、职业等特征，自动计算并推荐其感兴趣的资讯。

6.构建知识型社会的有力武器。精准识别用户的兴趣爱好，每天推荐符合其职业、生活需要的积极向上的知识性内容。

通过以上功能，"今日头条"可以根据每个用户的兴趣、职业、性别、位置等多达千万个维度进行个性化推荐，当用户获得了绝佳的使用体验，其获取信息的渠道和习惯自然而然地就会发生变化，这正是搜狐等新闻门户网站最为担心的，也是今天的电视媒体所真正缺乏的。

（四）电商和本地——创新社交电视商业模式

本章前面的调查表明，购物、旅游、生活等信息成为用户使用社交媒体的重要驱动力，用户认为通过社交媒体提供的购物、在线支付、金融理财等应用，可以方便、丰富自己的生活。电商平台为开发社交电视的"潜在产品层"提供了依据，对于电视媒体而言，网络视频和社交电视所产生的聚合流量，必须要有变现的途径，电商恰好为流量的导入和变现提供了良好的平台（见图 3-22）。对于广告商而言，传统的硬性广告显然不合时宜，社交媒体提供的用户精准分析和推送工具，为广告在节目中的针对性植入和定向推送提供了可能。

服务本地生活也为社交电视产品的潜在价值发挥提供了新的商业模式，社交媒体和移动互联网基于 LBS 的地理位置服务功能，为本地的电影、金融、餐饮、图书、汽车销售提供了从出货、物流到结算的一系列 O2O 模式（见图 3-23）。目前，国内一些发达省份的城市电视台开始对自身定位、城市资源和媒体公信力资源进行整合，致力于媒体城市生活服务应用的开发。"无线无锡"是由无锡广电总台推出的一款移动互联网城市公共生活服务应用平台。它结合了无锡无线城市计划，一期客户端版本依托了无锡广播电视集团旗下各个主流媒体的优势资源,不同程度引入无锡市信息化建设、市政交通、文化票务等公共服务资源,先期推出了新闻、专题、政务、直播、点播、图览、报料、公交、路况、阅读、微博圈、天气、旅游和票务共14个功能板块,为手机用户提供了涵盖各种城市生活的全面信息和服务。这个汇聚了城市信息及生活服务实用功能的无线平台,开辟了一个信息集散的全新媒体平台,拓展了城市媒体信息传播的新渠道。

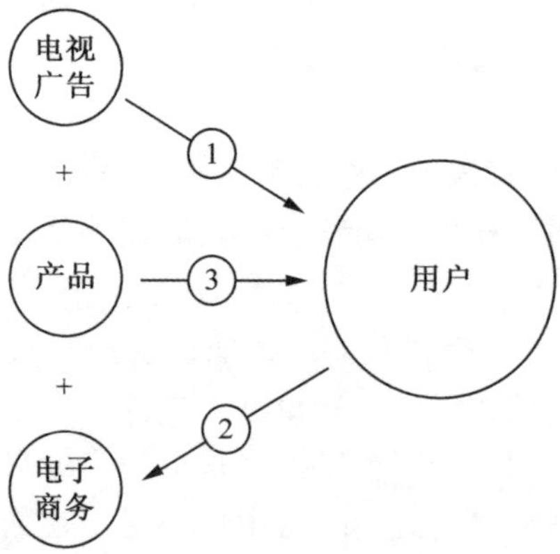

图3-22 电视与电商相结合的运营模式

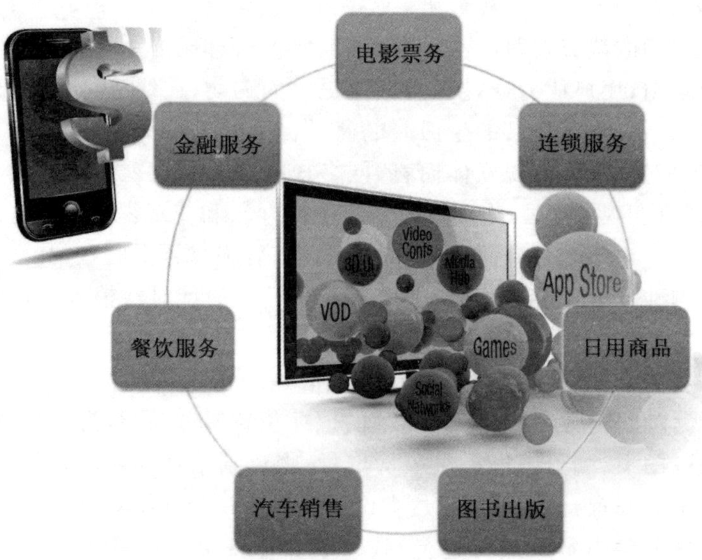

图3-23 基于LBS的社交电视O2O商业模式

总之，社交电视产品的生产和传播不能局限在节目内容这一核心利益层方面，它应当由产品的所有层面共同影响。在媒体的社会化时代，关系、个性需求等附加/潜在产品层的重要性往往更为凸显。

第三节　电视台与社交媒体的多维互动

社交媒体的优势在于拥有庞大的、精准的用户，以及用户间互动所带来的电视溢出的影响力的扩大。2009 年 1 月 20 日，有 4000 万美国民众观看了 CNN 通过互联网转播的新任美国总统奥巴马的就职典礼，超过了通过传统电视观看的人数。CNN 在转播中尝试与社交媒体 Facebook 合作，在新闻报道中融入社交元素，采用"现场视频＋信息窗"的形式进行报道。Facebook 在报道页面左上方嵌入 CNN 的直播画面，在右边显示用户的社交信息，典礼进行中，用户可以与好友进行实时互动聊天，也可以在 Facebook 中发表自己的评论。在报道页面中，还链接有与就职典礼相关的新闻和动态更新。整个报道过程中，CNN 网络视频点击量达到 1390 万次，新产生信息和评论超过 100 万条。[①] 社交媒体的使用，强化了电视传播的效果，也使得视频内容在社交媒体有了更高的关注度。

新浪微博数据中心发布的《2013 视频网站微博报告》数据显示，2013 年的微博用户主要网络行为中，视频观看排在第二位，高于其他应用。如图 3-24所示，视频短链分享量达 1.4 亿次，点击量高达 32 亿次，分别占全站分享和点击量的 3%和 19%。全年回流比高达 2304%，高于全站整体短链回流比。可见，视频内容在社交媒体更容易获得关注，利用社交媒体进行节目推广也成为电视媒体的必然选择。[②]

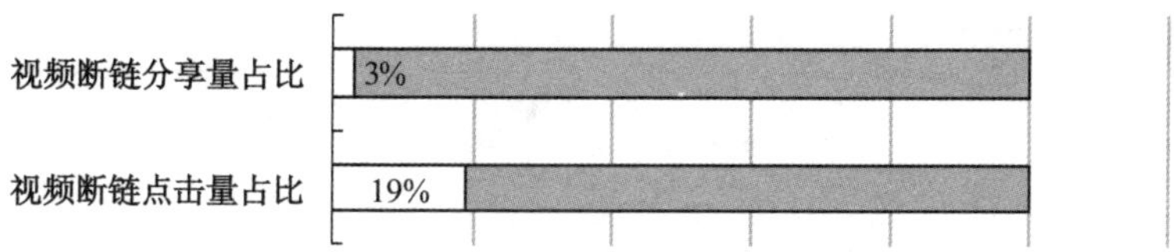

图 3-24　新浪微博视频短链分享量、点击量占全部短链分享量比重[③]

① 参见詹新惠、童珮茹：《国外传统媒体利用社交媒体的三种路径》，人民网，http://media.people.com.cn/n/2012/0719/c213309－18554684.html，2012 年 7 月 19 日。

② 参见新浪微博数据中心：《2013 年年度视频网站微博报告》，新浪微博，http://data.weibo.com/report/detail/report? copy_ref＝zuYT1rJriA7gn&_key＝2VAsmhU&m＝w，2014 年 1 月7 日。

③ 参见新浪微博数据中心，统计时间为 2012 年 12 月 1 日至 2013 年 11 月 30 日。

《2013新浪媒体微博报告》显示，新浪微博上的电视媒体官微数已经超过7000个，包含510家电视台、712家电视频道和6000多个栏目(见图3-25)。其中，央视新闻、凤凰卫视、央视财经、湖南卫视等老牌电视频道或节目，在微博中依然保持强大的影响力(见表3-1)。微博不仅让电视媒体跳出了电视框架的边界，把内容和服务延伸到了广袤的互联网，从而覆盖到更多的网络受众，有效地提升了节目和媒体的影响力。借助微博这一平台，电视媒体有效地弥补了自身在互动、分享等方面的不足，从这个意义上说，微博正在帮助中国的电视媒体行业重塑品牌形象。

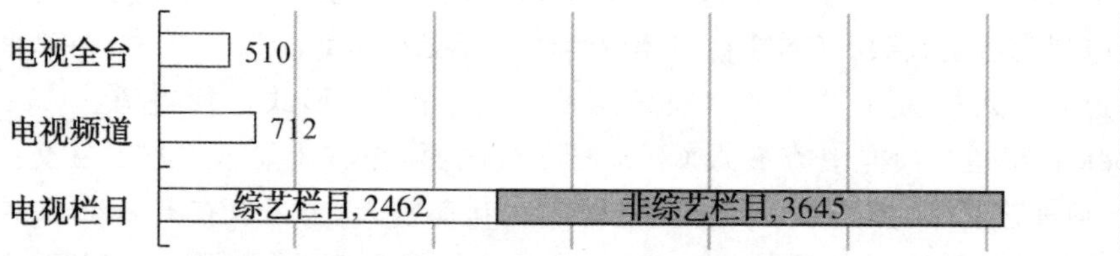

图3-25 新浪微博的媒体官微超过7000个

表3-1　新浪媒体官微影响力排行

官微	传播度	覆盖度	活跃度	影响力
央视新闻	95	589	562	1246
凤凰卫视	75	529	380	984
央视财经	65	482	390	937
湖南卫视	62	495	312	869
浙江卫视中国蓝	72	454	304	830
CCTV5	54	429	337	820
CCTV音乐	66	421	307	794
新闻日日睇	49	417	290	756
非诚勿扰	55	462	236	753
中国好声音	47	464	223	734

笔者对山东广电的调查表明(见图3-26)，节目制片人、编辑、记者大多意识到了社交媒体对于节目的价值，能够或多或少地通过社交媒体进行节目制作和推广。但是相当数量的制作方认为，由于理念、技术和具体操作手段的欠缺，使得自己并不能完全发挥社交媒体的潜能。

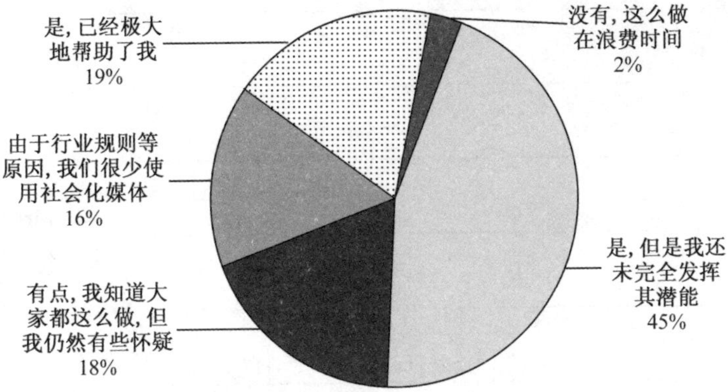

图 3-26　节目制作方是否曾通过社交媒体来衡量节目价值

一、社交媒体放大电视溢出的影响力

(一)《舌尖上的中国》之内容互动

从互动策略上来说,社交媒体的实时性是非常强大的平台属性。通过社交媒体的平台,可以提供观众感兴趣的、关联性的内容与观众进行互动。比如幕前幕后的一些花絮以及因为时间不够被删减的片段,因为是独家,所以反而更能吊起用户的胃口;与节目内容相关联的话题,因为与用户有了更多的兴趣或情感关联,则更具贴近性。

《舌尖上的中国 2》节目播出后在观众中迅速引发了思乡情怀,大家纷纷在网上晒出"家乡的味道"。首集《脚步》收视率达 1.57%,24 小时讨论量迅速攀至新浪微博话题榜首位。新浪微博上的"舌尖上的中国 2"话题相关微博也已经超过了 440 万条。而全国各地的网友们则在网络上发起了"帮家乡美食上头条"的活动,相关微博已超过了 10 万条。随着该片的持续热播,一时间成为社交网络中最引人瞩目的热点话题(见图 3-27、图 3-28),"舌尖体""淘宝热销""微博刷屏"等公共话题层出不穷,在社交网络的推动下,纪录片第一次成为了全社会聚焦的公共话题,并引发诸多社会现象。

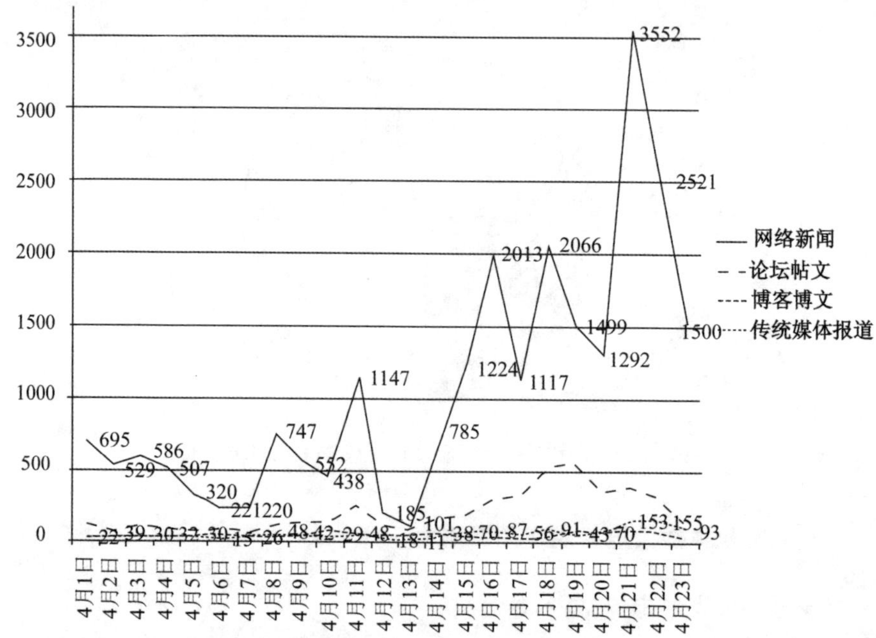

图 3-27 《舌尖上的中国 2》话题媒体关注度①

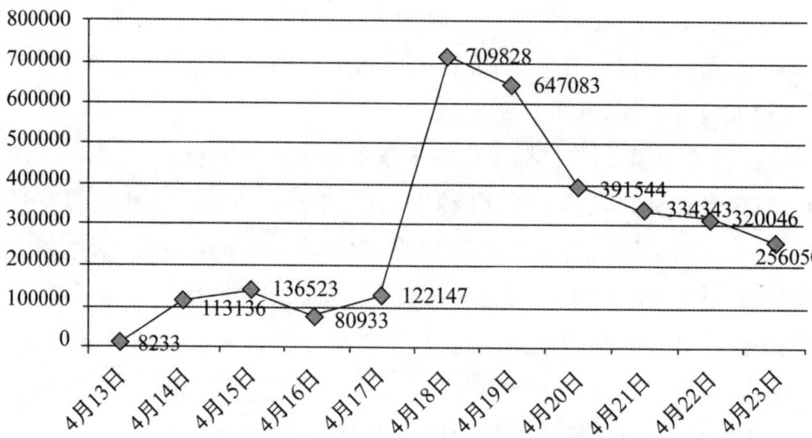

图 3-28 《舌尖上的中国 2》话题微博关注度②

① 参见《舆情解读:〈舌尖上的中国〉的成功并非偶然》,人民网,http://jx.people.com.cn/n/2014/0427/c355236-21086456-2.html,2014 年 4 月 27 日。

② 参见《舆情解读:〈舌尖上的中国〉的成功并非偶然》,人民网,http://jx.people.com.cn/n/2014/0427/c355236-21086456-2.html,2014 年 4 月 27 日。

(二)《中国达人秀》之参与者互动

节目的参与者互动存在于三个层面:

一是明星与粉丝的互动。节目参与者在社交媒体互动上的作用是显著的,拥有众多粉丝的节目明星,发一条微博往往就能引起广泛关注。安德森·库珀是CNN时事新闻节目的主持人,他主持的"Anderson Cooper 360°"开播后,CNN新闻节目的收视人群由25～54岁扩展到18～54岁,有10%的年轻观众是冲着Anderson Cooper收看该节目的,观看同时段节目的人比去年多了51%。正是因为他对年轻观众的吸引力,库珀的Twitter粉丝已经达到了130多万。[①] 在Twitter中,他热衷于为网友报道美国最新政治动态,和粉丝闲聊最新的新闻,展现其作为一名语言辛辣讽刺主持人的人性化一面。

二是制作者与受众的互动。不仅是明星,传统媒体从业者开通微博账户可以拉近其与受众的心理距离,让受众感受到一个真实的自己,从而增强自己的受欢迎程度;通过汇聚大量的粉丝提高自己的舆论影响力,进而增强受众对自己节目或者报道的黏性。对具体的节目或者报道而言,还可以获取受众反馈,不断改善节目报道,为媒体提供更多、更丰富、更新鲜的话题和新闻线索。

三是线上与线下的互动。2013年7月,湖南卫视首款基于电视的移动社交应用"呼啦"正式发布升级为"呼啦II",旨在搭建一条通道,连接家庭共享的电视大屏和个人私享的手机小屏,让移动互联网上的电视节目不再只是一个传统电视节目的翻版,而是互动和互补,在社交网络的大潮流中促进线下的共享时光和欢乐,更好地解决在传统媒体互动方式的同时满足观众的客厅需求。目前"呼啦"的注册用户已达700万[②],它的成功在于线上线下的互动,湖南卫视通过"呼啦"组织快男、影视剧明星的粉丝握手会,组织线下活动和奖品派送等。

对于2013年的《中国达人秀》,新浪在与东方卫视的台网联动中非常注重微博推广,通过引发讨论激发观众收视和参与兴趣。该节目在微博中产生了72万条微博讨论、58个微活动,发起了超过500个的投票活动以及多次微直播。节目组请评委在个人微博上发布有关消息,加强微博对高端人群的渗透,评委也在微博上尝到了甜头,伊能静参加了《中国达人秀》之后微

---

① 参见詹新惠、童珮茹:《国外传统媒体利用社交媒体的三种路径》,人民网,http://media.people.com.cn/n/2012/0719/c213309-18554684.html,2012年7月19日。

② 参见唐雨:《传统电视媒体的移动互联网生存》,载《当代电视》2013年第10期。

博点击量翻了4倍。[①] 互联网还为《中国达人秀》提供了参赛选手信息和更广阔的播出平台,除了电视版视频播放外,还有类似导演剪辑版、幕后花絮等在网上播出。在网台互动中,还可以邀请有影响力的网络达人到电视节目中客串主持人,民众喜欢互联网的一个重要原因就是他的草根特性,极低的参与门槛为每一个普通人提供了表达自我和成为明星的机会。电视媒体可以为网络达人量身定制具体的节目内容,甚至专门打造符合其风格和个性的特定栏目,利用网络达人的号召力提升节目的影响力。

(三)海飞丝与《中国达人秀》之品牌互动

对于品牌来讲,社交媒体对电视溢出的价值更具有吸引力。2010年起,海飞丝开始冠名赞助《中国达人秀》,在社交媒体平台海飞丝与时趣Social Touch共同打造了《中国达人秀》实力擂台,通过平台的打造,观众对于电视节目的热情大涨并转移到了社交媒体,Social App使电视节目的观众有机会进行自我表达。除此之外,这也激发了更多选手利用自身的社交网络影响力参与、定制化开发投票App的方式。海飞丝充分利用"社交媒体+电视媒体"的组合拳,充分渗透品牌的"实力派"精神,实现了品牌与消费者的沟通。[②]

从加多宝赞助的《中国好声音》,到拉卡拉赞助的《最美和声》,再到海飞丝赞助的《中国达人秀》,一系列的商业赞助都充分说明了电视娱乐节目背后的品牌关注价值。在社会化网络时代,这些关注价值不仅仅停留在了电视屏幕上,无数节目粉丝也将台前幕后、明星轶闻、广告买卖网资讯、赛事快讯、个人观点搬到了社交媒体上。《最美和声》在新浪微博积累了10万粉丝;《中国好声音》的粉丝超过了150万,其微博关键词搜索量高达1亿多条,社交媒体成为了电视节目的影响溢出平台。[③] 社交媒体为电视溢出的影响力和信息进行了很好的消化和补充,观众的关注点从手机屏幕可以再次回到电视,形成了传播闭环。电视娱乐节目的影响价值获得了放大,也为节目赞助品牌带来了更多的收益。

(四)"@央视新闻"之话题互动

主流电视媒体充分利用多种媒体实现最大的传播效果,以此传播主流

---

① 参见郑莹、彭飞:《社交媒体催生电视媒体的社会性》,载《媒体时代》2012年第3期。

② 参见葛琳:《多屏时代:社交媒体与电视如何共演一场"好戏"》,中国广告网,http://www.cnad.com/html/Article/2013/0925/20130925140850148.shtml,2013年9月25日。

③ 参见葛琳:《多屏时代:社交媒体与电视如何共演一场"好戏"》,中国广告网,http://www.cnad.com/html/Article/2013/0925/20130925140850148.shtml,2013年9月25日。

导向。电视频道、节目内容正在变成一个个社交场域，变成不同的社交平台，不同的内容可以吸引不同的用户，使其按照兴趣汇聚起来，找到自己感兴趣的话题。

2013 年 9 月 5 日，“@央视新闻”发起“最美赏月地”投票，号召网友“以赏月之美”推介自己的家乡，并发起投票，投票数名列前茅的赏月地将在央视进行现场直播。短短的 17 天时间里，“最美赏月地”微博活动共收获转评赞 162791 次(见图 3-29)。

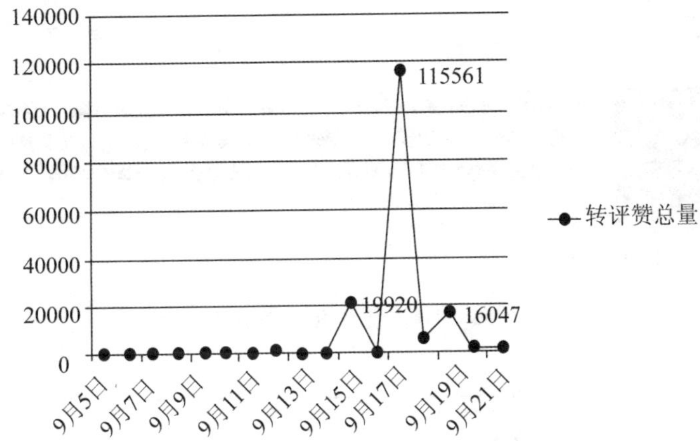

图 3-29　“@央视新闻”“最美赏月地”微博每日转评赞总量变化情况①

1. 突出媒体的议程设置能力

“最美赏月地”掀起了网友强烈的关注与热议狂潮，话题讨论量高达 111 万条，体现出媒体微博在议程设置方面的不凡实力(见图 3-30)。

2. 扁平化传播

“@央视新闻”的“最美赏月地”微博呈现出扁平化传播的模式，即转发原创微博的用户数量呈现出悬殊较大的逐级递减的态势(见图 3-31)，原创微博直接到达数量庞大的“草根网友”群，而非经过“网络意见领袖”的二次传播才扩大影响力。

3. 影响力二次发酵

从“@央视新闻”的“最美赏月地”活动来看，以投票为主要参与方式，同时，因为赏月地的地方性特色，还引来众多地方媒体对该活动进行报道，使

① 参见新浪微博数据中心:《2013 新浪媒体微博报告》，http://data.weibo.com/report/reportDetail?id=159，2014 年 1 月 1 日。

得影响力再次发酵(见图 3-32)。

4.诉诸情感,增强媒体认同感

“@央视新闻”的“最美赏月地”以“家乡推介”为主打心理因素,诉求网民的情感,容易引起网友对家乡的怀恋与温暖的感情,情感卷入度较高。一旦网友发现自己的家乡也拥有赏月的美景后,无论是参与投票还是上传照片都有极高的热情,增强了网民对电视媒体的认同感,作为媒体微博活动运营的方式,可以被借鉴运用。

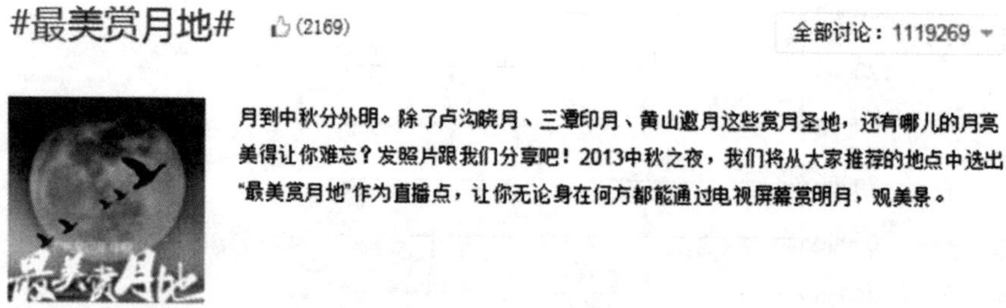

图 3-30 “最美赏月地”的媒体发起贴

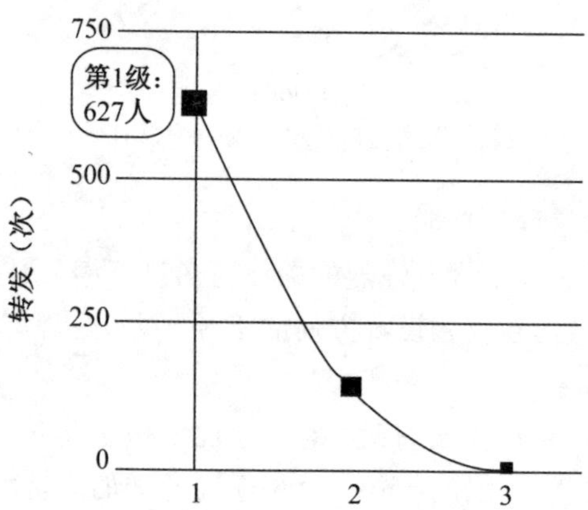

图 3-31 “@央视新闻”9 月 20 日 20:41 的微博各层级被转情况①

注:转发原创微博的用户数量为第一级转发人数。

① 参见新浪微博数据中心:《2013 新浪媒体微博报告》,http://data.weibo.com/report/reportDetail? id=159,2014 年 1 月 1 日。

三亚鹿回头公园入选央视“最美赏月地” 华夏经纬网 2013-09-23 14:16:42

按以往的习惯,不少市民游客喜欢在中秋之夜到海边赏月,这一计划今年泡汤。而令人欣慰地是,在央视新闻频道发起的“最美赏月地”征集中,经过网友推选,包括三亚鹿回头... 2条相同新闻 - 百度快照

黄山新安江入选央视“最美赏月地” 和讯 2013-09-23 08:40:00

今年中秋,中央电视台新闻频道在新媒体平台上发起“最美赏月地”征集活动,9月20日揭晓最终结果,黄山新安江与北京卢沟桥、杭州西湖、台湾日月潭等一同入选,成为15处最... 4条相同新闻 - 百度快照

央视最美赏月地征集结果揭晓 北京卢沟桥列第一(组图) 和讯 2013-09-22 11:13:00

央视最美赏月地征集结果揭晓 北京卢沟桥列第一(组图) 央视最美赏月地征集结果揭晓 北京卢沟桥列第一(组图) 网友观点(0) 您推荐的 标题 将自动提交到和讯看点... 百度快照

泰宁入选央视“全国最美赏月地” 网易新闻 2013-09-22 09:18:17

本报讯(邱灿旺刘贤健)20日,央视《新闻联播》公布了全国15个中秋最美赏月地,世界自然遗产、世界地质公园泰宁县位列第五。19日中秋节当晚,央视新闻频道现场直播了... 2条相同新闻 - 百度快照

央视最美赏月地征集结果揭晓 北京卢沟桥居首 新浪 2013-09-21 11:42:00

今年中秋节期间,央视新闻频道在新媒体平台上发起的寻找“最美赏月地”征集活动,9月20日揭晓最终结果。它们是北京卢沟桥、浙江杭州西湖、台湾日月潭、甘肃敦煌、西藏... 19条相同新闻 - 百度快照

网友投票选“最佳”秦淮河入选央视最美赏月地 新民晚报 2013-09-21 09:44:00

本报讯 据央视《新闻联播》报道,今年中央电视台新闻频道发起寻找“最美赏月地”征集活动,南京秦淮河与北京卢沟桥、杭州西湖、台湾日月潭等一同入选。 今年中秋,中央... 24条相同新闻 - 百度快照

图 3-32　报道“@央视新闻”“最美赏月地”投票及结果的部分地方新闻

二、社交媒体推动综艺节目的融合传播

新浪微博数据中心发布的数据表明,2013 年新浪微博播放的节目中,音乐、原创、综艺所占比例高达 56%,大幅度领先于其他节目类型(见图 3-33)。

综艺节目在电视媒体的专业节目生产中是最受社交媒体用户喜爱的节目类型。2013 年 7 月,新浪微博打造“疯狂综艺季”,两个月时间里,73 档综艺节目共产生超过 5 亿条微博。可见,微博已经成为娱乐节目直面观众的重要平台。国内一线卫视对微博表现出了极高的热情,投入大量资源运营微博,发起、推热综艺话题,调整与受众的互动方式,受众通过微博发挥对综艺娱乐节目的影响力。本研究以《中国好声音》和《快乐男声》为例,作出简要分析。

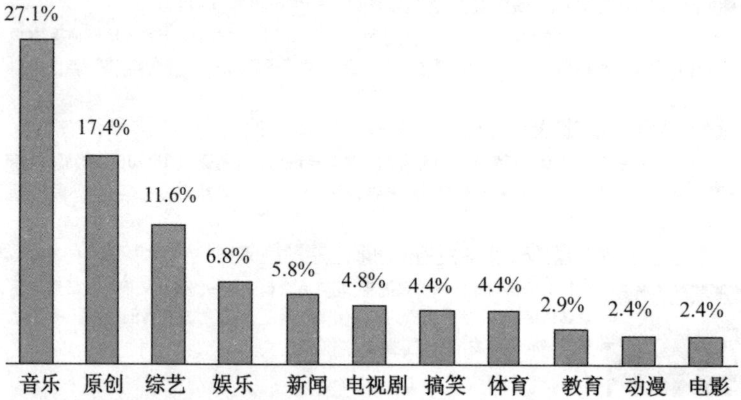

图 3-33　2013 年新浪微博视频内容的播放量①

(一)《中国好声音》——线上与线下的融合传播

《中国好声音》在电视上掀起收视热潮的同时，也成为微博传播热点(见图 3-34)，并由此形成了“电视＋微博”的线上线下互动融合的典型传播模式。

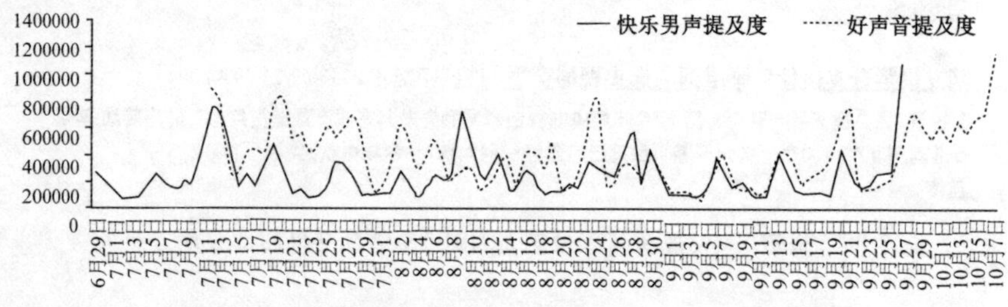

图 3-34　《中国好声音》和《快乐男声》微博提及度分析②

从节目播出前通过微博即时预告，邀请记者和娱乐明星好友现场观看，并通过微博发布相关感受和评论，中国好声音充分利用微博平台“意见领袖”的口碑传播效应，迅速形成传播内容影响的聚集效果，实现二级乃至多级传播。微博知名人士的参与使《中国好声音》及其选手都受到微博网民的极大关注，《中国好声音》相关话题频频出现在新浪微博热门话题榜中。其

① 参见新浪微博数据中心:《2013 年年度视频网站微博报告》，新浪微博，http://data.weibo.com/report/detail/report? copy_ref=zuYT1rJriA7gn&_key=2VAsmhU&m=w,2014 年 1 月 7 日。

② 参见新浪微博数据中心:《视频网站微博发展报告(2013)》，http://data.weibo.com/report/reportDetail? id=116,2014 年 1 月 1 日。

在微博上的传播，实现了相关信息从传统电视媒体到网络微博，再回到传统电视媒体的多循环、多层级的传播，放大了传播效果。

（二）《快乐男声》——电视与微博的多元互动

1. 主持人微博投票

《快乐男声》节目主持人及工作组不定期在微博上透露内幕、发起讨论，利用微博影响力吸引粉丝参与转发和评论。《快乐男声》开播当晚 21 点 32 分，主持人何炅发表了一条征求意见的微博，此时距离节目开播不到半小时，数以万计的网友纷纷在评论中发表意见。到直播结束时，单条微博杀入热门微博榜，收到了超过 5.2 万条评论。

2. 主持人口播增加微博内容

根据不完全统计，在节目开播当晚两个小时的直播内，主持人何炅和汪涵共 6 次提到了微博。直播刚刚开始，何炅就对电视观众口播了之前发布的那条预热微博，强调已经有两万多名网友在微博中进行表态，并表示眼镜会“时而戴，时而不戴”，公开回应微博粉丝。主持人汪涵则表示，虽然自己没有微博账号，但是会通过何炅的微博与粉丝交流。在此后的直播中，两位主持人多次提到了微博内容，并充分利用选手唱歌以及广告时段查看最新讨论热点。

在新浪微博上，有上百万人在关注这场青春盛宴，直播结束时“快乐男声”已经冲上热门话题榜第二位。节目期间，提及“快乐男声”的微博数量达 1839621 条，提及人数达 1014765。在与年轻群体的互动中，《快乐男声》增加了用户黏性，强化了节目的播出效果。

3. 制造微博话题点

在节目的播出过程中，节目编排的竞技化导向产生的紧张感和戏剧化效应在微博中制造了源源不断的争议话题，导师风格、选手身份、怪异曲风等话题引发微博舆情产生裂变效应，迅速形成媒介公共话题。而新浪微访谈的跟进互动，对网络议程的回应起到了推波助澜的作用。如此循环，使得《快乐男声》从播出到热议再到播出，舆情始终火热。

如图 3-35 所示，人民网舆情监测室对《中国好声音》进行的全网监测发现，约 88％的信息来源于社交网络；《快乐男声》播出期间，前三甲数以几十万计规模粉丝的增长再次印证了社交媒体的强大。如果电视媒体不断提升与社交媒体的黏合度，必然会把一部分人拉回到电视荧屏面前，有助于收视率的提升。

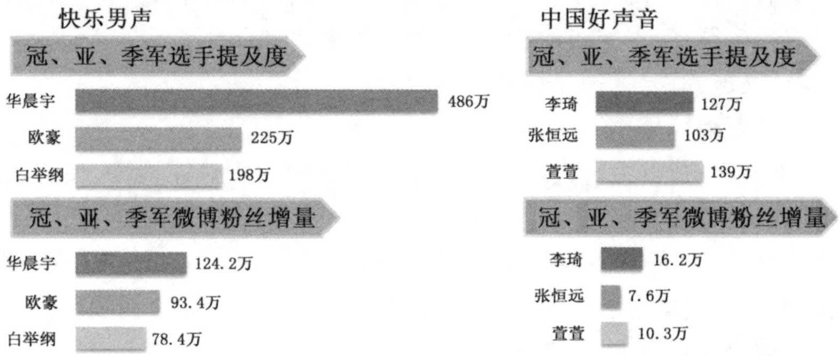

图 3-35 《快乐男声》与《中国好声音》选手粉丝增长量与选手提及度[①]

三、"粉丝经济"助力电视向社交化发展

2013 年暑期档,《小时代》两部影片收取了近 8 亿的票房,坐上了国内电影市场的头把交椅。这首先得益于导演郭敬明的身份投射,无论是与影片中作家周崇光之间的话语关联,还是与《M. E》杂志主编宫洺的身份、个性的同一,乃至如同顾里那样的炫富精英,郭敬明通过多重身份的投射,并借助类似的情节和场景来引发观众的"互文性联想",这种解读的多元化和趣味性,在其微博 3000 多万粉丝中不断发酵,引发《小时代》票房的持续走高。

"粉丝经济"是新商品经济时代和互联网发展的产物,特定的网络传播效应使得情绪资本成为市场营销中不可忽视的力量,企业可以建立特定的粉丝社区并将其作为营销手段,以此增值消费者的情绪资本,增强品牌的忠诚度。"粉丝经济"的主角是消费者,营销手段建立的依据是消费者的情绪和感情,最终实现品牌的情绪增值。在传媒竞争的白热化时代,用粉丝效应来拉动"粉丝经济"已成为影视界的普遍共识,但是如何利用社交媒体平台巩固、发展自己的粉丝群体,并与之形成有效互动,是电视媒体打造竞争优势需要解决的问题。

(一)单向传播时代,"优势解读"使粉丝经济难觅踪影

当代文化研究之父、英国社会学教授斯图亚特·霍尔(2010)指出,受众对电视节目存在主导霸权立场、协商立场和对抗立场"三个假想的解码立

① 参见人民网舆情监测室:《"中国好声音"舆情监测报告》,http://yuqinq.people.com.cn/n/2013/0815/c 210118-22573361.html,2013 年 8 月 15 日。

场”，他认为可以用优势解读、协商解读、对抗解读来进行对应解读。[①]

传统媒体时代的典型特征是信息的单向传播，人们能够接触到的信息多来自“权威”媒体并且非常有限。在这样一个“我播你看”的时代，电视媒体和受众之间的关系是单一的传受关系，相互割裂，没有互动和反馈，受众对节目内容和编排几乎不会产生影响，电视媒体也不需要去研究或满足受众的特定需求。因此，在这个时代没有粉丝经济存在的土壤，受众的解码和媒体的编码基本能够保持一致，即对传播内容进行的是“优势解读”。

（二）网络传播时代，“协商性解读”开启粉丝经济

互联网、手机等新的传播渠道的引入，使得人们的信息消费行为更加趋向多元和互动，日渐丰富的媒介和信息内容让人们有了更多的选择权。在这一背景下，一些较为开放的电视媒体开始重视观众的反馈，尝试将观众的行为引入节目的生产和传播环节。2005 年，曾经火爆全国的湖南卫视《超级女声》开启手机投票之先河，观众可以为自己喜爱的歌手进行投票，众多的年轻群体开始自诩为“玉米粉”“凉粉”“笔亲”，粉丝经济的苗头也让湖南卫视尝到了与观众互动的甜头，一大批具有极高忠诚度和收视黏性的年轻“粉丝”被招至麾下，一批为粉丝量身打造的栏目和节目内容开始活跃在电视湘军的荧屏之上。

传者本位向受者本位关系转变的背后，是受众心理的变化，“协商性解读”压倒了原先的“优势解读”，每一个用户都可以用手中的“投票器”表达自己的意愿和想法，生命的个性得以张扬。在特定的社会语境下，这种独特的个体行为会如野火春风般蔓延，互联网媒体的普及又会催化这种全民狂欢的氛围。喜爱不同歌手的观众自发形成跨越时空的虚拟群体，在一次次情感的共鸣、情绪的宣泄中，实现了虚拟的自我身份建构和社会认同。[②]

这种群体身份的同一性建构，聚合了大量的精确的受众群体，为电视媒体进一步进行节目生产和市场营销提供了无限可能。初尝“粉丝效应”甜头的湖南卫视顺势而为，重新定义的 logo 形象、节目品牌、频道定位，乃至自制剧、独播剧，都是围绕其特定粉丝群体的喜好进行量身打造的。

（三）社交媒体时代，“对抗性解读”形成粉丝效应

传统的电视台如同一个加工厂，生产流水线的上游包括品牌形象、频道定位、节目生产都已比较成熟，但是其下游包括品牌推广、售后服务、跟踪反

① 参见邱秉常、陈洪友、余庆华：《论霍尔模式对我国受众研究的影响》，载《荆楚理工学院学报》2010 年第 4 期。

② 参见谭文若：《网络群体成员身份认同的建构途径》，载《新闻界》2012 年第 17 期。

馈、黏住用户等工作一直是个极大的短板,“不知道自己的观众是谁”成为传统电视挥之不去的阴影。社交媒体的迅速普及,为电视媒体看清观众、留住观众提供了绝好的平台和转型升级的机遇。

与早期互联网时代用户评论、投票等简单的互动相比,社交媒体的出现为每一名用户都提供了一个充分表达的平台,近些年诸如《中国好声音》《爸爸去哪儿》等节目之所以能够掀起收视狂潮,与其在社交媒体平台的持续发力有很大的关系。微博、微信等平台对节目内容的实时更新,社交媒体用户在节目播出中的实时评论、朋友圈推送,里面不乏褒扬与批评之音,不同的声音和观点在一个个虚拟的朋友圈和粉丝群体中进行激烈“对抗”,电视媒体在自身社会资本的不断扩张过程中,迎来了“对抗性解读”时代。对抗的程度越激烈,一个频道或一档节目所积聚的“眼球效应”就越显著,它可以无限激发观众的收视热情,在短时间内拉升节目的收视率,增强节目的凝聚力。

随着社交网络的普及和移动互联网技术的发展,通过技术手段,电视媒体可以知道是谁在观看,观众和电视节目之间可以随时随地联系,用户黏性空前提高,原来模糊的受众一跃成为精准的受众,单向度的传播方式变为多向度的传播。正是基于这方面的考虑,各大卫视都推出了基于双屏互动的App,比如BRTN的“BTV大媒体”、湖南卫视的“呼啦”等产品,都是想利用社交网络与原来的观众建立联系,并把他们组织起来,将原来被动的观众变成主动的“粉丝团”。

湖南卫视手机社交应用“呼啦”推出不到半年,用户规模就突破了600万。这一群体与普通的电视观众不同,他们对电视台或一档节目有着极高的收视黏性,在朋友圈的言论也有着显著的舆论影响力。在“呼啦”里每一个节目都会建立一个特定的“公会”组织,观众也即用户,可以加入公会成为会员,还可以分享属于自己的奖品,群体的归属感、对明星的追随感、收获奖品的满足感、分享朋友圈的存在感,诸多情感的体验汇聚在公会里,观众乐不思蜀。对于电视媒体而言,有了如此忠诚的用户,可以保证收视率,分析用户的情感态度和消费行为,为后续营销和节目生产提供依据;对于商家而言,他们可以更为精准地找到符合自己产品特性的消费者群体,通过“呼啦”这一聚合流量的入口,降低信息和产品促销的成本。

由此可见,粉丝经济的打造对于整个社交电视生态而言,将带来多赢的局面,它也应当成为电视媒体未来进行市场竞争的一个着力点。通过品牌优势节目打造一个良好的粉丝基础,继而开发新的社交互动平台,增加粉丝的黏度,如此良性循环,电视媒体在新传播时代做到“一呼百应”不是没有可能。

第四节　关系网络与内容生产的深度融合

一、社交元素融入节目的生产环节

当前的电视社交应用多是对社交媒体的工具化使用，停留在播出环节的合作阶段，互动内容很少进入生产流程。各种应用产品的逻辑结构和用户体验大同小异，跟早前看电视发短信、刷微博没有本质区别。从生产融合的角度看，电视社交化不能简单地理解为“社交＋电视”，它既不是终端或技术的组合，也不是电视节目向社交网络的简单移植，而是社交元素融入节目的生产环节，是关系网络与内容产制的深度融合。

（一）《世界听你说》的融合式生产

中国人民大学彭兰教授认为，在新媒体平台中，产品与用户的关系建设是当前传统媒体的短板。[①] 时至今日，传统电视固守的“内容为王”“我播你看”的生产理念依然没有发生大的转变，社交媒体上的点击排行、用户评论、数据分析以及其他嵌入式应用还无法真正影响电视的内容生产和节目编排，电视与用户之间的“鸿沟”难以跨越。

在传统的电视媒体中，BBC是较早关注社交网络应用的，它鼓励自己的主持人、记者以及旗下的所有栏目在Twitter、Facebook等社交媒体平台上开设账户，提升节目和媒体的影响力，获取更多的新闻资讯和节目评价，并将其运用到电视内容的生产中。美国阿利桑那大学曾在2012年就世界主要新闻媒体在Twitter中的影响力做过长期的跟踪调查，调查对象包括BBC、NewYorkTimes、Bloomberg、NPR等12家新闻机构。调查显示，BBC的用户影响度、新闻转发率、信息存活率等指标都位列榜首。[②] 2013年，BBC又进一步提出了“移动为先”的发展战略，节目的生产和传播首先考虑移动平台的需要。在这一理念指引下，该公司的广播和电视双栖节目《世界听你说》全面拥抱社交媒体，从节目开始前话题的确立、嘉宾的选择，节目直播时与用户的互动，到播出后基于用户评论的节目评估，均通过社交媒体进行。该节目中，传统的主持人转变为主持、导播、网友代言人等多重角色为一体。[③]

---

① 参见彭兰：《领悟新媒体法则：从The Daily的失败中学习什么》，载《新闻记者》2013年第1期。

② 参见李文：《解析BBC的全媒体发展之路》，载《传媒评论》2014年第1期。

③ 参见李文：《解析BBC的全媒体发展之路》，载《传媒评论》2014年第1期。

BBC成功的关键,在于传统的电视媒体实现了与社交网络的生产融合,电视利用社交媒体的场域进行节目生产,进而将节目内容与社交媒体共享;社交媒体则用自己的场域打通了与电视媒体的互动通道,将后者纳入自身的传播平台。观众在传统电视这个背景下将不再只是被消费,而是从互动和分享中得到更快乐的体验,获得久违的情感交流和碰撞。在电视媒体新的生产模式中,关系网络是重要的基础设施,应当成为电视进行社会化生产、集聚受众资源的重要引擎,成为节目内容的重要入口。

(二)《汉字英雄》和《你正常吗?》的用户参与生产

2013年5月,河南卫视和爱奇艺推出网台联动大型文化节目《汉字英雄》,且同步推出App直播互动,在中国综艺节目市场中首次实现了真正意义上的台网联动,完成了"电视屏幕+手机App互动应用+PC终端"的联动。在这一生态链中,基于移动互联网的《汉字英雄》App互动应用的价值最为关键,这个客户端核心内容非常简单,包括汉字拼写游戏、直播互动和往期回顾三大板块,既实现了节目直播时的观众实时参与,又解决了节目之外的内容价值延伸。用户使用的门槛非常低,参与性很强。通过《汉字英雄》App,观众既可以与现场选手一起答题,也可以自娱自乐挑战系统中的题库,这种互动新模式成为节目一大亮点。

2014年4月,由腾讯视频和唯众传媒联手打造的全国首档大型调查类真人秀《你正常吗?》在腾讯视频独家播出。作为一档纯网络播出节目,该节目缺乏主流电视宣传,在没有网台联动双剑合璧的优势下突围冲出,第一期的网络点击量超过4000万,其中参与节目互动测试的参与人数就达到了400多万,前三期的总点击量更是超过一亿。"首期全平台播放量"在2014播出的所有综艺节目中,超过《变形计》《出彩中国人》《百变大咖秀》等电视台制作播出的综艺节目。该节目的成功得益于以下几点变革。

1.电视精品化制作路线,实现网络自制节目的突破

近两年,各大视频网站争相推出百余档自制节目,但视频网站的自制节目大多走短小精悍路线,低成本制作是这些网络节目的普遍特点,选题的局限和模式的单一容易让观众产生审美疲劳。而腾讯出品的《你正常吗?》则走起了完全不同的道路。不论是从节目的形态、时长,还是录制,观众都发现这档节目的制作标准和电视节目一样精良。原因在于该节目获得了赞助商和腾讯视频的巨大资金支持,在制作上毫不吝啬。除了邀请到"中国好舌头"华少、"搞怪女王"Ella主持外,每一期明星嘉宾的到来也是节目吸引点击量的保证。除了"人工"费用之外,在制作上节目组也是费尽心思。比如节目组的外采工作就遍布呼和浩特、天津、上海、合肥、杭州等各大城市,而在

录制前期节目组还要向数以百万计的网友征集许多调查结果。可以说，《你正常吗?》跳脱出网络节目的窠臼，用全新互动模式及电视级精品的资质，完成了视频网站自制节目的自我突围。

2.用户参与生产，全环节嵌入社交元素

社交媒体时代，“互动”已经过时，“参与”才是王道。让网民参与节目，结果由网民主导，是《你正常吗?》最大的不同。该节目真正在节目制作和播出的全环节嵌入了社交元素，集社会话题、全民参与、玩转社交于一体。节目将网友调查与互动直接无缝对接到节目中，通过微信公众号、利用微信客户端、嵌入微信关系链，主打移动端参与，用户不仅在节目中可以通过飞幕等各种渠道参与，还可以随时互动，各种“你正常吗”的互动小测试 App 可以通过大数据剖析参与者的内心，用户在好奇和参与中获得极大的心理满足和娱乐体验。

3.利用大数据解读社会风向标

《你正常吗?》紧跟时事，结合社会关注的热点不断地推出话题，不断挑战大家的传统生活习惯，甚至是价值观。对于一档网络真人秀节目而言，避开了传统电视严苛的审查机制，话题探讨的尺度更大，语境更加宽松。

每期节目开播前，节目组已经依靠腾讯的平台优势进行了全民调查，并生成数据，近几期节目中每一个问题的互动参与人数都稳定在 600 万左右。节目中将针对“把第一次留给新婚之夜正常吗”“跟爱人分手时直言说出原因正常吗”“喜欢看伴侣手机正常吗”“吃过宠物食品正常吗”等一系列问题让选手进行判断。如果选手的选择和大部分网友投票的结果一致，则可以获得心愿红包。网友可以通过这套题目来测试自己的“正常指数”，所提供的数据也会被节目用来判断是否“正常”的唯一参考标准。节目的意义还在于，个人期望大数据的价值，能帮助用户消除心理焦虑，更好地认知自己和适应社会。

二、社交媒体改变节目的生产流程

(一)Les Observateurs 的流程再造

France24 的 Les Observateurs(观察者)被制作方定义为“网络电视协作节目”，它使用世界各地注册用户提供的信息内容做国际新闻报道。其内容提供用户被称为“观察者”，节目用他们提供的新闻视频、照片或文字内容，经过编辑部的选择、验证以及翻译、编辑后进行播出。

“观察者”用户没有年龄和国籍限制，只要在 France24 的网站填写基本用户材料，在完成基本设置后，网站会询问用户是否愿意成为某地或某领域的“观察者”。接收到用户许可后,网站会根据用户的地址和专长选择进行分类。如有新闻发生,“观察者”可主动联系编辑部,提供新闻线索;或者编辑部收到新闻线索时,联系注册地点或领域的“观察者”,询问其是否知道该话题的相关消息,然后请用户作出信息核实和评论。在整个的新闻线索搜集、联系过程中,Twitter 和 Facebook 是重要的交流工具。

在 2013 年纽约召开的社交媒体峰会上,该节目的主播 Julien Pain 讲述了他们使用社交媒体制作其中一期关于“马达加斯加偷牛贼被屠杀”的故事。这个节目的起源是编辑部通过社交媒体收到了一张从马达加斯加“观察者”发送的照片,照片上数十具尸体横陈野外,惨不忍睹。“观察者”说,这 86 个人是马达加斯加南部部落成员,因为在一个村庄偷牛被发现而遭到当地村民杀害。村民说他们下此狠手是为了保护自己的牛,是正当防卫,而当地政府也认可了这一说法,并未进行追责。通过社交媒体网络与当地“观察者”确认,并用网络电话 Skype 采访当地官员后,France24 在这件事发生的 10 天之后在其网站发布了一篇关于此事的文章,并做了一期片长为 5 分钟的节目。在节目播出后,网络讨论则提出了更多的问题:村民是正当防卫吗?当地政府为什么没有调查?等等。编辑部决定继续跟进这一话题,主播 Julien 又去当地采访,在“观察者”的帮助下深入高山,完成了更为细致的调查,最后播出了 12 分钟长版的特别节目。

这个节目从最初获得信息来源到制作播出,颠覆了传统节目的制作流程,其间社交媒体参与程度很高。当事件发生时,就有目击者拍摄照片、视频传到编辑部;编辑部在网络上通过社交媒体和更多的新闻亲历者进行消息确认;通过智能手机和 Skype 视频电话录制采访。从一定意义上说,该节目是电视和社交媒体的深度融合的产物,利用社交媒体的时效和巨大用户量进行信息收集和核对,记者再根据已有信息进行实地新闻调查。在新闻制作流程上,France24 的 Les Observateurs 实现了一个转变,即“从实地到网络”转变为“从网络到实地”。

(二)作为“新闻集散中心”的社交媒体通讯社

无论是 140 字以内的文字描述,还是手机摄像头的无剪辑现场画面,社交媒体中海量的新闻信息,蕴含着转化为强大传媒资源的潜能。通过社交媒体通讯社的甄别、分类和加工,它可以转化为令众多传统媒体垂涎的社会资本。

2013 年底,新闻集团宣布以 2500 万美元收购社交媒体通讯社 Storyful,这被看成是新闻集团继旗下《华尔街日报》扩大数字业务领域之后在数字媒体领域的又一重要部署。新闻集团首席执行官罗伯特·汤姆森(Robert-

Thomson)说:"Storyful 已经变成了新闻视频的集散中心,他们拥有足够的新闻敏锐度和创新力,可以从网民原创内容中发现并且核实有价值的新闻。在收购完成后,新闻集团将把这种集散功能拓展到不同语言、跨越国界的大舞台上。"①

社交媒体通讯社是近两年在西方兴起的网络新闻机构,他们往往从海量的互联网尤其是社交网络中筛选出有价值的新闻,将相对散落的文字、图片和视频等组成信息流,其产品是"大众视角的新闻故事"②。这一新的新闻服务可以实现水平媒体和垂直媒体的相互融合,兼具通讯社的专业性、报道视角的平民性、传播时效的最大化和采编成本的低廉化。

作为世界第一家社交媒体通讯社,Storyful 创始人、前爱尔兰国家电视台记者马克这样描述:"每分钟 YouTube 有 72 小时的视频被上载,每天有 4 亿条推特被发布,3 亿张照片被贴到脸谱上。在这海量的网络'杂音'背后,隐藏着一些货真价实的声音、第一手的新闻素材和令人惊叹的图片。我们凭借前沿的科技手段和专业的新闻素养,为客户从漫无边际的消息海洋里筛选新闻。我们由专业记者团队组成,为其他记者工作。"③Storyful 主页分为四类:突发新闻、事件、地点、视频。用户可根据其所选区域或者事件对新闻进行追踪,右侧的视频则可根据关键词获得 Storyful 已收录或正在联系获取的视频资源,用户可在其网站或电视节目中有条件使用。

在对社交网络用户提供的信息进行甄别时,Storyful 主要关注以下问题:

你能否接触到消息的最初来源?

你能否确认照片或视频拍摄的地点?能否将其对应至谷歌地图上的地标?

街道是否与谷歌街景地图上的照片相似?

视频中的天气是否与天气预报中当天天气类似?

视频中的光线阴影是否与据称的视频拍摄时间吻合?

交通标志和车辆牌照是否与据称的地点一致?

视频看起来是否与当地其他用户上传的视频类似?

信息或视频是不是太完美,而不太像真的?

信息首次出现在什么网站上?

---

① 转引自杜毓斌:《从运作机制看国外社交媒体通讯社》,载《南方电视学刊》2014 年第 1 期。

② 邹广萍:《西方社交媒体通讯化后的新闻应用》,载《中国记者》2013 年第 1 期。

③ 转引自杜毓斌:《从运作机制看国外社交媒体通讯社》,载《南方电视学刊》2014 年第 1 期。

Storyful 的记者除了自身使用的一些工具外,还会通过全球 Google+群组"开放编辑室",与各家媒体的记者共享一些信息从而帮助核实。对于网络上新上载的热点新闻视频,他们也会实时监测,并第一时间联系上载者,拿到合法授权供其用户使用。

值得关注的是,Storyful 的市场运营也非常出色,他们充分利用社交媒体的天然特性,将自身打造成为广告主与用户亲密接触的渠道,寻找与传统新闻媒体决然不同的广告推广模式,正如其网站广告招商中所言:"The rapidly expanding collection of Storyful user-generated video content gives advertisers the opportunity to gain exposure against the stories that are shaping social conversations, news agendas, market sentiment and tomorrow's influential trends. Choose from Storyful's proven categories or create your own."(用户自制视频内容的快速增长,给了广告主更多的机会去曝光自己,以便更好地塑造与社会的对话、设置新闻议程、把握未来市场的潮流。)

相比 Storyful,由原美联社记者伯特·赫尔曼参与创立的 Storify 是更新型的社交媒体应用,它全部由专业记者团队组成,2011 年 4 月下旬正式上线。它具有独特的信息筛选整合技术,人们通过 Storify 网站可以将 Twitter、Facebook、YouTube 等社交网站上的信息拼凑在一起,形成"信息墙",方便用户就某一话题找到与此相关的内容。Storify 界面简洁,左边是空白的新闻编写栏,右边是信息聚合栏。用户只需从右边筛选出有用的信息,拖到左边的编写栏即可。右侧的聚合栏收集了 Twitter、Facebook、YouTube、Flickr、Instagram 和 Google,还可以手动订阅其他社交媒体服务或新闻站点。服务图标下方是搜索栏,Storify 支持用户圈定地理范围进行搜索。当编辑完成,用户可以把内容分享到 Twitter 或 Facebook 上。

2013 年 3 月,Storify 实施付费 VIP 计划,此计划的目标群体是媒体、出版商以及想要将 Storify 服务深度聚合到第三方网站或应用的用户。该计划内容包括实时更新 Storify 的博客报道内容;定制新闻显示,让出版商可以定制 Storify 在自身网站上的运行方式;通过电子邮件或者电话方式为 VIP 用户提供优先技术支持;通过创造定制来源,出版商可以将自己的内容与 Storify 内容混合在一起;等等。StorifyVIP 服务的第一个客户是英国广播公司(BBC),Storify 向 BBC 员工提供媒体内容搜集、筛选、编辑工具,BBC 还在其网站整合了定制化 Storify 服务。此外,Storify 还与开源博客 Wordpress.com 建立了合作关系。使用 Storify 的 Wordpress VIP 客户可以在 Wordpress 操作面板中非常便捷地一键嵌入、管理他们的内容。[①]

在社交媒体产生的信息爆炸的时代，社交媒体通讯社成为有价值新闻的聚集地，它让传统的电视媒体无须再苦寻新闻线索，也让它们不必在一团乱麻的社交网络信息面前无所适从。社交媒体通讯社改变了传统电视媒体的节目生产流程和新闻播报方式，使得后者的新闻触角可以跨越国界、语言和平台的限制。

三、社交网络变革节目的生产主体

从产品生产的角度看，内容生产主体发生的深刻变化也是社交电视的一个重要基因。过去的电视媒体是把受众当教育对象，而今天的社交电视需要把用户当作基石。2005 年成立的《赫芬顿邮报》是一家美国网站，在 2011 年其流量便超过了《纽约时报》网站的流量，被称为“美国互联网第一大报纸”。从本质上说它是一家社交媒体网站，尽管只有 150 名左右的带薪工作人员，但依靠超过 3000 名的核心博客作者、12000 多名“公民记者”以及所有读者，开创了一种生产者与消费者之间的“共享事业”。[②] 前文所述的社交媒体通讯社的兴起也是受益于社交网络所催生的海量的新闻生产主体。

媒介融合是当代传媒领域的热词，但更多的实践只是把媒介融合当作媒体的“独角戏”。事实上，最终如果不能体现为传播者与受众之间融合的“媒介融合”，也许多是徒有其表。对于今天的电视用户来说，信息消费过程也是信息生产过程，受众也是电视节目的生产者，节目生产也是一种电视消费方式。因此，促进电视用户的信息消费行为向信息生产行为延伸，是社交电视生产和发展的重要基石。

---

① 参见杜毓斌：《从运作机制看国外社交媒体通讯社》，载《南方电视学刊》2014 年第 1 期。

② 参见彭兰：《再论新媒体基因》，载《新闻与写作》2014 年第 2 期。

第四章　社交电视的商业模式和营销策略分析

社交电视之所以受到业界的广泛关注，在于社交媒体有着明确的商业化基因，它来自蕴含巨大市场潜力的用户关系资源，来自大数据基础上的定制化推送，来自更加开放多元的媒体和渠道，以及产业链更多参与方的进入机会。但是这种商业基因如何变现，如何将社交网络话题的小众化和电视传播的大众性相结合，大量的内容和流量如何为运营者带来直接的经济利益，电视媒体应该如何引导社交电视的发展，需要我们作出进一步研究。

社交电视的发展仅依靠传统电视媒体的运营思路是远远不够的。毕竟，“一项新的、先进的技术或方法不能指望于潜在的消费者能够广泛地认识到它所谓的显而易见的利益，它是一个社会过程，涉及人的价值观、消费习惯、生活经验甚至是人际关系影响，它是整个社会系统的结构和功能发生变化的过程”①。社交电视的发展不仅取决于其自身特性，往往还受制于不断变化的宏观、微观经济环境，受制于受众多样化的接受心理和消费习惯，是一个复杂多变的系统。面对社交电视在市场运营初期所面临的市场资源和商业运作模式的缺乏，必须在理论分析、商业模式、市场营销、资本运作等方面实现全方位突破。其中，良好商业模式的建立将成为企业成败的关键，谁能够抓住机遇及时创新，找到适合自身发展的盈利模式和营销策略，谁就会在未来的市场中占据主动。

第一节　社交电视的商业价值与商业模式

社交电视的商业运营需要重构从资源布局、推广包装、内容精细化运

① [美]埃弗雷特·M·罗杰斯：《创新的扩散》，辛欣译，中央编译出版社2002年版，第6页。

营，到用户视频社交化体验、内容的跨平台整合营销等各个环节的创新运营模式。对于广告主来说，社交化运营平台带来的是对用户特征的细分化掌握和精准化营销。社交电视能准确告知广告主所面对用户的人口统计学和行为特征，帮助其使用针对性的营销策略进行沟通和覆盖。社交电视除了自身平台外，还可以利用IM、微博空间等服务平台所构成的强弱关系链，进一步提升营销精准性，成就高营销价值。

一、社交电视的商业价值

（一）社交电视商业价值的基础

1.社交电视具备互联网商业价值的核心——用户规模与用户黏性

依赖于社交媒体的成熟应用，社交电视的推广具有广泛的用户基础，同时由于它自身的媒体性与社交性，使得用户能够在该平台上长时间停留。因此，社交电视已经具备了互联网商业模式的基础——庞大的用户基础和可观的用户黏性。在此基础上，社交电视面临的问题是如何将庞大的流量变现。

在国外，一些企业加入在线视频领域并非是为了广告营收，例如热门政治剧《纸牌屋》的制作方、以在线DVD租赁服务起家的流媒体网站Netflix，意在通过该剧提升自己的订阅用户数，提升用户对该平台的忠诚度，为更加多元的营销应用奠定基础。

2.社交电视具有互联网商业的基本属性——媒体和渠道

互联网商业具有两个基本特征，即媒体和渠道。作为媒体的互联网可以为用户提供信息消费和娱乐消费服务，从而聚合流量，最终实现流量变现；作为渠道的互联网，通过建构一体化的营销平台，成为电子商务和企业运营的重要渠道。

对于社交电视而言，社交网络本身具有海量的信息，一些信息会因为其即时性、争议性、敏感性被引爆成舆论的焦点，往往具有病毒式传播的特性。社交电视与传统电视最大的区别并不是看电视、发微博、刷朋友圈，而是颠覆传统电视的概念，发展成为具有交互性和统一账户体系的电子商务平台，基于LBS的信息服务、节目增值、产品营销都可以在这个平台上进行，它将成为联系用户和企业的高效的营销渠道。

图4-1是艾瑞咨询的调查结果，对于社交网络用户，分别有59.5%和53.6%的用户因为喜欢企业的商品和服务、关注促销信息而关注企业和品牌。此外，选择其他原因（如好奇、好友推荐、喜欢企业代言人等）的用户比例都在25%以下。数据表明，对于企业和品牌的喜爱，以及及时获取促销信

息是用户关注企业和品牌的最主要原因。大部分社交网络用户在关注企业和品牌时往往有较为明确的目的:他们希望有针对性地接受企业的商品、服务和促销信息。因此,社交电视作为渠道,具备为电商平台进行流量导入的用户基础。对于企业用户来说,在社交电视平台的活动开展和信息发布要目的明确,重点在于宣传企业产品、服务以及促销信息,以吸引用户关注。

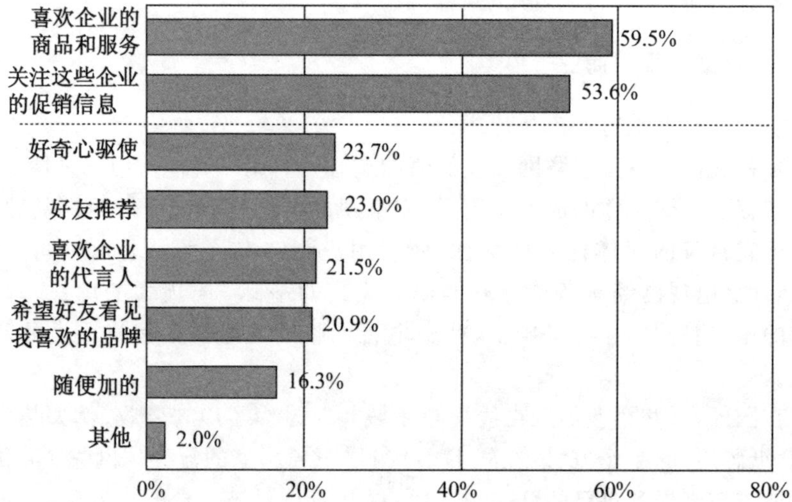

图 4-1　社交网络用户关注企业和品牌的原因[①]

3.社交电视具备精准营销的条件——用户细分

无论是作为媒体还是渠道,要将商业价值最大化,必须将用户群体划分为具有明确特性的目标细分市场,社交电视具有细分用户的天然属性。首先,社会化网络时代的大数据处理技术,可以对用户行为进行精确的捕捉和分析,为社交电视的节目生产和营销作出了铺垫,这些数据也能够帮助广告商更加精准地划分和接触用户。其次,社会化网络本身具有极强的聚合流量的特性,其实时评论、节目推荐、朋友圈分享等社交功能必将提升节目的传播效果和用户黏性,为市场碎片化的电视媒体提供了聚合受众的可能,也为发展电子商务等更丰富的电视应用提供了平台。

① 参见艾瑞咨询集团:《2010～2011 年中国社交网络用户行为研究报告简版》,艾瑞网,http://report.iresearch.cn/1606.html,2011 年 8 月 25 日。

（二）社交电视营销的特点

社交电视营销的主要特点如表 4-1 所示。

表 4-1　　社交电视营销的特点

特点	潜在商业价值
社交化	口碑传播营销效果明显，引导用户分享，线上线下互动
本地化	GPS 定位，LBS 服务，本地化移动营销
数据化	用户细分，DSP，DMP，Exchange
定制化	解决个人化需求与规模化生产矛盾，精准营销
品牌化	品牌广告主投放潜力大，开发更多适合品牌宣传形式
链条化	产业盈利点增多，吸引更多资本进入

如表 4-1 所示，由于社交电视的跨行业特性，以及互动、定向的传播特点，它的产业链更加复杂多变。这就决定了其商业模式与传统电视产业有着根本不同，总体上看，社交化、本地化、数据化、定制化、品牌化、链条化构成了社交电视潜在的商业价值。对这些特征加以分析，是我们制定有效运营模式和市场营销策略的前提。

1. 社交化

社交电视营销方面，基于熟人的社交口碑传播特性将更加明显，手机的私密性和高互动性使得社交电视广告更容易引导用户将广告间接或直接分享到社交网络上，当下微博、微信已经部分显示出这样的趋势。社交电视的线上线下互动在未来将更具潜力，促进用户主动参与。

2. 本地化

GPS 定位功能为社交电视运营提供了很大的发展空间，LBS 服务已经成为移动应用的标配，但基于它们的社交电视运营服务却还在探索。针对不同地域、人群的细分化运营需求会逐渐旺盛，本地化移动营销的模式将会诞生新的大规模的市场增长空间。

3. 数据化

目前社交电视运营虽然也在使用数据进行用户的分析和定位，但尚不能充分满足精准化需求。为了将手机比 PC 更加丰富精准的数据优势体现出来，社交电视运营必须作出相应的调整。DSP（Demand Side Platform，需求方平台）、DMP（Data-Management Platform，数据管理平台）、Exchange（Ad Exchange，广告交易平台）等技术逐渐被引入社交电视领域，用户不再是一个人，而是被大数据“庖丁解牛”地分为数千个标签用于精准定位,能够帮助广告购买和出售的各方管理其数据,将定制数据传入平台,以进行更好的定位。这些技术能够向广告主提供跨媒介、跨平台、跨终端的广告投放平台。

4. 定制化

著名经济学家汪丁丁在《网络经济的三个经济学原理》一文里,曾对网络经济时代的企业生产方式所适用的三个经济原理进行了阐释。他谈到,由于信息在网络经济里传播的成本越来越低,使“大规模的量身定制”(Mass Customization)成为可能。因为在传统经济里,为特定客户“量身定制”是很昂贵的,通常意味着特权价格(包含一部分“炫耀性消费”的价格)和超额利润。但是网络彻底改变了这一局面,信息的充分传播,使任何特殊款式的商品都面对着一个不受地域限制的潜在市场,而且最重要的是集结这一市场所需要的费用正以网络经济的扩展速度迅速下降。商品一旦可以批量生产,就具备了按照相应的规模经济效益降低成本和竞争性价格的技术经济条件。①

在社交电视领域,信息消费方式从原来的被动接收转化为主动索取,单向接收转化为双向互动,信息选择权转移到了个体化的消费者手中。同时,内容的规模化生产以及个人数据库的建设为内容定制提供了可能性。“定制”成为衔接内容生产和信息消费之间的一个重要渠道,它不仅改变了社交电视的生产模式和消费模式,还由此改变了社交电视的商业盈利模式。

社交电视定制的目标在于通过信息的个人化对产品进行差别化生产和营销。例如,运营商可以设计一种灵巧、简洁的信息导航界面,通过醒目的标题向用户提供视频信息,每一条信息都将链接到一个对应的视频地址。运营商还可以提供资讯的定制服务,将财经资讯、天气资讯、道路交通资讯甚至特定的广告或购物资讯等特定服务进行分类,方便用户查询和索取。社交电视客户关系数据库的建立对实现内容的定制式消费非常重要,社交电视用户的每一次定制行为都会被系统敏感地捕捉到数据仓库中,经过一定时间和数量的积累,运营商可以通过“数据挖掘”技术分析出用户的消费习惯和行为特征,并将其作为重要的数据提供给内容生产者或广告商,为节目或广告信息的精准营销提供依据。

5. 品牌化

随着对互联网营销认识的深化,传统品牌广告主将更多进入社交电视

---

① 参见汪丁丁:《网络经济的三个经济学原理》,载《珠江经济》2000 年第 10 期。

运营领域。社交电视运营与PC营销类似，当下行业内广告主投放更多，品牌广告主投放规模小并且占其预算比重也非常小。对此，社交电视运营需要开发更多适合品牌宣传的形式。

6.链条化

(1)商业模式中的盈利点增多。信息产业的生产和消费以差异化、双向、索取为特征发生转变，并由此带来了交易行为在数量和种类上的变化。内容融合、网络融合、终端融合不仅增加了产业链的纵向深度，而且也增加了横向上的交易空间。[①] 社交电视产业链上的各价值产生环节，包括内容生产、内容集成、网络运营、广告服务，相应地就产生出品牌授权、版权交易、广告交易、信息收费和服务收费等多个盈利环节，并衍生出多种盈利模式。虽然有些盈利模式在传统媒介产业领域已经得以运用，但是由于社交电视产业链纵横向的交叉融合，使得交易空间得到极大延伸，交易方式更加多样，交易关系更加复杂。具体见图4-2。

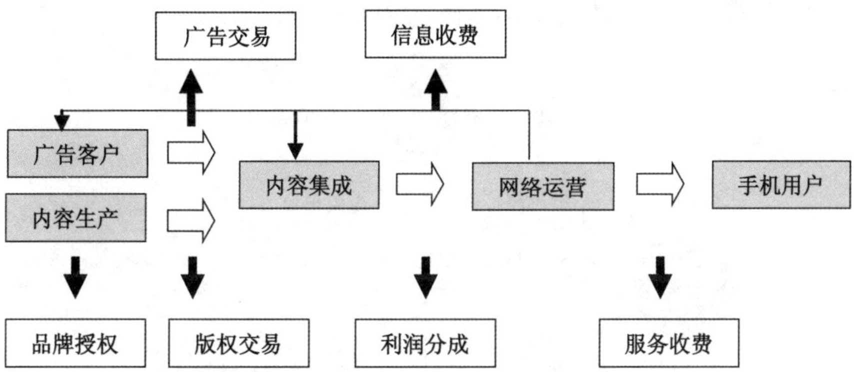

图4-2　社交电视商业运营模式中的盈利点分布

(2)合作共赢的分账模式。随着社交电视发展带来的价值链裂变，整个产业创造和获得的价值也在重新分配。原有广电或电信领域中一家企业独大的局面将被打破，它们对整个产业的控制难度在加大，一些环节的力量和地位在上升，其议价能力及对整个产业的影响力逐步增强，这必然会分食一部分产业价值。例如，根据KPM(毕马威国际会计公司)的测算，在2G时代，移动运营商作为网络运营商和门户提供商将分得95%以上的收益，而在3G时代，移动运营商只能分得50%的收益，另外50%则由价值链中其他利

① 参见王菲:《媒介大融合:数字新媒体时代下的媒介融合论》,南方日报出版社2007年版,第157页。

益主体分得,而其中内容提供商将分得接近总体的40%的收益。① 社交电视未来市场的竞争必然由原先运营个体间的竞争演变为价值链综合实力的竞争。这就急需以一种适当的分账模式来协调产业价值链成员间的关系,确立产业链价值在各环节间的分配原则,从而创造一个彼此制衡、有机互动的新产业生态环境。

二、社交电视商业模式四分法

如前所述,作为互联网的一种基本商业形态,社交电视的商业价值体现为媒体和渠道两种形态,社交电视商业价值的输入方是广告主和个人,根据这两个维度,可以将社交电视商业模式四分(见图4-3):面对企业的媒体形态,商业模式为电视/网络广告、定向广告投放和植入广告;面对企业的渠道形态,商业模式为电商平台、用户精准分析;面对个人的媒体形态,商业模式为节目排名、节目定制、互动参与和节目分享;面对个人的渠道形态,商业模式为游戏、购物、在线支付、气象、交通等增值服务。

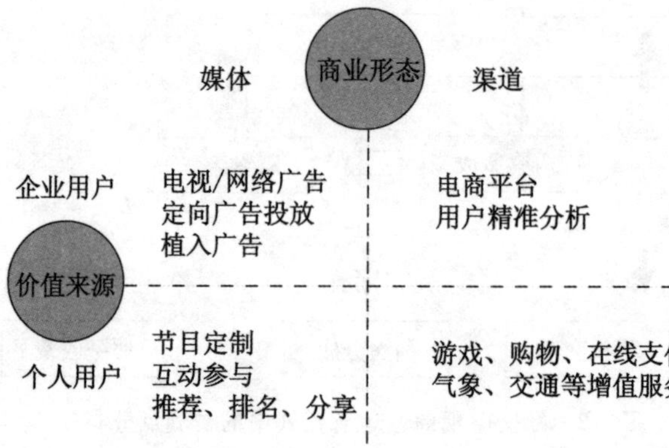

图4-3 社交电视商业模式四分法

(一)对企业用户的商业价值

社交电视平台可以为企业打造一个基于视频和社交的自主传播媒体。它的商业价值来源于社交平台的商业价值核心——巨大的用户基础和流量。在此之上,企业可以使用社交电视平台进行符合企业自身特点的多种营销活动,如图4-4所示。随着平台的开放和功能的增强,企业用户会不断激发营收的潜能,带动平台上的一整套营销活动。

① 参见童晓渝、蔡佶、张磊:《第五媒体原理》,人民邮电出版社2006年版,第183页。

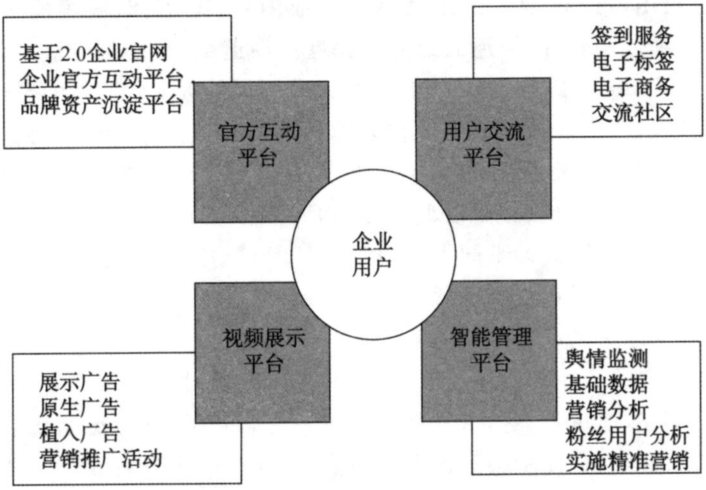

图 4-4　企业用户的商业价值

社会化营销时代的到来，改变了企业传统的营销思路。企业和消费者之间的关系，从单纯的信息传播方和接收方变成信息的共同创造者；企业和电视媒体的关系，从传统的媒介购买关系变成了共建营销平台的关系。社会化营销要求企业完成在传统电视营销中的角色转变，从电视营销的控制者变为与消费者的互动者。例如，企业可以利用社交电视平台进行流量导入，通过发展电子商务来变现流量；通过社交电视平台，企业还可以掌握用户兴趣信息元数据，为大数据分析作基础，为精准营销提供可能。这种变化带来了社交电视平台存在的价值基础，它可以承载起作为企业在社会化营销中核心平台的角色。与传统电视台或网站相比，社交电视平台具有更多的互动性和更加直达的关系渠道，能够引导用户对于营销内容的再次传播，增加用户的黏性。

（二）对个人用户的商业价值

社交电视在发展早期基本以综合类的社交工具为主，社交关系主要围绕人和人的关系，无特定针对性和目的性地结交好友。在发展到一定阶段之后，各类垂直移动社交应用逐渐发展起来，包括围绕特定节目类型、特定信息的兴趣社交，针对美食等生活各领域的社交电影应用等都将获得众多用户的关注。未来用户在社交电视上的注意力将不再集中于节目内容本身，而是可能针对自己的各项兴趣爱好，同时推进几个社交圈，垂直类移动社交应用的发展为用户细分提供了可能。

细分会让传播更精准，用户细分是基于大数据背景和垂直的市场角度而言的。对用户进行细分的维度可以分成内容、渠道、时段等的细分。其中,内容的细分是基础,渠道的细分是关键。渠道细分,即细分屏幕,指通过手机、电视、iPad、电脑等不同的屏幕,代表着不同的人群,通过细分屏幕达到一个更精准的传播。可以根据不同媒介的特点,让公信力和互动智能相结合,让"巨内容"和"微视频"相结合。各类屏幕的受众群体虽有重合但都各有侧重点,其年龄构成、接触时间等都有所差异,因此需要研究不同屏幕接触人群的接受心理,设计不同类型的广告,如PC屏幕采用植入式广告,手机偏重互动式广告,平板电脑则适合游戏植入式广告,以降低受众的心理抵触感,最大限度地达到广告的点击率。

个人用户的商业价值还在于,社交电视通过随时随地陪伴用户、记录用户的社会交往,通过大数据工具直接与用户建立起了纽带,比如获取用户的位置、习惯、喜好、交往阶层等各方面的信息,社交电视平台成为个性化信息生产者。尤其进入到移动互联网时代,与互联网时代的海量信息有着根本的不同,移动互联网能够个性化定制,使得个人成为信息和服务的出发点。这时候,定制化的广告也就呼之欲出了。比如,用户在网上购买了怀孕试纸,它可以定期推送婴儿产品;用户在商场等人,它可以推送附近商店的打折信息;还能根据用户的就餐餐厅等级和社交圈推送理财产品。

(三)对电视媒体的商业价值

对于电视媒体而言,可以运用社交媒体、社会化软件等工具来改变媒体内部和外部的产业链相关方互动方式,从而共同创造商业价值,驱动社交电视发展。其对电视媒体的价值主要体现在传播力提升、创新机会、运营效率提升和用户维持四个方面。

1.多链条立体式传播,提升电视媒体的传播力

传统电视媒体的信息传播是单向的,通过电视终端传播给观众,而观众除了被动接受信息,基本无法与其他观众沟通。这样信息的传播链条是一次性的,节目一经播出传播基本就终止了(当然也有可能会在线下及其他媒体形成二次传播)。反观社交媒体,信息的传播则是多链条、立体式的,每一个用户都可以自由地在受众和传播源之间转换,众多自媒体的接力转发引发了信息的多次传播。社交电视给了电视媒体建设多层次信息传播链条的机会,极大提高了传播速度和效率。

2.多维互动融合,创新节目生产和传播方式

正如本篇在上一章所言,电视媒体内部的社会化协作、分享以及尝试,以及与外部的价值关联,可以创造出多维互动方式,促进社交媒体与电视生产的深度融合,从而创新节目的生产方式、传播方式,为节目内容和形式的

创新提供了无限可能。

3.提升运营效率,降低互动成本

电视媒体运用社交网络渠道对内管理,对外沟通协作,降低了媒体的信息获取成本、沟通成本和时间成本,运营效率更高。不仅用户参与节目的成本降低,节目倾听观众声音的途径也将更加顺畅。过去用户参与节目互动的方式过于单一,无形中关闭了用户与节目互动的大门。更多的互动可以通过社交电视来实现,用户可以更方便地参与节目生产,电视媒体也可以通过用户的即时反馈迅速得知用户的观点。

4.进行用户沟通与维持,提升用户黏性

社交是人类最基本的需求之一,电视作为影响力最大的媒体,本身就是人们社交生活中不可或缺的一部分。人们会讨论《中国好声音》不同学员的表现,讨论《甄嬛传》情节的发展,等等。在百度《甄嬛传》贴吧,就有数以十万计的会员参与交流。他们大都是通过电视观看了《甄嬛传》之后,出于对剧集的共同喜爱而聚集到贴吧里交流。调查表明,在节目开始播出的时候,关于节目的讨论 Tweet 量会出现激增的情形,用户大多通过@或话题方式,参与节目互动。所以在构建观众群体方面,电视与社交媒体的融合有着突出的先天优势。通过社交平台,电视媒体能够与用户直接沟通,获得更多的新增用户,维持已有用户的黏性。同时,社交电视依据用户的资料和行为,能够满足广告主精准投放的需求,放大广告市场的长尾效应,为电视媒体带来新的利润增长点。

电视媒体可以利用社交媒体管理平台进行内容管理、粉丝管理、数据分析、舆情监控和协调管理等,具体功能如下:

(1)基本微博运营:将内容分类整合,用户可以跨平台多账号管理。

(2)定时发布内容:定时管理内容和信息发布。

(3)挖掘潜在客户:搜索定制功能将提供潜在的目标价值用户。

(4)竞争对手智能分析:分析竞争对手社交网络运营状态,整理其网络关系。

(5)微博运营状态监控:监测微博传播状态,整合反馈。

(6)关系管理:对客户关系进行多维度分析整理。

(四)社交电视的广告价值

社会化媒体营销已经成为广告界非常重要的一种营销形式,广告主越来越重视通过社交网络投放广告,推广营销活动。首先,随着社交电视平台用户间的交流进一步深入与频繁,用户与品牌之间在社交网络中的互动交流逐渐成为习惯,社交电视对于用户个人信息和需求的深度挖掘能给广告主带来更多的营销价值(见图 4-5)。其次，随着社交电视开放程度加大，平台上将出现新的游戏和其他应用，为社交电视广告带来更多的广告投放点，如社交游戏内广告和社交应用内广告会拉动利润增长。

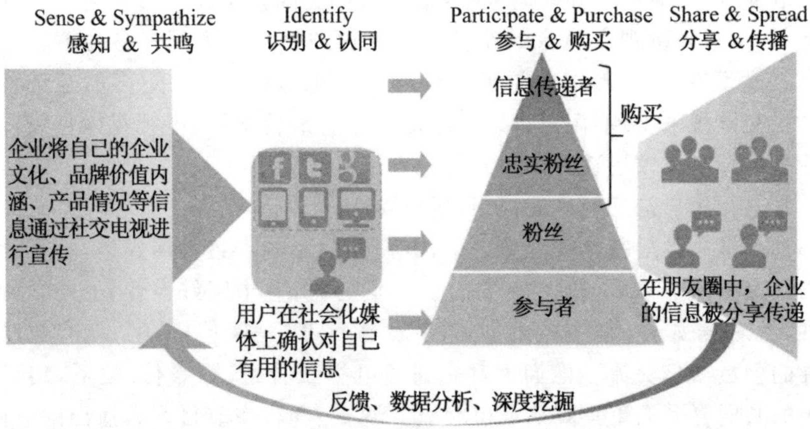

图 4-5　通过社交电视进行产品营销

1. 社交电视的广告形式

如图 4-6 所示，社交电视应用包含的广告形式可以划分为展示广告、原生广告、植入广告、营销推广活动等。不同类别的社交应用在广告的展示形式上也存在差异。在微博、SNS 等互动平台当中，原生广告、展示广告盛行；在电视终端中，传统的硬性广告越来越多地被植入型广告所代替。

2. 广告植入——内容即平台

CNNIC 发布的《2012 年中国网民网络视频应用研究报告》显示，对于广告长度的忍耐度，19.0%的用户只能忍受 1 分钟，48.3%的用户能忍受 1～5 分钟，也就是说 67.3%的用户广告忍耐时间在 5 分钟内(见图 4-7)。当前电视频道热播电视节目的广告太多已成为阻碍受众收看电视的重要因素之一。[①]

① 参见《2012 年中国网民网络视频应用报告》，中国互联网络信息中心，http://www.cnnic.net.cn/hlwfzyj/hlwxzbg/spbg/201306/t20130628_40562.htm，2013 年 6 月 28 日。

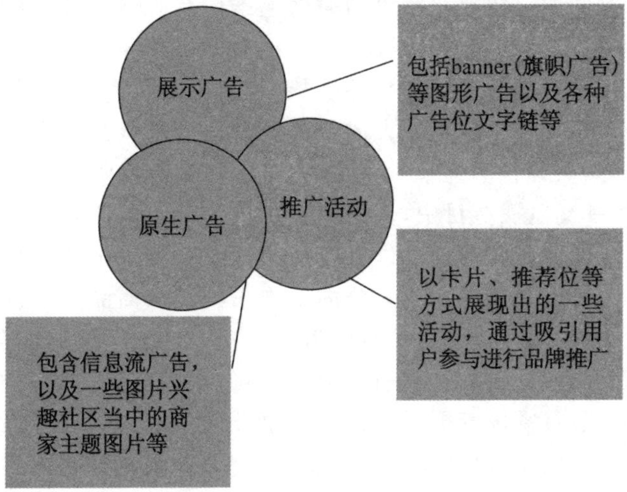

图 4-6 社交电视广告的基本形式

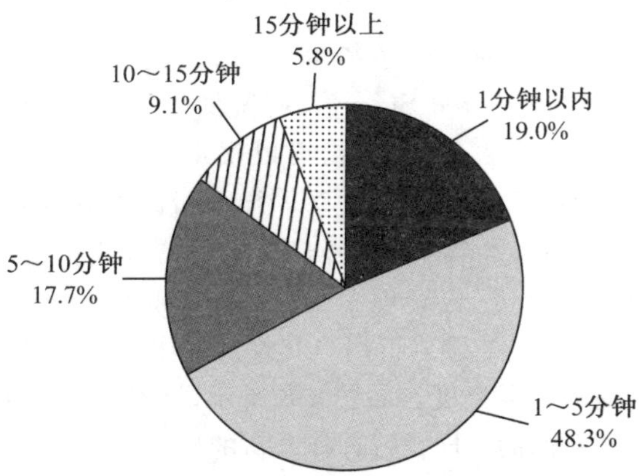

图 4-7 中国网民对网络视频中广告的长度忍耐度

在观众对电视硬性广告近乎“零容忍”的情态下，植入会让营销更加隐性，在多元化媒体竞争的时代，内容即平台，内容已经可以作为平台去整合各方面的资源。例如湖南卫视《爸爸去哪儿》，产业链已经涉及书籍、游戏、电影等，它的最大广告赢家不是三九感冒灵，也不是英菲尼迪，而是“奥特曼的蛋”，该产品一度在淘宝网上卖断货，就因为它在这个节目里出现了。

当下电视节目已经成为植入式广告流行的载体。因为电视节目非常灵活，可以在各个平台上进行传播。一个 45 分钟的节目，在传统的电视平台是一个线性的传播，放到社交平台上就可以剪成 30～40 条微视频进行碎片化传播。如果这些微视频放在腾讯的插件上推广,一次性可以达到千万级别的点击量。

社交电视特有的基于层的标签功能,可以推动广告植入更加彻底。这一功能将使得原本位于屏幕下方的字幕呈现出漫画版的效果:如可以标注画面中的人物,可以实现配音字幕是从说话人嘴边或附近出现,等等。所以,在未来的社交电视节目中,用户将很难分清节目与广告的界限,如某电视剧中女主角的服装赞助商可以直接通过标签功能来推荐产品:用户在观看节目的同时可以直接点击主人公的服饰来浏览该商品的广告信息,进而直接完成购买行为。《你正常吗?》作为一个基于社交网络的社会调查类节目,有一期是调查一个刷牙习惯的问题——你认为早上一起来不刷牙就吃早饭正常吗? 节目紧接着是,“云南白药”提醒你应该怎么样。可见,电视需要向互联网学习的东西很多,互联网思维有一项重要内容是内容即平台,广告已经成为重要的内容,在这样一个情形下,我们不能忽略广告植入的新渠道。

3. Facebook 和 Twitter 的广告售卖方式

当前 Facebook 的自助广告系统的广告形式主要分为 Facebook Ads(Facebook 广告)和 Sponsored Story(口碑赞助商广告)。在 Facebook Ads 广告中,广告主在确定广告目的以后,可以根据位置、语言、职业、教育、年龄、性别、生日、兴趣爱好、与朋友的关系等详细指标来自行确定自己的目标受众。制作好广告之后,可以自行选择广告的付费方式。在投放广告之后,可以通过 Ads Manager(广告管理平台)来查看和不断优化广告效果。在 Sponsored Story 广告中,它会告诉用户其好友关注了什么内容,即利用好友关系增加帖子和品牌的曝光度。如图 4-8 所示,该类型广告主要有 7 种,广告主可以根据投放目的的不同自行选择合适的形式。

2010 年 4 月,Twitter 推出了其首款广告产品 Promoted Tweets(实时广告),这个广告的形式为搜索广告,当用户搜索广告主购买的关键词时,广告以 Tweet 的形式显示在搜索结果最上方并注明是广告。就目前来看,这款产品的广告效果并不理想,已逐渐淡化。如图 4-9 所示,目前 Twitter 的商业产品主要有三种:一是 Promoted tweets to followers(实时广告),即根据用户关注的企业账户推荐一条广告 Tweet,出现在用户信息流的顶端,表明是广告,并且会随着信息流增加而滚动。用户可以对这条 Tweet 进行转发、评论和收藏等操作,广告主根据用户的互动行为而付费。二是 Promoted accounts(推荐账户),广告主可以在首页侧边栏购买一个广告位,为了保障用户体验,这一广告位只用于推荐其官方账户,为了保证广告的精准性,推荐行为是基于用户所关注的对象和感兴趣的话题。三是 Promoted trends（推荐话题），它是关键字广告的一项补充服务，广告以热门话题的形式出现在侧边栏的话题趋势中，并且注明是广告，用户点击后将会直接进入广告主的广告页面。

可以看出，基于社交图谱，精准与互动是 Facebook 和 Twitter 中广告售卖的最大特点，这也正是传统电视广告营销的短板，社交媒体所广泛使用的大数据、数据挖掘与分析等技术，将与传统电视的广告经营形成互补和融合的态势，为广告客户不断流失的传统电视媒体带来新的市场机遇。关于以大数据为基础的社交电视广告运营策略，本研究将在下一节中详细论述。

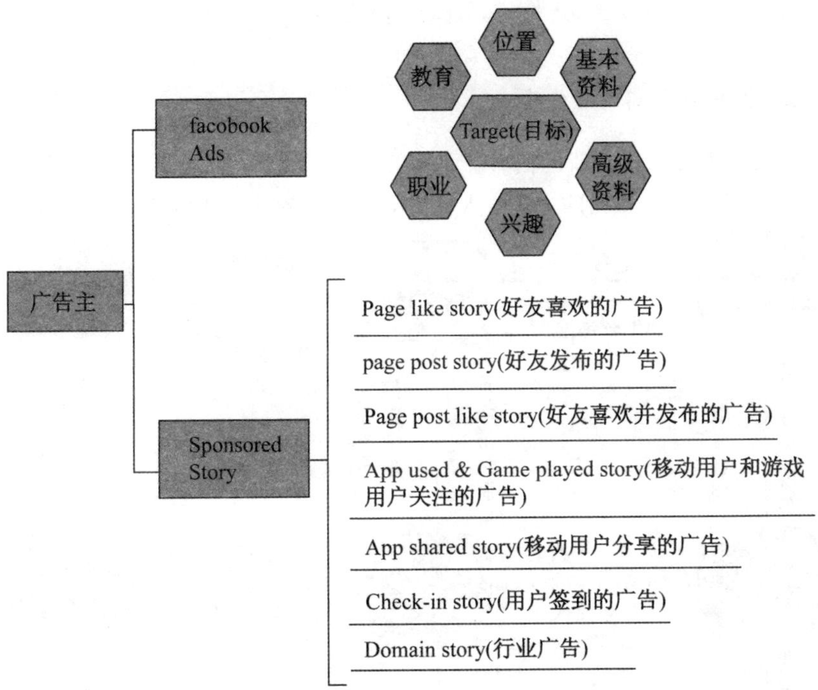

图 4-8　Facebook 广告系统

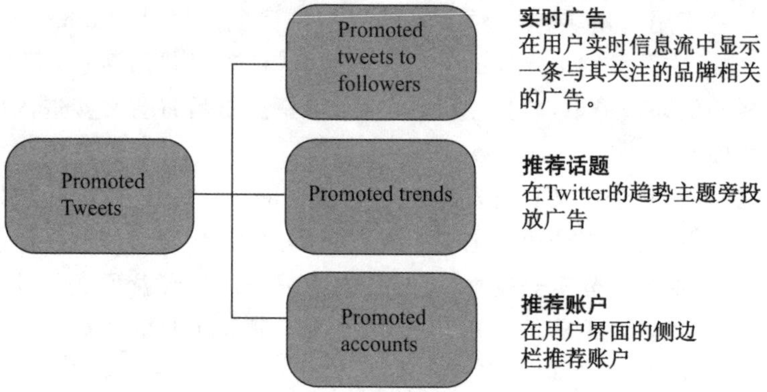

图 4-9　Twitter 广告系统

三、社交电视的商业生态

社交电视带来的是新的内容产业的市场机会和商业模式，许多内容、电视台、互联网巨头都以自己的方式进入社交电视产业链，从而形成新的产业形态。

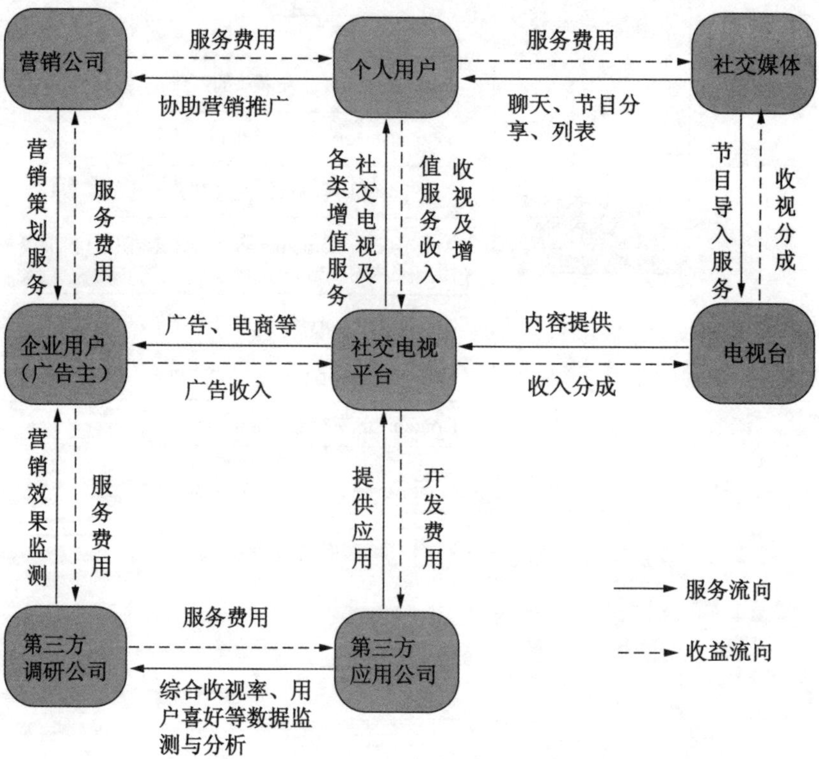

图 4-10　社交电视商业生态

随着社交电视的商业化进程不断推进，社交电视的商业生态系统将不断完善，现在和未来一段时间内，笔者根据社交电视平台上现有的商业模式，将参与社交电视产业链上的各个角色的利益导向加以梳理，得到图4-10。社交电视平台处于核心，企业用户（即广告主）、营销公司、第三方应用公司、第三方调研公司和个人用户、机构用户等都参与到社交电视商业化的生态系统中来。

在新的社交电视商业生态中，多屏互动和媒介融合为提升广告价值提供了基础。技术能力的提升，用户数据库的完善，使得多屏互动等得到有效的运用。在不同的时间，利用电视、手机、平板电脑、PC 等不同的终端、不同的广告物料和广告形式来实现对同一广告的多方位、多体验，在提升品牌认知、加强品牌记忆、转化广告效果方面将得到融合和互补。用户在被动接受和主动获取信息之间寻找平衡，终端与媒体不再一一对应，媒体间优势内容相互输送，“融合”终端将是未来直面受众的方式。

第二节　以大数据为基础的精准化运营策略

“在后信息时代里机器与人就好比人与人之间因经年累月而熟识一样：机器对人的了解程度和人与人之间的默契不相上下，甚至连你的一些怪癖以及生命中的偶发事件，都能了如指掌。”①新媒体的快速发展，打破了传统媒体时代的信息不均衡状态，用户进行消费的选择更多、洞察力更强、个性化色彩更为浓厚。因此，以用户为中心的“一对一”营销将变得更为重要，它急需一种新的技术手段的引入。大数据技术，加之社交媒体与生俱来的定向、分众、即时、互动的传播效果，使得社交电视具有其他媒介无法比拟的可测量和可跟踪特性。

早在 20 世纪 80 年代，未来学家阿尔文·托夫勒就将大数据喻为“第三次浪潮的华彩乐章”。维克托·迈尔在《大数据时代》中指出，大数据指“不用随机抽样分析法而采用所有数据的方法”。大数据技术的关键是可以处理海量的信息，这些非结构化的数据经由特定的挖掘、分析、整理，成为有价值的信息，成为企业进行决策的重要依据。随着谷歌 MapReduce 和 GoogleFile System 的发布，大数据不再仅用来描述大量的数据，还涵盖了处理数据的速度。大数据技术的战略意义不在于掌握庞大的数据信息，而在于对这些含有意义的数据进行专业化处理。综合来说，大数据具有数据量

① ［美］尼古拉斯·尼葛洛庞帝：《数字化生存》，胡冰、范海燕译，海南出版社 1997 年版，第 193 页。

大、类型繁多、价值密度低、速度快且时效高等四个特征。

对于电视媒体而言，大数据所带来的不仅是节目形态和运营策略的改变，更是对传统电视产业链的重构。社交电视广告就是由此发展起来的一种新型的关系营销，它可以在强大的数据库支持下，通过双向移动传输网络建立起“一对一”关系平台，直接向目标受众精确定向地传递个性化的视听信息，并通过与消费者的互动达到市场沟通的目标。

一、大数据带来的电视运营变革

传统电视的产业链笼统地可以分为节目生产、内容运营、广告经营三大环节。传统电视的内容运营比较简单，主要是对内容资源进行编排整合，辅以适当宣传推广。但在社交电视领域，以大数据为支撑，运营将是一个协调整合内容资源、技术资源、社会资源，最大限度地满足用户的收视需求和互动需求的过程。

在技术资源上，不同于传统电视的单一屏幕，社交电视的屏幕从媒体的角度为我们提供了推荐位、时间轴、内容库等窗口；从技术的角度提供了包括直播、点播、轮播、时移、录制、排行等基础功能；从互动的角度提供了包括打分、投票、表态、竞猜等互动工具。由于不同的节目内容适用于不同的窗口、功能、工具，因此仅技术资源上就会排列组合出上百种运营的方法。若再考虑丰富多样的内容资源、社会资源，社交电视的运营方式非常丰富，这将是一个大运营的概念，其手段之多样，方法之灵活，绝非现在照搬传统媒体的运营方式所能企及的。

面对如此多样的运营方法，要想在不同的内容资源、技术资源和社会资源之间找到最合理、最有效的运营组合，只能通过大数据。通过大数据的采集、计算、分析，找出其内在的关系和规律用于指导社交电视的日常运营，并通过大数据进行检测、验证和完善。这是一个大数据基础上的循环过程，运营将不再是简单的内容提供，而是与受众的深度互动。具体而言，以大数据为基础的精准化运营策略应包含以下特征。

(一)以用户为中心

黄升民教授认为：“在营销体系中，大数据带来的影响不仅是数据量几何级的增长，还有从量变到质变的颠覆性变革，大数据从媒体、消费者、广告与营销战略策划、效果评估四个层面影响了传统营销体系，也给营销体系参与机构赋予了新的力量与可能。”①大数据促使传统电视的传播逻辑发生了

① 黄升民、刘珊：《“大数据”背景下营销体系的结构与重构》，载《现代传播》2012 年第 11 期。

根本性的变化。

传统电视运营的核心逻辑，是以媒体价值为核心进行广告投放，也因此有了媒体的“二次销售”。但因为缺乏细致的数据收集和系统的数据支撑，传统广告所看重的媒体价值，无论是“注意力”还是“影响力”价值都缺乏真正的标准的量化评估。而基于大数据的精准营销实现了媒体价值到用户价值的彻底转变，其核心逻辑就是“以用户为中心”。电视台或广告公司都可以直接围绕以数据追踪和标注的具体用户展开运营：基于社交网络聚合的用户及其行为数据进行动态追踪和精准定位，针对其收视情境和消费需求展开分析，进行最具有针对性和匹配度的节目推送和广告推送，以及进行后续的节目制作调整，提升节目和广告效果，再根据传播效果的精准评估实时调整运营策略。大数据技术让社交电视传播形成了一个精准、实时、可控、反馈的“闭环”模式。在这个模式中，媒体只是用户行为留存和记录的渠道和载体，用户才是最重要的资源。

湖南卫视《爸爸去哪儿》热播期间，新华社新媒体中心抓取了新浪微博上提及“爸爸去哪儿”的45.5万条原创微博，并对36.7万个独立原发作者用户、1300余万条用户微博及近1亿的关系进行数据分析。表4-2和图4-11数据来源于每期节目播出后一周内的原发微博提及量，分析的内容包括对五对父子的提及量、用户提及比例趋势、节目的泪点与笑点、微博热值变化与植入式广告赞助商的投入相关性等指标。这种精确、实时的反馈，成为制作方调整后续节目的策划、编剧和摄制方案的重要参考。

表4-2　《爸爸去哪儿》十位明星的用户提及奖牌榜①

	林志颖	王岳伦	田亮	郭涛	张亮	Kimi	Angela	Cindy	石头	天天
0期	金	铜	银			金	银			铜
1期	金		银	铜		金	银	铜		
2期	金		银		铜	金		银		铜
3期	金		银		铜	金		银		铜
4期	银		铜		金	银		铜		金

① 参见《〈爸爸去哪儿〉大数据解读》，载2013年11月9日《新华每日电讯》。

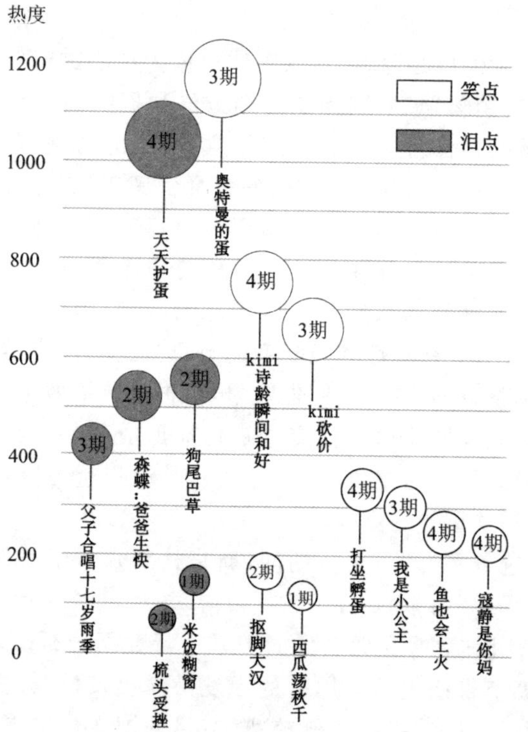

图 4-11 《爸爸去哪儿》节目中看点提及排行榜①

(二)重视效果营销

传统的广告传播是通过在传统媒体上增加广告品牌的曝光规模和频次来提升品牌知名度和美誉度,其核心是面向大众化的品牌营销理念。在大众传播时代,品牌营销更适合实力雄厚的大企业和强势品牌,保持规模性和持续性的广告投放才能保持住品牌的关注度和影响力。

而基于大数据的精准广告,通过技术手段精准捕捉和定位个体用户,进行精准化、实时化、个性化的广告投放,向特定的个体用户传播极具针对性的广告,提升广告传播效果,从而推动"品牌营销"到"效果营销"的转型。而且,社交电视在提升广告效果的同时,通过和电子商务的购买支付体系关联,可以直接促成广告点击和消费购买,形成"广告—用户—销售"的营销闭环,从而提升广告投放的效果转化能力和投资回报率。效果营销降低了广告主的预算门槛,也更适合中小型企业的广告传播。

① 参见《〈爸爸去哪儿〉大数据解读》,载 2013 年 11 月 9 日《新华每日电讯》。

（三）重视技术驱动

大数据时代的社交电视更加注重技术的运用和价值，是“技术驱动”模式。社交网络为电视节目的运营提供了丰富、具体的大数据支持，技术因素在节目运作过程中的价值和地位得到前所未有的提升。其核心是运用数据收集和数据挖掘精准获取目标用户，实现针对目标用户时间、地点、需求的精准节目投放。从人群定向、实时追踪、关联分析到精准推送、点对点购买，再到数据监测、效果测算，都需要一系列的机器识别、复杂网络、推荐算法等技术手段的支撑。

“技术因素不能决定一切，但如果无视新技术带来的影响，固守传统媒体的思维与工作方式，那么在新技术浪潮的冲击下，终将变得越来越被动。”[①]无论是电视台还是广告主，都要善于利用大数据和多媒体交互技术，全方位提升节目推送的精准度、广告创意的创新度，以求不断地优化节目投放和广告效果。

在大数据的技术开发方面，美国的一些公司开始搭建利用社交数据进行精准营销服务的技术平台，如 Social Retargeting 公司推出的 Radium One 平台，可以持续、深入挖掘社交网络用户的消费行为和人际关系，并且通过数学建模的方式建构出用户的个体兴趣取向和群体行为特征，为企业和产品找到相对应的群体或个体，通过群体间相互关系的有效建构，实现广告的精准投放。

（四）重视内容营销和关系营销

1. 广告即内容

传统电视节目中广告与内容是严格区分的，电视媒体往往利用节目内容形成的影响力和吸引力，向观众广播广告内容，在注意力资源的售卖过程中，电视节目本身难免会与广告产生相互抢夺注意力的情况，节目与广告成为相互冲突又难以割舍的一对矛盾。而大数据时代的精准广告，实现了“在正确的时间和地点，向正确的人说正确的话”，广告真正实现了按需推送，对每一个用户都是个性化的信息提供，当广告内容能够满足用户的兴趣和需求的时候，广告本身也变成了有价值的信息，广告和内容的边界开始交融，呈现广告内容化、广告信息化的趋势。

在社交电视的广告运营应当充分重视内容营销，向用户推送“有价值”的内容信息。在今天的广告业，已经越发重视社交平台的营销手段，借助社交网络直接产生内容，利用特定的话题、活动、促销、服务实现厂商与用户的

① 彭兰：《社会化媒体、移动终端、大数据：影响新闻生产的新技术因素》，载《新闻界》2012 年第 16 期。

直接互动。宝马汽车推出的社交 App,除了内含车型、经销商、价格等传统广告内容之外,还向用户提供车辆保养、路况信息、试驾体验等与出行紧密相关的服务信息,吸引用户的关注和参与。

2. 关系即资本

前文论述过,社交网络的核心优势是用户与用户之间的关系资源,各种强关系和弱关系通过信息桥编织的"差序性"关系网络,会极大地扩张电视媒体的社会资本。人们因为相同的兴趣、爱好在社交媒体中呈现出具有不同影响力和消费能力的群体,这种文化和身份的双重认同,为商品营销提供了优良的土壤。从这个意义上说,社交电视的核心资本——关系,应当成为广告运营的基石。

(五)重视社交电视产业链营造

社交电视领域,关系网络产生的大数据是媒体社会资本的一种形态,它使得对人们行为和情绪的精确测量成为可能。电视媒体的社交化使其具有海量的用户聚集、海量用户的精确定位等优势,为品牌、媒体和商家提供了用户的"数据化脸谱"。一次视频点击行为、一段评论、一个 cookie、一项身份注册资料、一个搜索记录,用户的喜好、消费能力、朋友圈等,都可以进入媒体和运营商的数据金库,为节目和广告的精确投放提供依据。阿里云于 2014 年 3 月推出的全媒体云视频平台,不仅可以帮助国内众多的中小电视台以较低的成本解决多屏到达问题,而且还可以为其提供实时的大数据分析,帮助电视台调整节目生产策略,按点击售卖广告。

通过分析未来社交电视运营形态、节目形态和盈利模式的改变,我们会发现,过去传统电视产业链是由内容生产、内容运营、广告盈利三个环节构成的一个封闭循环,带有明显的农耕色彩。而今天,过去单薄的产业链将被打碎,变成一个繁杂的生态圈。如图 4-12 所示,在大数据和各种互动工具的支撑下,过去的节目内容生产将裂变成专业节目生产和众包生产,内容的生产不再是电视人的专属,观众将是内容消费者也是生产者。内容运营将裂变成内容运营和互动运营,运营不是给大家看什么,而是领着大家玩什么、交流什么。广告盈利将裂变成传统广告和精准营销基础上的人性化营销、心性营销等,收入不再仅仅依靠时间意义上的广告,而是直接为最有需求欲望的人提供其最需要的东西,观众付费也不是买节目,而是参与某场活动的"门票"。三个环节裂变成诸多细分单元,它们彼此关联、相互影响,构成了一个复杂的生态圈。

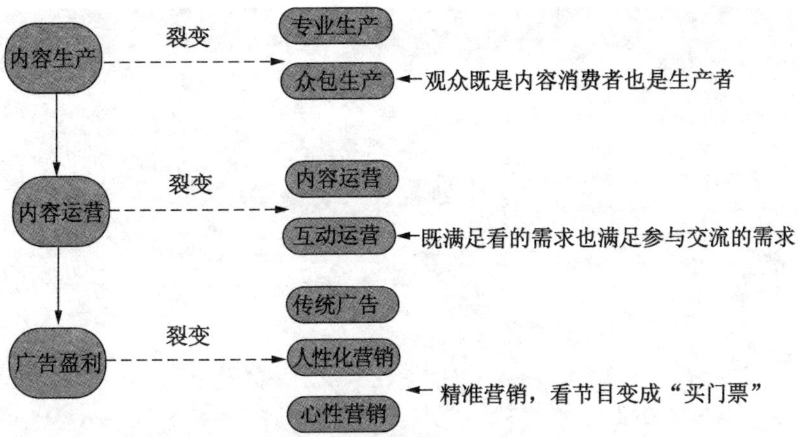

图 4-12　大数据引发的社交电视产业链重构

二、以大数据为基础的节目形态创新

每一种相关的重大技术发明都会引起人类现有文化形态的改变，信息革命也将无一例外地改变传统线性播出的电视节目形态，在大数据的支撑下，未来社交电视市场将主要有四种节目形态：以大数据为基础的线性节目、以大数据为基础的节点（树状）结构节目、传统线性视频节目（向精品化方向并压缩规模）、实时互动的游戏化的电视节目。

这四种节目形态中，前两种须建立在大数据分析挖掘基础上，更适合已拥有成熟技术平台和用户规模的互联网公司，目前的电视台还无法获得数据支撑。作为一档网络调查类互动节目，腾讯视频 2014 年 4 月上线的《你正常吗？》是国内首档借助大数据制作的全新节目，节目定位于“全民真心话，直击社会真相”的亲民路线，在互联网时代借助腾讯大数据平台深挖时下社会热点，解读未来社会文化发展趋势的参考，其“革命性”的节目形态、颠覆性的玩法吸引了大批网友。比如节目中提出的问题：“男人最爱看女人的脸，还是腿，还是胸呢？”根据腾讯大数据洞察 Mind Lab（思维实验室）数据并分析显示：这是女生最没有好感的问题。在投票的所有人当中，男人占比 69.8%，女人只占 30.2%。依托腾讯社交平台的用户属性，进一步得出最爱看脸的星座是“天蝎”，最爱看胸的星座是“射手”，最爱看腿的则是“白羊”。数据还透露了一个有趣的小细节：没有男女朋友的网友更热衷于回答这个问题（因为 74%回答问题的人没有男女朋友）。具体见图 4-13。

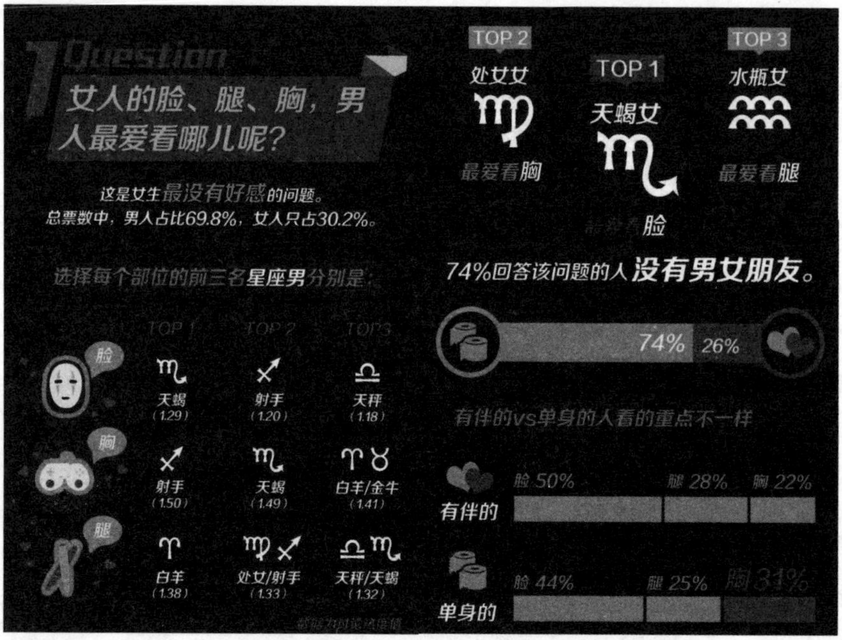

图 4-13　腾讯 Mind Lab 社交大数据洞察信息图①

该节目的数据来源于每期 600 万左右网友的调查，匹配到社交大数据平台后，得出的分析结果值得深思，其表现出的观念值得关注。节目能够在短时间内收集大量调查数据，其背后依靠的是腾讯超大用户量所构成的数据库，以及针对庞大数据库进行搜集和分析整理的能力。除此以外，腾讯 Mind Lab 所搜集的大数据来源于社交关系，具有更加真实和精准的特点。

第三种节目从形态上看，就是电视台现在正在制作的电视节目，但它必须向故事性、逻辑性、结构性极强的精品内容靠拢，普通的文化快餐性的这类节目很难存活。

第四种节目形态是实时互动的游戏化节目，它是目前电视媒体最易操作、最可行也最能发挥电视存量资源优势的节目。2010 年 1 月，美国 NBC 旗下的 Bravo TV 与社交网站 Foursquare 合作，整合电视节目和社交网络的游戏资源，鼓励人们通过社交网络在现实世界中互动。如果观众能够观看特定的节目内容，Bravo 会为 Foursquare 玩家提供相应的徽章和游戏奖励。他们希望当观众关掉电视机后，仍然能够在社交网络中与节目进行互动，将

① 参见《〈你正常吗?〉——中国网民社交大数据洞察》，载《三联生活周刊》2014 年 4 月。

电视节目由线上延伸到线下。具体而言，Foursquare 提供基于位置的定位服务，当用户处在某一个地点通过移动网络连接 Foursquare，就可以 Check-in（登入/签到）该地点一次。登入次数越多，就能获得相应升级、地位、头衔、勋章和奖励。Bravo TV 电视台利用了 Foursquare 的这种功能，节目主持人会在节目上提供有关活动位置的线索暗示，帮助观众赢得这些新徽章和奖品，具体位置将由 Bravo 电视台根据旗下《真实主妇》《百万富翁》《顶级厨师》《剪切的天才》等热门电视节目来挑选。双方的合作为 Bravo TV 节目汇聚了忠实的粉丝群。[①]

这种实时互动的游戏化的电视节目就是利用社交网络创造的双向互动条件，创造一个“马戏团式”的收视场，使得节目主创人员与观众处于同一收视空间，实现观众与节目实时互动，使节目变成一个全民可参与的大游戏。可见，互动不是可有可无的噱头，而是贯穿始终的节目组成部分，并决定着节目的进程，它使得观众的权力欲、控制欲、参与感等人性的欲望得到满足。

三、以大数据为基础的广告精准投放

大数据技术是实现精准营销的基石。具体在社交电视领域，其实现过程主要包括目标消费者的精确定位、消费需求的精确挖掘、广告信息的精确投放、广告效果的精确测量四个阶段。

（一）目标消费者的精确定位

传统电视的广告运营，往往依靠广告主或媒体的个体经验来判断具体的广告投放媒体、可能的受众群体和需求，往往“找错人”或者“找不到人”，广告资金的投放具有极大的偶然性和不可预知性。社交电视的广告运营有了大数据技术的支撑，可以全方位记录用户的信息消费行为和社交行为，通过特定的数据整理和数据挖掘技术，建立数据关联，精准定位消费群体。不仅包括潜在消费者的年龄、性别、消费能力、地域等传统的人口统计学特征，还能捕捉到更具价值的兴趣爱好、潜在购买需求、人际关系网络及其影响力等特征，后者建立在对用户发表的评论、分享的链接、电商浏览记录等信息行为的基础上。同时，移动互联网特有的 LBS 等基于本地的信息服务功能还能确定用户的具体空间和时间。从“找不到人”到“找准人”，大数据技术可以实现电视广告业务的质的飞跃。

大数据技术还能预判潜在消费者可能会采取的消费行为和具体的消费情

① 参见王明轩：《大数据如何重构视频媒介产业链》，网易科技，http://tech.163.com/14/0519/11/9SJR5TAL00094NRG.html，2014 年 5 月 19 日。

境,而这可能是连消费者本人都难以预判的。比如,一名消费者对健身感兴趣,移动互联网和社交电视的LBS和Check-in功能可以捕获消费者的具体位置信息;当她与朋友在朋友圈交流时,各种有价值的互动信息就可以连同其人际关系一起捕捉进服务器;如果她在网络上搜索相关的关键词,系统会进一步明确其消费目的;她的情绪等平常难以感知的因素可以在微博的字里行间透露出来。经过系统多维建模分析,一个关于该名消费者的性格脸谱和消费需求就被准确地绘制出来,她“喜欢社交,没有孩子,喜欢美容和漂亮衣服,正为身体稍微发福而发愁”,而她“所在的公司附近有一家健身房,她的一名朋友也在那健身,小区刚开了一家主打素食的特色餐馆,回家的路上有家服装专卖店正在促销”,各种有价值的信息围绕消费者的需求进行“打包服务”,大数据技术的实现,使得媒体对消费者的了解程度甚至超过消费者自身。

(二)消费需求的精确挖掘

大数据的核心是建立在相关关系分析基础上的预测,即把数学算法运用到海量数据上,量化两个数据值之间的数理关系,通过相关关系的强弱来预测事物发生的可能性。[①] 大数据的预测功能源于海量数据的集成处理和关联分析。具体到广告传播上,大数据根据消费者的“行为轨迹”,分析其消费需求,能够进一步判断其关联需求,挖掘其潜在需求,对其消费需求进行预测;再通过具有针对性的关联推荐,促成有效购买和消费。

电商网站通常擅长消费需求的挖掘和预测,进行精准推送和关联推荐。比如亚马逊的推荐营销系统,销售转化率高达60%。亚马逊的网站从首页推广到各品类商品展示,再到点击某个商品详情,最后到加入购物车、下单结算,整个在线购买流程的各个环节都嵌入其针对特定用户的商品推荐。例如,年轻的女儿和爸爸在亚马逊官网喜欢的是不同的商品,前者喜欢的是漂亮衣服和化妆品,后者更加关注汽车用品。伴随着二人不同的点击行为,诸如“人气排行”“配套商品推荐”“购买此商品的用户还购买了”等信息逐渐出现在他们的浏览器中。亚马逊还会为海量用户定制针对性较强的邮件直销系统,它可以根据挖掘整理的用户消费行为和兴趣爱好,向特定用户邮箱推荐其有可能感兴趣或需要的产品的最新信息和折扣信息。电商的运营经验为社交电视的运营提供了一些思路,后者也可以抓住用户的行为轨迹进行节目内容和电商产品的精确化推送,或者将二者关联起来,融入特定的节目内容中,向用户进行定制化服务,增大广告营销的转化率,满足和刺激用

---

① 参见[英]维克托·迈尔·舍恩伯格、肯尼思·库克耶:《大数据时代:生活、工作与思维的大变革》,盛杨燕、周涛译,浙江人民出版社2013年版,第4、71~75、105~126页。

户的个性化消费需求。

（三）广告效果的精准评估

产品销售是广告的终极目标，却是传统广告最难衡量的环节。“我知道自己的广告投入有一半是浪费掉了，但是我不知道浪费在哪里。”广告投放效果难以精确评估，是传统市场中广告主最为头疼的问题。美国营销学者山姆·罗兰·霍尔(1920)在其著作中阐述了广告宣传对消费者心理的影响过程，被广告界称为“AIDMA 定律”。在此基础上，日本电通公司(2004)又提出了 AISAS 理论，这一理论将广告效果测量分为 Attention(注意)、Interest(兴趣)、Search(搜索)、Action(行动)、Share(分享)五个步骤，前四个步骤集中在消费者的认知层面，效果评测主要是传统的调查问卷法和认知神经科学实验法，后面三个步骤是广告销售效果的延伸。[①] 由于缺乏全面、及时、精确的数据支持，这种方法还存在较大的模糊性和不确定性。

大数据技术的出现，为广告效果的精确化测量提供了可操作的工具。目前互联网广告市场主要的广告测量指标是 CPC(点击率)和 CPA(转化率)，点击率用来说明广告是否对消费者具有吸引力和说服力，该指标主要测量的是广告对消费者的认知和心理层面的影响；转化率是受特定广告影响，最终促成用户的咨询、搜索、注册直至消费行为的指标，类似于传统意义的广告销售结果。大数据技术的引入可以将广告从展示、用户点击关注、咨询、比较、购买、评价等信息行为进行精确量化，形成用户的态度和行为特征描述，帮助广告主权衡广告营销效果，改善市场营销策略。

此外，大数据还能记录和分析某个用户在不同时间、不同地点、接触的不同媒介渠道、不同广告形式和广告内容等行为轨迹。举例来说，用户可能先看到电视节目中的植入广告获得了品牌信息，接着到社交媒体上与好友探讨，再到移动搜索引擎进行产品和价格搜索，最后到电商网站下单购买。大数据技术可以通过数据的挖掘和分析，将用户的媒介接触行为、广告接触行为及其背后的态度趋向进行全面科学的整理，并将之与产品的最终销售效果加以比较，从而得出不同传播渠道、不同内容的广告贡献率。世界领先的媒介购买集团 OMD 在 2012 年构建了“Attribute Modeling”(属性模型)式广告监测模型，主要用于分析在完成订单之前用户都接触哪些产品，通过用户接触行为和态度的分析，计算不同传播渠道在促成广告主实现销售的过程中做出了多大贡献，从而帮助广告主进行广告投放的动态优化和精确调整。

---

① 参见中国人民大学舆论所植入式广告研究课题组：《植入式广告：研究框架、规制构建与效果评测》，载《国际新闻界》2011 年第 4 期。

第三节　流量经营与媒体电商模式

电视的社交化变革不能照搬传统广告运营的老路。哪怕是近些年“烧钱”势头正猛的视频网站，依然在采用“向上游企业收费，向下游用户免费”的单一运营模式，这种靠“烧钱”带来的渠道优势和量的聚合，在用户忠诚度、广告效果等方面并不具有优势，媒体无法获得持续稳定的收入，普遍陷入亏损的境地。与此同时，艾瑞资讯发布的《中国移动互联网行业年度研究报告》显示，2013 年，移动购物和移动营销在移动互联网市场规模中占据的比重最大(见图 4-14)，随着移动互联网的逐渐成熟、广告主的认知改变，未来仍将呈现爆发式增长，在移动互联网整体市场当中扮演越来越重要的角色。[①] 如果能够将电视作为电商经营的流量入口，实现流量导入和价值兑现，无疑会为社交电视的市场运营带来新的生机。

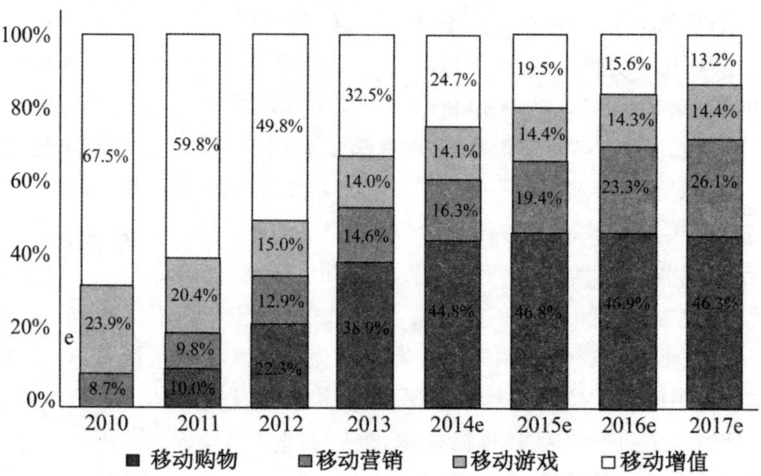

图 4-14　2010～2017 中国移动互联网细分行业占比[②]

一、流量经营带来的电视运营变革

互联网的流量经营对社交电视产品盈利模式的创新具有借鉴意义。流量

① 参见艾瑞咨询集团:《2012～2013 年中国移动互联网行业年度研究报告》，艾瑞网，http://report.iresearch.cn/2019.html，2013 年 8 月 30 日。

② 参见艾瑞咨询集团:《2012～2013 年中国移动互联网行业年度研究报告》，艾瑞网，http://report.iresearch.cn/2019.html，2013 年 8 月 30 日。

经营是以聚合平台为基础，通过流量聚合、流量分流，最终兑现流量的策略，它可以帮助运营商在用户的个性化需求中挖掘商业价值。社会资本的扩张使电视具备了流量聚合的条件，如果产业链各方的价值通道连接顺畅，具有良好的用户体验基础，便可以通过流量的导流和价值化过程，实现商业盈利。

在 2013 年的亚太 OTT TV 峰会上，法国电信 Orange 数字通讯部门副总裁 David Nahmani 指出，法国电信创新了一种将电视社交与广告经营相结合的解决方案，针对广告识别作出创新。通过该解决方案，不仅能够有效聆听电视频道上的反馈，并且能够自动抓取每个平台上的广告，通过对丰富的商业信息进行整合，用户可以实现手动看广告的方式，相关程序可在服务器上对用户感兴趣的广告抓取，如果有人点击则会激活应用，并且能够让用户去买优惠券或者能够玩游戏。①

受流量经营观念的影响，央视也于 2013 年 7 月推出“央视网商城”，旨在通过打造 B2B2C 购物模式来实现流量经营。这一新的电商平台，可以将央视的视频资源优势与企业的品牌进行整合，为企业提供“媒体＋电商”的整体解决方案。这种模式中商业植入将被做得更加彻底，在一档社交电视节目中，用户将很难分清节目与广告的界限，如某电视剧中女主角的服装赞助商可以直接通过标签功能来推荐产品，用户在观看节目的同时可以直接点击主人公的服饰来浏览该商品的广告信息，进而直接完成购买行为。由于社交电视本身具备的点播、暂停等功能，让用户看电视和购物这两种需求得以同时实现。通过这种方式，电视媒体可以通过媒体客户端等社交应用所产生的流量，与经营相应产品的电子商务品牌合作，导入用户，从而实现产品销售和节目的品牌传播。

从目前央视网商城的运营情况来看，由于网站的用户规模有限，同时又面临同级别的激烈的电商市场竞争，用户的忠诚度和黏性不高，导致自身的流量变现能力并不强。看来，这种媒体与电商之间简单的“物理嫁接”并不能打通未来社交电视发展的价值通道。目前在移动社交领域，流量变现最为成功的领域就是移动游戏。移动游戏在流量变现方面有两个优势：一是社交性，丰富的好友互动提高游戏的趣味性，与好友进行排名提高了竞争性，使得社交游戏拥有更强的用户黏性；二是休闲性，移动社交应用推出的游戏平台上的游戏多为休闲性小游戏，游戏难度较低，以降低游戏门槛吸引更多用户。

---

① 参见中国通信网：《法国电信 Orange：社交电视市场广泛做好产业链创新》，http://www.c114.net/news/44/a805546.html，2013 年 11 月 18 日。

移动游戏的成功表明，流量的变现需要对传统电视生产的环节进行再造，通过移动社交媒体平台和趣味性、游戏性的节目设置，促使用户主动参与节目的生产和互动传播，并带动用户强弱关系的广泛参与，从而提升用户参与的黏性。当前，一些国内外的电视台和视频网站开始尝试推出游戏化的电视节目，让用户通过应用的社交关系链进行游戏化参与，从而吸引用户付费，兑现流量价值(见图 4-15)。

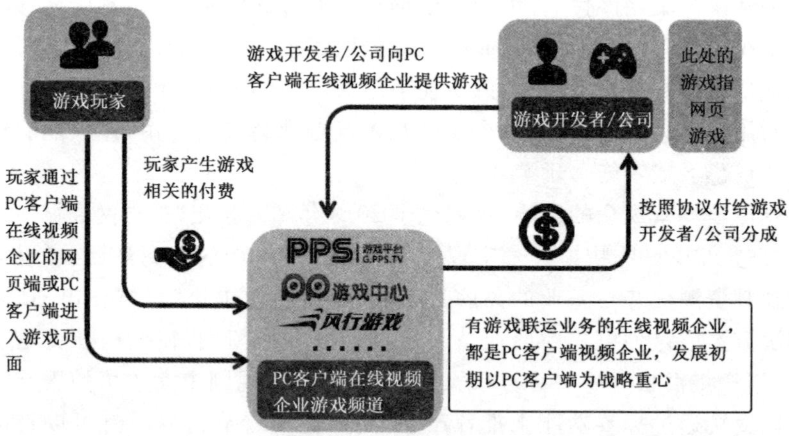

图 4-15　通过在线视频实现对游戏的流量导入

流量经营带来的电视运营变革，总的方向是要方便众多的媒体和商家接入电视，并获得强有力的信息下发渠道，建立与用户直接交流的私有平台。在这个平台上，可以接入 LBS、购物、在线支付、客户数据分析等丰富的应用。正如安德森在《长尾理论》中指出，如果可以大大降低供给与需求的链接成本，那么改变的不仅仅是数字，还有市场的整个内涵。[①] 通过社交网络构建的电视终端和用户的直接、实时连接，使得用户的消费价值和信息价值将会被无限放大，为各种创新应用提供了开放式的平台和潜在的市场空间。

二、社交电视向平台化和本地化发展

2013 年 8 月，微信 5.0 版本正式上线，增加了快捷支付、扫一扫等新功能，标志其全面转向电商化运营。移动领域的电商大战烽火就此燃起，阿里巴巴宣布切断微信的淘宝数据接口，全面封杀微信，随后又推出移动社交网

① 参见[美]克里斯・安德森:《长尾理论》，乔江涛等译，中信出版社 2006 年版，第 14 页。

络“来往”,正如马云所言:“宁可死在来往的路上,也不活在微信群里。”[①]社交媒体竞争电商领域的焦灼,表明如何利用流量快速变现,成为社交媒体商业模式运作的重要目标。

2013 年 10 月,苏宁以 4.2 亿美元收购了全面覆盖网页端、PC 端、手机端、Pad 段和率先进军互联网电视的网络视频媒体 PPTV,借此进军 OTT 领域,探索社交视频购物、剧情植入式消费、精准客户推广等视频与电商的全新结合模式。苏宁家电董事长张近东认为,在苏宁向电商转型的过程中,线上线下融合的 O2O 新模式,既超越了传统实体零售的管理水平,也超越了传统纯电商平台的技术局限,是一种全新的、面向未来的、真正顺应了消费者需求的颠覆性模式。

无论是社交媒体,还是网络视频,其与电商的结合,基本思路都是将自身巨大的流量资源导入电商平台,通过 O2O 模式实现流量变现。在此基础上,社交电视与电商的结合模式需要遵循两个方向:一是将自身打造为开放性平台,将技术和服务平台化、接口化;二是向本地化发展,将电视媒体的本地资源优势和公信力资源,与社交媒体的 LBS 等功能融合,打造本地生活服务类应用平台。

(一)技术和服务平台化、接口化,将社交电视打造为集成电商功能的开放平台

从 Facebook 开创开放平台发展模式以来,各类能够掌握大量流量的网站或应用都在试图实现平台化,“平台化”“接口化”成为当今移动互联网领域发展的重要趋势。毕竟对于一家企业来说,依靠自己的技术、自己开发产品的封闭思路已成“明日黄花”,必须将技术和服务平台化、接口化,让任何人都可以平等快捷地接入,才能在未来的竞争中占据创新的先机。如手机地图,聚合了地理位置、社交网站、生活信息查询等各类服务,逐渐从过去单一的查询工具升级为移动互联网的重要入口之一;手机微信,聚合社交、O2O、资讯等多应用,开放公众平台和 API 接口,从早期的聊天工具向多功能型应用平台发展。

顺应这一趋势,社交电视应当建立开放式的应用平台,一方面用以吸引更多用户,通过一站式信息服务平台丰富用户体验,以形成较高的用户黏性;另一方面也有利于将用户所需的各类应用和信息整合和推送,实现盈利。具体而言,社交电视可以开放 API,接入第三方应用作为自身功能的补

---

① 转引自蒲实:《移动互联,技术与商业模式创新》,载《三联生活周刊》2013 年第 48 期。

充,或者成为第三方应用的流量入口。平台还可以打通商家CRM系统,实现以下功能:信息查询、会员管理;交易管理、精准营销、数据分析;客服预订、疑难解答、富媒体营销。最终实现“社交电视平台+App群+PC端+电视端”的信息流闭环。

(二)关注长尾市场,将社交电视打造为本地生活服务类应用平台

2004年,美国《连线》杂志主编克里斯·安德森首次提出“长尾”理论,用于描述亚马逊这类电商网站的商业运营模式。他认为:“如果把足够多的非热门产品组合到一起,实际上就可以形成一个堪与热门市场相匹敌的大市场。”①从统计学意义的曲线分布上看,曲线的头部是指曲线的凸起部分,也是人们通常所关注的部分,而曲线的尾部相对长而平缓,往往为人们所忽略。互联网时代的到来,使得原先需要较高成本才能关注的长尾市场,关注成本大为降低,而这些长尾市场的总价值并不比头部低。长尾有两大优势,一是细小,往往为人们所忽视;二是狭长,数量众多且分布分散,市场的累积效应不可小觑。

克里斯·安德森把长尾的秘诀概括为两句话:“提供所有产品”和“帮我找到它”。“帮我找到它”,针对的是当信息很多时,如何降低选择成本的问题。长尾市场为顾客提供了无尽的选择,扩大了他们的自由,提升了他们的个性价值,但为此付出的代价则是加大了顾客选择的成本。②

陈力丹教授认为,社交网络具有层级多、交互性强和跨时空的特性,信息流动快、传播成本低,使得企业与用户之间的沟通成本非常低廉而高效,企业可以精确、迅速地找到自己想要的消费者,也就提升了长尾的流动性。③流动性的增强又可以吸收更多的用户参与,延长了长尾曲线,扩大了长尾面积。每一个用户都可以根据自己的兴趣、个性和需求,建立和参与朋友圈。在社交网络中,不同的传播渠道也会深刻影响传播内容的生产和组织,传播渠道之间也互为长尾。④

依据“长尾理论”,各大卫视的竞争基本上还是长尾市场头部市场的竞争,是竞争激烈的红海市场。除了头部市场以外,其实还有更广阔的长尾市场。例如,在百度上投放广告的都是一些中小企业,每家企业投放的金额也

---

① [美]克里斯·安德森:《长尾理论》,乔江涛等译,中信出版社2009年版,第11页。

② 参见姜奇平:《长尾战略》,中信出版社2007年版,第51页。

③ 参见陈力丹、霍仟:《互联网传播中的长尾理论与小众传播》,载《西南民族大学学报》2013年第4期。

④ 参见林三芳:《长尾理论视域下的新媒体发展》,载《四川文理学院学报》2011年第2期。

很少，但成千上万的企业投放额加起来，则是一个总体上很大的市场。特别是随着智能手机和平板电脑的普及，每个人的移动设备都是视频流的“遥控器”，这个长尾市场将比头部市场更加广阔。[①]

在时间、信息碎片化时代，为用户提供实时在线的生活服务平台，将是电视媒体抢占“生活服务平台”这一长尾市场的重要方向：首先，移动用户生活服务类社交需求旺盛，社交电视可以将产品信息以更加丰富、更易于用户接受的形式展示出来。其次，社交电视平台基本都带有LBS功能，利用LBS功能搜索附近的商家无须重新增加功能模块，只需丰富商家信息。再此，好友推荐的商家对于用户来说是更可靠的选择，能够充分利用口碑营销的优势，有利于加强社交电视的用户黏性。最后，社交电视的签到和分享功能启发人们对O2O模式的联想：基于用户地理位置的营销将吸引更多中小商户进入电视广告的投放队伍，可涉足的行业则包括电影票务、家政服务、金融服务等等。所以，社交电视应用应提供更多生活服务类的功能，生活服务类应用也将进一步社交化。打造“生活化的媒介”与“媒介化的生活”，生活服务平台的营造让传统媒体的价值在互联网里无限延伸，这也与社交电视的发展思路不谋而合。社交电视本地生活服务模式如图4-16所示。

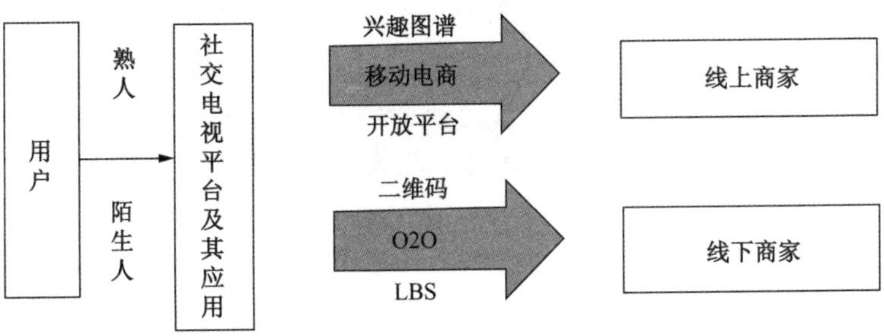

图4-16　社交电视本地生活服务模式

在移动社交领域，LBS已经成为各类应用的标配，无论是完全基于地理位置的陌生交友应用，还是各类可以上传位置签到信息的兴趣图谱类社交应用，或者传统的社交网络等移动应用，都已经配备了LBS功能。目前的LBS功能主要用于标示用户自身的地理位置以及发现在周围的用户，有些商家开始通过社交移动应用中的LBS功能进行促销，陌陌等带有LBS功能的移动应用都可以直接在附近用户列表界面直接查看签名。2011年2月，IT风险投资人约翰·杜尔提出了“SoLoMo”模式，标志着对位置信息的开发

① 参见李文：《解析BBC的全媒体发展之路》，载《传媒评论》2014年第1期。

正在向集成应用方向发展。"SoLoMo"解释为:So-Social,社交;Lo-Local,本地/位置;Mo-Mobile,移动。这种"社交网络/应用+LBS/GPRS+移动终端"的模式,成为人人网、新浪网、腾讯微博等网络平台提供商调整战略布局的依据。经过三年的发展,SoLoMo模式逐渐成熟,不再是最初仅仅对位置的利用,而是将其与增进用户交流结合起来,通过空间地域上的"限制",让用户减少因互联网带来的空间陌生感和距离感,让用户更加"亲切"、自然地交流,并通过个性化的标签,让用户在近距离内找到有共同兴趣的朋友,发展为稳固的圈子,从而增强用户黏着力。①

2013年,阿里巴巴收购高德,其战略意图是发展O2O业务。高德拥有海量的POI数据信息及成熟的地图产品,满足了阿里巴巴在地图领域的短板,填补了这一空白。高德的位置数据加上阿里巴巴电商平台的用户数据,二者可构建一个大数据服务体系,在地理位置数据之上可附加商户信息、用户信息、物流信息等,给未来基于大数据的电商、物流等平台的发展提供了巨大的想象空间。此外,在移动支付市场的竞争中,对于支付宝线下支付的不断拓展也将为O2O发展提供动力。② 2013年6月,新版的北京"天地图"正式上线,它在市政方面新增加了基于位置提供的网络新媒体服务。"天地图"是国家测绘地理信息局建设的地理信息综合服务系统,用户能够通过PC、手机终端等进行访问,支持模糊搜索,可查询附近停车位、公共厕所、加油站等与生活密切相关的信息,甚至还能够查出北京市道路积水点。基于位置的应用与市政服务的结合,突出了位置信息的作用,为媒体未来的发展提供了新方向。

"爱杭州"和"杭州帮"是杭州文化广播电视集团推出的生活服务客户端,也是基于城市广播电视媒体的核心资源打造的本地化特性突出的移动互联网媒体服务平台。"爱杭州"定位为城市生活向导,为用户提供新闻、交通、生活、教育、娱乐、休闲等十余项综合生活应用服务,目的是成为杭州城市微生活平台,做市民吃穿住行的好帮手。而"杭州帮"抓住"帮办"的定位,目的是建立以十大广播电视新闻和维权栏目为基础的城市公共互助微公益平台。③

---

① 参见陈力丹、曹文星:《2012年新媒体技术与应用走势分析》,载《编辑之友》2013年第2期。

② 参见艾瑞咨询集团:《2012～2013年中国移动互联网行业年度研究报告》,艾瑞网,http://report.iresearch.cn/2019.html,2013年8月30日。

③ 参见唐雨:《传统电视媒体的移动互联网生存》,载《当代电视》2013年第10期。

第五章　社交电视产业链分析

与传统电视相比，社交电视产业涉及内容提供商、广电运营商、社交媒体、评级机构、社交数据提供商、视频点播整合商，以及OTT、电信运营、软硬件开发等基础设施提供商等，产品和服务也将延伸至更加具体、更具个性的目标受众，技术含量不断提高，内容制作日益丰富和多元。它们涉及越来越多的生产环节，从大数据分析到用户关系的建立，再到媒介产品的完成，直至广告的精准营销和市场渠道的开拓，社交电视产业已越发成为一项庞大的战略性工程，是任何企业都难以独立完成的。过去传统媒体独霸产业链所有环节的情形不复存在，以为靠内容生产这一个环节的优势就能控制整个产业格局的思维，在今天也明显不合时宜。

面对不断加大的投入成本，以及该产业在相关政策、技术标准和盈利模式等方面存在的诸多不确定因素，电视媒体不能再像以往那样去盲目追求全能的角色，而是集中力量于单一或若干环节，最终通过产业合作和资本融合来分担资本收益，分解投资风险。欧美社交电视产业的运作实践证明，高效、协调的产业价值链是打造社交电视企业核心竞争力，促进产业快速、健康发展的决定性环节。

笔者的调查发现，“产业链沟通”被业界普遍看作是社交电视市场运营中最重要的一环，产业链的合理构建将决定社交电视的产业化进程。社交电视的核心要素是：关系、内容、终端、服务（包括电子商务、在线教育、在线医疗、在线金融等服务）。其中，内容尤其是新闻、综艺同质性较高，如果内容不能与其他要素打通、融合，而只是作为一个孤岛存在，那么它的影响力的释放就会受到很大限制。换言之，社交电视是关系网络、内容网络、终端网络与服务网络四者的交织，传统媒体要在未来赢得自己的位置，需要在这四种网络的未来格局中进行战略思考与布局。①

本研究认为,媒体社会资本的扩张为电视的社交化变革提供了坚实的基础。社会网络的连接有利于电视媒体与用户之间进行内容产制和传播上的融合互动,从而建立跨越电视媒体、SNS、视频网站、网络运营商的产业链条,共同分享用户和利润。如图5-1所示,社交电视正在改变传统的电视产业价值链,使其逐渐形成一个生态系统。这一改变源于社交电视拥有领导不同行业参与者之间在价值链上发生转移的潜力。这些潜在的价值转移向广电媒体提出了一系列的问题,例如,依赖于电视广告的广电媒体需要考虑如何通过节目的IP版权获取产业链的主动权以及在产业链中进行利润分成对广告收入的影响。此外,广电媒体需要考虑自身的第二屏战略:是否应该开发自己的应用?如何与产业链其他各方合作来获取空间?这是本章将要讨论的问题。

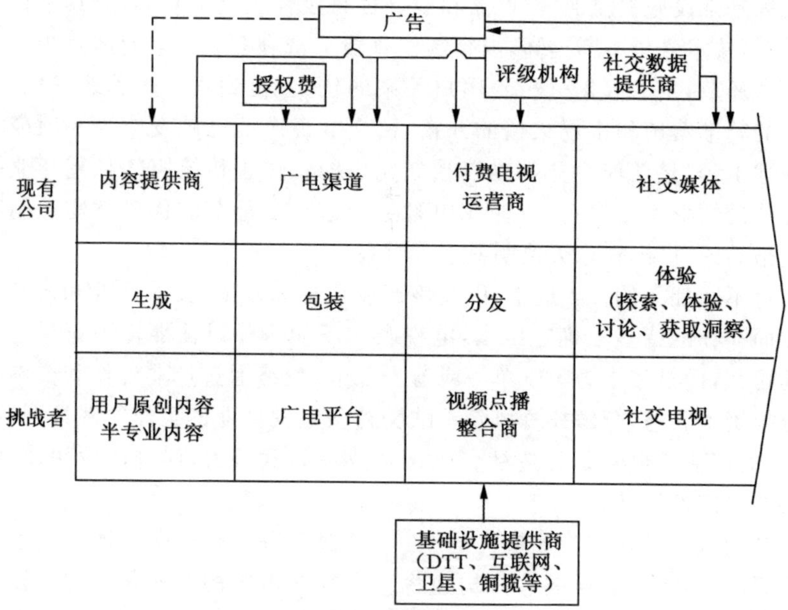

图5-1 社交电视生态系统

① 参见彭兰:《再论新媒体基因》,载《新闻与写作》2014年第2期。

第一节　构建"共同进化"的网络
——电视社交化变革的根本

一、产业链理论

产业链(Industrial Chain)是指以某一主导产业为主和其前后各个企业、部门以及各种经济组织，因主导产业的存在和发展而形成的相互依赖、前后连接的有机链条。如果仅从价值的角度分析产业链企业的一系列经济活动，则称之为"产业价值链"(Industrial Value Chain)。产业价值链与产业链、价值链的关系在于从价值链的角度或利用价值链的分析方法来考察产业链。它以产业链为基础，从整体角度分析产业链中各环节的价值创造活动及影响价值创造的核心因素。[①]

按照企业在产业链中所处的位置和作用不同，可分为上游企业、中游企业、下游企业。上、中、下不仅是一种位置关系，而且还是一种功能关系，即在功能上也是相互依赖、前后连接。产业链成功的关键在于能否协调好三个方面的关系：企业与用户相互影响；企业与供应商联盟；产业链内部的结构和关系变化。它具有以下四个特征：

1. 与一般的供应链不同，它是特定的产业群聚区内相关企业的集合，并同群聚区内的政府及其他重要相关机构有密切的联系。

2. 与一般的市场交易关系不同，产业链中的企业相互间是一种长期的战略联盟关系，从供货到核心业务领域内的合作。

3. 与通过各种途径实现的纵向一体化不同，产业链是独立企业间的联合。

4. 与各种松散的企业联合不同，产业链中的企业联盟在各方承诺的关键性领域中能像单一的公司那样运作。[②]

社交电视作为数字信息时代的产物，已经成为一个跨领域、跨行业的新兴产业。从全球发展来看，无论是传媒企业、互联网企业还是电信企业，都没有能力从单一企业内部建立完整的生产链条。社交电视产业内部不同类

---

① 参见绿明华、李国平：《全球电子信息产业价值链及对我国的启示》，载《北京大学学报》(哲学社会科学版)2004年第4期。

② 参见蒋国俊、蒋明新：《产业链理论及其稳定机制研究》，载《重庆大学学报》(社会科学版)2004年第1期。

型的价值创造活动必然分离为多个企业的活动,这些企业相互构成上下游关系,共同创造价值。这种围绕用户的特定需求进行节目内容生产、提供增值服务,所涉及的一系列互为基础、相互依存的上下游链条关系就构成了社交电视产业链。

二、构建“共同进化”的网络

传媒产业链的整合是指产业链上各个环节或是传媒产业链与其他产业链上的两个和多个企业或经济实体,互相复制他方的优势资源并形成良好的资源关系的过程。[①] 国内学者李岚指出,传媒产业价值链整合的实质,从经济学的基本价值判断来看,就是追求资源配置的效率问题。市场经济的根本目的在于追求高效率,而要实现高效率就必须提高核心竞争力。在市场的竞争中,层次越高,强度越大,效率相应也应该越优。传媒市场竞争由分散走向集中,也是传媒产业追求和实现该效率的自然结果。[②]

陈力丹教授指出,互联网等新媒体对于传统媒体的冲击是深刻和全方位的。传统媒体不得不在这种冲击之下从媒介形态上进行重新定位,以谋求在媒体格局之中的共存与发展。[③] 奥利塔用蜘蛛网比喻媒体、软件、设备制造等不同企业的竞合关系,指出当它们竞争走向深化时,必将冲破原有的独立网络,不断地相互合作,结果就形成了“一张联合伙伴关系的平行网”(见图 5-2)。[④] 不同于传统意义的对抗性竞争,“共同进化”重在寻找利益结合点,进行不同社会网络资源的交换和互补,实现社会资本的优化。

如图 5-2 所示,社交电视产业相关方构建的共同进化的网络应当具备以下特点:

1.具有稳定和富有吸引力的节目内容,电视台、视频网站都可以成为节目生产、播出的主体。

2.用户是网络的核心,与媒体在内容生产、传播上互动融合。

3.合作各方在内容产制、节目互动、播出指南、数据分析、电子商务等方面具有资源和渠道互补的优势。

4.有统一的用户身份认证和公共账号,有便捷的在线支付功能,为电视

---

① 参见张继缅、庞毅:《传媒经济概论》,中央广播电视大学出版社 2004 年版,第 155 页。

② 参见李岚:《电视产业价值链:理论与个案》,社会科学文献出版社 2006 年版,第 172 页。

③ 参见陈力丹、董晨宇:《“融合”背景下的媒介传播趋势与手段》,载《新闻传播》2010 年第 8 期。

④ 转引自[美]雪莉·贝尔吉:《媒介与冲击:大众媒介概论》,赵敬松等译,东北财经大学出版社 2000 年版,第 334 页。

点播、电子商务、电视购物提供便捷的支付通道。

5. 电视媒体与合作方以共同认可的节目评估方式，进行用户分享和利润分成。

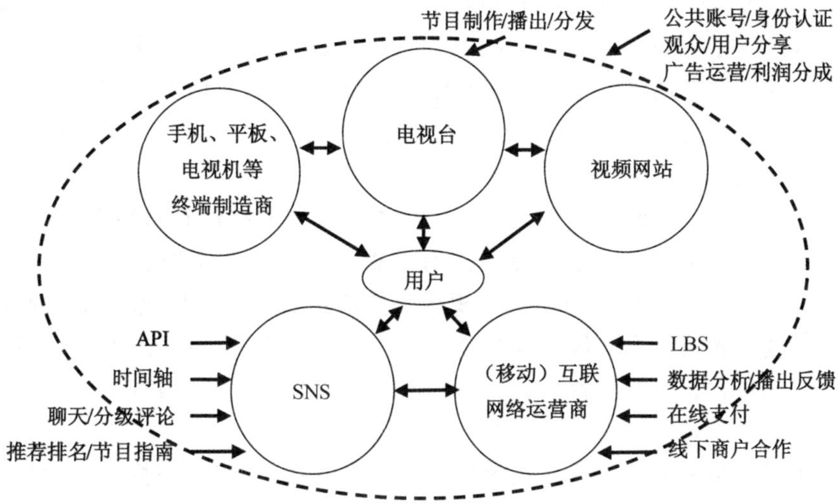

图 5-2 社交电视产业相关方构建起共同进化的网络

建立“共同进化”的网络，对电视媒体而言，需要建立互联网思维，从“以内容为中心”转变为“以用户为中心”，从“单向播出”转变为“互动融合”，从“重内容生产”转变为“生产与分发并重”，与被屏幕隔离的受众建立随时随地的联系。

未来的电视巨头，首先需要在节目内容的聚合与分发上占据强势地位，通过内容分发挖掘新的价值。央视的 CNTV 坐拥庞大的内容资源，一直在探索有效的运营模式。其新近推出的移动互联网社交应用 CBOX，对 100 多套电视直播频道和 1300 多套点播频道进行分发，与微信和微博平台合作，为用户提供社交账号绑定功能，通过社交网络实现了用户、视频网站和电视台的融合。其次，电视媒体还要以内容为主导，与社交网站、产品制造商、操作系统等企业合作构建共赢的产业链，并以此占领新兴媒体市场。数年前，BBC 发现在社交视频网站 YouTube 上观看 BBC 视频节目的受众人数，非常接近在 BBC 官网上收看视频内容的人数，于是 BBC 果断地向现实低头，放下身段与 YouTube 建立合作关系，最终在 YouTube 上开设了 BBC 视频专区，这个专区已成为今天 YouTube 收看人数最多的媒体视频专区。此外，在微软 2009 年推出视窗 7 时，BBC 成为其桌面预置内容软件的供应商之一,为 BBC 新闻内容开辟了新的传输平台。2010 年,BBC 还积极与苹果公司合作,成为 iPad 等产品预置内容应用软件的供应商,为 BBC 新闻迅速占领新的移动媒体平台带来了先机。近年来,BBC 开始与世界上多家主要的电视制造商合作,共同开发智能电视(Smart TV),不少智能电视上都可以看到 BBC 各种应用软件的出现。[①] BBC 的经验表明,构建"共同进化"的网络,需要电视媒体正视与新媒体的竞合关系,不断进行行业间的资源整合,以优质节目内容为先导,建立跨越电视台、视频网站、SNS、(移动)互联网络运营商和终端制造商的电视社交生态系统。

"共同进化"的网络还需要建立在合作共赢的分账模式基础上,这种分账模式与传统电视的利润分割方式有着根本区别。传统做法是买断电视剧、电视专题、体育节目,然后由电视台去找广告商,再把观众收视群按照广告商的要求卖给客户。传统电视台看似在经营电视节目,实际上是在利用节目经营广告。这个经营市场又在广电系统内形成了一个封闭循环,系统外的企业是很难进入这个循环体系的。

如果还是抱着这种传统观念来运作社交电视,沿用过去投资节目的方式来运营,肯定会遇到很多的现实困难,利润空间也不会很大。例如,从节目内容的资金投入角度来考虑,以现有的社交电视用户规模和收费水平,很难投入大量资金用于新节目形态的开发和制作;而到节目交易市场上去购买版权资源,依然需要不菲的投入,而且传统电视的节目内容未必都适合社交电视用户的欣赏习惯。

在缺乏有效投资能力支撑的情况下,采用合理的分账模式是保障社交电视良性运营的有力手段。也就是说,在市场规模只有 1 万户的时候,大家分享 1 万户的收入;市场规模扩大到 100 万的时候,也共同分享 100 万的收入。这种分账模式是产业链合作方共同开拓市场、共同分享未来的一种模式。然而,当前多数国内内容提供商对这种分账模式还存在顾虑,包括一些传统媒体,他们由于缺乏对社交电视市场的坚定信心,往往希望自己的节目能够被以买断的方式获得一次性现金收入。这种方式难免会为处于市场起步阶段、实力更弱的社交电视运营商带来巨大压力。

因此,分账模式的根本出发点应当是使各方的利益最大化,并使合作方看到社交电视市场潜在的利益空间。在这一运营思想的指导下,社交电视运营平台应该是一个开放的体系,不仅可以有电视节目内容,还要有多元化

---

① 参见李文:《解析 BBC 的全媒体发展之路》,载《传媒评论》2014 年第 1 期。

的数据增值服务内容，同时应该是一个共同来开发和运营的开放市场。未来的社交电视平台也不会只由一个内容提供商来运营，地方上的内容提供商是一个部分，中央级的内容提供商也会有几个，而作为众多的广播电视制作机构，只要拥有国家广电节目经营许可证，都可能会成为社交电视的节目内容提供商。

因此，在良好的分账模式基础上，社交电视平台会吸引产业链更多方的参与，从而起到整合内容资源、积聚资本能量、分担经营风险的多重目的，促使年轻的社交电视产业驶上快车道。

第二节　基于原创内容的IP版权

——争取产业链的主动权

2014年4月，湖南广播电视台正式对外宣布，湖南卫视拥有完整知识产权的自制节目，将由“芒果TV”独播，在互联网版权上一律不分销；整个湖南广播电视台全台所有频道制作的节目，绝对不允许擅自和外面的新媒体合作。湖南广电与视频网站争夺节目IP版权的背后，透射出电视媒体在新的传媒生态格局下对产业链主导权的渴望。

一、电视媒体依然是高质量节目内容的生产主体

2013年伊始，微博、微信上关于电视开机率已经腰斩、电视媒体走向没落、电视媒体即将被颠覆的帖子大量被转发，针对电视媒体的口诛笔伐声势浩大，电视媒体被普遍预测将遭遇“寒冬”，电视的价值缩水、被边缘化似乎已成定局。但是纵观2013年全年电视市场的发展，人们却发现电视媒体在质疑声浪中反而掀起了一轮轮的收视热潮，优质的节目内容和品牌节目强大的市场号召力也在不断引领全民的热议。

(一)电视收视率依然稳定

在今天频道数量激增、多媒体共同发展、观众选择空间加大的背景下，《中国好声音》《我是歌手》《爸爸去哪儿》等优质节目的不断问世，使得电视依然在引领社会大众广泛参与的潮流。图5-3中尼尔森网联收视率监测数据显示：北京、广州、成都三个主要的代表城市十多年来的收视时长趋势上，2002年前后与2013年相比，每人平均每日收视时长并无太大变化，收视相对稳定，三个城市人均每日收视时长在3小时左右；而在数字电视普及良好的杭州市场，数字电视人均收视时长比十年前模拟信号的有线电视更要高出很多。人均收视时长是收视深度的保障，也可以体现大众对电视的黏性程度。

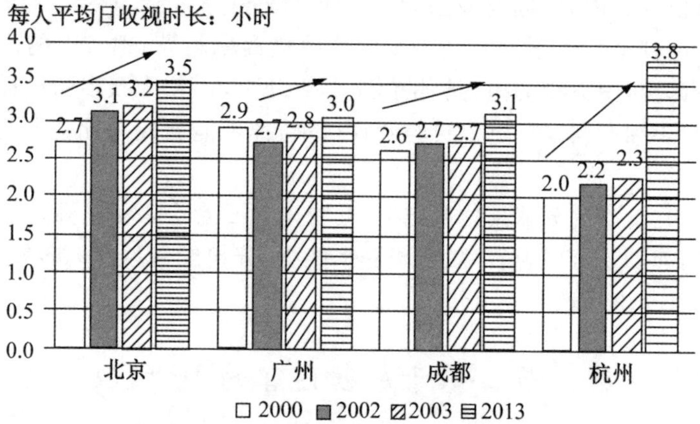

图 5-3 主要城市每人平均每日收视时长表现(4 岁以上所有人)①

尼尔森美国市场收视监测数据也显示,在受数字媒体冲击更加严重的美国市场,电视依然保持着强势媒体的地位。从图 5-4 中可以看到,美国电视市场 2012 年全天所有家庭平均收视时长总计为 3 小时 22 分钟,其强势媒体地位并没有被撼动,并且电视还依然保持雄厚的广告吸金实力。表 5-1 表明,美国 2013 年第一季度针对 2 岁以上观众统计的媒介使用情况中,直播电视与其他媒介的使用时长有明显差异,无论是网络视频还是手机视频,目前所有观众的平均日收视时长都还无法与电视媒体相比,电视依旧是满足视频观看需求的主要媒体平台。②

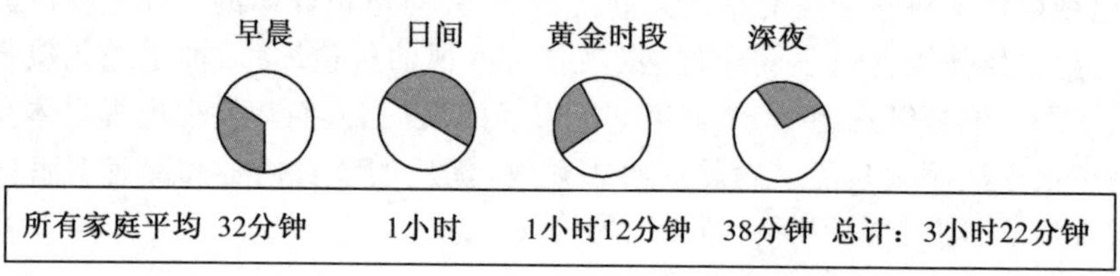

图 5-4 美国 2012 年全天不同时段所有家庭平均收视时长分布③

① 参见《尼尔森披露城市电视台发展之路的五大问题》,载 2013 年 11 月 6 日《第一传媒》。

② 参见尼尔森市场研究公司:《深度表现良好"星战"程度升级城市台发展受阻——2013 年我国电视市场十大发现解读》(上),载 2014 年 3 月 25 日《中国工商报》。

③ 参见《尼尔森披露城市电视台发展之路的五大问题》,载 2013 年 11 月 6 日《第一传媒》。

表 5-1　2013 第一季度美国 2 岁以上观众媒介使用情况统计①

媒介类型	2 岁以上观众平均每天使用时长
观看直播电视	4 小时 53 分钟
电视回看	25 分钟
观看 DVD 或蓝光播放器	11 分钟
玩游戏	13 分钟
使用电脑上网	40 分钟
观看网络视频	9 分钟
观看手机视频	2 分钟

(二)新闻、电视剧、娱乐依然主力驱动电视广告营销

当前,国内几乎每一家电视台都主要以新闻、电视剧、娱乐“三驾马车”式的节目形态支撑全台收视及经营。图 5-5 中尼尔森网联全媒体广告监测数据显示:在各个电视节目类型广告承载力方面,可以发现新闻、电视剧、娱乐节目在广告营销上承担了 74%的广告创收压力。四级电视媒体集团在三个主流节目类型上的创收占比虽各有不同,但在三个主流节目类型的广告创收依赖上均超过 50%。主流节目类型广告经营创收结果必将会助力其所属节目类型在研发创新上获得更多的关注以及投资,这也形成了今天三大主流节目类型电视铁三角的市场地位。

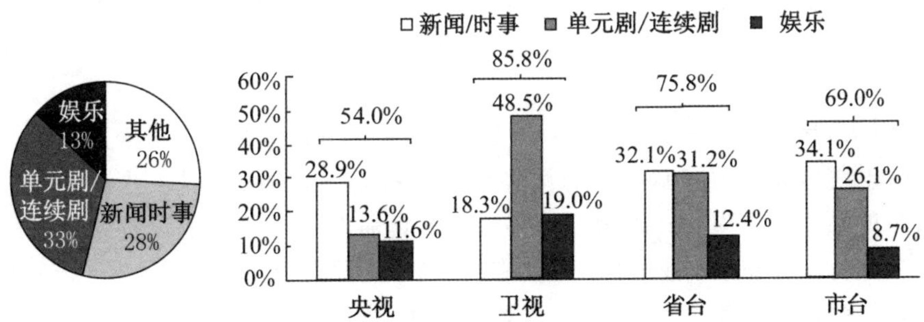

图 5-5　2013 年电视媒体节目类型广告承载力占比分析②

① 参见《尼尔森披露城市电视台发展之路的五大问题》,载 2013 年 11 月 6 日《第一传媒》。

② 参见尼尔森网联全媒体广告监测 AQX 软件(按 17:00～24:00 硬性广告刊例花费统计)。

(三)电视节目产业化日益丰富完善

2014年1月31日大年初一,电视节目《爸爸去哪儿》的电影版上映。该电影在影院上线21天,总票房就突破6亿。其成功的原因在于电影内容与电视节目内容的相似、观众定位的相同、满足收视需求的相同,电视节目的收视率正态转化为电影上座率,再加上其他天时地利的条件,从而获得了优异的票房表现。这对电视产业而言意义深远,成功完成了节目在电视荧屏上收视优而转上电影屏幕的尝试,电视节目的衍生品拓展了电视媒体的营销渠道,强化了在传媒市场的整体竞争实力。

(四)UGC不会成为视频内容的主流

有一种观点认为,用户自己创作的UGC内容会成为未来视频领域的主体,这个观点至少在今天是站不住脚的,因为今天的电视产业同十年前并无多大变化,我们在电视上收看的内容却没有变。1982年,全美收看人数最多的节目是超级碗,但三十年过去了,全美最受欢迎的节目依然是超级碗。尽管节目种类大大增多,体育节目依然是美国人的最爱,美国人将这种偏好带入了网络时代,平板上的电视观众收看直播视频(多为体育比赛)的时间长度是按需点播视频的4倍,而在PC上这一比例达到了15倍。

Netflix和Hulu分别制作了原创节目如《纸牌屋》和Battleground,这些节目看上去更像是主流剧,而不是独立制作。尽管很多人预测非传统的节目如UGC或短视频内容将成为移动网络收视的主力,但事实是多数的收视依然由长视频内容构成,并且这一趋势正在上升。移动长视频收视逐年增加29%,总收视时间占比从2012年第一季度的41%增长至2013年第一季度的53%,2013年上半年,用户进行收看的平板上的视频中超过一半都是优质的长内容。[①]

(五)技术和资金壁垒,使得电视台仍然是最好的节目生产者和组织者

电视媒体在内容制作上的优势地位没有动摇,还在于网络并没有催生大量的独立制作人——因为创作一流的节目需要专业复杂的设备和高昂的经费支持。Atlantic报道称仅仅是制作"纸牌屋"的成本,Netflix需要52万用户持续订阅两年才能收回。变现能力也一直是YouTube挥之不去的阴影,由于在吸引广告主方面出现了困难,其视频营收增长也比预期中的慢,YouTube一直用自己的广告营收和用户订阅费来贴补内容制作上的资金缺口,这一模式依然处于不确定之中。

---

① 参见Jay Fulcher:《内容没变,屏幕变了:数字时代的电视迷局》,程序员俱乐部,http://www.cxyclub.cn/n/36167/,2013年12月8日。

二、争夺广告和用户——电视台与视频网站角逐原创内容的IP版权

拥有独一无二的高质量的节目内容，在一个相当长的时间内不会出现电视被颠覆或电视传播价值短期内跳水式下滑。好的内容也使得电视媒体有了资本，使其有望在社交电视产业链的主导权争夺中占据主动。当然，优质节目的收视良好并不代表电视的整体乐观。电视遭遇不可逆转的新媒体冲击也是不争的事实：如今，电视时代已经不同于往昔，客观媒体环境的改变、受众生活环境的改变都直接影响到大众触媒行为的变化。在同屏竞争上，一方面，IPTV、OTT的逐步开放性发展将打破传统电视的传输垄断，使分发渠道多样化；另一方面，互联网宽带接入的高度普及和带宽提速，提高了传输通道的无障连接，家庭电视机终端互联网化进程不可挡，传统电视产业将面对来自更为丰富、更为灵活的体制外竞争。在分屏竞争上，互联网视频的跨越时间与空间的多维度自由选择观看和互动性，是传统电视尚不能企及的，并且多家互联网视频公司发展越来越规模化、体系化，其清晰的战略发展规划和高效的运转方式都是体制内的电视媒体无法达到的，互联网视频公司必然与电视媒体产生互助合作和分流竞争，这也是电视产业持续发展面临的挑战。

目前，电视台与视频网站的版权售卖关系主要是两种：一是独家售卖，版权方将版权内容独家售卖给某家在线视频企业，该视频企业可以进行平台独播，也可以将版权内容分销给其他视频企业（版权分销收入），或者用以与其他网站进行版权内容的交换。二是分销，版权方直接将版权内容分销给若干在线视频企业。无论哪种方式，除了非常优质的节目内容，电视台在版权议价方面并不占据主动。对此，国内的一线卫视正在尝试通过收回互联网版权的方式，与网络媒体展开产业链的主导权之争。

（一）湖南卫视收回互联网版权——一线卫视的“保卫战”

2014年4月25日，湖南广播电视台宣布，独家授权湖南快乐阳光互动娱乐传媒有限公司，依法独占享有湖南广播电视台自有版权作品（包括电视节目、电视剧、电影、音乐、大型活动等）的信息网络传播权及互联网直播权利。在这被业界称为“芒果独播战略”的背景下，《花儿与少年》《唱战记》《变形记第八季》等几档新节目已不再对外销售互联网版权，只在湖南卫视旗下的视频网站芒果TV独播。[①]

① 参见蔚潇潇，《“台网联动”更受伤？湖南卫视网络独播为几何》，人民网，http://media.people.com.cn/n/2014/0509/c14677-24998451.html，2014年5月9日。

湖南广电此举意在强化自身的核心竞争力——基于原创内容的IP(知识产权或基于内容的全产业链版权)版权。湖南的做法能够投射出许多卫视的无奈。在视频网站的冲击下,电视的开机率不断下降,电视观众的人群构成也被逐渐落以"老龄化"的口实,更多的年轻人选择通过网络观看电视节目。从用户的争夺、广告的分流乃至话语权的解构,新媒体在全球范围内对电视媒体的冲击是残酷而现实的,传统电视媒体转型网络电视已经是不得不面对的形势。

此前,国内电视台"台网联动"的初衷是通过将自己的节目分享给视频网站,以扩大自己的影响力,提高收益,结果带来的却是收视的分流。而视频网站日益壮大后却回过头来反咬其"母"——从越来越突出的收视分流及视频网站每年的两位数增幅就可见一斑。视频网站掐去了其中的广告片段,贴上了自己的片前广告,再加上诸如《爸爸去哪儿》这样王牌级节目网络播出冠名的售卖,从某种意义上讲,各大卫视在用自己的综艺节目"养活"视频网站。回顾十余年前,国内传统报刊行业曾试图通过类似的办法突围、创新,却反被互联网敲骨吸髓,成就了若干门户、新闻互联网站的崛起,都是如出一辙。

当然,湖南卫视的做法来自自身的底气——节目内容的核心竞争力。其内容在任何一家视频网站中都占大头,湖南电视台自己制作内容的独播版权在任何一家视频网站的内容采购成本中都占到将近一半。因此,湖南卫视如果把节目内容放到自己的网络平台去播放,理论上能够产生足够的影响力,推高流量。而从目前已经上线的独播内容看,虽然流量还未达到以往同类节目在主流视频网站播放时候的流量规模,但已经比此前提升了数十倍。

湖南的做法表明了广电媒体进行互联网战略转型的决定,但是能否成为国内卫视的"现象级"模式确是个很大的未知数。湖南卫视的优势节目资源和品牌姑且不论,独播资源给芒果TV带来的沉重的压力还有很多:一方面,独播内容的范围有限,无法提供更多独播精彩节目片段;另一方面,在技术平台层面上,芒果TV与优酷土豆、腾讯视频、爱奇艺、搜狐等相比差距颇大,如视频体验不佳、搜索体验不佳、入口单一等,如何突破视频网站技术上的难关,建立与用户的关系网络,黏住更多新用户和巩固已有粉丝的忠诚度,成为一个头疼的问题。一旦用户的包容和忍耐到达极限,其内容上的优势也会荡然无存,最后难逃被大视频网站"吞并"的结局。

(二)视频网站押注自制剧市场——拥有贴近用户的天然优势

一边被湖南卫视这样的强势媒体釜底抽薪，在江苏、浙江大有“星火燎原”的态势；另一边几部热播美剧接连遭遇“下架”，境外剧面临的政策风险不可小觑。对视频网站来说，非独播内容是基石流量，而独播内容是提升流量和用户覆盖的核心力量。独播内容无非来源两块：一是花高额的版权费用购买，二是自制自播。像乐视花5000万购买《我是歌手》，这种靠“烧钱”买来的娱乐似乎并不长远，那么以影视综艺内容为主、需要流量支撑、力求内容差异化的视频网站该如何应对？唯有下更大人力和资本去加强自制综艺和电视剧的生产，去和电视台所播放的内容真刀真枪地比拼了。

视频网站近几年开始做自制节目，从优酷的迷你剧《万万没想到》、脱口秀《晓说》，到腾讯的综艺节目《你正常吗?》，它们背靠自身在网络运营、用户体验方面的积累，依靠社交网络的天然优势捕捉能够引发网络热议和关注的话题性内容，获得了不菲的市场收益。这也是网络视频媒体摆脱对电视台的版权依赖，重构视频产业链的一种尝试。

三、做大还是做全——发展新媒体对电视台是利器还是包袱

新媒体时代，中国的许多电视台都纷纷试图抢占地盘和产业链的主导权，做起了自己的新媒体平台，一时间，各地“网络广播电视台”涌现，各种基于PC、手机的客户端频出，如央视的CNTV、CBox，湖南的芒果TV、呼啦，山东的第一视听、山东手机台……各电视台争先开拓新媒体市场，抢占舆论高地，延展传统电视广告的市场价值，投资新媒体的热情丝毫不见减弱。面对新媒体全新的思维方式、高企的技术门槛和资本投入，面对投资与回报不成正比的窘境，今天的电视媒体也应当反思，发展新媒体对自身究竟是包袱还是利器？

(一)电视台的“新媒体之殇”

从在社交平台的影响力来看，与新兴视频网站相比，传统电视媒体及其网络新媒体平台的影响力明显不足。新浪发布的《2013视频网站微博报告》表明，在影响力、活跃度、传播力、覆盖度等方面，新兴的视频网站独占鳌头，传统电视媒体只有凤凰新媒体一家能够跻身前列(见表5-2)。

表 5-2　　2013 新浪微博视频类账号影响力排名[①]

排名	影响力	活跃度	传播力	覆盖度
1	优酷网	凤凰视频	优酷网	爱奇艺
2	凤凰视频	优酷网	风行网	优酷网
3	爱奇艺	搜狐视频	凤凰视频	凤凰视频
4	搜狐视频	爱奇艺	搜狐视频	土豆
5	土豆	风行网	土豆	搜狐视频
6	风行网	优酷娱乐中心	爱奇艺	56 网
7	56 网	土豆	优酷娱乐中心	风行网
8	爱奇艺娱乐	爱奇艺娱乐	乐视网	爱奇艺娱乐
9	优酷娱乐中心	56 网	56 网	乐视网
10	乐视网	乐视网	哔哩哔哩弹幕网	爱奇艺综艺

从政策方面来说,国家广电总局去年曾发文要求大力发展网络广播电视媒体,实现大数据式的运营。在目前视频网站纷纷转向自制内容的时候,其实纯粹的内容平台慢慢消亡,当视频网站强大到能够与传统电视台比拼内容制作水平和能力的时候,所谓的“平台”不过就是搭建视频服务器,给用户播段视频而已。“教会徒弟,饿死师傅”的传统观念阻碍了中国电视人对分享的理解,“做大做强”变成了“做大做全”,关起门来搞建设,国内电视媒体在新媒体运作上还是仅存于封闭单一的产业链架构。

传统的电视台涉足新媒体,缺失的是技术和运营思路。高企的设备投入、人力资本和运营成本,拉高了电视媒体进军新媒体的门槛,当前也就央视、上海文广这样的有实力的大台能够在网络视频行业占有一席之地。经营理念和具体的运营思路的保守和僵化,成为电视媒体挥之不去的阴影,资本运营经验匮乏,组织结构臃肿,专业人才缺失,种种问题说明电视台转型做新媒体似乎难以独立支撑,必须从更广阔的范畴加以合作。

(二)湖南卫视的自信来自社交媒体的繁荣

湖南卫视收回新媒体版权的做法,对于其他卫视是否值得借鉴,关键要看湖南是秉承传统电视的运营思路,还是遵循互联网的深耕和精细化运营原则。

---

① 参见新浪微博数据中心:《2013 年年度视频网站微博报告》,新浪微博,http://data.weibo.com/report/detail/report? copy_ref=zuYT1rJriA7gn&_key=2VAsmhU&m=w,2014 年 1 月7 日。

一档王牌综艺或热剧的成功首先质量好是关键，但在信息量如此繁多的今天，内容在网络传播时的深耕和精细化运营已经是十分重要的环节和手段。在视频网站搜索一部电视剧或综艺节目，除了正片内容之外，还会有几倍于正片数量的精剪内容、二次加工内容以及串烧内容，这些抑或来自于网友 UGC，抑或是视频网站的编辑运营行为。例如，《爸爸去哪儿》里Cindy风跑的串烧剪辑，《中国好歌曲》里盲选原版和导师改编版的差异对比，这些内容都是电视台没有做而视频网站做了的内容。所以电视台做网络视频独播，并不是只简单地把内容放上去播放就好了，更要看网络运营团队和 UGC平台是否就位，反视频集成网络、App 和盒子盗版的维权团队是否准备好了，视频网站上繁多的广告产品互动形式和售卖逻辑是否真的消化了。

湖南卫视做独播的自信也来自于社交媒体的繁荣，社交媒体时代相比于传统门户时代，节目的推荐不再是上几个娱乐频道头条，微博转发、微信官号都是用来做客群管理和信息沟通的有效渠道。特别是湖南卫视做了社交电视产品“呼啦”之后，已经在逐步建立自己的用户社交关系网，可以吸引更多观众参与到节目中。

黎瑞刚在回到上海文广后曾提道：“所谓新媒体，不是新兴媒体，其精神是一种草根情怀，是传播者放下身段，对等地分享讯息，其特质是交互和分享，试图让信息在碰撞中产生更多的信息。”[①]传统媒体应用互联网思维应当不仅仅是增加一个网络播放收看平台，多开发一个 App，而是需要有更适于互动和传播的节目形式和精神理念。因此，芒果 TV 独播只是尝试的起步，短期看可能艰难；中长期来看，“芒果独播概念”其实蕴含着更长远的规划，并不局限于芒果台的自制节目，放眼更大的产业链构架，未来会有更多的影视剧集汇聚到芒果 TV 全平台上，实现真正的独家、集成多个优质内容，从而不断打造“芒果”特色，培养用户忠诚的收视及浏览习惯。从这个意义上说，湖南卫视寻求持续发展的新旧媒体融合发展道路确实有很多经验值得其他广电媒体学习和借鉴。

第三节 产业合作与资本融合

——电视社交化变革的可行路径

清华大学发布的《中国传媒产业发展报告》(2014)显示，2013 年，我国传

① 《视频行业：何时才能告别全面亏损》，载 2015 年 5 月 8 日《中华工商时报》。

媒业市场并购交易活跃，主要并购事件近50起，交易总金额超过500亿元。其中，互联网企业共有21起，并购金额将近300亿元，明显高于传统媒体。类似阿里巴巴入股新浪微博、百度收购PPS、腾讯入股搜狗，互联网行业的三大巨头BAT① 悉数加入资本层面的角逐，资本并购的战略性目的显著。

虽然当前国内的电视媒体已经具备了较强的规模和实力，在网络视频方面的竞争也积累了一定的经验，但随着具有颠覆性的移动互联时代的到来，基于视频的竞争又重新回到原点。社交电视在建立用户关系、提高用户体验和流量变现等方面的优势，自然成为视频领域竞争的热点。媒介融合时代，社交电视复杂的产业链条不可能被电视媒体所独占，后者需要通过并购来达到占领移动互联网领域的制高点、遏制竞争对手的战略目的(见图5-6)。

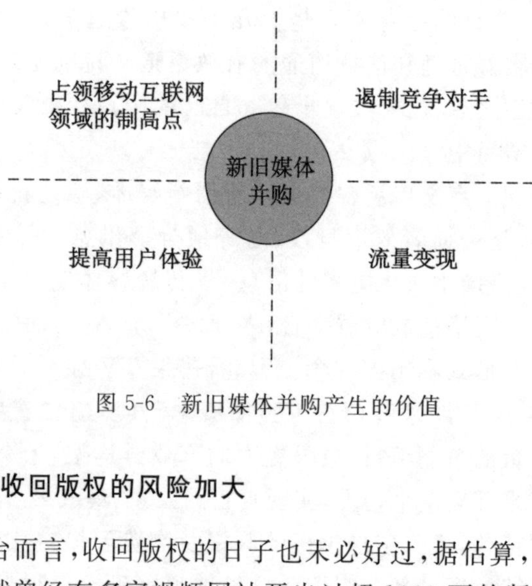

图5-6　新旧媒体并购产生的价值

一、电视台收回版权的风险加大

对于电视台而言，收回版权的日子也未必好过，据估算，仅是《花儿与少年》一档节目，就曾经有多家视频网站开出过超1000万的版权价格，如果等到明年收回所有的综艺节目网络版权的话，湖南卫视在版权上的销售损失保守估计将会超过4个亿。② 另外，湖南卫视自身擅长娱乐节目的特性很适合做社交电视，但是它的做法很难被其他卫视克隆。从产业链的角度来说，基于原创内容的IP全版权独播，不管湖南卫视能否成功，对于绝大多数现有

---

① BAT，即百度(B)、阿里巴巴(A)、腾讯(T)。

② 参见何天骄：《湖南卫视反击视频网站"割肉"4亿元欲收回版权》，载2014年5月12日《第一财经日报》。

体制和运作习惯下的传统电视台而言，注定不过是个虚无的想象，走产业合作和资本融合之路，才是电视社交化变革的可行路径。

二、视频网站面临专业瓶颈

对于视频网站而言，发展之初是一种自媒体形式，由用户自己上传内容，这方面电视台确实不擅长，但后来视频网站逐渐朝着媒体方向发展，视频网站的本质属性变成了媒体属性，主要的竞争是在内容上的竞争，而不是技术上的竞争。视频网站一方面是聚合观众，另一方面更多的是开始做内容生产和内容的独家购买和垄断，这个就更像电视台的做法。一旦进入到这一领域的竞争，视频网站在经验、人员等方面的短板就开始显露。目前，视频网站的问题还是优质的节目内容少，很大程度上依赖电视台优质节目以及引进美剧。目前来看，这种做法非常容易受到政策、电视台的制约。

三、电视机厂商进军互联网面临政策风险

越来越多的传统电视厂商采用与视频网站合作的方式切入互联网领域，但在拥有电视牌照的运营方看来，这是一场危险的赌局。目前，互联网公司与视频公司的合作完全无视了广电总局的“181 号文件”，随时都有被叫停的危险，同时，家电企业亦难以通过互联网业务获利。

原国家广电总局 2011 年下发的《持有互联网电视牌照机构运营管理要求》(广办发网字[2011]181 号)明确表示，互联网电视集成机构所选择合作的互联网电视终端产品，只能唯一连接互联网电视集成平台，终端产品不得有其他访问互联网的通道，不得与网络运营企业的相关管理系统、数据库进行连接。不管是智能电视，还是机顶盒等电视机附属产品，若想接入互联网电视，必须与牌照持有者合作。但是，这项规定并没有阻碍传统彩电企业与视频网站的合作：海信宣布与 18 家视频企业合作，TCL 与爱奇艺高调宣布后续推出“TV+”家族产品，康佳与优酷土豆携手，几乎每家电视企业都开始向互联网电视转型。目前，大部分机顶盒和互联网电视产品都未能遵守上述规定中“只能唯一连接互联网电视集成平台，终端产品不得有其他访问互联网的通道”的条款，一旦广电总局深入管理，这些互联网电视将会在市场上停止销售。

事实上，上述“181 号文件”又像是高悬在彩电企业与视频网站头上的一把利剑，此前小米盒子、乐视 TV 与 PPTV 的盒子产品都曾被叫停。国家广电总局正在修订 122 号令，将互联网电视作为广播电视来定位，电视机上包括美剧、自制内容、没版权的内容将禁止播放。

四、产业合作与资本融合是电视社交化变革的可行路径

对于电视台、视频网站、社交媒体和电视厂商而言，各方在社交电视领域的产业和资本层面的合作是当前市场环境下一条可行的途径。毕竟电视台还是最为专业的内容生产者，它手中的新闻、娱乐和影视剧资源是新媒体短时间难以匹敌的；视频网站有得天独厚的平台和技术优势，无论是爱奇艺PPS、优酷土豆、腾讯视频，还是其背后的大股东BAT，都拥有国内最好的传输网络、CDN(Content Delivery Network，内容分发网络)分发条件；而社交媒体拥有良好的用户黏性、用户体验和数据分析条件，在建立用户关系和精准营销方面具有优势，为更多的产业链环节进行资本合作、共创广告收益提供了条件。以国外的社交视频网站Hulu为例，NBC、ABC、FOX等传统媒体是其背后出资方，节目除在电视台网站播出之外，也在Hulu播出。如果未来芒果TV强大后扮演更多的平台角色，汇集一些没能力自建网络平台的二、三线卫视做区域性播出平台，对社交电视产业来说又是新的机会。

因此，电视台与其“做大做全”，不如在资本和产业链层面做足文章。“眼光长远、格局要大”应当成为产业链各方的共识。要同时具备技术、产品、平台、内容、渠道等产业链环节，不是一家电视台或互联网公司能解决的，需要有一个完善的产业生态圈。其实无论传统电视、社交媒体、视频网站还是泛娱乐产业里的内容制作商、硬件厂商乃至电信(有线电视)运营商，都站在相同的一条生态链条上。例如，芒果TV做了网络独播，控制住内容源头，但是要留存用户仅仅依靠其自身的App客户端是不够的，还需要依赖国内主流的社交媒体平台进行整合传播；同时，如果用户想观看更多内容，还要在不同的平台间切换，所以视频搜索仍旧会是重要的导流入口；对于智能电视硬件厂商来说，做应用软件内置的商机也不会少。在新的产业链条和产业生态背景下，只有各方都能够找到价值输出的通道，找到适合自己的产业机会和盈利点，社交电视的产业链才会更为成熟和完善。

第六章　山东广电与社交媒体的融合发展路径分析

面对传统广电业所遭遇的前所未有的冲击，山东广电并没有懈怠，而是在不同的侧面作出了初步尝试，获得了一些有益的经验，但是也暴露出较多的问题。在移动互联网和社会化媒介共同编织的新型传媒生态下，山东广电应该如何改革？这是本研究的重点内容，本章将结合笔者在山东广电新媒体企业（主要是山东网络广播电视台及其旗下的齐鲁网、山东手机台）为期半年的调研和访谈，就山东广电与社交媒体融合发展过程中出现的观念、体制、机制等问题进行剖析，并提出具体的改革策略。

第一节　山东广电与社交媒体融合发展的初步探索

山东广电在新媒体上的布局较早，目前已经基本构建起跨越报纸、广播、电视、互联网和手机五大媒体的融合式发展架构，形成了数字电视、IPTV、网络宽频、手机电视、社交电视等新媒体形态多元并进的发展格局。2011年1月7日，国家广电总局正式批准山东广播电视台开办山东网络广播电视台，成为全国首批省级网络台。山东广电从此拥有了面向互联网用户的媒体和机构品牌，也迎来了重大战略性发展机遇。山东网络广播电视台业务涵盖面向电脑、电视、手机三类终端的五大业务板块：面向电脑终端的国家重点新闻网站齐鲁网、面向电视终端的IPTV、面向电视终端的互联网电视、面向手机终端的山东手机台和立足三网打通三屏的社交媒体业务。

依托山东网络广播电视台，山东广电在与社交媒体的融合发展方面作出了积极的探索，成立了“中国社交电视实验室”，组建了“山东省新媒体研究院”，在社交电视App开发、Web社交平台的构建等方面，走在全国省级电视媒体的前列。

一、中国社交电视实验室

2011 年 11 月,山东网络广播电视台联合国家广电总局广播科学研究院、浪潮、海信、新浪等多家知名企业成立了中国首个社交电视实验室,基于社交电视收视圈现象,利用先进的移动互联网技术,创新节目产品,搭建平台开展立足三网、打通三屏的社交媒体业务,以期将山东广电的内容生产转化为一种开放式的社交化的制作。

中国社交电视实验室,主要致力于电视媒体与社交网络在节目生产、新媒体技术、市场运营等方面的融合创新。实验室将探索中国社交电视行业的技术标准和运营规范,进行社交电视市场战略、管理体制方面的革新,开展有关融媒体项目的研发,为全国广播电视行业提供社交化媒体应用的系统解决方案。实验室以媒介融合为指向,积极开展"三网融合"和"三屏合一"的业务探索,整合资源,开发"多媒体—跨媒体—全媒体—融媒体"的媒介形态,促进整个社交电视产业链的建构和完善,逐步成为社交媒体领域核心技术研发、业务创新、高端人才培养的综合性实验室。

实验室成立之初,相继开发了第一视听(见图 6-1)、乐享 TV 社交电视直播频道、齐鲁网微博平台、手机微播报、社会化媒体营销、乐享新鲜微博沙龙/大讲堂等社交媒体方向的研究项目、产品和应用。

图 6-1　山东网络广播电视台的"第一视听"平台

“第一视听”是中国社交电视实验室推出的移动互联网全媒体平台，拥有国家广电总局颁发的全国牌照。“第一视听”目前可提供80路免费的电视直播和海量电视点播节目，还开设有网络视频、新闻资讯、音乐、广播、阅读、游戏、商场等多个频道。

二、山东手机台和社交电视 App

山东手机台是山东广电新媒体运营的无线全媒体品牌，拥有全网资质的手机电视、微博手机报、乡村季风手机报、齐鲁短信互动、手机齐鲁网、无线城市视频专区等多项无线媒体业务，开展直播、点播、下载、互动等各种业务功能。除了山东广电丰富的节目内容资源之外，山东手机台还专门为用户集成制作涵盖娱乐综艺、音乐影视、运动时尚、旅游美食、财经科技、动漫游戏、漫画小说等特质内容(见表 6-1)。在移动互联网时代，山东手机台将极大地延伸山东广电精品内容的全球传播能力，通过手机媒体的高度移动、社交媒体的高度互动，打造多元化的媒体平台。

表 6-1　　山东手机台的节目内容资源

节目资源	具体内容
广电频道资源	山东广播电视台 11 个电视频道、10 个广播频道及 17 地市城市台频道旗下的优质品牌节目资源，节目时长 20000 小时以上
原创手机短剧、微视频	针对手机用户和传播特点自制原创精品节目，节目时长 1000 小时以上
联合制作	与国内外专业制作机构联合制作大型互动节目，节目时长 1000 小时以上
优质内容集成	国内外第三方优质 CP(Content Provider，内容提供商)内容，节目时长 1000 小时以上

在社交电视方面，除了山东手机台在整个传统媒体和新媒体交互融合方面的探索以外，目前在做的关于社交化方面的探索主要分为两个部分：一是社交电视 App，二是传统电视的“轻快”App(见图 6-2)。山东手机台拥有国内广电体系中规模较大的智能手机 App 设计—开发—运营—推广的专业团队，相继推出山东卫视社交电视 App、山东经广社交广播 App、山东农科社交电视 App 等台内各频道做的客户端，与中国移动和中国联通合作，开通“和山东手机台”“沃山东手机台”等手机电视频道。

图 6-2　山东手机台推出的社交电视 App 系列产品

山东手机台总经理董崇飞认为，这些 App 产品对山东广电来说，有五大价值：

一是有利于对广电内容的整合传播及品牌的延伸推广，App 的使用将原先受到频道资源、覆盖力制约的区域性电视传播，变成全国、全球化传播。

二是对受众的聚合、黏合及收视提醒，传统广播电视台没有用户，只有观众和听众，这些资源是电视台看不见也摸不着的。通过 App 的注册机制，建立了将观众、听众转化成用户的渠道。腾讯 2013 年财报显示，其总收入为 604.37 亿元，微信和 WeChat 的合并月活跃账户数达到 3.55 亿。腾讯之所以能够将央视等传统媒体远远抛在身后，靠的就是互联网思维的“用户为王”的理念，通过用户的注册机制实现用户数据整合和精准营销。传统广电的 App 应用可以将用户转变为资源，最终实现媒体的传播流程再造。

三是对预约节目、评论互动、分享等社交功能的聚合。App应用有利于用户与节目的互动，有利于建立粉丝群，将名栏目、名主持、名记者等优势资源转化为对节目生产的支撑、吸引用户参与的手段。

四是为频道的广告经营提供便利，增加信用。受区域的限制，原先省外的企业投山东地面频道的时候会担心电视台是不是给播了，但是用App来做广告的监播非常容易。

第五，对节目管理和团队力量的聚合。山东广电各个地面台的负责人不管去哪出差，都可以通过这个社交互动电视App直接审看地面频道的节目。

三、新媒体快传播产品——“轻快”

2014年7月，移动营销公司Swrve发布了一份用户与智能手机App互动的数据。数据显示，24%的用户在安装App程序并使用一次后就不再使用，25%的用户则会在第二天再次使用App(24～48小时内)，而在7天后，整体的留存率将会下降至13%。对于大多数App应用而言，由于占用用户手机资源、依赖消息推送获得用户点击等问题，影响了用户的体验，导致留存率过低。[①]

目前，互联网上的电视社交应用共有两种模式(见图6-3)：一种是Native App原生应用，它是一种客户机/服务器模式(C/S)，应用程序运营在用户终端上(安装客户端软件)，在原生应用模式中操作系统的作用至关重要，控制了操作系统就可以控制应用商店，控制移动互联网入口，从而控制整个产业链；另外一种是Web App网页应用，采用浏览器/服务器模式(B/S)，应用程序运营在网站服务器上，用户终端使用通用浏览器进入站点。

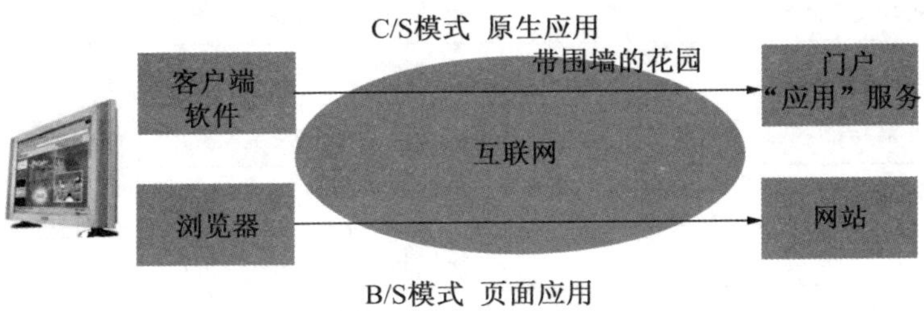

图6-3　Native App原生应用与Web App网页应用的区别

① 参见《移动营销公司Swrve发布App的60秒定律》，中国广告门户网，http://www.yxad.com/News/guojiguanggao/News_106617.shtml，2014年7月24日。

对于 Native App 原生应用而言,现在已经进入发展的瓶颈期,由于原生应用需要做机型适配,给开发者带来了非常高的成本,用户安装卸载频繁,如何留在桌面成为难题。这也使得当前广电媒体尤其是地方广电媒体进入新媒体的门槛非常高,浙江一个地市级网络广播电视台做的超级 App,已经投入了 3000 多万,开发、运营、推广成本成为极重的负担。更为重要的是,原生应用垄断、垂直、封闭、一体化的传播形态并不适应今天互联网传播的开放、平等竞争精神。

随着 Web App 网页应用的兴起,应用程序运行在 Web 上,浏览器再次成为主要入口,移动互联网回归开放本性。网页应用要求浏览器在页面上能够调动手机的各种资源,提供从呼叫、短信到浏览和游戏的各种应用,基于 HTML5 的新一代浏览器在其中发挥的作用凸显,基于社交图谱进行的个性化推荐应用,依赖其强社交关系和病毒性传播的特点,其应用的推广速度和反馈机制要比其他平台更加快速及时。①

在“轻媒体,快传播”的时代,传统媒体怎样以低成本、高效益的方式建立手机平台,构建一个图片、文字、视频等全方位展示业务信息的自媒体平台显得尤为重要。为此,山东手机台、中国社交电视实验室于 2013 年 9 月开发了名为“轻快”的 Web App 自媒体平台,其产品定位是向企事业单位和社会名人提供低成本、高效的移动精准营销以及移动自主建站的解决方案(见表 6-2)。

表 6-2　“轻快”的功能模块

功能模块	功能描述
图文资料	图文新闻、快讯、信息等上传展示无障碍
视频专区	提供长短视频的上传功能,动态呈现
活动专区	创建活动,并可在线报名参与
在线预约	对选定商品的预定功能
投票功能	可进行投票
分享功能	将信息分享到微博、微信等社交平台
地图导航	提供位置搜索、地图信息
优惠券	提供发布最新优惠信息、促销活动功能

① 参见侯自强:《网页应用推进社交电视发展》,腾讯网,http://tech.qq.com/a/20120912/000153.htm,2012 年 9 月 12 日。

续表

功能模块	功能描述
用户留言	提供客户留言板的功能，并可在后台查看并回复
微博动态	动态抓取指定微博

作为 Web App 应用，轻快具有自由、简单、个性、低价的特点，在传播上可以即扫即用、即搜即用，无需下载，登录使用只需 2～3 秒，比传统手机 App 客户端的下载登录快很多。相对于传统封闭式的原生 App 而言，轻快 App 可以轻易地被百度、谷歌等搜索引擎搜索到，传播更加快捷。同时，背靠山东手机台所有拥有的全国手机视频牌照，轻快可以融合视频、音频、图文等多种媒体展现形式，满足客户不同的传播需求。从开发成本上，轻快 App 的成本要比传统 App 低很多，适合商家以极低成本拥有一个个性化的移动官网。

依托山东手机台自主研发的亿级大数据移动多媒体管理系统，轻快平台可以为用户提供精准、直观的实时大数据，解决传统媒体缺失精准数据的大问题，为传统广电在制作、采编、运营、经营等方面提供高性价比的营销工具。山东手机台总经理董崇飞在与笔者交流时谈到：在高度开放的轻快平台基础上，通过打造传统电视媒体的轻快报、轻快 TV、轻快广播等，可以实现与传统媒体深度融合发展，为传统媒体充分挖掘自身资源优势提供方便快捷的抓手。基于轻快平台，传统媒体可以以极低成本融入新媒体，甚至直接成为新媒体。比如利用轻快 TV，各电视台可以通过轻快集群（包括栏目轻快、嘉宾轻快、主播轻快、主创轻快等），以极低成本打造一个电视栏目的新媒体传播生态圈；通过轻快 TV 还可为传统电视栏目提供精准大数据统计后台，电视机收视率加上了手机收视率，更利于电视节目的制作和经营。虽然轻快和当下移动互联网热门应用微博、微信的本质一样，都是自媒体的开放平台，但轻快和微博、微信的产品呈现形式有很大不同，具有互补性差异，可以相互借力。

图 6-4 是山东卫视《道德与法治》的轻快专区，不仅包含直播、栏目简介、节目预告等传统模块，还增加了微博、贴吧、留言、投票、节目搜索等互动功能，有利于节目的整合传播及品牌的延伸推广，还可以帮助制片方捕捉用户数据，实现手机收视率的统计。但是，作为一款与微博、微信平台有某种相似性的移动媒体应用，轻快产品当前面临的主要问题是用户规模小，其“面向企事业单位和社会名人”的市场策略，对更广阔的用户而言形成了较高的

价格壁垒。加之缺乏充足的资金、好的内容和市场推广手段，轻快还无法达到一项新技术或新产品进行大规模市场推广应用的临界值，也不能降低至作为一项互联网产品推广所应达到的网络边际效应，导致企业的运营成本居高不下。

图 6-4　轻快的《道德与法治》专区

轻快具有互联网产品所具有的网络经济特征，它的边际成本会随着网络规模的扩大呈现递减趋势。轻快的运营成本主要由三部分构成：一是网络建设和产品开发成本；二是信息传递成本；三是数据收集、处理和制作成本。由于网络可以长期使用，且其开发建设费用及信息传递成本与用户数无关，因此边际成本为零，平均成本呈明显递减趋势。只有信息加工成本与用户数呈正相关，即用户数越多，所需收集、处理和制作的信息就越多，这部分成本就会随之增大，但其平均成本和边际成本都呈下降趋势。将以上三部分成本综合起来可知，轻快的平均成本会随着用户数的增加而明显减低，其边际成本也随之缓慢递减。

与之相对应，轻快的消费行为则呈现出显著的边际收益递增规律，也就是产业经济学所称的“连带外部正效应”（网络效应）。布莱恩·阿瑟发现，以信息和知识为生产基础的产品，像通信器材、计算机、软件等具有很强的连带外部正效应，这种连带效应主要来自消费品的互补性。[①]

如图 6-5 所示，轻快在市场运营初期，主要为少量追求时尚和创新价值的用户采用，需求量较小（Q_1 至 Q_2^1 区间）。伴随着早期使用者的影响和互动作用的逐步增大，使得该项业务成为社会群体中的一种流行时尚，用户纷纷追求轻快带来的创新价值，其市场推广动力会明显增强（需求量由 Q_2^1 逐步移至 Q_4），从而形成“连带外部正效应”，即所谓的“赶浪潮”“赶时髦”的购买行为。这与埃弗雷特·罗杰斯（Everett M. Rogers）的创新扩散模型[②]有着相同的研究结论。

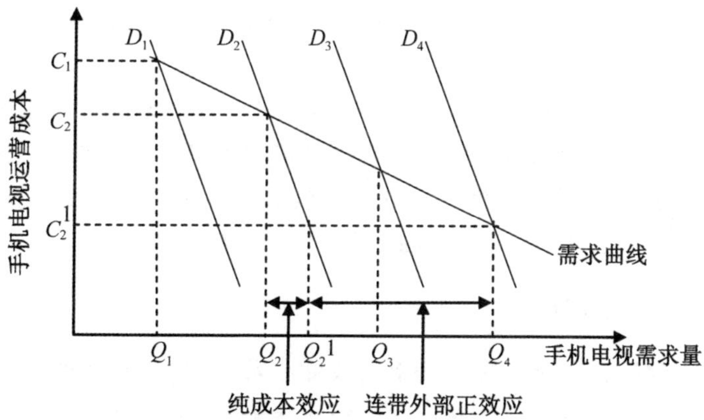

图 6-5　轻快的连带外部正效应

轻快产品的内在运作规律，是移动互联网产业链各环节对利益追逐的需求。该项产业具有较高的固定成本和极低的边际成本，初期的投入成本很高，而边际成本会随着网络规模的扩大和用户数量的增加而呈递减趋势，

① 转引自臧旭恒、徐向艺、杨蕙馨主编：《产业经济学》，经济科学出版社 2005 年版，第 288～289 页。

② 参见[美]埃弗雷特·M·罗杰斯：《创新的扩散》，辛欣译，中央编译出版社 2002 年版，第 241 页。

所以只有通过扩大规模才能实现边际效益递增,这就使得轻快市场份额的占有比眼前利润更有意义。因此,现阶段轻快商业模式建立的方向必然是为了实现需求方规模经济。当有越来越多的用户、企业以及山东广电的节目、主持人和记者加入到轻快平台,就可以形成有效的轻快集群,构建起一个互联互推的轻快联盟,实现流量的相互导入。

第二节　山东广电在媒体社交化转型中面临的问题

新技术的诞生,不仅改变了电视媒体的生产方式,也颠覆了电视业的经营格局。对此,媒介技术决定论者认为,新技术带来的新的传播方式,是造成这一现象的首要原因,广电媒体的下滑在于不善于利用新技术。简单看一下广电媒体的发展历程,就会发现这种说法站不住脚。很多广电媒体做新媒体的时间都不晚,几乎与新浪、搜狐等广电媒体同时起步,但是等到门户网站做大做强,广电媒体反而相继失语。以央视为例,央视网的推出远早于优酷土豆,1996 年 cctv. com 就已建立并试运行,而优酷网真正开始上线公测,则是十年之后的 2006 年 6 月了,时至今日,二者在访问量等方面的差距已不可同日而语。

广电媒体对新技术的反应快、起步早,但是为什么做不好新媒体呢?作为一个组织庞大、结构复杂、人员和资源繁多的大型传媒企业,广电与社交媒体的融合发展,面临着从观念、体制、组织架构到具体的节目生产流程、传播手段变革等一系列问题,这也是山东广电急需解决的。

一、观念上的误区

以社交网络和移动互联网催生的媒体变革,与传统媒体的基因差异本质上是文化性的差异。彭兰教授将前者比喻为"江湖式"的基因,将后者喻为"庙堂式"的。彭兰认为,传统媒体曾经受人膜拜的"庙堂"早已被市场化的洪水淹了大半,而新媒体更是进一步加剧了这些"庙堂"的飘摇,但由于惯性或惰性,多数传统媒体人始终内心有着一种文化上的先天"自负"。对于那些与他们的自负产生冲撞的新文化特质,不少人很难真正敞开怀抱,不是简单排斥,就是采取鸵鸟政策,哪怕口口声声地说要向新媒体学习。[①] 因此,传统媒体要进行转型,首先是要在观念上改造自己,文化层面的"洗脑"和基

① 参见彭兰:《再论新媒体基因》,载《新闻与写作》2014 年第 2 期。

因方面的“重组”，比具体操作层面的变革更为重要。

笔者调查发现，山东广电的一些主管、制片人甚至年轻的编导还没有意识到新媒体的本质特点和未来电视市场的发展趋势，只是抱着“人有我有，人无我无”的心态做新媒体，把新媒体看作传统电视可有可无的附庸，把电视台内部的新媒体部门和人员看作“二等公民”。缺乏足够的资金、政策、管理等资源，导致广电内部的新媒体一直处于不温不火的亏损运营状态。2014 年 2 月，黎瑞刚在上海文广的讲话中坦言：“我们离新媒体的世界还很远……今天坐在这屋子里的大多数人，我们的基因都不是互联网，我们所有这些人本质上都不是技术出身，更不是互联网通信技术出身，这个东西是没有办法跨越的。”①事实上，造成广电媒体进军社交电视等新媒体“水土不服”的主要原因在于“基因”不同——互联网企业适合市场需求，在互联网的环境中如鱼得水；而传统广播影视仍基本沿用传统思想做新媒体，市场竞争力不足，难以适应新媒体的需求。具体来说，山东广电在电视社交化的运作方面存在以下误区。

（一）对社交电视发展规律缺乏科学认识

毋庸置疑，今天的广电人多数已经看到了社交媒体的威力，也在为自身的处境和发展前景忧心忡忡。具体到山东广电内部，有两种思想值得注意：一是盲目地使用社交媒体，片面地理解“台网联动”，一些主管言必称微博、微信，但观念中仍然把电视台和传统的节目生产放在核心地位，而把社交媒体放在服务和辅助地位，想通过社交媒体为广电媒体提供更好、更多的延伸服务来实现转型。显而易见的是，这种方式已经把目的和手段相混淆。二是抱着“首鼠两端”“等靠要”的态度，认为“不转型是等死，转型是找死”，所以在向社交化转型方面行动迟缓，甚至抵制、抗拒社交电视。

究其原因，以上两种观念都是缺乏对社交电视发展的科学认知，抗拒不是自我保全的良药，表层简单的联动也不代表底层真正的融合，用传统媒体的思维运作社交电视也注定会失败。2005 年，新闻集团收购了美国最大的社区网站 MySpace，使得集团成为跨越报纸、全球卫星网络、互联网、社交媒体平台的全媒体集团，但是 MySpace 没过几年就销声匿迹了。可以说，新闻集团不缺钱，这种靠烧钱带来的教训说明，用传统媒体的思路去经营新媒体，结局只能是死路一条。

实际上，社交电视和传统的广电媒体在运作规律上有着本质区别，在传

① 《黎瑞刚重返上海文广：媒体人也该有互联网思维》，载《网易科技》，http://tech.163.com/api/14/0214/07/9LIEUUB1000915BF.html，2014 年 2 月 14 日。

播机制方面,广电媒体是一对多的传播机制,传播速度相对较慢,缺乏互动;而社交电视是立体式、病毒式的传播机制,传播速度快,互动性强。另外,社交电视的边际成本趋向于零,而广电媒体的边际成本相对稳定且较高。社交电视的主要特点是“以用户和市场为导向,以技术为驱动,以平台为基础”:第一,必须坚持以用户为核心,将市场的需求作为节目设计和其他内容产品的生产指南;第二,积极引入新的技术,网络传输技术、媒体资源管理技术、大数据技术等是内容运营和市场运营的基础;第三,注重长尾市场,利用边际成本低的特点,拓展媒体的市场空间。

对于山东广电来说,未来业务的发展和增长在于互联网尤其是移动互联网和社交网络。山东广电做任何新产品和新业务的开发,如果不能跟前者结合,在未来的市场和受众竞争中就会处于弱势。山东广电有许多新的平台——齐鲁网、山东手机台,但它们本质上还是一个传统的平台。虽然“基础设施”已经变化,但还只是将传统电视创造的内容“移植”到新的平台上创造旧的内容产品。社交网络时代的产品不是简单的一个“电视+微博”,也不是简单的社交电视 App。从内容产品开发、传播手段创新到广告运营创新,社会化网络思维必须渗透到广电工作者的所有工作中。

山东广电的社交化转型,是顺应社会化网络时代的媒介融合需求,回归电视的社交本质属性,应当将关系建设放在社交电视运营的核心地位。毕竟在内容高度同质化的今天,观众对频道品牌和节目内容的黏性非常有限,避免观众流失的方法就是利用社会化网络工具对用户进行有效的筛选与细分。对此,传统广电媒体一方面要改变新媒体部门的边缘地位,从节目策划、制作、传播等各个环节重新建构适合新形态的业务流程和节目内容;另一方面要与社交网站等新媒体企业深度合作,战略整合。

(二)固守“内容为王”,抱着“采编”的理念做社交电视

原创的、优质的内容是广电媒体一直奉之为圭臬的竞争利器,这种理念在信息匮乏、广电媒体控制传播渠道和话语权的旧传播时代非常有效。但是在信息过度充裕、人人都可以借助社交网络和社交平台成为自媒体的新传播时代,“内容为王”的理念不仅片面,而且有些故步自封。一些广电系统的从业者,在运作社交电视时,依然脱不了传统媒体的窠臼,采取的是广电媒体驾轻就熟的采编思路和新闻导向,往往把社交平台只作为完成信息传播的工具和手段,而不是按照社交媒体的要求更加重视用户体验,按照社交电视新的节目形态和生产流程来组织内容和信息,忽视了社交平台对传媒变革的关键性作用。内容为王的逻辑是:只有做出更优质的内容,才有更多的受众、更大的发行量、更大的市场占有率,才能卖出更高价的广告。这是

传统媒体的商业模式。社交网络、云计算、大数据等给传媒业带来了巨变，多渠道拓展、个性化定制服务、碎片化阅读已成普遍的信息消费形态，再好的内容如果不能被用户看到，其价值就难以实现。在多元媒体激烈竞争的时代，用户有了更多的选择，媒体的品牌价值和影响力才是最需要拓展的。

互联网时代，所有成功的新型媒体，其核心力量均是技术和建立在技术力量之上的想象力，仅仅依靠传统采编人员的知识结构，注定只能亦步亦趋，不可能从结构上对产品作出颠覆性革新。[①] 传媒是一个包含渠道、内容、平台、终端等要素的完整系统，传媒的运作以这几个要素互相支撑为条件，媒体的竞争力也是全产业链的竞争，而内容只是传媒业链条上的一个环节。如果广电媒体一味强调内容的重要性，坚持“内容为王”理念，其必将从旧传播时代的主角沦落为新传播时代的配角。要想在激烈的媒介市场竞争中赢得先机，在新旧媒体交叉融合的产业链构架中占据主动，必须变“内容为王”理念为“用户为王”的理念，在内容设计等方面必须以市场和用户为中心，依托社交网络打造媒体的社会关系，参与全产业链的竞争。

（三）围绕传统收视率的单一考核体系，只关注现有观众和被证明了的市场

现如今，山东广电还处在对收视率欲罢不能的困境，节目的生产、创新、编排还是单一依循现有收视率而调整，不断固化对现有观众群体的依赖。其实，在注意力资源流失的背景下，传统电视单一的收视率统计方法，已经无法概括一档节目的真正“收视”情况。一档好的节目，可能在网络上具有极高的人气，但是电视收视率却得不到应有的体现；也可能开机率并不高，但是其用户活跃度却很大，与之相伴的黏性和付费意愿也更大。

1997年，哈佛大学商学院的商业管理教授克莱顿·克里斯坦森在《创新者的困境：当新技术使大公司破产》中描述了新技术带来的革命性变革对大企业所产生的影响，首次提出了“颠覆性技术”的概念。他希望大企业对颠覆性技术有所预见，以避免因为新的消费供给范式的出现而“亡”。克里斯坦森描述了大公司死亡的路径，即只关注现有顾客与被证明了的市场。一旦颠覆性创新出现，提供更为便宜、方便的替代品，或催生新的消费模式和新消费群体，传统企业就会被颠覆性新技术所埋葬。社交网络的出现，为电视媒体提供了一种科学有效的节目评估方式，后者可以借此去捕捉和吸引不断流失的年轻受众，开拓新的市场，从这一点来说，社交化是电视媒体未

① 参见金声涛：《全媒体时代纸媒如何接招》，载《新闻传播》2013年第12期。

来发展的重要方向。

(四)做大做全的“全媒体”发展思路

目前,“全媒体”已经成为广电媒体最为流行和推崇的概念,在各种会议和论坛上,广电媒体从业人士言必称“全媒体”。“全媒体”更严格的称谓应该是“全媒介”,国外发达国家的大型传媒集团早已经是全媒介集团,新闻集团旗下广电、报刊、有线电视网、新媒体等各种媒介应有尽有,国内最早布局全媒体架构的广电媒体是上海文广。早在2005年前后,上海文广就确立了全媒体发展的目标,旗下覆盖了传统的广播、电视、报纸以及数字电视、IPTV、手机电视、网络宽频等诸多领域。山东广电在全媒体的框架布局也已于近年基本完成。

全媒介概念有其合理的一面,可以打破我国传媒业的区域分割和行业分割,实现全媒介的规模经济和范围经济效应。在我国广电媒体还有一段黄金发展期的当下,实施全媒介战略有其现实合理性。但是其缺点依然很明显,传统广电在技术资源、用户资源、资本运作、运营理念等方面与新媒体差距甚远,大而全的媒介架构,很快就会消耗掉单一电视媒介获取的利润,在电视广告收入增长乏力的今天,这种靠自己的力量烧钱办新媒体的做法不具可持续性。

尤其对于地方广电媒体而言,想依靠自身在某一区域的影响力来发展全媒体,这种思路没有认清互联网的运作规律,因为新媒体要想获得大规模的广告投放必须要有最低的流量要求,而这个流量要求是广电媒体单纯依靠自身内容所不具备的。就山东广电而言,仅仅依靠省台旗下的十几家电视频道和影响力有限的自制节目内容,想支撑起“齐鲁网”这一“山东省重点新闻网站”的地位,显然内容资源是极大的短板,无法与优酷、爱奇艺等视频网站抗衡。另外,由于我国广电媒体的区域化分割、行业化分割以及三级乃至四级的管理体制,决定了广电媒体的小、散、弱格局,旗下子媒体很少,也为转型为全媒体发展带来了很多障碍。

二、体制和机制上的障碍

媒介融合时代,为什么广电媒体费了那么大劲,花了那么多钱,投入巨大的人力物力,却还是长期处于一种被动的状态?为什么广电发展新媒体,和大量的民营新媒体相比,总是要落后好几个身位?根本原因在于,影响传统广电发展的体制、机制障碍依然在影响广电进入媒介融合的进程。

(一)国有体制的束缚

从我国当前的实际来看,广电媒体的领导人多是具有一定行政级别的官员，在官本位盛行的企业中，最大的弊端是责权利不对等，没人愿意承担政治风险和市场风险。而社交电视无疑是高风险、高收益的行业，要想实现行业高收益，必然要承担其本身具有的高风险，这些风险既有政治风险又有市场风险，它导致了当前国内广电媒体向此类新媒体转型的动力不足。

由于国有体制的制约，广电媒体内部体制僵化、机构臃肿、职责不清、墨守成规、本位主义盛行等“大企业病”比比皆是，导致广电媒体的社会化转型方向不明、决策迟缓、效率低下。新成立的新媒体公司依然是国有企业，难以成为真正的自主经营、自负盈亏的市场主体，更遑论建立起规范的现代企业制度。

僵化的国有体制还使得广电媒体和社交电视之间的利益难以平衡。由于社交电视是一项全新的产业和探索，耗资巨大，因此，必须在政策、资金和人才等方面进行全方位的倾斜。但是由于当前国内广电媒体运营的社交电视产品多尚未实现盈利，也导致其在整个企业中的话语权较弱。例如，广电媒体创办的社交电视等新媒体要想吸引真正的高素质人才，也必须对关键人才和岗位采取与民营公司类似的高薪政策，但是这就势必引起仍是广电媒体主要利润来源的传统电视从业人员的不满和抵制，导致很难按照社交电视的发展规律要求来办。再比如，成功的社交电视公司从组建到运营维系都耗资巨大，仍需要广电媒体部分的盈利来投入和支持，这也会使得新公司的运营会受到诸多制约。①

（二）机制上的障碍

新媒体市场的机会稍纵即逝。笔者调查发现，广电媒体办的新媒体公司往往是单一的国有企业属性，机构臃肿，效率低下，公司的市场决策和产品推广往往需要层层上报审批，使得许多新媒体市场的机遇白白丧失。由于面临激烈的市场竞争和尚未成熟的市场运营模式，新媒体的运营往往伴随着高风险，而国有企业出资人缺位的现实和责任追究的现行机制，使得新媒体企业内部往往没有人愿意去冒这种风险去抢占市场先机，成功没有激励，失败倒要追责，传统媒体内部的管理体制不能适应新媒体市场的竞争需求。

高风险也应带来高收益，社交电视具有高风险，相应地其从业人员也需要相应的收益保障。市场化的新媒体公司一般通过股权等长期激励措施来实现骨干员工利益和企业利益的捆绑，以达到更好的激励措施。但是广电

---

①　参见郭全中：《传统媒体的新媒体转型：误区、问题与可能的路径》，载《新闻记者》2012 年第 7 期。

媒体由于其本身的国有企业性质,缺乏符合社交电视公司要求的管理层持股等机制安排,这也在很大程度上打击了管理者和从业人员的创业积极性。

广电系统的新媒体企业在薪酬水平方面也缺乏有效的激励约束机制。完全市场化的社交电视,其薪酬水平应当完全按照市场现状来定,高层和底层员工差异很大。而广电媒体还有很强的国有企业属性,导致薪酬差距不大,大锅饭式的平均主义盛行。

体制和机制上的种种障碍,导致系统内部广电媒体和新媒体之间的关系难以协调,也导致当前传统广电媒体内部很难孵化出成功的社交电视公司或产品。广电企业与社交媒体的融合发展,不仅仅要在观念上、技术上、业务上、人才上融合,最关键的是体制机制的融合。

三、产业运作上的缺失

具体产业运作层面,山东广电向媒体社交化转型面临以下问题。

(一)各自为战,浪费资源

虽然山东网络广播电视台已经为一些频道和栏目开发了社交 App 应用,但是其在山东广电内部的整体认可程度并不高,更多的栏目和主持人还是寻求新浪微博、腾讯微信等公共平台去开发用户资源。它所带来的问题有很多:一是零散,使用上缺少系统性;二是电视台内部使用自下而上,缺少统一性;三是数据使用不连续,缺乏系统性、标准化的考量数据,不能很好地进行数据对比分析和更有效地进行微博营销及互动。

一面是台里斥巨资开发社交媒体平台,另一面却是栏目组、制片人等"自己人"置之不顾,山东广电的社交电视业务在企业内部就遭到了冷遇,造成一定程度的资源浪费。笔者调查发现,这种现象的原因是多方面的,从企业管理层来说,缺乏长远的新旧媒体融合式的发展规划和节目运行规范,往往是各个频道、栏目组各自为战;从节目制作方来看,一是由于对社交电视的认识程度、技术熟知度不够;二是出于对企业自身开发的 App 平台在用户体验、用户规模等方面的顾虑,不敢或者不愿使用。

(二)内容匮乏,影响推广

社交电视平台建设首先要依托自身的强势内容资源,将其转化为社交电视推广的主要推动力。湖南卫视之所以坚持收回自己的网络版权,首先要归因于其基于原创内容的核心竞争力,一系列品牌节目保证了其在各个新媒体平台中的影响力,成为推高流量的根本。相比之下,山东广电在节目的精品化和品牌化打造方面还有较大差距,即使像山东卫视、齐鲁频道这样的"大户",也没有能够吸引年轻用户群体的王牌节目资源,影响了社交应用等新媒体业务的有效推广。

（三）产业链直达，运营乏力

“关起门来搞建设”，这不仅是山东广电，也是整个国内广电系统在新媒体建设方面封闭思维的一种体现。简单地将“媒介融合”理解为全媒体平台建设，基于广电企业内部的社交电视价值链过于简单和直达，造成资本的匮乏、盈利模式的单一，没有好的流量导入手段和变现机制。

目前，国内的广电媒体在与社交媒体融合发展步履维艰的情况下，纷纷拥抱新浪、腾讯等社交媒体巨头。这种方式对于广电媒体的转型来说无疑是一种有益的补充，能够在短期内给广电媒体带来一定的利润流，积累社交电视运营的经验。但是从长远来看，除非把自身定位为单纯的内容提供商，否则这种方式就不是良好的转型途径。主要原因在于：一是目前广电媒体在和新浪、腾讯等社交媒体进行合作时，并不占据产业链的主导权，只能实现少量的利润分成；二是社交媒体企业并没有注入太多核心资源，广电媒体在技术、用户上没有获取核心优势。由于缺乏有效的合作模式，在当前这种新旧媒体融合的产业架构中，广电媒体并不具有重要的话语权。

第三节　山东广电与社交媒体融合发展的具体路径

山东广电与社交媒体的融合发展路径，是本研究写作的重点。正如前文所述，社交电视的发展不应看作某种具体的媒介形态，也不是传统电视向新媒体领域延伸的单一技术或工具，它涉及传统电视媒体“从头到尾”（用户—生产—传播—商业运营）、“从内到外”（内部资源整合—外部产业链构建，封闭—开放）、“从简到繁”（单屏—多屏，媒体—平台，播出—服务）的一体化变革。2014 年 8 月 18 日，中央全面深化改革领导小组审议通过的《关于推动传统媒体和新兴媒体融合发展的指导意见》，不仅对新媒介生态下推动媒体融合发展提出了具体要求，也为山东广电向“新型媒体集团”目标迈进提出了具体的改革路径指导。

为了改变山东广电在社交电视运营上存在的散乱经营、内容匮乏、观念陈旧、体验不佳、运营乏力等问题，需要用社会化网络思维去变革固有的观念，与社交媒体在内容、渠道、平台、经营、管理等方面进行深度融合，结合本研究前面几章的具体分析，可将这一路径概括为以下几个方面（见图 6-6）。

在内容建设方面，应当以品牌节目为依托，丰富社交电视的产品结构，实现社交网络与电视媒体的融合传播，提升电视媒体的影响力，同时，将社交元素融入节目的生产环节，运用社交媒体改变节目的生产流程，丰富节目的生产主体。

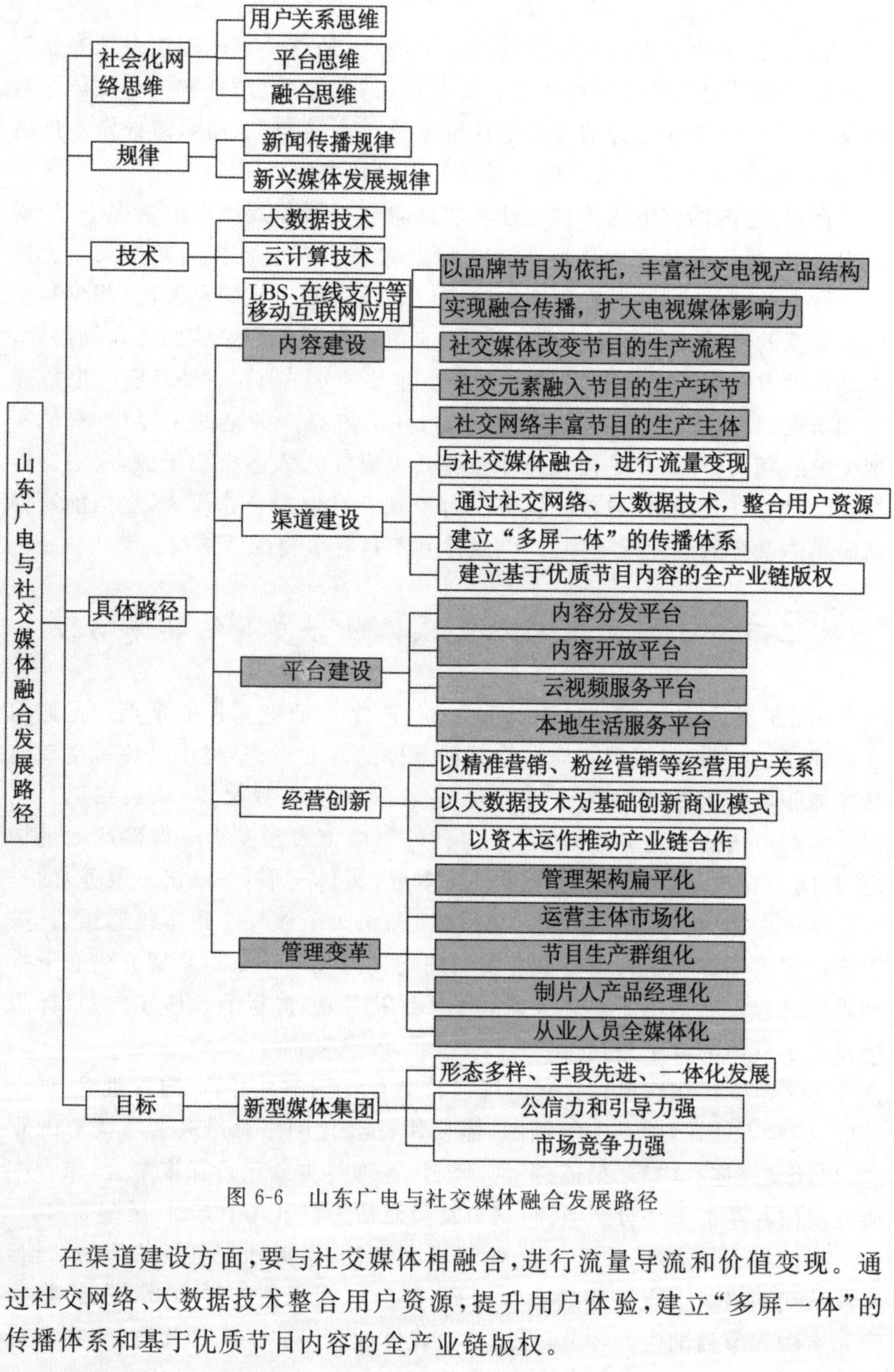

图 6-6　山东广电与社交媒体融合发展路径

在渠道建设方面，要与社交媒体相融合，进行流量导流和价值变现。通过社交网络、大数据技术整合用户资源，提升用户体验，建立“多屏一体”的传播体系和基于优质节目内容的全产业链版权。

在平台建设方面，融合社交网络改变传统电视媒体单一封闭的播出现状，着重打造电视节目的内容分发平台、内容开放平台、云视频服务平台，并尝试构建本地生活服务平台。

在经营方面，山东广电要以精准营销、粉丝营销等手段来经营用户关系，积极引进大数据分析技术和第三方服务平台，创新以大数据为基础的商业模式，通过资本运作推动外部产业链合作，建立"共同进化"的产业生态。

在管理方面，要推动新旧媒体融合发展所需的体制机制变革，实现管理架构扁平化、运营主体市场化、节目生产群组化、制片人产业经理化、从业人员全媒体化。

总之，山东广电与社交媒体的融合发展，要遵循新闻传播规律和社交媒体的发展规律，善于运用大数据技术、云计算技术以及 LBS、在线支付等移动互联网应用，最终构建起形态多样、手段先进、一体化发展，具有较强的舆论引导力和市场竞争力的新型媒体集团。

一、以社会化网络思维推动电视社交化生产和传播理念变革

社会化网络时代，人人都可能成为传播信息的渠道，都可能成为意见表达的主体，信息传播呈现出了群体化、网格化的局面。对于传媒来说，表面上是技术带动媒体传播载体的变化，实质上却是传播方式和传播规律的根本变革。社交电视的实践告诉我们，传统电视媒体不缺资源、不缺专业、不缺执行能力，缺的是社会化网络思维。传统电视先天性缺乏社会化基因，后天性网络思维习惯尚未养成，惯于用传统媒体思维看待、理解社交电视，成为当前阻碍社交电视等新媒体发展的重要原因。这其中的关键因素在于广电媒体对社交网络属性和运作规律的认识不足。社交电视运营的基础是社交网络，因而必须以社会化网络思维来认识和运用社交电视的传播规律，这是山东广电向新型媒体集团跨越的理念先导。

社交网络的本质存在于两个方面：关系和开放。社交网络改变了过去分散的、割裂的、碎片化的社会要素、商业要素以及各类资源和价值的连接形态，建立起了强大的基于强关系和弱关系的内容网络、人际网络和物联网络。喻国明教授认为，这些网络连接所造成的，是新的社会资源的配置、社会关联的建立以及在此基础上的新的社会游戏规则的建立。而移动互联网又使这样一种人和人之间、人与内容和物质之间的连接变得随时随地，无所不至。社交网络"将人的社会生活嵌入到一种人和人之间、碎片与碎片之间、元素与元素之间的互联互通基础上的可对接、可匹配、可激活、可配置的

状态”。[①] 开放指的是传统电视媒体在资源、心态、权利和权力方面的全方位开放，用开放的方式去拥抱社交网络，用平等的方式去整合传媒内部和外部资源——这一点是社交网络时代与传统的工业化时代之间最大的区别。现在很多广电媒体应用社交媒体，仅仅把后者的技术或手段看成是延伸产品覆盖的渠道和应用，这实际是对新的社交网络逻辑的肤浅认识。社交电视的发展，绝不是做一个社交 App、开通一个微博账号和微信公众号那么简单，它需要内容生产、商业运营、产业合作、传播融合等环节的全面变革。

总而言之，社交网络的本质属性是带来了人类信息传播方式的根本性变革，需要我们用社会化网络思维来认识和运用社交媒体传播规律，顺应这一变革。社会化网络思维具体表现在用户关系思维、平台理念和融合思维三个方面。

(一)用户关系思维

社交网络思维的核心是用户关系思维，是一切以用户及用户相互的关系为中心，能够精确地了解服务的用户群体是谁，用户需求是什么，如何通过关系建设不断地满足和引导用户需求，在满足的过程中不断地改进产品，创造更多的用户价值。在过去，广电媒体也一直强调要以受众为中心，但是由于手段的限制，显得过于被动和模糊。在社交媒体竞争过程中，广电媒体的用户关系思维根本上说是要抛弃以自我为中心，让用户关系意识贯穿到生产传播的全过程。传媒必须注重关系建设的重要意义，学会用新兴技术手段研究用户的兴趣爱好与消费习惯，寻找节目生产与用户兴趣的结合点，有针对性地为用户提供服务；学会通过运营模式创新，发展和管理用户关系，增强用户黏性，培养用户的忠诚度。

(二)平台理念

社交网络时代，人们获得信息越来越容易，信息成本越来越低，但越是信息丰富，用户对传媒作出信息选择的需求就越大。随着社会传播体系的不断复杂多元和完备，一家电视媒体独占内容的可能性越来越小，仅仅依靠自我力量采集、制作内容，不能适应今天的多样需求。这就需要通过一定的机制和物质载体，整合各类内容资源，即要树立开放、共享、共赢的社交网络平台思维。[②] 传统广电媒体通过独立的内容生产体系和传输渠道，并通过广告方式获利的单向循环链条，在产业融合的竞争环境中已不再那么有效。社交网络企业一个重要的机制是平台运作模式和平台商业思维，即要求资

---

① 参见喻国明:《在连接中创造价值:互联网逻辑下的传媒运作》，载《新闻战线》2014 年第 7 期。

② 参见陆小华:《分享平台:新媒体的核心运作模式》，载《新闻记者》2007 年第 1 期。

源观从封闭到开放，利益观从独占到共享，组织观从层级控制到对等协作。[①] 广电媒体应顺应社交网络规律，从单一传播平台转变为整合传播平台，建立能够吸聚多方资源的、动态的内容分发平台、内容开放平台、云视频服务平台、本地生活服务平台。

（三）融合思维

社交网络带来的不仅是技术革命，还是产业革命，产业融合成为必然趋势。在社交媒体成为市场主导者和重要利润获得者的情形下，广电媒体必须创新观念、思路和体制，充分借鉴市场中的成功经验，通过融合营造一种更为市场化的体制、机制，以鼓励创新。媒介融合时代，很难再用一个媒体来锁定所有的用户，传媒正面临的是一个选择极其多元的买方市场。在这种逼仄的情形下，传统媒体必须“借智”社交网络，通过对传播技术、传播形式、营销方式的全方位整合，以社交网络媒介的优势弥补、克服自身的缺陷。

二、实现社交网络与节目内容的融合生产和传播

笔者调查发现，山东广电内部一些员工认为，做社交电视无非就是发微博、发微信，做影响力，将注意力引流到“电视机”前，以为“收视率”就是 KPI (Key Performance Indicator)，也是唯一的变现通道。实际上，社交电视绝对不是单一的“社交媒体营销”，也不仅仅是新的媒体形态，而是关系网络与内容生产的深度融合，是对用户个性化需求的多元化满足，是电视思维的根本变革。

毕竟，未来电视如何“生产”的决定因素在于用户的个性化需求，但是这种用户“碎化”带来的需求多元化与电视发展所必需的规模化内容生产之间产生了矛盾。社交媒体的引入为解决这一矛盾提供了社会资本，各种强连接和弱连接社会网络可以将“碎化”的受众需求以量化的方式聚合起来，并以此为基础进行电视节目创新和类型化制作，形成支持社交电视发展的网络规模。

正如本研究第三章讲到，电视台与社交媒体的多维互动，会放大电视溢出的影响力，而关系网络与内容生产的深度融合，又将进一步优化节目的生产流程和内容生产方式，使之更加适应今天年轻用户群体的互动需求。山东广电进行的电视社交化转型，应当主动实现电视媒体在内容生产、传播等方面与社交网络的全方位融合。

---

① 参见谷虹：《媒体转型必须以平台化再造为核心》，载《媒体时代》2012 年第 5 期。

(一)丰富社交电视的产品结构

社交电视产品的五个层次表明,社交电视节目生产不能将精力局限在内容本身,还应关注关系营造、移动需求、个性满足、电子商务和本地生活打造等综合层面的设计。

具体而言,山东广电应当首先遵循“移动为先,融合社交”的原则,节目生产要充分考虑移动平台的需要,将移动平台的内容展示处理好之后,再推广到其他平台;同时,社交元素、可以分享的社会话题和广泛互动,要成为一档成功电视节目的设计标配。

在满足用户的个性化需求方面,电视媒体可以和社交媒体平台展开深度合作,捕捉用户的个性需求,增强用户黏性。例如,山东广电可以结合新浪新版媒体微博中的 Push 功能,即“订阅粉丝”服务,帮助自己捕捉到更加忠诚的用户。Push 功能实际上是把忠诚粉丝变成线上的订阅用户,而这部分用户对于电视媒体来说更加有价值。山东广电可以依托新版媒体微博的框架主体,基于用户的使用习惯,为进入页面的用户推荐其希望看到的节目信息,让用户有更加个性化的体验。借助“订阅粉丝”服务,媒体微博可以帮助山东广电对用户的需求进行精准的匹配,后者通过微博运营掌握第一手浏览数据,调整运营策略,使不同年龄、不同文化、不同层次的用户能够各取所需,看到经过山东广电更加精心包装过的内容。

在进行节目设计时,山东广电还应关注社交电视成为电商平台和本地生活服务平台的潜在价值,通过社交媒体提供的位置定位、购物、在线支付、金融理财等应用,方便、丰富用户的生活。同时,电商平台为社交电视所产生的聚合流量提供了导入和变现的通道,为电视媒体进行多元化运营和价值增值提供了有利条件。

(二)推动电视媒体与社交网络的多维互动

社交网络与电视媒体的互动形式非常丰富,可以就观众感兴趣的、关联性的信息和话题进行内容互动,可以在明星与粉丝、制作者与受众、线上与线下展开参与者互动,也可以以品牌互动为基础将社交媒体打造成为电视节目的影响力溢出平台。

就“粉丝经济”而言,在受众解读模式由“优势解读”向“协商解读”和“对抗性解读”转变的情况下,电视媒体不可能再像以往那样埋头做节目,必须考虑受众的立场进行明确的定位,发展稳固的粉丝群。[①] 电视媒体与粉丝的

① 参见游苏苏:《论“粉丝经济”的崛起对电视媒体的影响》,载《东南传播》2013 年第 9 期。

互动可以通过电视媒体的自建App,以及公共的微博和微信账号等社交网络平台进行,把节目的信息传递出去,通过与忠实用户进行对话和交流,带动电视媒体的整合传播。然而,当前山东电视台一些节目的观众,甚至还需要观众公司来招募,这种临时凑来的观众是没有办法跟电视节目的忠实粉丝相比的。《我是歌手》之所以有那么强的代入感,跟粉丝的投入有很直接的关系。况且,每一个到现场的真实粉丝,都会把自己在现场的感受通过微博和微信朋友圈传递出去,相当于为节目做了一次口碑传播,这也是临时招募来的"大爷大妈"完全做不到的。

（三）实现节目生产主体和生产流程的深度变革

当前,大多数社交电视服务仍然基于传统的电视节目内容,不同的是仅仅为用户提供了分享和交流的渠道,或者将传统电视媒体内容转移到互联网领域提供点播服务。用户自身对电视节目内容不享有主动权,他们伴随着电视节目产生的讨论和分享仍然没有完全融入内容传播领域,即大多数时候"社交不能改变电视内容本身"。

要想把观众留在电视机前,电视节目必须把握住观众的需求,寻求观众的兴奋点,让观众参与到节目中,让他们感觉自己是节目的一部分。社交媒体与电视互动的关系不仅仅是相互补充,而是深度融合与相互放大。在社交媒体的带动下,观众不再只坐在沙发上接受单向的信息灌输,也不再是发个微博简单地分享和交流,每一个电视节目的收看者都可能转变成为重度参与者。用户可以与嘉宾一起竞赛、共同答题、上传视频,节目内容通过多屏交互形成了传播闭环,节目的生产主体发生了戏剧化的转移。

对于新闻节目而言,山东广电可以依托社交网络成立"社交媒体通讯社",使其成为有价值的新闻的聚集地,为电视媒体提供实时、丰富的新闻线索和节目素材,从而实现新闻报道流程的变革。

三、营造渠道和关系,创新以大数据和精准营销为基础的社交电视商业模式

喻国明教授指出:"未来的社会发展中,最大的价值生成都是在互联互通当中形成和发生的,关系渠道、关系资源就是传媒产业链中的基本渠道,所以内容再重要,如果没有关系渠道完成信息到用户的送达,传媒的内容价值就很难实现。"[①]2012年4月,浙报集团以32亿元重金收购游戏平台边锋

① 喻国明:《在连接中创造价值:互联网逻辑下的传媒运作》,载《新闻战线》2014年第7期。

和浩方的100%股权,按照两家游戏公司2011年的净利润和当时的收购预估值,浙报集团此次收购市盈率高达21.8倍。一家传统报业集团,为什么选择高价去收购两家游戏平台公司?浙报集团董事长高海浩说,浙报买的不是游戏,而是用户平台。他认为:“互联网对传统媒体的冲击,本质上是游戏规则和要素配置发生了根本性的变化。传媒转型的核心是用户,不能只是纠缠于内容为王、渠道为王、终端为王、体验为王的狭隘视角,必须紧紧围绕网络用户来展开,这才是王道。所谓传统媒体转型升级,核心就是把流失的用户找回来、聚拢来,服务好、吸引住。”①利用成熟的游戏平台,浙报集团可以将自己的优势内容与这些游戏用户的兴趣点相结合,利用新媒体的渠道优势促进内容价值的升值,以此来拓展市场。例如,向边锋导入云阅读、视频等内容产品,推广体育赛事,全面覆盖手机和互联网电视端,扩大用户群。

传统电视媒体的渠道和用户关系营造,仅仅依靠自身的努力显然无法达成,它需要与新媒体之间建立起“共同进化”的关系网络,将后者的导流优势变现为自身的经营价值。2014年8月,上海文广旗下的百视通公司在证券市场发布收购公告,投资近1亿美元收购艾德思奇51%股份。此次并购在于弥补上海文广在用户关系营造上的短板,利用后者在移动广告平台的市场优势,在IPTV、OTT家庭数字交互电视、移动互联网、网络视频、社交电视等视频载体上的跨屏数字广告集群平台上,深度挖掘平台用户广告价值,提高客户投放效果,获得更高的客户价值,创造更为有效的“增量”产值。

上海文化广播影视集团有限公司副总裁、百视通副董事长张大钟表示:百视通将搭建中国最大的“网络视频广告联盟和精准投放平台”,并将融合打通传统电视广告和数字广告营销的广告程序化投放和精准营销系统。在大数据技术和精准营销系统的支撑下,百视通初步实现了对电视新媒体入口(IPTV、OTT智能电视)、PC互联网入口(风行网)、移动互联网入口(艾德思奇)的建立,使得公司“一云五屏”(电视、PC、手机、Pad、户外大屏)新媒体入口战略得以稳健推进,由此,上海文广的家庭娱乐新媒体娱乐产业生态链正在稳步集聚而成。

作为“中国第一移动广告平台”,艾德思奇推出的移动广告平台mobiSage和移动广告聚合平台mobiSage mediator,为众多广告主和开发者提供了畅享移动营销价值的精准智能营销平台,即不仅为广告主提供精准高效的营销覆盖,也为移动开发者搭建了最佳流量变现平台,还为广告代理和服务

① 《32亿重金收购边锋,浙报是要做什么?》,虎嗅网,http://www.huxiu.com/article/9872/1.html,2013年2月4日。

机构创造了新的服务领域和收入来源。艾德思奇移动广告平台发展至今，已经成为全国最大的移动媒体网络，涵盖6大类33小类的iOS系统App应用已经突破6万余款，成为行业领导者；Android系统中，4大市场导航资源则有效覆盖90%以上Android用户。

与此同时，艾德思奇Agency业务板块主要包括搜索引擎的营销(SEM)，即服务于为同一个广告主提供最综合的营销服务，迄今公司整合了几乎所有的无线和PC的广告投放渠道。软件业务方面，艾德思奇主要针对中小型广告主的特定需求开发相对应的软件。以百度竞价排名的模式为例，艾德思奇开发的软件可以帮助广告主自行锁定不同关键词的对应位置，同时也开发了防止竞争对手攻击的相应防作弊体系。此外，该公司开发的软件还可以帮助客户寻找新的关键词，并提供监控体系等一整套的营销服务。

上海文广认为，艾德思奇作为综合化的互联网广告与数字营销平台，百视通通过对其实施控股权收购，加速实施新媒体战略，布局互联网广告与数字营销大市场的重要举措，符合集团的整体发展战略。通过此番收购，百视通所精心搭建的“平台＋X”中的全媒体广告与数字营销战略布局更为完整，即以IPTV、OTT、智能电视为代表的新媒体交互电视广告，以风行网为代表的互联网精准品牌广告，以“好十传媒”为代表的户外数字媒体广告，以及以艾德思奇为代表的互联网广告与跨屏数字营销。

无论是浙报集团收购边锋、浩方，还是上海文广控股艾德思奇，这种传统媒体对新媒体平台进行资本运作的背后都有一个共同的逻辑，就是强调与用户关系的建立。关系的维护是内容产品生命力的一个来源，山东广电在重视内容生产的同时，也应在更大程度上推动关系产品的开发与营造。像腾讯这样的新媒体公司甚至走了一条与传统媒体完全不同的道路，即先做关系产品，再在此基础上推出门户和内容产品。事实证明，关系产品以及基于关系产品的与用户的精准营销手段，将是未来电视媒体更基础的“土壤”，而内容产品只是这个土壤上的“大树”。社交电视可以成为传统电视媒体与新媒体之间建立全产业链运营的新平台，并由此生成新的盈利模式。从这一点来说，社交电视所带来的不仅是一种媒体形态或盈利渠道，更是为社会网络时代传统电视生存提供一种思路。

四、通过资本运作推动社交电视产业链合作，转向平台化运营

在视频领域竞争白热化的当下，对于电视媒体而言，自己现在组织新的视频技术研发和市场运营，无论从观念、技术还是资金方面，与互联网巨头

相比都有很大的差距。因为媒体平台都是从“细胞”成长起来的。电视媒体可以在资本市场寻找机会，与实力较强的公司进行深度合作，包括战略性参股，充分利用其技术优势，以及他们提供的互动工具、互动系统和互动模式，快速翻越技术先导期的陡坡，真正探索出全新互动的运营形态、全新互动的节目形态和全新互动的盈利模式，从而占领社交电视的制高点。

浙报集团进行的全媒体转型，并不是“关起门来搞建设”，而是利用资本手段进行运作，其核心战略就是“资本壮大传媒，传媒控制资本”。根据这一战略需要，浙报集团近几年相继在资本市场发力：一是通过上市，为转型找到资本杠杆。2011 年 9 月，浙报传媒借壳*ST 白猫登上 A 股，从此有了自己的资本平台。这家上市公司负责对外扩张，用投资的方式集聚电影、电视、动漫、演艺、教育以及分众化专业期刊等内容资源，介入互联网和移动互联网若干平台。二是启动全媒体战略行动计划与传媒投资孵化器。2011 年 10 月，浙报旗下的投资机构传媒梦工场挂牌，使命是紧盯国内互动、分众、数据库特征的创业项目，孵化新媒体内容与技术应用，为浙报营造新媒体产品集群和开放生态圈。三是借资本储备和技术储备支撑，寻求一个成熟的用户集聚平台。[①] 通过并购边锋和浩方游戏平台，浙报希望打造一个开放性的跨媒体平台，吸引更多的第三方开发者进入，面向全国覆盖各年龄层的用户，为用户提供更加多元化的内容和服务。目前，湖南广电将所有下属独资企业的资产和业务均注入芒果传媒，从传统媒体向资本化与互联网化的现代传媒集团转型，这也是整合“山头”、做强规模对接资本市场的必然路径。

山东广电已经到了内生性增长与外延式扩张并举的发展阶段，仅靠利润的自我积累来实现产业发展已经难以为继。在政策允许的条件下，有必要充分借力资本市场，积极推动旗下业务跨地域、跨所有制重组联合，通过战略投资、兼并收购等多种方式，调整与扩张产业布局，提高市场竞争力。中国国际广播电台为进一步统筹新媒体发展，建设现代综合新型国际传媒集团，旗下国广环球传媒控股有限公司于 2013 年 8 月整体收购了中华网。国际台将依托中华网及其域名打造“中华云”平台和“中华网”品牌，建设多语种国家级对外传播的全媒体平台。SMG 旗下百视通继 2012 年 3 月投资 3000 万美元参股风行网，成为其第一大股东后，2013 年 8 月投入 3.07 亿元增资风行网。双方在市场、资本、技术、内容、团队等方面进行深度融合，将 SMG 电视节目的策划、制播、推广、营销、版权、广告等环节与互联网绑定，利

① 参见《32 亿重金收购边锋，浙报是要做什么?》，虎嗅网，http://www.huxiu.com/article/9872/1.html，2013 年 2 月 4 日。

用互联网实现二次传播，并将互联网的互动模式引入电视屏，在媒体运行机制上将电视台和网站打通。2014年4月，华数数字电视传媒集团与阿里巴巴签订战略合作协议，阿里巴巴以65.36亿元购买华数数字电视传媒集团20%股权，双方将通过平台、业务、资源及技术的全方位合作，共同参与到原创内容、视频通讯、游戏、音乐、教育、云计算、大数据等领域的布局和并购中，拓展文化传媒产业链上下游。以资本为纽带，进行跨区域合作、跨媒体融合，将打破传统广电体制的限制，拓展产业发展空间。①

在社交电视的运营方面，山东广电必然会面临与新媒体的市场机制和产业化程度相对接的体制机制改革。对此，山东广电要打造真正的市场主体，使它能够真正和新媒体的产业化相融合、相对接，顺利进入资本市场，并进行联姻和运营。山东广电要建立从经营者角度向投资人负责的意识，围绕科学预算体系的机制改革与架构设计，在顶层搞好资产、资本和资源的运营，对旗下企业产生化学反应的正能量加持。具体而言，一方面，要推动台属优质资产上市，进一步利用好上市企业的平台价值，探索设立传媒文化产业创新投资基金，构建由参控股上市公司和产业创投基金双支撑的资本运作体系；另一方面，要以资本手段进一步整合台内和外部产业资源，加强与各类社会资本的合作，通过平台化运营做大产业规模，提升产业运营水平。

以资本手段推动社交电视平台化运营，要求山东广电能够适应当前互联网传播泛在式的分发渠道、云管端的组织形态，将原先单一的以内容生产和播出为基础的运营形态转变为内容生产与平台化运营并重，注重内容的分发和开放，由单一媒体转向云视频服务平台。

（一）从播出机构转变为“内容分发平台”

从技术角度看，无论是无线、有线还是卫星，广电信息分发渠道独有的封闭优势造就了内容资源垄断，这是整个行业一直以来的立业根本。随着宽带互联网和移动互联网的普及，信息分发形态极大丰富了。高带宽使视频内容有了多种传输渠道，广电分发渠道不再是唯一，用户在快速向多屏转移。

上海的传统报纸《新闻晚报》之所以停刊，也是因为生产新闻的方式太落后，在一个信息爆炸的时代，高投入、高产出、大团队的商业模式已经不合时宜。但是这并不是意味着未来没有巨头，未来的巨头并不是内容的生产者，而是内容的聚合平台和分发平台。② 在三网融合和云媒体技术的推动

① 参见李岚：《广电转型全媒体的生态式改革》，载《视听界》2014年第8期。

② 参见王浩程：《中国社交电视发展模式分析》，载《中国记者》2013年第2期。

下,未来电视媒体的发展应该是走向平台化运营,将传统的“内容为王”转变为“平台为先”,吸引产业链的广泛参与,给予用户全方位的信息服务和媒介体验。

所以,在社交网络时代,网易和搜狐新闻做了新闻客户端,以此进行内容的聚合和分发;PPS把电视台节目直播流放到了网上,也获取了大量的用户;拥有大量节目资源的CNTV推出了CBOX。通过内容分发去掘金已经成为视频行业的共识。

在社交网络的平台大战过程中,对于有着内容资源和政府资源的山东广电并非没有机会。比如,山东广电可以将社交电视打造为看高清电视、玩游戏、看病挂号的综合平台,单就直播流方面就比小米盒子类似的OTT产品有优势,如果能够以用户为中心把内容分发平台做好,山东广电面对的将是巨大的市场空间。

(二)从内容制作机构转变为“内容开放平台”

现在各大卫视把竞争的目标多放到真人秀等季播节目上,歌唱选秀节目火,就一窝蜂地做“选秀”节目,《爸爸去哪儿》火了,各大卫视又开始火拼“亲子类”节目。在人人相互链接的社交网络时代,成为热点话题意味着将获取巨额的商业价值,但毕竟并不是什么节目都会变成热点。依据长尾理论,各大卫视的选秀大战基本上还是头部市场的竞争,是竞争激烈的红海市场。除了头部市场以外,其实还有更广阔的长尾市场。在百度上投放广告的都是一些中小企业,每家企业投放的金额也很少,但成千上万的企业投放额加起来,则是一个总体上很大的市场,特别是随着智能手机和平板电脑的普及,每个人手里的移动设备都是视频流的“遥控器”,这个长尾市场将比头部市场更加广阔。

山东广电可以利用本身的制作能力、资金优势、人才优势,将社交电视打造为UGC平台。毕竟,随着互联网需求的海量和多样,优质原创视频内容永远都是稀缺资源。北京广播电视台新近开播的BRTN,已经开始尝试与腾讯微视团队合作,推出一些类似短视频集锦的快综艺节目,旨在通过此类方式吸引更多的内容团队参与,最终变成视频内容创新工场和开放平台。山东广电除了做常规节目以外,可以自己组织团队或投资外部团队制作此类适合在互联网上播出的节目,一旦其UGC平台聚合了海量的视频和节目,就有了跟视频网站版权合作和议价的能力。

(三)从广电媒体转向“云视频服务平台”

对电视媒体而言,比分发渠道还重要的是云服务,过去节目内容放在电视台、电台的磁带库里,后来放在硬盘里,现在把信息放在云上,信息组织直接在网上就能交换、交易，这是互联网对信息组织形态的颠覆。

2014 年 3 月，阿里云宣布联手新奥特、华通云数据，打造中国最大的全媒体云计算平台，该平台将使电视台的内容能够覆盖到互联网的每一个角落，观众可以使用智能手机、PC、Pad 等终端随时随地观看并进行互动交流。阿里云是中国唯一可以将 5000 台计算机合成一台“超级计算机”的云计算平台，将为全国广播电视媒体提供超级计算、高速存储和网络连接能力，满足其海量视频内容的处理和传播需求。合作伙伴新奥特则负责开发基于云平台的全媒体播控系统，包括采集收录、快编转码、存储管理、多终端视频发布、收视研究等。在阿里云计算平台上，可以记录和处理观众的每一次点播、观看行为，收视数据可以精确到秒，精准到节目的每一个桥段，这将帮助电视台挖掘运用大数据，制作出精品的影视内容。此外，电视广告也可以依据点击数据来定价售卖。据称，全国将有 200 家电视台接入该云计算平台。此前，除了一些卫星电视台的热门节目外，国内近千家电视台的丰富节目内容并未出现在互联网端。

云平台对电视基础架构带来的影响是巨大的，因为技术问题可以交给阿里巴巴这样的互联网公司来解决，电视媒体可以将精力专注在采编和内容创作上。借助阿里云计算，传统电视台可以快速开通全媒体运营平台，大大节省网络运营成本。

云视频平台如同电视行业的基础设施，通过规模化的底层服务，就可以在该行业获取巨大的利益和“权力”。借助这个权力，地方电视机构的竞争力增强，电视寡头的格局将不复存在，电视行业的战场上出现更多势均力敌的参战者。云计算正在消弭各电视机构间不断拉大的平台与品牌差距，电视节目将更纯粹、更平等地在同一平台短兵相接。同时，云计算平台使行业进入的技术门槛大幅降低，更多的内容制作者将蜂拥而来。

对此，山东广电应作出充足的准备和应对策略，在资源配置方式和组织架构方面进行调整。不妨参考上海文广的经验：在 2014 年一季度披露的百视通 2013 年财报中可以看到，百视通自有终端“小红”(OTT TV 盒子)在 2013 年贡献收入超 1.6 亿元，一个基于公共互联网、摆脱了 IPTV 领域电信运营商控制的“云·管·端”运营范式已然成型。“云·管·端”的新增动力，来自后端业务的梳理和整合，来自 SMG 总体架构的改革设计。上海广播电视台副台长王建军说：“2013 年年底开始，按照统一部署的改革方案，我们已经完成了广告经营管理、娱乐业务、版权经营管理的梳理和整合。广播、财经传媒等业务领域的重组整合和电视新闻中心全媒体发展等方面的新改革举措,正在积极谋划并迅速实施。”①可见,在传统媒体受新媒体冲击、国际传媒业创新步伐加快的情况下,迫切需要通过整合配置更多资源、再造组织架构、深化体制机制改革,以应对严峻的挑战。

(四)从单一媒介转向“本地生活服务平台”

前文分析认为,社交电视产品的生产和传播不能局限在节目内容这一核心利益层方面,它应当由产品的所有层面共同影响。服务本地生活也为社交电视产品的潜在价值发挥提供了新的商业模式,社交媒体和移动互联网基于 LBS 的地理位置服务功能,为本地的电影、金融、餐饮、图书、汽车销售提供了从出货、物流到结算的一系列 O2O 模式。

在时间、信息碎片化时代,移动用户生活服务类社交需求旺盛,社交电视可以将电视媒体的本地资源优势和公信力资源,与社交媒体的 LBS 等功能融合,为用户提供实时在线的本地化生活服务平台,将产品信息以更加丰富、更易于用户接受的形式展示出来。这将成为山东广电抢占“生活服务”这一长尾市场的重要方向。

山东广电应当通过资本运作手段,积极地通过社交电视切入游戏、影视、彩票等行业获取多元化发展机会,充分利用自身品牌在山东地区的影响力、政府等多方面资源以及覆盖的用户数,深耕本土市场,打造“本地生活服务平台”,积极涉及电商、养老、相亲、就业、医疗等各个行业,从而开辟媒体经营新增长点。

五、推动社交电视管理体制变革,强化从业人员培训

上海《新闻晚报》停刊,看起来是当原有的市场竞争变为内部竞争后,消减过剩的生产能力。实质上是上海报业集团通过关停报纸而显示出再组织化的态势,以此动员人力、物力资源投向新产品。停刊显然也是为集团内部的组织变革进行自我施压,今后在集团其他报社内大幅度调整人力物力资源投向、大规模再组织化,认同度显然会增强,从而更好地服务于产品战略。

以互联网的颠覆性创新眼光观察,在山东广电内部也需要“再组织化”。这不仅仅体现在山东广播电视台集团化层面的合并,还可能体现在按照新的生存规则的组织变革。这种组织变革既需要建立新媒体公司所需的扁平化架构,更需要对社会化媒体时代的本能适应。

(一)运营主体“市场化”,释放企业活力

早在 2009 年,上海文广系统已实施了制播分离等一系列改革,但随着时

① 转引自温静:《一线广播电视台变形计》,载《中国广播影视》2014 年第 5 期。

间推移，各单位各板块重复投资，同业同质竞争，资源配置不尽合理，管理层级过多、效率较低等现象已成为可持续发展的绊脚石，新一轮改革大势所趋。2014 年，上海大小文广在合并中，全面整合了原上海文化广播影视集团、上海广播电视台、东方传媒集团等的经营性资产，改制成立上海文化广播影视集团。同时对原上影集团、东方网进行去行政化，将具有事业属性的上海国际电影节中心和上海电影资料馆划给上海文化广播影视管理局管辖。经过"小文广"的内部整合，加上"大文广"转移过来的资源，"新文广"的主要业务板块包括新闻制作、网络传输、新媒体、财经传媒、商业数据服务、演艺与现场娱乐、文化产业投资七类业务。

为充分释放企业活力、推进现代企业集团建设，鉴于广电发展的特殊性，广电市场主体需要将公司治理的一般原则与文化国资国企的具体要求相结合，在坚持播出权特许经营的前提下，继续深化制播分离改革，积极探索实行特殊管理股制度，有意识地加强董事会建设，完善集团公司多层治理架构，建立长效激励约束机制。广电企业亟待构建并完善现代人力资源管理体系，形成以绩效管理为核心的多种激励机制，增强国有广电企业的市场竞争力。2014 年年初，SMG 旗下新媒体百视通推出首期股权激励计划，成为国有媒体企业股权激励"第一单"。此次股权激励重点是对公司中长期战略发展至关重要的中高层管理人员、核心技术人员和骨干员工，通过"高标杆"确保受激励人员的行权/解锁条件与公司业绩增长之间形成强关联。百视通此举为国有传媒企业建立一套更市场、更创新、更完善的所有制体系，打造成具有强势竞争力的市场主体，提供了先行先试样本。[①]

新形势下，山东广电应进一步加快经营性资产剥离和国有广电企业的股份制改造，大力推进广电企业改制，培育一批有竞争力的大型广电企业集团和骨干企业，使之成为文化市场的主导力量。

（二）管理架构"扁平化"，提升运营效率

互联网模式中的快速和协同，与组织结构密不可分。"快速"包括提高反应速度，提升决策效率。而在漫长的业务链上如何产生真正的化学反应，"协同"至关重要。2013 年，阿里巴巴集团将全部业务架构和组织进行相应调整，成立 25 个事业部，全面扁平化管理，组织变革的方向是把公司拆成"更多"小事业部运营，给更多的阿里年轻领导者创新发展的机会，确保以电子商务为驱动的新商业生态系统全面形成。[②]

---

① 参见李岚：《广电转型全媒体的生态式改革》，载《视听界》2014 年第 8 期。

② 参见李岚：《广电转型全媒体的生态式改革》，载《视听界》2014 年第 8 期。

一个新旧媒体融合的广电企业，其内部的组织结构可以采用两种形式：管理型组织和项目型组织。管理型组织主要采用扁平化、网格化、交叉管理，其最大的特点是提升决策效率、提升执行速度；而项目型组织的主要特征是网格化，打破层级架构，任何一个贯穿产业链的项目都可以采取项目负责人制来解决。要适应媒介融合时代内容表达多媒介化、组织结构复合化、传播全平台化、传播效果叠加化和产业跨界化的产业生态格局，山东广电必须进行全面的组织架构变革，激发组织活力和市场决策的运行效率。

(三)节目生产“群组化”，适应多屏播出特点

当前，在山东广电内部，电视部门在制作视频节目时只是考虑电视平台的需求，节目制作完成后，再把整个节目交给网络视频或手机视频的同事，后者往往要花上更多的时间重新剪辑有关节目，再发布在新媒体平台上。节目的多屏播出效果和生产效率都会受到极大的影响。对于社交电视来说，节目产品层次的不断丰富和节目内容的不断创新，意味着原有的节目生产架构和程序可能已经不合时宜。为了有效地在内部协调所有节目内容的策划和制作，山东广电可以成立“节目群”，将以往分属于不同部门管理的各个节目制作部门，包括电视、网络、手机等整合在一起，使节目产品从最初策划、制作到最终发布整个过程，都能考虑到各种不同媒体平台的需要。

(四)制片人“产品经理化”，健全全产业链商业模式

一个传统电视台的制片人，只要在体制内有话语权，有能力争取到时段，拿到制作经费，最后把节目制作出来，基本就算称职了。对于传统电视节目而言，考核标准只有单一的收视率，制作团队和观众之间完全是割裂的，这就导致电视台节目的生产与观众的需求之间始终存在巨大的鸿沟。其实很多电视人也早已意识到这个问题，知道僵化的体制会限制内容生产的能力，所以就有了灿星和《中国好声音》“制播分离”的模式。但是，“制播分离”这种输血式的模式并不能从根本上解决电视媒体的所有问题。

在电视媒体中，实施产品经理负责制可以有效解决以上问题。所谓产品经理(Product Manager)，是一套完善的营销运作制度，它涵盖产品从创意到上市所有相关的研发、调研、生产、编预算、广告、促销活动等等，它们由产品经理担负根本责任。考虑产品经理的特点，本研究提出在广电媒体内部建立“电视产品经理”(TPM，Television Product Manager)，作为电视媒体的一种职能，它负责电视产品的策划、生产和全媒体推广以及产品在不同生命周期的演化。根据所负责的电视产品是用户产品还是商业产品，可以将其细分为用户产品经理和商业产品经理。用户产品经理最关心的是电视节目及相关产品的用户体验，商业产品经理最关心的是电视产品的广告经营收

入和网络流量变现能力。

电视产品经理一般要具有极强的沟通能力、协调能力、市场洞察力和商业敏感度，不但要了解用户和市场，还要能跟项目开发团队和营销团队进行默契配合。他们要在电视媒体的生产和运行中占据核心位置，其具体职能如表 6-3 所示。

表 6-3　　电视产品经理的职能模块

模块	描述	具体的职能
市场调研	研究市场以了解客户需求、竞争状况及市场力量，发现创新或改进产品的潜在机会	与用户和潜在用户交流
市场调研	研究市场以了解客户需求、竞争状况及市场力量，发现创新或改进产品的潜在机会	捕捉用户行为
市场调研	研究市场以了解客户需求、竞争状况及市场力量，发现创新或改进产品的潜在机会	研究市场分析报告及文章
市场调研	研究市场以了解客户需求、竞争状况及市场力量，发现创新或改进产品的潜在机会	试用竞争产品
市场调研	研究市场以了解客户需求、竞争状况及市场力量，发现创新或改进产品的潜在机会	形成商业机会、产品战略或商业需求 BRD 文档
产品定义	确定产品需要做哪些事情，通常采用产品需求 PRD 文档来进行描述	产品的愿景
产品定义	确定产品需要做哪些事情，通常采用产品需求 PRD 文档来进行描述	目标市场
产品定义	确定产品需要做哪些事情，通常采用产品需求 PRD 文档来进行描述	竞争分析
产品定义	确定产品需要做哪些事情，通常采用产品需求 PRD 文档来进行描述	产品功能的详细描述
产品定义	确定产品需要做哪些事情，通常采用产品需求 PRD 文档来进行描述	产品功能的优先级
产品定义	确定产品需要做哪些事情，通常采用产品需求 PRD 文档来进行描述	产品用例
产品定义	确定产品需要做哪些事情，通常采用产品需求 PRD 文档来进行描述	销售及支持需求
产品设计和生产	这是产品经理工作中最有价值的部分，既包括传统的电视节目策划、摄制和后期等生产，也包括在新媒体平台衍生出的用户界面、用户交互设计、节目兴趣点、花絮制作等，用以满足用户体验	节目策划
产品设计和生产	这是产品经理工作中最有价值的部分，既包括传统的电视节目策划、摄制和后期等生产，也包括在新媒体平台衍生出的用户界面、用户交互设计、节目兴趣点、花絮制作等，用以满足用户体验	节目制作
产品设计和生产	这是产品经理工作中最有价值的部分，既包括传统的电视节目策划、摄制和后期等生产，也包括在新媒体平台衍生出的用户界面、用户交互设计、节目兴趣点、花絮制作等，用以满足用户体验	新媒体界面设计（含 EPG 导航）
产品设计和生产	这是产品经理工作中最有价值的部分，既包括传统的电视节目策划、摄制和后期等生产，也包括在新媒体平台衍生出的用户界面、用户交互设计、节目兴趣点、花絮制作等，用以满足用户体验	新媒体交互设计
产品设计和生产	这是产品经理工作中最有价值的部分，既包括传统的电视节目策划、摄制和后期等生产，也包括在新媒体平台衍生出的用户界面、用户交互设计、节目兴趣点、花絮制作等，用以满足用户体验	节目兴趣点、花絮等微视频生产

续表

模块	描述	具体的职能
项目管理	带领团队成员在预算内按时开发并发布产品	确保资源投入
		制定项目计划
		根据计划跟踪项目进展
		辨别关键路径
		必要时争取追加投入
		向主管领导报告项目进展状况
产品宣介	向用户或潜在用户、广告客户、市场推广和媒体关系(PR)团队、新媒体合作方等进行产品宣介	节目宣传片
		产品手册
		专题网站
		社交媒体专区(微博推广)
		展会演示
产品生命周期管理	指那些随着产品经历"概念化—发布—成熟—退出市场"整个生命周期中的产品管理活动	产品定位
		产品定价及促销
		产品线管理
		竞争策略
		建立或收购合作伙伴
		建立产业链合作关系

可以看出,在新旧媒体融合的时代,电视节目的产品经理不仅要懂节目制作,还需具备互联网思维,了解观众心理,深谙网络营销和市场运营的规律。以《爸爸去哪儿》为例,好的节目创意和制作,不仅可以获得良好的市场口碑和广告收益,还可以在网络上售卖版权,甚至可以拍摄电影、推出手机游戏等衍生产品。建立产品经理的概念以后,将来电视节目已经不是一个单纯在电视和网络播放的视频,而是一个基于节目粉丝团全产业链的商业模式,各种边缘产品和各个环节都可以赚钱。

在产品战略方面,山东广电可以把娱乐节目制作资源整合起来,采用前文提到的项目型组织架构,组建10～20个制作团队,实施产品经理负责制,推动节目生产和创新在酝酿、创作、生产、反思间不断前行。多团队交替式的运用机制和产品经理的管理模式,可以划小组织单元,以多元试错寻求适应。在这方面，湖南卫视的团队化战略无疑是成功的，其内部有很多竞争的“小团队”，这些团队的特点是给予年轻、有冲劲、有想法的产品经理或制片人最大限度的自主权，《我是歌手》《爸爸去哪儿》等新节目据说都来自这种模式。这种项目型组织架构非常类似于互联网公司，可以激发产品的外部市场竞争，在集团内部也会形成竞争压力，这种扁平化的管理结构可以让效率大大提高。

（五）从业人员“全媒体化”，强化理念变革和技能培训

电视媒体建立现代企业制度，不能忽略人的重要因素。现在不仅在山东广电，在全国各级（网络）广播电视台都存在同一个问题：要成立新媒体中心，传统媒体部门在一处工作，新媒体中心在另一处工作，还需要专门培养一批新媒体从业人员。“另起炉灶”、重复建设，带来的不仅是资源的浪费，更是媒体内部价值链的分割，人为地在价值通道中间设置了障碍，不利于媒介融合的顺利展开。传统电视媒体的一大优势就是聚集了大量的智力资源和优势人才，如果能以恰当的方式对原有记者进行新媒体设备的培训和采访报道理念的革新，使之成为全能型记者、全媒体记者，也会带来传统电视媒体的“价值增值”。

从 2008 年开始，BBC 的三大新闻机构——电视、网络和广播开始进行融合性改革，三家新闻机构都搬入同一座大楼，共同开展工作，以期提高产品质量，改善用户体验。BBC 不再分为电视新闻、网络新闻和广播新闻，三种媒体以工作组的形式共同组成 BBC 新闻中心，分为记者、编辑和技术支持三个区。三个组彼此相邻，记者们可以随时交流，从对方那里学习经验，获得启发，并相互了解对方的工作内容和需求，以便更好地共享资源。

整合后的 BBC 新闻中心主要包括六大部门：News Gathring Room（总编室），负责人员安排、技术支持等；UGC Hub（用户创造内容部），负责处理用户发来的通过手机等设备自行拍摄的图片和视频内容；SUB Hub（素材加工部），将新闻素材进行拆分，以方便多个部门使用，所有的 BBC 记者采回的素材都会进入这个部门，视频素材会被声画分离，以便广播组的编辑使用，声频素材会进行文字的整理，方便网络编辑使用；Global Video Unit（全球视频资源部），负责将外国新闻视频翻译成英文；Visual Journalism（视觉工作室），为电视和网络新闻提供可视化帮助，包括对大量复杂专业的数据图表的动画演示制作；Future Media（未来媒体中心），负责研发传媒先进技术，也针对各个工作组的需求开发新技术。不同媒体编辑机构归并后形成一个能同时指挥各路媒介记者协调工作的统一体。每天，BBC 新闻中心会举行两次核心会议（Key Meetting），每次会议半小时。上午 9 点，每个工作组的主

要编辑到会,对昨天的新闻作总结,主编助理会列出当天10条重要的新闻源,各部门也会提出当天欲展开报道的话题,由策划部和UGC提供建议,新闻中心的总编对提案拍板。接着,总编室为派出的记者提供设备和技术支持。下午3点15分再次举行会议,各组汇报工作进程,交换采访所得资料。有时三家媒体会从不同的新闻线索和叙事角度来报道同一个新闻事件。

为了适应这种媒介融合生态下的记者素养需求,BBC非常重视员工培训,在其新闻中心很早就确立了“全媒体从业人员”的理念,BBC所有的记者都可以同时进行广播、电视、新媒体的跨媒体报道。例如,对于原来主要做广播的员工,公司会为他们安排视频报道和剪辑方面的培训。随着社交媒体的逐渐普及,BBC新闻学院开始将培训重心转向社交媒体的使用和融合报道培训。

现在几乎所有的BBC记者都能够独立从事广播、电视、新媒体的报道,记者采访往往是全副武装。他们在报道之余,还会通过栏目官微或个人微博与观众分享报道背后的故事。如果出现突发性新闻报道,BBC会要求记者率先在Quickfile信息平台上发布一条简短的陈述性报道,这样可以使不同的平台首先看到这条消息,以快讯的形式呈献给受众。后续的视音频连续报道和深度报道会紧接着跟上,为观众提供立体跟踪式报道。

对于山东广电来说,进行新媒体改革和业务转型的前提,就是让员工接受新媒体思想,用良好的心态诚心诚意地去拥抱新媒体;此外,还需要提供应有的技能培训,尽量让更多的员工根据新的发展需要而“转型”。

结 论

本研究重辟一种新的视角，从社会网络角度，研究“社会化生存”在提升电视媒体的社会资本方面存在的价值，以及应当采取的发展策略。在对我国社交电视发展所面临的现实问题进行理论探讨的过程中，笔者在不同的层面获得了诸多发现，而这些发现都是一个产业系统里相互作用、相互依存的环节。下面对它们进行简单的总结，帮助我们在这样一个问题式的理论架构中理清思路。

一、研究结论

1. 社交电视不是具体的产品或技术，而是电视媒体与社会网络的深入嵌套，它着眼于互联网思维下以用户为中心的电视生态的建立，一切以电视和社交网络为基础的软硬件终端，生产、传播和经营模式都可以纳入社交电视的范畴。作为互联网思维在电视上的移植，社交电视所带来的，是用户从“看电视”到“用电视”的转变，是基于电视的一整套运营逻辑的改变，涉及有关电视上下游的一整条产业链。社交电视的发展主要体现在五个维度：内容聚合是基础，用户沉淀是关键，产业链融合是趋势，平台应用是推动，实现盈利是目标。

2. 社交网络的本质是以人为中心的分享，它使得媒体深度融入我们的生活。社交媒体和移动互联网在带来用户流失的同时，自身也与电视收视率重度关联。电视媒体融入社交网络，可以推动电视的语境变革，实现传统电视观众“碎化”后的“重聚”，也为用户提供了更多的选择权和更好的收视体验。社交电视的开放应用平台可以催生新的商业模式，为电视媒体的社会化生存和结构变革提供土壤。

3. 当前，到对社交电视的研究存在界定不清、研究视野不够开阔、缺乏产业操作性等问题。对此，本研究首先提出了研究的立论基础，即社交电视的核心是关系和交流，社会化的工具和运营思路应当渗透到电视媒体运营的各个环节。通过对国内外社交电视的发展现状进行对比分析，总结出社交电视的基本特征在于观看模式的转变、功能更加多元、用户社交关系与兴趣关系的结合(由经营内容转向经营关系)、收视率和分成模式的改变以及广告形式的创新等。

4.社交电视的产品结构应当包含社交、移动、个性、电商、本地五大元素。社交网络与电视媒体的浅层互动可以放大电视媒体溢出的影响力，而二者的深度融合带来的是电视媒体生产主体、生产流程和产品结构的变革。

5.从企业、电视媒体、社交电视广告、个人用户四个维度看，社交电视存在着巨大的商业价值，社交电视是从资源布局、推广包装、内容精细化运营，到用户视频社交化体验、内容的跨平台整合营销等各个环节的创新运营模式。社交电视应当通过节目评估体系的变革，以合理的收视率分成机制为基础，促成传统电视商业模式转变，并通过流量经营，强化社交电视的平台化运营。在具体的运营策略上，社交电视发展应建立在以用户体验为中心的病毒营销以及以媒介融合为核心的整合营销策略基础上。

6.社交电视应当建立“共同进化”的产业生态。近年来，电视媒体与视频网站角逐原创内容IP版权的实质，是对入口、用户和广告资源的争夺。国内电视媒体在技术、资本、用户和运营思路上的短板，并不适合建立“大而全”的新媒体架构，而产业合作和资本融合是电视社交化变革的可行路径。

7.以大数据为基础的社交电视运营应当注重以用户为中心，重视效果营销，重视技术驱动，重视内容营销和关系营销；以大数据为基础的节目形态包括大数据线性节目、节点(树状)结构节目、传统线性节目(向精品化方向并压缩规模)、实时互动的游戏化电视节目四种类型；以大数据为基础的广告营销应建立在目标消费者的精准定位、消费需求的精准预测和广告效果的精准评估基础之上。

8.山东广电社交媒体融合类产品的运营存在散乱经营、内容匮乏、观念陈旧、体验不佳、运营乏力等问题，需要用社会化网络思维去变革固有的观念，与社交网络在内容、渠道、平台、经营、管理等方面进行深度融合。本研究提出了社会化媒介生态下山东广电向“新型媒体集团”目标发展的具体路径：在内容建设方面，应当打造具有全媒体竞争力的品牌节目，善于运用社交媒体改变节目的生产流程，将社交元素融入节目的生产环节，运用社交网络改变节目的生产主体。在渠道建设方面，要与社交媒体相融合，进行流量导流和价值变现。通过社交网络、大数据技术整合用户资源，提升用户体验，建立“多屏一体”的传播体系和基于优质节目内容的全产业链版权。在平台建设方面，改变传统电视媒体单一封闭的播出平台现状，着重打造电视节目的内容分发平台、内容开放平台、云视频服务平台，并尝试构建本地生活服务平台。在经营方面，山东广电对内要以整合营销思路来统合集团的内部广告资源，理顺价值通道，增强整体传播力，要以精准营销、粉丝效应等手段来经营用户关系；对外要创新以大数据技术为基础的商业模式，通过资本运作推动外部产业链合作建立“共同进化”的产业生态。在管理方面，要推动新旧媒体融合发展所需的体制机制变革，实现管理架构扁平化、运营主体市场化、节目生产群组化、制片人产业经理化、从业人员全媒体化。

山东广电与新兴媒体的融合发展，要遵循新闻传播规律和新兴媒体的发展规律，善于运用大数据技术、云计算技术以及 LBS、在线支付等移动互联网应用，最终构建起形态多样、手段先进、一体化发展、具有较强的舆论引导力和市场竞争力的新型媒体集团。

二、研究限制与未来研究方向

无论是本课题的研究对象，还是研究方法，都是值得并可进一步深入探讨的。笔者认为，这只是跨学科、跨产业研究在新媒体与电视融合互动研究中的尝试。社交电视不是单一的产业，它是广电业、互联网、电信业、软件开发业和设备制造业间的跨行业协作，也是传播学、信息工程学、市场营销学和产业经济学间的跨学科整合，这给社交电视研究带来极大的复杂性。与此同时，社交电视从在我国开始出现，到当前的尝试性推广，再到未来几年的普及应用，发展速度非常迅速，社交电视在商业模式、产业链构建等方面还面临着诸多不确定因素，这些都为对社交电视产业进行动态捕捉和预测增加了难度。

从涉及面看，本研究只对山东广电及其下属的新媒体企业进行了调研分析，而对产业链纵向环节上的内容提供商、网络运营商、技术服务商，由于它们从事的业务比较繁杂，没有能够进行全面调查。由于时间和经费的限制，在用户消费行为的调研方面，只是通过网络调查途径，对 18～35 岁的年轻群体进行调查，样本的覆盖面有限，调查的数据来源受到一定的限制。此外，由于调查量巨大，时间紧张，调查问卷的设计还不够完善，有些数据未能获得，在问卷分析的某些环节会造成一定误差。

随着研究的不断深入，社交电视运营中还将出现更多新的课题，如社交电视传播模式中的内容分析、受众分析、形式分析和媒介分析等环节的专项研究，社交电视传播效果的实证研究，社交电视市场调查的作业模式，等等，这些都是社交电视发展中面临的重要问题，需要我们不断加以研究和调整。

总的来说,今后社交电视研究应当基于以下两个方面:

第一,注重挖掘适合的用户体验模式,积极推动用户观看和使用习惯的转变。毕竟,从“后仰文化”转向“前倾文化”,从单一电视屏幕观看转向多屏融合传播,需要有更好的应用带领观众去积极适应。碎片化时间如何与常规收视时间相匹配,如何协调电视收看的家庭属性与社交网络使用的个人属性之间的矛盾,如何建立一个跨网、跨屏的视频体验新模式,当前的社交电视研究还有很多路要去探索。

第二,研究社交电视营销中的定向性问题。社交电视得以区别于以往电视媒体的最重要的特征就是它有能力发布定向、分众的信息。利用数据分析手段,社交媒体可以最大限度地追踪用户对信息的使用和消费行为,这种传播个性可以被用来研究目标消费群的兴趣、需求,创新社交电视的内容生产,制定目标市场的沟通策略。但是目前电视业界还没有建立起有效的技术体系和运作模式,这应当成为社交电视业务得以深入开展的必然方向。

此外,社交电视的用户隐私安全、内容安全及其政策规制的问题也是未来研究的重要方向,如何避免用户观看行为被第三方监控或暴露给陌生人,将成为影响社交电视推广和健康发展的重要因素。

三、结语——电视媒体:吹响社会化生存的号角

2014 年 1 月 1 日,创刊 15 年的《新闻晚报》正式停刊,让报纸行业唏嘘不已,也让传统电视台惊出一身冷汗。传媒技术和形态的日新月异,让传统媒体感受到了前所未有的变革压力。收视率的逐年下滑、观众老龄化、越来越低的开机率,对于已经历经近 80 年的发展历程,积淀了深厚的制播经验的电视媒体来说,如何在新旧媒体融合的大环境中再续辉煌,是严肃而紧迫的问题。

在《新闻晚报》停刊的当月,央视春晚在新浪微博的讨论量突破 1.66 亿,3447 万微博用户将春晚的“全媒体收视率”[①]拉升到 22.15%[②],“话题提及量”正在成为新时代的电视遥控器,社交网络让电视重新回归到了社交圈的中心位置,电视社会化生存的号角已经吹响。正如刘奇葆在《加快推动传统媒体和新兴媒体融合发展》中所说:“媒介融合要实现突破,关键是顺应互联网传播移动化、社交化、视频化的趋势……传统媒体应密切关注社交类应

① 传统收视率与网络收视率之和。

② 参见《央视打造社交电视应用 CCTV 微视》,http://media.sohu.com/20140527/n400087163.shtml,2014 年 5 月 27 日。

用，促进社交平台与媒体的有效对接，增强平台黏性，积聚用户。”[①]社交媒体即时互动的传播特征和对用户关系的精准把握，让电视媒体融入社会网络成为可能，也为未来电视的发展提供了一条新的途径。

电视和社交媒体，作为电子工业时代和信息网络时代的伟大发明，正在被巧妙地融合在一起。社交电视已不再是“微博＋电视”般简单的“物理组合”，而更像是行业、技术、市场之间的“化学反应”；社交电视也不再是简单的使传播成为现实的媒介技术形式，而是会通过社会网络的连接来塑造我们自身，成为影响我们生活的重要组成部分，正如梅罗维茨所预言的那样——媒介越来越不像媒介，而是更像生活。[②]

尽管现阶段电视媒体对于社交网络的认同与应用还处于初期阶段，但社会化生存已经成为未来电视发展的必然趋势之一。电视媒体的社交化变革需要将社会化思维和操作从上到下地整合到整个电视媒体的经营发展中。

① 刘奇葆：《加快推动传统媒体和新兴媒体融合发展》，载 2014 年 4 月 23 日《人民日报》。

② 参见[美]约书亚·梅罗维茨：《消失的地域：电子媒介对社会行为的影响》，肖志军译，清华大学出版社 2002 年版，第 116 页。

参考文献

一、著作

[1][德]尤尔根·哈贝马斯:《公共领域的结构转型》,曹卫东等译,学林出版社1999年版。

[2][美]阿尔文·托夫勒:《第三次浪潮》,朱志焱等译,生活·读书·新知三联书店1983年版。

[3][美]埃弗雷特·M·罗杰斯:《创新的扩散》,辛欣译,中央编译出版社2002年版。

[4][美]波林·罗斯诺:《后现代主义与社会科学》,张国清译,上海译文出版社1998年版。

[5][美]克莱·舍基:《人人时代——无组织的组织力量》,胡泳等译,中国人民大学出版社2012年版。

[6][美]克里斯·安德森:《长尾理论》,乔江涛等译,中信出版社2009年版。

[7][美]尼古拉斯·尼葛洛庞帝:《数字化生存》,胡冰、范海燕译,海南出版社1997年版。

[8][美]罗伯特·L·西利亚德等:《美国广播电视史》,秦珊等译,清华大学出版社2012年版;

[9][美]托马斯·弗里德曼:《世界是平的——一部二十一世纪简史》,湖南科学技术出版社2006年版。

[10][美]雪莉·贝尔吉:《媒介与冲击:大众媒介概论》,赵敬松等译,东北财经大学出版社2000年版。

[11][美]约书亚·梅罗维茨:《消失的地域:电子媒介对社会行为的影响》,肖志军译,清华大学出版社2002年版。

[12][英]维克托·迈尔·舍恩伯格、肯尼思·库克耶:《大数据时代:生

活、工作与思维的大变革》,盛海燕、周涛译,浙江人民出版社 2013 年版。

[13]姜奇平:《长尾战略》,中信出版社 2007 年版。

[14]李岚:《电视产业价值链:理论与个案》,社会科学文献出版社 2006 年版。

[15]童晓渝、蔡佶、张磊:《第五媒体原理》,人民邮电出版社 2006 年版。

[16]王菲:《媒介大融合:数字新媒体时代下的媒介融合论》,南方日报出版社 2007 年版。

[17]张继缅、庞毅:《传媒经济概论》,中央广播电视大学出版社 2004 年版。

[18]Strauss, A. & Corbin:《质性研究概论》,徐宗国译,巨流出版社 1997 年版。

[19]Tom Duncan, *IMC:Using Advertising and Promotion to Build Brands*, McGraw-Hill Companies, 2002.

二、论文

[1]边燕杰、丘海雄:《企业的社会资本及其功效》,载《中国社会科学》2000 年第 2 期。

[2]陈力丹:《新媒体发展与传播学的互动效应》,载《人民论坛》2010 年第 12 期。

[3]陈力丹:《新传播技术条件下我国新闻传播学的视野》,载《新闻战线》2011 年第 1 期。

[4]陈力丹、曹文星:《新媒体十年发展评述》,载《编辑之友》2012 年第 1 期。

[5]陈力丹、董晨宇:《"融合"背景下的媒介传播趋势与手段》,载《新闻传播》2010 年第 8 期。

[6]陈力丹、曹文星:《2012 年新媒体技术与应用走势分析》,载《编辑之友》2013 年第 2 期。

[7]陈力丹、霍仟:《互联网传播中的长尾理论与小众传播》,载《西南民族大学学报》2013 年第 4 期。

[8]陈力丹、陈慧茹:《微博多级传播路径下传统广播的新突破》,载《中国广播》2013 年第 6 期。

[9]陈力丹、师文、王聪:《移动终端带来的四种变化》,载《网络传播》2014 年第 5 期。

[10]陈昌凤、曾福泉:《微博如何改变着新闻业》,载《新闻与写作》2011

年第 1 期。

[11]陈海明:《微博对平面媒体新闻采写的启示》,载《青年记者》2010 年第 4 期。

[12]陈国权:《市场机制比融合更重要——美国在线时代华纳为例反思媒介融合兼谈媒介分化》,载《新闻记者》2010 年 第 12 期。

[13]陈昌凤、曾福泉:《微博如何改变着新闻业》,载《新闻与写作》2011 年第 1 期。

[14]陈海明:《微博对平面媒体新闻采写的启示》,载《青年记者》2010 年第 4 期。

[15]丁青:《从"7·23"事故看自媒体力量和报纸应对》,载《传媒观察》2011 年第 9 期。

[16]杜毓斌:《从运作机制看国外社交媒体通讯社》,载《南方电视学刊》2014 年第 1 期。

[17]段钢:《微博时代:报纸"变"与"不变"》,载《中国记者》2010 年第 4 期。

[18]Eaglear:《社交网络推动下一代电视的革命》,载《中国 IPTV 产业动态》2011 年总第 37 期。

[19]谷虹:《媒体转型必须以平台化再造为核心》,载《媒体时代》2012 年第 5 期。

[20]郭小平:《社交电视:传统电视的社会化生存及其网络分析》,载《现代传播》2013 年第 3 期。

[21]郭全中:《传统媒体的新媒体转型:误区、问题与可能的路径》,载《新闻记者》2012 年第 7 期。

[22]黄升民、杨雪睿:《"碎片化"来临品牌与媒介走向何处》,载《国际广告》2005 年第 9 期。

[23]黄升民、刘珊:《"大数据"背景下营销体系的结构与重构》,载《现代传播》2012 年第 11 期。

[24]蒋国俊、蒋明新:《产业链理论及其稳定机制研究》,载《重庆大学学报》2004 年第 1 期。

[25]金声涛:《全媒体时代纸媒如何接招》,载《新闻传播》2013 年第 12 期。

[26]李岚:《广电转型全媒体的生态式改革》,载《视听界》2014 年第 8 期。

[27]李文:《解析 BBC 的全媒体发展之路》,载《传媒评论》2014 年第

1 期。

[28]林三芳:《长尾理论视域下的新媒体发展》,载《四川文理学院学报》2011 年第 2 期。

[29]刘奇葆:《加快推动传统媒体和新兴媒体融合发展》,载 2014 年 4 月 23 日《人民日报》。

[30]栾絮洁、王军:《微博围观效应:公共舆论的生成机制分析》,载《新闻与写作》2011 年第 9 期。

[31]绿明华、李国平:《全球电子信息产业价值链及对我国的启示》,载《北京大学学报》(哲学社会科学版)2004 年第 4 期。

[32]陆小华:《分享平台:新媒体的核心运作模式》,载《新闻记者》2007 年第 1 期。

[33]何天骄:《湖南卫视反击视频网站"割肉"4 亿元欲收回版权》,载 2014 年 5 月 12 日《第一财经日报》。

[34]胡靖等:《试论微博在党报营销中的应用》,载《东南传播》2011 年第1 期。

[35]孟元:《传统纸媒突围:用互联网思维拥抱互联网》,载《新闻世界》2013 年第 12 期。

[36]麻震敏等:《大数据重塑营销》,载《成功营销》2012 年第 8 期。

[37]《爱立信发布 2014 年十大消费者趋势》,载 2013 年 12 月 20 日《南方日报》。

[38]尼尔森市场研究公司:《深度表现良好"星战"程度升级城市台发展受阻——2013 年我国电视市场十大发现解读》(上),载 2014 年 3 月 25 日《中国工商报》。

[39]倪宁、金韶:《大数据时代的精准广告及其传播策略》,载《现代传播》2014 年第 2 期。

[40]聂磊、傅翠晓、程丹:《微信朋友圈:社会网络视角下的虚拟社区》,载《新闻记者》2013 年第 5 期。

[41]宁妮娅:《Twitter 在大众传播语境中的表现》,载《新闻爱好者》2009 年第 12 期。

[42]牛春颖等:《全媒体收视率和网络评价正在改写传统收视率》,载 2013 年 9 月 10 日《中国新闻出版报》。

[43]彭兰:《再论新媒体基因》,载《新闻与写作》2014 年第 2 期。

[44]彭兰:《传统媒体人如何运用社会化媒体》,载《新闻记者》2014 年第4 期。

[45]彭兰:《从网络媒体到网络社会——中国互联网 20 年的渐进与扩张》,载《新闻记者》2014 年第 4 期。

[46]彭兰:《“大数据”时代:新闻业面临的新震荡》,载《编辑之友》2013 年第 1 期。

[47]彭兰:《领悟新媒体法则——从〈The Daily〉的失败中学习什么?》,载《新闻记者》2013 年第 1 期。

[48]彭兰:《大数据时代新闻信息资源的结构性变化及其影响》,载《中国广播电视学刊》2013 年第 6 期。

[49]彭兰:《传统媒体缺少哪些新媒体基因》,载《新闻与写作》2013 年第 11 期。

[50]彭兰:《社会化媒体、移动终端、大数据:影响新闻生产的新技术因素》,载《新闻界》2012 年第 8 期。

[51]彭兰:《社会化媒体与媒介融合的双重挑战》,载《新闻界》2012 年第 1 期。

[52]蒲实:《移动互联,技术与商业模式创新》,载《三联生活周刊》2013 年 48 期。

[53]邱秉常、陈洪友、余庆华:《论霍尔模式对我国受众研究的影响》,载《荆楚理工学院学报》2010 年第 4 期。

[54]施玉海、邹峰:《社交电视发展现状及对我国的启示与建议》,载《中国会议》2012 年第 7 期。

[55]孙卫华、张庆永:《微博客传播形态解析》,载《传媒观察》2008 年第 10 期。

[56]谭文若:《网络群体成员身份认同的建构途径》,载《新闻界》2012 年第 17 期。

[57]唐雨:《传统电视媒体的移动互联网生存》,载《当代电视》2013 年第 10 期。

[58]王浩程等:《中国社交电视发展模式分析》,载《中国记者》2013 年第2 期。

[59]王冉:《新传媒时代》,载《财经》2001 年第 6 期。

[60]汪丁丁:《网络经济的三个经济学原理》,载《珠江经济》2000 年第10 期。

[61]魏志奇:《互联网思维下的新媒体传播规律》,载《新闻世界》2014 年第 5 期。

[62]温静:《一线广播电视台变形计》,载《中国广播影视》2014 年总第 555 期。

[63]吴姗:《浅析主流媒体如何利用微博活跃“两会”报道》,载《新闻世界》2010 年第 5 期。

[64]向梦龙:《媒体的社会资本与经营》,载《新闻与传播研究》2001 年第2 期。

[65]谢耘耕、徐颖:《微博的历史、现状与发展趋势》,载《现代传播》2011 年第 4 期。

[66]杨晖:《大视频时代的营销法则》,载 2014 年 5 月 23 日《综艺报》。

[67]杨善顺:《微传播时代的来临与传统媒体的利用》,载《传媒》2009 年第 8 期。

[68]尹韵公:《当前网络发展的新特点》,载《新闻与写作》2013 年第 1 期。

[69]应吉庆:《微博客:发现新闻和发布新闻的新途径》,载《新闻实践》2010 年第 4 期。

[70]游苏苏:《论“粉丝经济”的崛起对电视媒体的影响》,载《东南传播》2013 年第 9 期。

[71]喻国明:《微博影响力发生的技术关键与社会机理》,载《新闻与写作》2011 年第 10 期。

[72]喻国明:《在连接中创造价值:互联网逻辑下的传媒运作》,载《新闻战线》2014 年第 7 期。

[73]喻季欣:《微博对新闻传播的拓展》,载《新闻战线》2010 年第 5 期。

[74]张力:《浅析微博的传播形态》,载《青年记者》2010 年第 4 期。

[75]赵战花、来向武:《微博客对新闻信息传播的影响探析》,载《理论导刊》2010 年第 4 期。

[76]郑莹、彭飞:《社交媒体催生电视媒体的社会性》,载《媒体时代》2012 年第 3 期。

[77]中国人民大学舆论所植入式广告研究课题组:《植入式广告:研究框架、规制构建与效果评测》,载《国际新闻界》2011 年第 4 期。

[78]周鸿铎:《传媒整合是中国媒介发展的基础推动力》,载《今传媒》2007 年第 12 期。

[79]邹广萍:《西方社交媒体通讯化后的新闻应用》,载《中国记者》2013 年第 1 期。

[80]陈东旭:《两岸大学生接触对方新闻的现况与实效研究》,复旦大学博士学位论文,2005 年。

[81]邓建国:《Web2.0 时代的互联网使用行为与网民社会资本之关系

考察》,复旦大学博士学位论文,2007 年。

[82]曾军辉:《电视媒体与微博融合传播研究》,中国社会科学院研究生院博士学位论文,2013 年。

[83]B. A. Huberman, D. M. Romero, "Social Network that Matter Twitter under the Microscope," *First Monday*, 2009,14(1).

[84]Cynthia Chew, Gunther Eysenbach, "Pandemics in the Age of Twitter-Content Analysis of Tweets during the 2009 H1N1 outbreak," *PLOS ONE*, 2010, 5(11).

[85]Courtenay Honeycutt , Susan C. Herring, "Beyond Microblogging:Conversation and Collaboration via Twitter," Proceedings of the 42nd Hawaii International Conference on System Sciences, 2009.

[86]Dejin Zhao, Mary Beth Rosson, "How and Why People Twitter: The Role that Micro-blogging Plays in Informal Communicationat Work," Proceedings of the ACM 2009 international conference on Supporting group work,2009.

[87]Granovetter, M. S. "The Strength of Weak Ties," *The American Journal of Sociology*,1973,78(6).

[89]Jana Herwig, "Liminality and Communitas in Social Media—The Case of Twitter," http://homepage. univie. ac. at/jana. herwig/PDF/herwig_ir_liminalitycommunitastwitter_v5oct09. pdf.

[90]Micheal Bradley,Anand Desai and E. Han Kim,"Synegestic Gains from Corporate Acquisitions and Their Division between the Stockholders of Target and Acquiring Firms," *Journal of Financial Economics*, 1988,21(1).

[91]Neil Savage, "Twitter as medium and message," *Communications of the ACM*, 2011,54(3).

[92]Nicholas A. Diakopoulos , David A. Shamma,"Characterizing Debate Performance via aggregated twitter sentiment," Conference on Human Factors in Computing Systems (CHI), April, 2010.

[93]Mor Naaman, Jeffrey Boase, Chih-Hui Lai,"Is it Really About Me?: Message Content in Social Awareness Streams," Proceedings of the 2010 ACM conference on Computer supported cooperative work,2010.

[94]Sarita Yardil, Danah Boyd, Dynamic Debates—An Analysis of Group Polarization over Time on Twitter," http://www. danah. org/papers/2010/BSTS-TwitterPolarization. pdf.

博士及博士后期间发表的学术成果

一、博士期间发表的学术成果及所做课题

(一)论文

1.《中国手机电视产业发展若干问题探析》,载《新闻记者》(CSSCI)2006年第7期。

2.《网络恶搞:伪民主外衣下的集体狂欢》,载《理论与创作》(中文核心)2006年第6期。

3.《两款广播级 Mini DV 的对比报告》,载《中国摄影》(中文核心)2006年第7期。

4.《当代电视广告中的话语霸权及反思》,载《青年记者》2006年第23期。

5.《中国手机电视运营模式分析》,载《新闻记者》(CSSCI)2007年第6期。

6.《标准、赛事、整合——2006～2007中国手机电视发展关键词解读》,载《新闻知识》(中文核心)2007年第12期。

7.《试析当前手机电视发展的盈利模式》,载《东南传播》2007年第11期。

8.《上海市数字电视专业人才需求情况调查》,载《电视研究》(中文核心)2008年第1期。

9.《上海市新媒体专业人才培养情况调查》,载《华东师范大学学报》(哲学社会科学版)(CSSCI)2008年第6期。

10.《新媒体对舆论引导的影响及加强新兴媒体建设的对策建议》,发表

于中共中央党委宣传部《决策参考》(内参),2008年9月16日。

11.《媒介融合背景下传统电视与新媒体的整合营销策略》,载《视听界》2009年第1期。

12.《上海市手机电视专业人才情况调查》,载《新闻大学》(CSSCI)2009年第4期。

(二)著作

1.《经济新闻写作教程》,北京大学出版社2007年版。

2.《文化产业创意与策划》,复旦大学出版社2008年版。

(三)课题

主持:

2008年省委宣传部委托课题:《新媒体环境下坚持正确舆论导向面临的挑战及应对策略》,辽宁省委宣传部,项目号为SWXCBYW2009016。

参与:

2008年国家社科一般项目:《新媒介与传统媒介融合研究——以媒介生产融合为例》,全国哲学社会科学规划办公室,项目号为08BXW025。

二、博士后期间发表的学术成果及所做课题

(一)论文

1.《媒介融合背景下新媒体专业人才培养机制研究》,载《现代教育技术》(CSSCI)2012年第10期。

2.《消费主义与互文性表达——电影〈小时代〉文化现象分析》,载《新世纪剧坛》2013年第5期。

3.《媒体社交化语境下的社会资本扩张与传统电视变革》,载《新闻记者》(CSSCI)2014年第6期。

4.《基于社交网络的影视创作课程协作平台研究》,载《中国电化教育》(CSSCI)2014年第10期。

(二)著作

1.《影视之门》(副主编),山东科学技术出版社2013年版。

（三）课题

主持：

1.2014 年教育部人文社会科学研究青年基金项目：《基于传播力模型的微信不良信息扩散机制及监管体系研究》，教育部，项目号为 14YJC860025。

2.2013 年山东省软科学研究计划项目：《数字媒体提升山东文化软实力的策略研究》，山东省科技厅，项目号为 2013RKB01411。

3.2013 年山东省博士后创新基金三等资助，山东省人事厅，项目号为 201303028。

4.2013 年山东师范大学实验教学改革立项项目：《基于微电影创作的传媒专业实验教学内容改革研究》，山东师范大学，项目号为 SYJG302043。

参与：

2013 年国家社科基金重大招标课题：《微博微信公共事件与社会情绪共振机制研究》，全国哲学社会科学规划办，项目号为 13&ZD182。

下　篇

鲁剧创新发展研究

——题材多元转型与产业链完型

于晓风

博士后:于晓风

于晓风,女,1978年生,文学博士,山东省新闻出版广电局与复旦大学新闻学院联合培养传播学博士后,美国纽约城市大学(City University of New York)媒体文化系访问学者。现就职于山东大学文学与新闻传播学院传播学研究所,兼任山东大学华夏文化研究中心理事。研究方向为新闻传播理论、国际及跨文化传播、影视传播等。出版《浮世繁花——论中国近现代通俗小说中的女性形象》等专著3部,发表核心期刊学术论文20余篇,参与国家级研究课题3项。

合作导师:童兵、孟建、刘长允

童兵,复旦大学新闻学院教授、博士生导师,国家"985"创新基地主任,新闻学院学术委员会主任,新闻传播学博士后流动站站长,人事部博士后专家委员会委员。2003年6月被国务院学位委员会聘为第五届学科评议组成员,担任新闻传播学学科评议组召集人。著有《新闻理论》《比较新闻传播学》等学术著作。主要研究方向:新闻传播理论。

孟建,复旦大学新闻学院教授、博士生导师,复旦大学国际公共关系研究中心主任,享受国务院特殊津贴。出版专著、编著《网络文化论纲》《广播电视新闻写作》等20余部,发表学术论文近百篇。研究领域:广播电视学、公共关系学、视觉文化传播等。

刘长允,中共山东省委副秘书长、办公厅主任,山东大学历史文化学院兼职教授、博士生导师。其在中国传统文化研究上造诣颇深,在《易经》研究领域独树一帜。1985年,其发表在《辞书研究》上的《从辞书角度看〈易经〉》一文,引起学术界的轰动;1991年,出版易学专著《步入神秘的殿堂》;2009年1月,专著《天不变道亦不变》由中华书局出版;2009年11月,在《人民日报》发表了作品《大中华赋》,并由中华书局注释配图后出版。

第一章　鲁剧创新发展研究概述

第一节　研究背景和意义

一、研究背景

(一)全媒体时代全球影视传播境迁

随着信息传播技术的高速跃进，人类已经迎来了一个由传统媒体和新兴媒体相互融合、共同作用的全新阶段——全媒体时代。所谓"全媒体"，是指媒体机构及运营商采用文字、图形、图像、动画、网页、声音和视频等多种媒体表现手段(多媒体)，通过广播、电视、音像、电影、出版、报纸、杂志、网站等不同媒介形态(业务融合)，通过融合的广电网络、电信网络以及互联网络进行传播(三网融合)，最终实现为用户提供电视、电脑、手机等多种终端的融合接收(三屏合一)，实现任何人、任何时间、任何地点、以任何方式接收任何媒体内容。①

全媒体时代集人类掌握的信息流手段之大成，以网络技术革新为先导，其追求的是网络媒体外部与传统媒体及通信媒介的互动、网络媒体之间的各方互补以及网络媒体内部的互融"三位一体"的立体融合，它用更经济的眼光看待媒体间的综合运用，以求投入最小、传播最优、效果最大。

为了适应全媒体时代——这一媒介形态变迁中最为崭新的传播环境，世界上跨媒体并购、重组、整合成为一股不可阻挡的潮流。像亚马逊并购《华盛顿邮报》，迪斯尼、维亚康姆进军广播电视业，华纳公司并购传统出版

---

① 参见张大勇:《共赢高清全媒体运营新时代》，载《广播与电视技术》2010 年第 4 期。

业和互联网产业，等等。世界传媒产业中叱咤风云的传媒巨头都是跨媒体、全媒体运作的高手。不可避免，全媒体的出现同样给影视传播带来了巨大的冲击和变革。

一方面，全媒体时代建构了影视传播的多元层级。全媒体时代向公众提供的信息和娱乐服务，是基于数字、网络和移动通信技术，通过互联网和无线通信网，最终落实到电脑、手机、数字电视等终端传播设备上。这种媒介传播形态实现了信息传播由单一渠道向多极、多元的转化。在全媒体时代，传播层级不再是线性模式和量化具体的，终端受众拥有了平等的信息接收发布能力，享有与任何层级信息相对称的权利。

全媒体环境下的传播层级建构彻底改变了以往影视传播集权化、权威性、单向性的传播模式。它打破了影视传播的地域性界限，拓宽了传播渠道，使传播的范围无限扩大而变得更为自由。当前近乎席卷整个互联网业界的网络电视，就是网络媒体进军在线视频领域，开始影视传播的跨界尝试。技术的成熟不仅降低了规模传输的成本，提高了影像的清晰度，使大规模、高清晰的影视在线传播成为可能，而且流媒体技术也使在线影视视频收看变得更为流畅便捷。

同时，全媒体传播的海量存储和点播功能让公众可以依据个人意愿，借助媒体终端设备随时随地进行下载收看。正是因为看到全媒体传播的跨时空和交互性特点，很多的影视供应商在宣传和播映影视作品时，除了利用影院、电视台等传统的传播渠道外，也会有计划地与许多流媒体、宽带视频甚至包括手机通信等新媒体企业合作，为影视传播提供更加多元的渠道。近年来，一些较为成功的电视剧，如《甄嬛传》《爱情公寓》等，均采用互联网和电视台相结合的跨媒体联合推广模式，形成二者在受众覆盖、收视习惯等方面的优势互补。可见，影视传播已从单纯的“你放我观，你播我看”单一线性模式演变为“我点即我看，我放即我观”的多元化互动型传播模式，传者和受者借助全媒体的传播平台实现了信息交流的平等。

另一方面，全媒体平台催生了影视传播的双向互动。在一个真正互动的环境中，影视的制作和播映形成于双向的交流过程，传播中的受众除了根据自己的需要自主选择欣赏影视作品外，还可以参与信息的传播和反馈。

利用全媒体平台，受众可以通过朋友圈、微博、网络论坛等沟通渠道，将影视的传播内容进行扩散延伸，从而影响影视创作和播出。由于全媒体虚拟空间是受众主动建立或选择加入的，而且允许匿名，所以某种程度上自由度更高。这种类似戈夫曼情景决定论中的“后台行为”，其延伸从反面促进了影视的传播和发展。[①]

目前，影视创作上的交互多是离线交互，即在影视剧拍摄之前或之中，公众通过媒体提供的交流平台就剧本创作、演员选择方面提出意见。而根据公众的反馈即时调整制作，采用随写、随拍、随播、随反馈的方式，在英国、美国、韩国、日本等国家的电视剧生产中业已取得良好的传播效果。随着媒体技术的发展，基于全媒体空间的真正“交互”影视剧正蓄势待发，这种允许受众对影视剧内容进行控制并涉及多线索平行叙事结构的交互影视类型[②]，必将为全媒体时代的影视传播开辟更为广阔的空间。

（二）影视“中国梦”与国家导向

“中国梦”是中华民族的复兴之梦，同时涵盖了中国文化的强盛之梦。党的十六大以来，在党中央高度重视和坚强领导下，我国文化体制改革取得历史性成就，大大解放和发展了文化生产力，文化事业、文化产业空前繁荣，开创了文化建设新局面，走出了一条中国特色社会主义文化发展道路。在全党全社会深入学习、认真贯彻党的十八届三中全会精神之际，习近平总书记在全国宣传思想工作会议上强调，要继续大胆推进改革，推动文化事业全面繁荣和文化产业快速发展，建设社会主义文化强国。

被誉为“筑梦工厂”的影视艺术与“中国梦”之间存在着天然的勾连。中宣部部长刘奇葆在2013年中国电影家协会第九次全国代表大会上指出：“中国梦是一种形象的表达，有一种憧憬美，得其大可兼其小，轻风皎月、亲和凝聚，骤雨骄阳、万物峥嵘，很适合用电影的形式来展现……广大电影工作者要把描绘中国梦、弘扬中国梦、抒发对中国梦的美好憧憬，作为应有的历史担当，用电影展现普通劳动者通过辛勤劳动创造美好生活的感人故事，讲述中国人的光荣与梦想、奋斗与成功，激励人们积极投身实现民族复兴中国梦的伟大事业。”[③]不难发现，凭借受众广泛、形象直观而又内蕴丰厚的艺术特征，影视，成为传播“中国梦”的首选载体。

“中国梦”是一个有机系统，其核心是富强梦、振兴梦、幸福梦，三者相互依存，相得益彰，经历了漫长的历史追寻，奏响为时代的最强乐章。然而，相较于我国对外贸易世界第一、外汇储备世界第一、经济总量世界第二的经济地位，文化发展水平还远不相称；相对于人民群众日益增长的文化需求，文

① 参见周庆山：《传播学概论》，北京大学出版社2004年版，第131页。

② 参见董旸：《基于网络空间的交互性戏剧类型探析》，载《中国广播电视学刊》2010年第6期。

③ 刘奇葆：《坚持以人民为中心的创作导向，实现中华民族伟大复兴的中国梦》，载《电影艺术》2014年第1期。

化及艺术产品还远难满足;相较于世界大国的文化软实力,文化竞争力还远未达标。因而,影视艺术作为文化软实力重要组成部分,便责无旁贷地承担着推进艺术发展、传承文化传统的历史使命。

在解决社会效益和经济效益这对社会主义性质的内在要求和市场经济的不二法则之间矛盾的问题上,党和国家历来坚持把社会效益摆在首位,努力实现经济效益和社会效益的有机统一,当经济效益同社会效益发生冲突时,经济效益要服从社会效益的原则。可以说,这是我们党在领导文化改革发展、建设中国特色社会文化实践中的一大发明、一大创造[①],为顺利推进文化改革发展提供了重要遵循。

影视产品既有教育人民、引导社会的意识形态属性,也有通过市场交换获取经济利益、实现再生产的商品属性、产业属性、经济属性。影视与公众的精神文化生活息息相关,也对社会思想道德风尚产生着影响。不论是文化事业还是文化产业,不论是推进改革还是加强创新,其最终的结果都要落实到推出更好更多的影视产品上来。当前正在深入实施的广播影视文化产品创作精品工程,就是要把“中国梦”主题作为重点,通过培训、引导、扶持等多种方式,努力推出更多更好反映中国梦的优秀作品。要继续抓好公益广告的制作播出,制定扶持政策,完善播出制度,更好地发挥公益广告在传递文明、引领风尚方面的积极作用。要进一步强化广播电视节目调控,严格执行“限娱令”“限广令”“禁丑令”,推进节目创新创优,大力弘扬社会正气。要继续开展虚假广告和电视购物节目整治,维护群众切身利益,提升媒体公信力。要完善科学的标准办法,统筹好导向要求和利润指标,坚决纠正单纯以收听率、收视率和票房论英雄的思维方式、评价方式、发展方式。[②]

在全社会、全民族为“中国梦”欢欣鼓舞之际,作为百姓喜闻乐见又颇具影响力的文艺样式,当代中国影视创作生产面临难得的历史机遇。一方面,实现“中国梦”的伟大实践和辉煌历程会为影视创作提供更加丰富多彩的创作素材、精神营养和艺术激情,成为无可替代的源头活水和精神支柱;另一方面,影视艺术也将充分发挥其认识和审美的功用,促进受众认知当下生活,感受美好心灵,抒发人生感悟,积聚社会共识。

目前,国家正积极培育影视发展市场主体,巩固拓展广播影视国有经营

① 参见蔡赴朝:《深入推进广播影视改革发展,为实现中华民族伟大复兴中国梦贡献力量》,载2013年12月25日《光明日报》。

② 参见蔡赴朝:《深入推进广播影视改革发展,为实现中华民族伟大复兴中国梦贡献力量》,载2013年12月25日《光明日报》。

性单位转企改制成果，推动建立现代企业制度，形成面向市场、体现影视企业特点的管理体制和经营模式。与此同时，“影视产品走出去”成为今后国家倡导和努力的方向，积极培育影视文化品牌，将中国传统文化的精髓以影视产品的形式加以体现。这些政策导向对中国影视产业的发展发挥着领航和推动作用。

梦想是辉煌的，脚步则必须有力。国家的一系列重要思想、重要原则和重要部署，为影视“中国梦”规划了蓝图愿景；影视创作实践的不断加深理解、坚决贯彻执行，也必将为实现中华民族伟大复兴的“中国梦”做出积极贡献。

（三）“鲁剧”面临危机与挑战

“中国梦”凸显的是主旋律，而主旋律恰恰是“鲁剧”最鲜明的特色。

“鲁剧”是指由山东省国有或私营影视制作机构投资拍摄，带有明显传播人文关切、弘扬社会正气、彰显以齐鲁文化为代表的中华民族优秀传统文化精神内涵特征的电视剧艺术作品。目前，山东省年生产电视剧达到 200 多部（集），先后有 60 多部作品荣获“五个一工程奖”“飞天奖”“华表奖”等 90 多项中央和国家级大奖，在全国产生广泛影响，被媒体称为“鲁剧”现象。以电视剧《大染坊》《铁道游击队》《真情年代》《闯关东》《沂蒙》《南下》《知青》《温州一家人》《父母爱情》等为标志，已连续十年在中央电视台各频道累计播出 600 多部（集）优秀影视产品，以至于被业内誉为是全国电视剧的“晴雨表”，有力地扩大了山东地域文化的影响力，是山东省建设文化强省战略的重要举措，具有强劲的文化带动作用。

长久以来，“鲁剧”以贴近主流意识形态的“主旋律”题材创作闻名遐迩。所谓“主旋律”，普遍定义为受政府主导、弘扬国家主流意识形态的影视作品。此类题材因选题安全、受众范围广泛、政策倾向保护、播出平台（传统电视）及时段最佳等优势一度受到各类制作播出单位热捧。然而“成也萧何，败也萧何”，如今令“鲁剧”陷入尴尬的，正是这看似风格明确、实际过于单一的标志性、样板化题材。除却受众欣赏趣味的多元诉求这一首要因素，“主旋律”题材往往过度依赖政府资金支持，而在当下市场规则日渐成熟的竞争体系中，抛开政府投入之外的资方市场往往更加注重买方需求和投资预测。在这方面，强项过于单一的“鲁剧”的竞争力便大打折扣。更为重要的是，全媒体时代影视工业的产出不惟体现在上游影视剧价值，还将大量游资附着于下游衍生产品之上。建立健全此种完整的产业链结构，才能维系“鲁剧”品牌的核心竞争力，而后者显然有待进步提升。

具体而言，从受众接受来看，截至 2013 年 6 月底，我国网民规模达 5.91

亿,手机网民规模达4.64亿,其中网络视频网民达到3.89亿。尼尔森对美国市场调研数据显示:2011～2012年,手机视频观众增长了22%,达到4100万人,零电视家庭2007～2013年间增长了250%。在我国,45.4%的受调查者已基本不看电视节目,超过76.3%的受调查者选择观看网络视频。显然,对于青睐影视剧的受众而言,传统的电视终端已被大量分流。

从广告市场来看,2005～2012年,广告主在电视的资金分配从63.6%降到54%;2013年上半年,全球互联网广告支出是电视广告支出增速的6倍,传统媒体的广告呈明显下滑趋势。由此可见,影视剧产出在全媒体时代过分依靠传统媒体,而忽视发展新媒体并非明智之选。

从三网融合来看,借助三网融合的东风,电信运营商已经发展成为媒体企业。从主营业务和收入结构看,中国移动、电信、联通三大电信运营商已俨然成为媒体企业,通过涉及影视业务的宽带服务和内容下载平台服务获得高收益并对传统媒体进行挤压。不仅如此,互联网公司的迅速崛起,也为传统影视播出平台带来压力和挑战。2012年,百度公司收入223.06亿元,利润110.51亿元;腾讯公司收入438.937亿元,利润127.319亿元。影视产业的生存环境已经发生了巨大变化。

从同业竞争来看,吸纳有效投资的能力日渐成为考量影视制作单位实力的重要因素,不仅各大电视台,国内一些国有、民营企业也加入到影视文化领域,开始通过并购和兼并发展跨媒体视听业务。例如,2013年5月,百度以3.7亿美元收购PPS视频业务,并将PPS视频业务与其旗下视频网站爱奇艺进行合并,使爱奇艺发展成为中国最大的网络视频平台。7月,华谊兄弟公司通过发行股份及支付现金的方式,以6.72亿元购买银汉科技50.88%的股权,进军手机游戏产业。7月,华策影视决定以现金及发行股份相结合的方式收购上海克顿文化传媒有限公司100%的股权,交易金额为16.52亿元,成为国内影视行业中金额最大的并购项目……这些社会资本追求更大的利润空间,影视剧的自产自销在技术和平台层面已基本不存在任何障碍。重组后的影视市场今后的竞争势必更加频繁和激烈。

融媒时代来临,面对日益变迁的观众结构,优势受众的背弃在所难免;身处角逐激烈的竞争市场,产业价值的流失如鲠在喉。如何争夺优质观众,开拓"鲁剧"更加广阔的市场空间?如何在市场竞争博弈中脱颖而出,打造"鲁剧"独具特色而长盛不衰的文化"品牌"?如何争取资方青睐,实现产业链的提升优化?……一系列问题纷至沓来,曾经辉煌的"鲁剧"如今的发展陷入瓶颈,成为十八大以后实现山东省地域文化腾飞的一大困局。

如果置于国家大力倡导文化大发展大繁荣、山东省建设文化强省的时代进程中审慎考量，“鲁剧”的发展仍然有较大的提升空间，亟待在产业链完型、与市场接轨、激活内部各要素等方面积极探索适合自身发展的道路和方法。作为全媒体时代承载“中国梦”的影视传播内容中的一员，在媒介生态和竞争环境悄无声息的革命性变化中，“鲁剧”的危机与挑战已悄悄来临。本课题即是在上述国内大背景和山东影视剧产业发展实际的情况下展开。

二、研究意义

经过三十余载的精心培育，“鲁剧”以累计 700 余部、5000 多集的骄人成绩，成长为全国影视行业具有广泛社会影响力的知名文化品牌。20 世纪 80 年代初拍摄的《武松》《高山下的花环》《今夜有暴风雨》分别获得 1983 年、1984 年和 1985 年的“飞天奖”一等奖、《大众电视》“金鹰奖”，是山东影视发展史上具有里程碑意义的“三连冠”。进入 21 世纪的第一个十年间，《大法官》《大染坊》《旱码头》《铁道游击队》《闯关东》《南下》《沂蒙》《小小飞虎队》《北方有佳人》《钢铁年代》等影视剧，实现了社会效益和经济效益的双丰收。尤其是 2008 年央视开年大戏《闯关东》的热播，将“鲁剧”推向又一个新的辉煌，品牌效应更加凸显。

在国家文化大发展大繁荣总体思想引领下，为积极贯彻影视产业发展要求，山东省采取了一系列措施。为加快影视制作单位转企改制，推进制播分离，培育具有竞争力的文化市场主体，2009 年底成立的“山东影视集团有限公司”，其性质是山东省广播电视总台控股的国有综合性影视文化企业集团。集团以中央和山东省委省政府关于文化体制改革和文化产业发展的政策为指导，以发展壮大山东影视制作业、做强做大山东广电为目标，充分利用山东省雄厚的电影电视剧制作力量，影视专业人才资源以及品牌影响力等优势条件，实现影视制作产业规模化、集约化发展，形成主业突出、经济实力雄厚的大型文化企业集团。山东影视集团的成立，一定程度上破解了“鲁剧”产业发展的体制障碍，对于激活影视产业各要素、活跃鲁剧市场，产生了积极影响。

“鲁剧”创作具有良好的基础，在当前山东省委省政府发展文化产业的有力措施助推下，面临着前所未有的发展机遇。加快实现创作题材多元化转型，业已成为“鲁剧”实现可持续发展迫切需要解决的问题。基于此，本课题以文化生态视野为观照，以全媒体运作为背景，从科学的角度考察“鲁剧”题材创新战略走向，这对于合理规划“鲁剧”发展布局，提升品牌影响力，再度实现历史性跨越，具有重要的现实意义。

当前，国内影视市场日趋活跃，产业发展机会逐渐增多。中国电视剧制作中心、浙江影视(集团)有限公司等国有影视制作机构综合收益明显;华谊兄弟传媒集团、华策影视股份有限公司、横店影视娱乐集团等民营影视企业市场化运作已成规模。相形之下,"鲁剧"除开剧本策划、前期制作方面的提升之外,在投融资、营销发行、衍生品开发等领域有待进一步系统建构品牌体系,打造适应社会文化和全媒体时代发展要求的"鲁剧"产业链。同时,还应思考"走出去"的问题,最终实现社会效益和经济效益的同步发展。立足这个角度,产业链完型研究可以从理论角度为"鲁剧"的可持续发展提供智力支持,此即本课题研究的另一现实意义。

第二节 研究思路与内容

一、研究思路与基本内容

研究思路上,本课题研究遵循"提出问题—分析问题—解决问题"之逻辑,按照从理论到文本的思路进行设计,在归纳"鲁剧"成功经验和存在问题的基础上,拟从"鲁剧"发展的历史性维度、媒介生态的现实性维度、文化生态的多样性维度以及内在要求的创新性维度四个层面入手,将影视传播、跨文化传播、生态批评、传媒经济等理论运用于实践分析,力图使研究既具宏观指导意义,又具扎实理论根基;既能够科学规划未来路径,又有较强的现实针对性。

研究内容上,本课题研究拟结合影视艺术创作生产实践,从"鲁剧"的概念内涵、全媒体时代中国内地电视剧产业特征以及提升"鲁剧"产业影响力的途径等方面入手,系统探讨"鲁剧"创新发展的具体问题,以题材多元转型和产业链完型为重点,就选题策划、拍摄制作、投资融资、营销发行、播出消费以及衍生品开发等问题展开深入研究,并提出相应对策建议。

课题紧紧围绕"鲁剧创新发展"这个核心问题展开,主体框架划分为六个部分。各部分之间通力合作、紧密配合、相互照应,以体现应有的逻辑上的内在联系和统一性。具体说来:

第一部分对本课题研究的环境背景、价值意义、研究思路、内容框架、研究方法和创新之处作出概括性介绍。第二部分从内涵与外延入手,通过缘起因由、成长历程、文化内涵和典型案例界定"鲁剧"的基本概念,并从播出平台、囊括内容、生产过程以及产业链各环节入手,分析"鲁剧"成为产业的可能及其研究范畴。第三部分考察全媒体时代的电视剧及其产业发展,着重探讨大数据技术对电视剧的结构性影响、全媒体时代的电视剧产业革新以及我国内地电视剧产业概况。第四部分评价“鲁剧”的综合竞争力，从电视剧产业竞争力评价体系的理论基础入手，结合产业需求、产业关联、生产能力和文化创新能力四个角度，考察“鲁剧”产业链的问题与不足。第五部分以转型为基点，从培养注重权益分割与市场延展的竞争力内涵和建构国际传播视野下的软实力两个层面定位“鲁剧”创新发展的总体思路，构划题材多元转型和产业链完型的具体路径。第六部分对全文进行回顾总结，阐明全媒体时代“鲁剧”创新发展的三个核心问题——实现文化资源向文化资本转化、培育注重竞争力内涵的文化软实力和题材多元转型与产业链完型。

二、本课题涉及的生态理论背景

从根本上说，生态思维是对工业文明与包含电视剧在内的一切现代性文明文本的反思。这种反思的起点非为否定，而在超越，由此构建了本课题的话语体系。

随着环境保护主义运动的不断深化，自 20 世纪中叶以来，“环境”与“生态”概念越来越频繁地出现在人们视野之中。但是，这两个术语的不同内涵和不同思想基础对许多人来说仍不甚了了，二者在不同场合常被研究者混用或相互指认。事实上，基于生态环境运动的出现和生态环境哲学的深化发展，“生态”与“环境”的含义分野渐现。

严格地说，“生态”(ecological)与“环境”(environmental)是两个有着本质差别的概念。国外的“环境”(environment)一词来自于法语单词的“environ”或“environner”，意思是“附近”“到处”“周围”“包围”。这两个法语词汇又依次来自于古法语的“virer”和“viron”，意思是“圆周”“到处”“周围乡村”和“巡回”。词源学家据此推断“环境”是指“生物体周围事物和状况的总体”，“意味着将世界的一部分划分为两个区域，一个在内部，一个在外部，环境就是外部”。“环境”一词的使用“仍然是指操作性构成物，规定环境本质上是操作环境的同义语”，“限定在狭窄的身体接触上”。[①] 在我国，“所谓‘环境’就是人类或生物生存所需要的条件和各种物质资源的总和，即相对于某一中心体的全部客体及其相互关系”[②]。这一定义中的“中心体”即人类，其他生物只是环境的构件之一，与非生物一起成为人类可以利用的资源。总体而言，尽管“环境”的定义众说纷纭，但一般都是起始于环境的功能和作用。

① 参见[美]威廉・P・坎宁安主编：《美国环境百科全书》，张坤民、黄润华、许嘉琳、过孝民译，湖南科学技术出版社 2003 年版，第 206～207 页。

② 金岗：《环境生态学》，高等教育出版社 1992 年版，第 3 页。

狭义也即近现代意义上的生态学源于生物学。“生态学”(ecology)一词是“由德国生物学家恩斯特·海克尔(Ernst Haeckel)从希腊单词‘oikos’(房屋、住所)和‘logos’(逻辑或知识)创造而成,用来表达有机体和它们的环境之间关系的科学研究”①。而他对于“生态学”的定义最早见于其著作《有机体的普通形态学原理》:“我们可以把生态学理解为关于有机体与周围外部世界关系的一般科学,外部世界是广义的生态条件。”②20世纪70年代,著名生态学家E.奥德姆(E. P. Odum)再次给出了“生态学”的定义,即“研究生态系统结构和功能的科学”③,这一定义将人类也视为了自然的一部分。

人与其赖以生存的外部环境之间必然要发生联系。人类文明的发展史就是一部人与自然环境、社会环境竞争与共生、改造与适应的发展史。然而较之“环境”,“生态”一词具有把人与自然作为一个整体来认识的意向,暗含着人内在于自然界的观念,是一个整体性的定义。相对的,“环境”是一个外在于人的概念,作为“一种操作性定义,能够帮助人们发现处理直接和局部问题的机制,但是如果他们不小心从事,就使他们局限于以一种不可接受的机械而冷漠的方法处理大尺度环境问题”④。在今天这个充满生态危机和环境问题的时代,这样的观念无疑已经显得非常不合时宜。所以奥德姆认为,环境的能力并非是无限地“供应仓库和生存空间”,传统意义上的“环境”一词已经无助于包括媒介在内的当前生态危机的解决。

随着生态学和环境科学的发展,“生态”与“环境”的内涵逐渐扩大,越来越具有共同的指向。一方面,在与人文社会科学汇合之后,“环境”的内涵已经从主客二分的人类中心主义式概念扩大到强调整体性的意义和价值,将人类自身纳入生态环境之中进行考察,从人类的行为、观念中发掘当今环境问题、生态危机的成因以及缓解、消除生态环境问题的办法;另一方面,生态学也开始深入到环境科学之中,大量借鉴环境科学的研究方法。整体论和联系观已经成为二者的共同逻辑,在当今语境中谈论生态必然涉及环境,讨论环境也必定与生态相关。环境学逐渐成为生态学的一个分支,其研究内容是用科学的方法解决具体的生态问题。故而,“生态”与“环境”二者经历了一个“合—分—合”的历程,最终走向了视野的融合。

---

① [美]威廉·P·坎宁安主编:《美国环境百科全书》,张坤民、黄润华、许嘉琳、过孝民译,湖南科学技术出版社2003年版,第185页。

② 转引自金岗:《环境生态学》,高等教育出版社1992年版,第15页。

③ 转引自金岗:《环境生态学》,高等教育出版社1992年版,第15页。

④ [美]威廉·P·坎宁安主编:《美国环境百科全书》,张坤民、黄润华、许嘉琳、过孝民译,湖南科学技术出版社2003年版,第207页。

科学的未来是生态学的综合。信息时代的技术进步将生态危机延及媒介与文化的范畴。本研究的主要命题"鲁剧"身兼传播媒介与文化文本的双重身份，关于其发生与发展的探讨，必然也需建立在媒介与文化的双重基础之上。媒介与文化既是"鲁剧"的存在氛围，又是"鲁剧"的创新契机。这恰恰耦合了"生态"与"环境"的内在关切。在此种意义上，本研究论及的"媒介环境"与"媒介生态"，"文化环境"与"文化生态"，都被视作同义，仅为避免人类中心主义和二元论的误解，姑且采用更为准确的"生态"概念。

第三节　研究方法和创新点

一、研究方法

本课题将以充分运用媒介生态学和文化生态学为主导研究方法，具体研究中将运用定性与定量、实证与质性、静态与动态、文献分析与描述性研究相结合的方法。

首先，由于研究对象是一种特殊的具有审美和社会双重属性的影视艺术样态，存在不同意识形态、文化传统和媒介关系的差异。因此，本课题将在阐述"鲁剧"本身特殊性的基础上，对融媒时代全球电视剧产业格局进行比较分析，并着重对国内不同类型、不同属性的电视剧创作生产进行必要论述。

其次，本课题试图将地理空间效应纳入文化批判的分析框架之中。由于地域差异引起自然资源、劳动力、资本以及技术知识等要素在地理空间上分布不均，不同自然条件、资源量别、技术发展以及由此造成的区域经济水平均涉及不同地理单元之间的空间相互影响。因此，本课题拟构建全媒体时代基于媒介生态和文化生态视野下的影视传播理论框架，对"鲁剧"的国际、国内空间尺度展开审视。

最后，基于直接、间接和溢出效应，本课题拟从正负两方面入手，定性分析"鲁剧"创作生产对区域发展的作用，并从定量角度分析"鲁剧"对中华民族伟大复兴"中国梦"的承载和齐鲁文化全球传播的影响程度。此外，还将运用实例论述"鲁剧"当前面临的一系列问题以及传媒全球化所带来的巨大挑战，从而规划其未来发展战略，提出应对方案。

二、创新之处

作为对“鲁剧”题材转型和产业链完型研究的创新尝试,本课题希望能够在理论挖掘、创作实践和产业建设三个领域均有所突破,主要包括以下四个方面:

第一,对“鲁剧”核心观念的创新。在自觉充分吸收齐鲁文化传统思想资源的基础上,创造出一种能够彰显中华民族伟大复兴“中国梦”的当代内涵,有效化解市场危机,并能够与世界顶级制作平等对话的中国影视品牌。

第二,对“鲁剧”研究对象的创新。不局限于电视剧作品文本,也考量电视剧产业的维度,囊括了从“鲁剧”创作、制作发行、产品营销到衍生产品开发维护等一应范围。从这个意义上,对当前“鲁剧”的综合实力作出客观、公正而全面的评估。

第三,对“鲁剧”研究思路的创新。从媒介生态学与文化生态学入手,可以有效拓展“鲁剧”既是地域艺术形态,又是生态文明时代的文化呈现,更是全媒体背景下“中国梦”之有效传播途径三者融合的研究思路。

第四,对于“鲁剧”批评思维的创新。一方面将视线转向生态文明建设理论创新动力的需求;另一方面消解了题材关注中的历史划界,更为重要的是,在产业向前推进之际,引发大众对伴随“鲁剧”研究各分支间此类分隔和消隐产生的分歧与潜能的思考。

第二章　“鲁剧”及其产业链的基本概念与研究范畴

第一节　“鲁剧”的基本概念

2008新年伊始，随着央视开年大戏《闯关东》的热播，人们的目光时隔四分之一世纪之后，再度聚焦到关于“鲁剧”的话题上。这部成功斩获当年中国电视“金鹰奖”七项大奖、“飞天奖”四项大奖的电视剧，以其深刻的人性生存关切和厚重的社会历史内涵，让20世纪80年代蝉联三冠之后的“鲁剧”重新崛起，也标志着山东电视剧的创作走向了一个新的高峰。

“鲁剧”一词真正具有品牌意义，离不开山东广播电影电视局三十年来在全国范围内不断推出精品力作的持久影响。中国知网数据统计显示，最早谈及“鲁剧”一词的是2008年《声屏世界》杂志刊载的高森、刘波《关于鲁剧发展的深层思考》一文。其后，《新华每日电讯》记者滕军伟作《〈闯关东〉后再〈南下〉，鲁剧打响山东牌》，《现代视听》刊陈富清、王海青所作《关于鲁剧发展的几点思考》，《中国电视》刊张玉霞所作《“鲁剧”的发展与思考》，《人民日报》记者徐锦庚作《“鲁剧”：山东文化新品牌》，新华网通讯员白瀛、林茵作《平民英雄表现家国情怀——“鲁剧”崛起的启示》等文章，均正面谈及“鲁剧”概念。

2011年9月30日，《人民日报》刊发文艺评论《尊重艺术规律，繁荣电视剧创作》，专题报道由山东省委宣传部、山东广播电影电视局、中国电视艺术委员会在北京联合举办的“鲁剧创作研讨会”相关情况。中国电视艺术委员会副主任王丹彦、高级编辑陈芳、清华大学教授尹鸿、中国传媒大学教授王伟国和曾庆瑞、北京师范大学教授黄会林以及当代著名文艺评论家李准和仲呈祥等，就“鲁剧”创作、发展历程、运行机制、审美品格等问题进行了集中研讨。时任国家广电总局电视剧管理司司长的李京盛指出:鲁剧走到今天,有高潮也有低谷,但至少目前来看,发展的路子是正确的。鲁剧的成功,归功于两个方面:一是组织的力量,二是市场的力量。组织的力量……为鲁剧发展提供了一个良好的氛围。市场力量……实现了主旋律题材的"叫好又叫座"。[①] 借此,"鲁剧"概念被正式应用,目前,已为学界和业界广泛接受,并逐渐成为常用术语。

一、概念界定

当前,国内研究领域对于"鲁剧"概念的界定,总体看来大致分为两种类型,分别以制作单位和作品形式作为分类依据。

以制作单位为判断依据的"鲁剧"概念可细分为两类:其一,单纯以山东电影电视剧制作中心为考量单位,将"鲁剧"定义为由这一单位拍摄制作的一切影视作品。如百度百科就明确"鲁剧"特指山东电影电视剧制作中心创造的电视剧或者电影作品。其二,不惟考察山东电视总台、山东电影电视剧制作中心、山东影视集团等国有单位,而且将省内民营、私有影视制作机构拍摄制作的作品亦纳入"鲁剧"范畴。如高森、刘波在《关于鲁剧发展的深层思考》[②],陈富清、王海青在《关于鲁剧发展的几点思考》[③]两篇文章中,均将"鲁剧"定义为"由山东省国有和私营影视制作机构拍摄的电视剧作品"。

以作品形式为判断依据的"鲁剧"概念,亦可细分为两类:其一,单纯考察电视剧作品。如吕翠莲的《鲁剧品牌再璀璨》[④],李琤、隗瑞艳的《"鲁剧":平民英雄展国家情怀》[⑤]以及任庭义的《论"鲁剧"品牌的开发、传播与维护》[⑥]等文章,都将"鲁剧"限定为电视剧领域内的研究。其二,将电影、电视剧等多种艺术形式纳入"鲁剧"的考察范畴。如孙梅的《鲁剧:风风火火闯天下》[⑦],张玉霞的《"鲁剧"的发展与思考》[⑧],冷少丽的《新世纪的鲁剧特色分析》[⑨]等文,均将"鲁剧"的视野投向包含电影和电视剧在内的复合领域。而

① 参见《尊重艺术规律繁荣电视剧创作》,载2011年9月30日《人民日报》。

② 参见高森、刘波:《关于鲁剧发展的深层思考》,载《声屏世界》2008年第7期。

③ 参见陈富清、王海青:《关于鲁剧发展的几点思考》,载《现代视听》2011年第1期。

④ 参见吕翠莲:《鲁剧品牌再璀璨》,载《走向世界》2008年第4期。

⑤ 参见李琤、隗瑞艳:《"鲁剧":平民英雄展国家情怀》,载2011年9月29日《中国文化报》。

⑥ 参见任庭义:《论"鲁剧"品牌的开发、传播与维护》,载《电影文学》2012年第17期。

⑦ 参见孙梅:《鲁剧:风风火火闯天下》,载《走向世界》2010年第25期。

⑧ 参见张玉霞:《"鲁剧"的发展与思考》,载《中国电视》2011年第1期。

⑨ 参见冷少丽:《新世纪的鲁剧特色分析》,载《青年记者》2013年第6期。

百度百科则将山东地方戏曲剧种之一的“吕剧”也作为“鲁剧”的研究对象进行界定。

概念是反映对象本质属性的思维形式。哲学上的本质又称为“实质”，是指某一对象本身所必然固有的、从根本上使该对象成为该对象，否则就会失去其自身的特定属性。康德曾将对多个同类对象的共同点的想象作为区分其概念的标准。事实上，相较于制作单位或者作品形式等外在特征，更能作为“概念”与其他同类文本进行区分的，是考察对象长久以来承袭沉淀并表征鲜明的内在特色。长久以来，国人对“鲁剧”的关注，既非源于对出品单位的神往，也非源于对形式载体的执着，而是源于其一贯秉承的题材积极严肃、表达含蓄内敛、风格厚重大气的鲜明内涵特色。

本研究对“鲁剧”的探讨，是建立在媒介生态学和文化生态学的基础之上，结合大众审美规律并力图落脚于产业构划的传播学研究。基于此，本研究更加注重纵向的脉络和横向的对照，研究对象形式上力求精准而样本上力求丰富。也就是说，在对象明确的前提下，应尽量全面地涉及符合这一类别的所有作品。故而，综合上述原因，此处且将“鲁剧”界定为：由山东省国有或私营影视制作机构投资拍摄，带有明显传播人文关切、弘扬社会正气、彰显以齐鲁文化为代表的中华民族优秀传统文化精神内涵特征的电视剧艺术作品。

这一概念界定对于“鲁剧”研究具有四个方面的积极意义。首先，可以将各类制作机构统一纳入“鲁剧”的研究范围，消解体制内外差别，在便于主管部门统筹规划的同时，有效提高省内民营影视企业的积极性，进一步促进“鲁剧”的繁荣。其次，有利于历史梳理，通过对比不同时期国内外电视剧产业媒介环境的情状，在延续“鲁剧”经典风格的基础上系统总结规律，发现问题，催化创新，实现“鲁剧”的可持续发展。再次，凸显“鲁剧”所以厚重的文化资源，将以齐、鲁、红色、海洋等为代表的地域文化一并纳入传播学的研究视野，并从文化学的角度探求“鲁剧”发展无与伦比的先天条件和题材多元转型的可能。最后，作为综合性研究扩大了“鲁剧”的外延，为其产业链完型提供理论支撑和依据，从而在理论和实践双重层面拓展“鲁剧”的科学研究和生存发展空间。

二、成长历程

考察“鲁剧”的成长历程，大致可以划分为发轫期、发展期和成长期三个阶段。

(一)发轫期:20世纪70年代末至90年代初

相比其他省市而言,山东电视剧制作起步早、作品多。自1978年秋天录制第一部电视剧《人民的委托》到1991年的《孔子》,这十年间“鲁剧”经历了两个起伏。以1978年《人民的委托》作为起步,到电视剧生产实现三连冠的辉煌,为第一个起伏;从三连冠之后的几年沉寂到1991年《孔子》获得“飞天奖”特别奖,为第二个起伏。[①] 这一时期的“鲁剧”创作,宣扬爱国主义和社会主义新思想、新道德、新风尚,体现了严肃认真的艺术创作态度,为形成日后淳朴厚重的现实主义艺术风格打下了坚实基础。这个阶段可谓“鲁剧”崭露头角的发轫期。

1.从艰难起步到“三连冠”的辉煌

山东电视台从1978年开始拍摄电视剧。首部单本剧《人民的委托》摄制于当年11月,内景采用上海黑白录像机录像,外景则采用电影胶片交错拍摄而成。1979年,山东电视台运用引进的彩色录像设备先后录制了《谁最能》《考嫂子》和《在旋涡中》三部电视剧,将电视剧这种崭新的艺术形式推向大众。

1980年2月,山东电视台以侧重电视剧创作的人员为骨干,调整充实了编剧、导演、摄像、美术等专业团队,成立了专事电视剧创作的艺术团体——山东广播电视文工团,于当年摄制了《美丽姑娘》《志者之恋》《选才》《智闯威海卫》和《家乡红叶》等五部电视剧。其中,改编自当代著名作家尤凤伟短篇小说的《家乡红叶》,凭借朴实的艺术风格和浓郁的乡土气息,获得了第一届全国优秀电视剧评选三等奖。

1981年5月,山东广播电视文工团更名为“山东广播电视艺术团”,下设编剧组、演员组、摄制一组和摄制二组,全面承担起山东电视台电视剧的拍摄任务。理顺的组织结构、专业的团队和前瞻性的眼光必然催生优秀的产品。正是在这一背景之下,三年时间里,山东电视台陆续推出了《武松》《今夜有暴风雪》和《高山下的花环》三部经典之作,着眼于不同的历史场景,强调人物内心刻画,追求独到的后期效果。这种艺术上的不断探索和创新,为山东电视台赢得了1982年、1983年、1984年连续三届中国电视“飞天奖”和“金鹰奖”评选电视连续剧一等奖,蝉联全国电视剧评奖“三连冠”。后来,“三连冠”成为山东广电甚至全国电视剧制作行业的一个专有名词,指代的就是“鲁剧”1982～1984连续三年荣获全国“飞天”“金鹰”一等奖,并于1985

① 参见刘长允:《山东广播电视发展史(1978～1998)》,齐鲁书社2009年版,第214页。

年受到中共山东省委省政府嘉奖的这段历史。“三连冠”不仅意味着“鲁剧”创作史上的第一个高峰，也一度成为其辉煌的标记和成功的符码。

1983年5～6月间，山东省广播事业局更名为“山东省广播电视厅”，负责“鲁剧”摄制工作的山东广播电视艺术团随之升级为直属单位。灵活度更胜一筹的组织结构激发了主创人员的活力。1985年，我国影视史上首次对外合作成果诞生于山东电视台和香港亚洲电视台之间。由两台联合摄制的电视剧《八仙过海》分别在内地和香港同时播出，在口碑与收视大获成功的同时，作为我国改革开放的一次重要行动，亦深具里程碑的意义。与此同时，由青岛电视台与中国电视艺术委员会联合摄制的13集电视连续剧《夜幕下的哈尔滨》，也同时斩获了1985年度全国电视剧“飞天奖”和《大众电视》“金鹰奖”的优秀电视连续剧奖，标志着“鲁剧”的艺术水准整体达到了一个相对稳定的高度。

2.沉寂过后的厚积薄发

经历“三连冠”的辉煌之后，尽管在标志性产品龙头带动下，各市地电视台的电视剧制作水准和能力都有所提升，但是直到1987年，“鲁剧”在全国评奖中均榜上无名，进入了一个相对沉寂的时期。

这期间，山东电视台的电视剧摄制量每年大致保持在10～15集之间。除了山东台，各地级电视台也贡献了一定规模的电视剧产品。以1986年为例，该年度山东台录制了2部11集连续剧和4部5集单本剧，淄博台制作了12部16集，济南台制作了7部11集，烟台台制作了5部7集，潍坊台制作了2部(集)。这些作品虽未在全国打响，但却有助于主创人员认真总结经验，开阔艺术视野，更新创作理念，在默默奋斗中积蓄力量。其中，《汾城的小屋》《中队的秘密》《生意人》《刘连仁》《太阳每天都是新的》等作品虽未登上领奖台，却也收获了不少来自受众和专家的好评。而电视剧《水浒》则在山东电视台已经拍摄完成的《武松》《鲁智深》《林冲》《晁盖》《顾大嫂》《李逵》《宋江》等电视剧的基础上，按照小说《水浒》原著章回体的顺序加拍了序和首引，从而整合为完整体系的40集电视连续剧。这一统编工作的完成，独辟蹊径地开创了中国内地改编古典电视连续剧的新途径。

1986年10月16日，山东电影电视剧制作中心正式成立。该中心的成立实现了山东省对电视剧的统筹规划和管理，为“鲁剧”的继起繁荣奠定了坚实基础。1988年起，经过坚持不懈的努力，“鲁剧”沉寂三年之后终于厚积薄发，一系列作品凭借大胆的选题、精良的制作和风格迥异的艺术表现屡获殊荣，重新赢得了国人对于“鲁剧”的关注。电视剧《白色山岗》《塔埔》分别荣获第九届“飞天奖”二、三等奖，《重返沂蒙山》荣获全军第二届军事题材优秀电视连续剧二等奖(一等奖空缺)。1989 年,电视剧《一个叫姚金兰的人》荣获第十届"飞天奖"三等奖。1990 年,在第十一届全国优秀电视剧"飞天奖"评审中,获奖的"鲁剧"就有三部,占全国单本剧获奖总数的三分之一。其中,《夫妻井》获二等奖(一等奖空缺),《盛族》获三等奖,《梁子》获中篇连续剧三等奖。至此,"鲁剧"已连续三年共计 5 部单本剧获"飞天奖",其中两年获最高奖。1992 年,16 集电视连续剧《孔子》一举摘得第十二届全国电视剧"飞天奖"包括长篇电视剧特别奖、优秀美术(含服装、化妆、道具)奖以及优秀音乐奖在内的三项大奖。这部从剧本创作、拍摄筹备到摄制完成共历时五年又五个月的"鲁剧"巨制,堪称我国电视剧发展史上的一项重大工程。

先声夺人,发轫期的"鲁剧"凭借超前的意识、迅速的动作和尚佳的品质占尽市场先机,在改革开放之初因势利导,一定程度上缓解了中国内地大众日益增长的文化需求与文化产品实际生产力之间的巨大差距,并由此产生张力,反向刺激了自身的创作生产。此即这一时期"鲁剧"成长的总体特征。

(二)发展期:20 世纪 90 年代初至 90 年代末

20 世纪 20 世纪 90 年代,"鲁剧"在主旋律题材创作领域成绩显著,17 部代表作品共获得包括"五个一工程奖""金鹰奖""飞天奖"在内的 33 项全国性大奖。除此之外,相当数量的"鲁剧"还不同程度荣获了全国行业奖、华东地区奖和省级奖项。这一时期,山东电影电视剧制作中心创办了山东三冠电影电视实业公司,这一推动"鲁剧"走向市场的举措开始尝试商业运作,制作了一批拥有明显市场影响力的电视剧作品,产生了良好的社会和经济效益,"鲁剧"由此进入相对平稳的发展期。

发展期的山东电影电视剧制作中心对"鲁剧"的打造把握稳中求胜的原则,在保持原有水平的基础上,制作更加精良,思路更为开阔,涌现出《杀人街的故事》《回归爱的世界》《大地缘》《孔繁森》《长河入海》《军嫂》《燃情四季》《鲁氏兄弟》《小小飞虎队》《孔子》《警方 110》《阿里山女儿》《我的同桌老玉米》《海上圣火》等一大批精美作品。其中,著名编剧赵冬苓首度执笔的 7 集电视连续剧《大地缘》荣获 1993 年度中共中央宣传部"五个一工程"优秀电视剧奖;2 集电视剧《军嫂》荣获 1994 年度中宣部"五个一工程奖"、第十三届《大众电视》"金鹰奖"最佳单本剧奖;6 集电视连续剧《孔繁森》荣获 1995 年度中宣部第五届"五个一工程奖"、第十四届"金鹰奖"最佳中篇电视连续剧奖和第十六届中国电视"飞天奖"一等奖;6 集电视连续剧《小小飞虎队》于 1996 年荣获度第十四届"金鹰奖"最佳儿童电视剧奖、第十六届"飞天奖"三等奖;7 集电视连续剧《警方 110》于 1998 年荣获第十六届"金鹰奖"最佳中篇电视剧奖;等等。

20世纪90年代初，尽管沉寂之后厚积薄发的“鲁剧”成果令人欣慰，但却再难超越“三连冠”的辉煌高峰。究其原因，最主要的当属资金投入短缺问题。与此同时，国内各地影视制作单位如雨后春笋般勃兴。面对日益激烈的竞争局面，1993年8月，山东电影电视剧制作中心创办了省内第一家面向影视市场的经营实体——山东三冠电影电视实业公司。该公司主要制售商业电视剧，自主经营，自负盈亏，在开发“鲁剧”市场的同时积累资金，注重推动电视剧生产的良性循环，被誉为全国影视界的一个“创造”。①

除了山东电影电视剧制作中心制作的电视剧作品，山东三冠电影电视实业公司在这一时期也推出了多部“鲁剧”佳作。与前者对“鲁剧”一以贯之的艺术初衷有所差异，三冠电影电视实业公司旨在通过多种渠道筹集资金，打造“鲁剧”的市场声誉。如，1993年的《白眉大侠》就是与香港福涌发展公司以及山东淄博沙发厂联合出品；1994年的《爱情帮你办》尝试以随片广告的形式在全国发行；1995年的《甘十九妹》选择了美籍华人萧逸先生的同名小说进行改编；1998年的《孙子兵法与三十六计》尽管拍摄时间最长、投资最大，但在央视播出后却被海外片商广泛看好，宣传效果极佳。不惟自产自销，三冠电影电视实业公司还将目光投向了引进代理领域。26集台湾电视连续剧《浓情半生缘》在大陆地区的成功发行，就可视为其有效回收投资的有益尝试。

总体看来，发展期的“鲁剧”创作生产相对平稳，依然保有中国内地电视剧市场整体格局中举足轻重的地位。尤其值得一提的是其关于市场化的探索。虽然由于传统观念的局限和运作经验的缺乏而并未达到最佳效果，然而这一顺应改革开放潮流悸动和事物发展内部规律的尝试，毕竟迈出了可喜的第一步。尽管令人遗憾的是，这种探索并未持久深入。

（三）成长期：21世纪以降

进入新世纪，“鲁剧”创作生产不断开拓，勇于创新，在跌宕起伏、峰回路转中，终于走出了一条适合自己的发展之路，大批扛鼎之作接踵问世，再三引发中国内地乃至海外电视剧市场的收视热潮。厚重的内涵、精良的制作和明确的主旋律风格在沉闷已久的中国内地电视剧领域刮起一股清新而正能量充盈的春风，为学界、业界和受众所瞩目，“鲁剧”由此重新回归电视剧生产的第一阵营。与此同时，“鲁剧”的市场化运作亦由初见成效到渐趋成熟，在全国的品牌影响力与日俱增。无论从作品创作还是营销运作看，这一

① 参见刘长允：《山东广播电视发展史（1978～1998）》，齐鲁书社2009年版，第512页。

时期的“鲁剧”相较发轫期和发展期均上升到一个更加广阔的空间，可以称之为“成长期”。

1999年5月，由中国电视艺术委员会主办，山东省委宣传部、山东广播电视厅和山东电影电视剧制作中心联合承办的“山东电视剧近作研讨会”在省会济南召开，就当时的“鲁剧”创作进行了阶段性研讨总结。与会专家学者在充分肯定“鲁剧”已有成就的基础上，对其发扬正大之气的传统，继续创作出有影响力、能够震撼人心的作品寄予厚望。此后，山东省广播电视厅针对这次会议精神，提出了创作征集优秀剧本、加大电视剧生产投入、加强播出协调并争取省委省政府进一步资金扶持的具体措施。由于目标明确，思维对路，措施得当，及时有效地调动起了广大创作人员的积极性和主动性，为此后一批精品力作的问世扫清了政策障碍。这次会议，可以看作是“鲁剧”成长期的起点。

随着市场经济的不断完善和文化产业化进程的不断推进，山东电影电视剧制作中心也开始直接尝试按照市场化的运作模式，采取多种市场营销策略。一方面，中心与国内有影响的民营资本企业达成战略合作伙伴关系，强强联手，广泛开展多种形式的合作与交流；另一方面，在开掘自身创作潜力的同时，吸收具有强大号召力和品牌效应的导演和明星加盟，积极寻找市场优势资源，提高核心竞争力。2008年12月，由山东省广播电视总台及所属山东电影电视剧制作中心为主出资组建的山东影视集团有限公司正式成立。该公司以电影、电视剧和经营性广播电视节目的制作、生产、发行为主要业务，同时兼营相关文化产业，着眼于制造条件引进省内外战略投资者和合作伙伴实施股份制改造，实现跨区域合作，跨行业发展，跨所有制营运。正是在这种积极进取、勇于创新的工作思路引导之下，随即诞生了大批艺术内蕴丰富、市场运作成功、社会与经济效益双赢的“鲁剧”新亮点。

这一时期的“鲁剧”创作以1999年的《一个人的背影》《天边有个威海卫》，2000年的《水浒少年》《悠悠寸草心》《光荣之旅》，2001年的《大法官》《信仰》《誓言无声》，2002年的《大染坊》《好爹好娘》，2003年的《21天》《女子监狱》，2004年的《铁道游击队》《浪子燕青》，2005年的《开创盛世》《鼓上蚤时迁》，2006年的《旱码头》《真情年代》，2007年的《磨坊女人》《闯关东》，2008年的《沂蒙》《生死线》，2009年的《情系北大荒》《南下》，2010年的《钢铁年代》《小小飞虎队》(新版)，2011年的《知青》《大金脉》《婆媳拼图》《温州一家人》，2012年的《战火摇篮》《战长沙》《放开我的手》等为代表，佳作不胜枚举。就数量而言，2001～2012年间，仅山东电影电视剧制作中心出品的“鲁剧”就有66部，近2000集，基本扭转了发展期的平淡状态。

数量上的突破并未牵制这一阶段“鲁剧”质量的保有和提升。成长期的“鲁剧”在获奖级别和数量上均于同期全国同行业竞争中占据绝对优势。如，《村主任李四平》荣获第二十届中国电视“飞天奖”长篇电视剧二等奖、第七届中国农业电影电视“神农奖”铜奖、首届中国金鹰电视艺术节观众最喜爱的男主角奖；《光荣之旅》荣获2001年中共中央宣传部“五个一工程奖”、第二十一届“飞天奖”长篇电视剧二等奖；《水浒少年》荣获第二十一届“飞天奖”少儿长篇电视剧一等奖；被誉为“世纪之交的扛鼎之作”的《大法官》荣获第十九届《大众电视》“金鹰奖”优秀电视剧奖、第二十二届中国电视“飞天奖”长篇电视剧二等奖；《誓言无声》作为“鲁剧”“夯实了的足印”，荣获第二十三届“飞天奖”一等奖、第七届法制“金剑奖”一等奖；《大染坊》荣获第二十四届“飞天奖”二等奖、中共中央宣传部第十届“五个一工程”奖；《好爹好娘》荣获第二十四届“飞天奖”长篇电视剧二等奖；《女子监狱》荣获第二十五届“飞天奖”三等奖和最佳女演员奖；《铁道游击队》获中宣部第十届“五个一工程”优秀作品奖。其中最为瞩目的当属《闯关东》一剧。该剧笑傲第二十四届中国电视“金鹰节”，包揽了最佳长篇电视剧、最佳编剧、最佳表演艺术男演员、最佳摄影、最佳照明以及观众喜爱的电视剧男演员和女演员七项大奖，不惟如此，此剧还一举斩获了第二十七届“飞天奖”长篇电视剧一等奖、中宣部第十一届“五个一工程”优秀作品奖、山东省第九届精神文明建设“文艺精品工程”特别奖以及全国十佳电视剧优秀作品等多项重量级奖项，在收视热潮之后继发坊间关于“鲁剧”现象的热议，极大地提升了“鲁剧”的品牌影响力，成为“鲁剧”发展史上又一里程碑式的记忆。

抛开“鲁剧”创作的“主力军”——山东电影电视剧制作中心，这一时期，山东电视总台的投资和省内民营影视企业的加盟，也为“鲁剧”生产注入了新鲜的血液。

随着各大上星频道对优质电视剧资源的争夺渐趋白热化，2006年开始，山东电视总台开始与影视公司合作，通过立项出品、投资拍摄和定制播出等策略，实现“鲁剧”创作、生产和播出的无缝对接。立项出品和定向投资可以在保证数量的同时丰富“鲁剧”的内容及品类，而定制播出则大大扩充了“鲁剧”生长繁育的土壤，有利于引发全国各地创作机构对“鲁剧”的兴趣和好感，从而提升“鲁剧”品牌的增长点。《北方有佳人》(2008)、《女工》(2009)、《我的娜塔莎》(2011)等，就是此番策略引导下山东电视总台在成长期产出的“鲁剧”精品。

截至2011年，山东省注册在案的民营影视企业共计94家，虽然规模和效益不及拥有华谊兄弟、华策影视等国内民营影视大鳄的浙江省，但布局已基本铺开。就民营企业的“鲁剧”生产情况而言,青岛名扬影视传播有限公司出品的《我们的八十年代》《厂花》,山东天麦文化传播有限公司出品的《不要和陌生人说话》《终极悬案》《毕业生》《北方汉子》,烟台广播电视台影视部出品的《铁面无私》《别阻挡我的幸福》《家比天大》《当婆婆遇上妈》《非常公寓》以及动画剧《晶莹小子》《智斗沙尘暴》《冰火之晶》《冰峰卫士》,鲁商传媒影视公司出品的《戚继光》等作品,均为“鲁剧”实现题材多样化转型、进一步参与市场化运作发挥了不可小觑的作用。

每一次的成功,都是因为站立在巨人的肩膀之上。综合考察“鲁剧”的成长历程,能够厘清成就取得之缘由,明确当前形势之迫切。这对于“鲁剧”总结经验,寻找差距,准确定位,实现新的历史条件下的可持续发展,具有重要的历史及现实意义。

三、典型特征

立足既往成长轨迹,讨论由山东省国有或私营影视制作机构投资拍摄,带有明显传播人文关切、弘扬社会正气、彰显以齐鲁文化为代表的中华民族优秀传统文化精神内涵特征的“鲁剧”特色,可以从题材类型、风格倾向、人物塑造、地域特征和文化品味五个层面入手加以探讨。

题材类型上,“鲁剧”选择的大多是紧扣时代脉搏且与民族文化密切相关的宏大题材,部分着眼传统历史名著,部分则聚焦当下现实生活,以弘扬主旋律的正剧为主,讲述富有强烈时代感、浓郁地方气息和醇厚民族品性的中国故事。“鲁剧”在选题阶段一以贯之的原则是,主动承担社会责任,不为片面追求市场效益而诉诸娱乐,把主旋律的厚重与大众艺术的通俗有机融合。可见,山东故事、全国意义、重大题材、弘扬主旋律既是“鲁剧”创作的一大突出特色[①],也是“鲁剧”在题材类型层面的典型特征。

风格倾向上,“鲁剧”以厚重、大气、朴实的现实主义风格征服受众,赢得市场。“鲁剧”的现实主义风格表现在根植于现实沃土,铺陈对历史进步、时代精神和责任良知的高度关注和艰辛求索;表现在将现实主义创作方法与写实美学风格和浪漫主义精神相结合,在展示历史进程的同时丝毫不回避社会变迁经历的危机、苦难和血雨腥风;还表现在善于将艺术创作中的多种元素有机融合、巧妙混搭,亦庄亦谐、亦悲亦喜,使受众产生强烈的真实感和认同感。早年的“三连冠”作品自不必说,近年来的《闯关东》《南下》《钢铁年

① 参见齐潇潇:《鲁剧:山东建设文化强省的亮丽名片》,载2012年6月15日《中国文化报》。

代》《温州一家人》《父母爱情》等也都是遵循现实主义的创作原则，关注普通人生，并由此折射社会背景和时代变迁。正是这些作品，共同打造了被业内视为典型的“鲁剧”风格。

诚如著名学者曾庆瑞所言：“电视剧艺术是人的艺术。在今天的中国，现实主义的电视剧艺术要真实地再现典型环境中的典型人物……真实而有感染力地展现社会主义人性的崇高与优美。”[①]“鲁剧”植根于历史源远流长的齐鲁大地，塑造了一批平民型的英雄形象。《闯关东》里的朱开山、文他娘，《钢铁年代》里的尚铁龙、杨寿山、麦草，《南下》里的孟思远、周玉……这些个性鲜明的人物继承了儒家文化的传统精髓，他们积极进取，努力执着，勇于奉献，以宽大的胸怀接纳现实，从不轻言放弃，向世人呈现了深受中华传统文化浸润的中国人的善良勇敢和质朴坚强。

一个民族永远留着他乡土的痕迹。[②] 不同的地域色彩，催生了迥异的电视剧样态，此即电视剧的地域特征。它涉及一个国家或地区地理环境、地域文化、风俗民情以及人文特征等一应信息的呈现。如英国、美国、日本、韩国的电视剧都有着各自独特的地域特征，因此我们习惯称之为“英剧”“美剧”“日剧”和“韩剧”。就中国内地而言，地域性也构成了当代电视剧日益成熟的重要标志——“鲁剧”的概念实际上是在与“京派”“海派”“浙剧”等电视剧地域品牌的比较借鉴中产生并得以强化的。“鲁剧”从选材、人物到风格大都打上了山东地方印记，悠久的文化传统和厚重的人文底蕴已经内化为“鲁剧”的骨血。某种意义上，其独特之处就是诞生于齐鲁大地的家国情怀。

文化品位上，“鲁剧”可贵之处在于一种文化自觉，在世事纷繁中始终保有独立思考的能力，并对中华民族的优秀传统文化充满自信。无论是《闯关东》高扬的传统文化、《沂蒙》彰显的“红色文化”，还是《知青》锻造的建设文化，“鲁剧”渗透的是以齐鲁文化为代表的博大精深的中华文化传统，呈现的是鲜明强烈的正统精英意识。其表现家国一体、情义无价的传统文化，往往把家仇国恨联系在一起，用家庭矛盾反映民族斗争，用家庭剧变阐释国家兴亡，翔实再现了中国传统文化价值观。这种独特的文化品位渲染了中国人民的性格、情感、意志和理想属性，是“鲁剧”与其他电视剧相对有别的本质所在。著名文艺评论家李准认为，“鲁剧”创作以丰厚地域文化和整个中华民族文化优秀传统为底蕴，用长期艰苦的创造铸造出了独特而又坚实的文化作品，不管是古代历史题材还是现实题材，“鲁剧”中的故事与人物均体现

① 曾庆瑞：《电视剧与改革开放同在》，载2008年12月19日《中国艺术报》。

② 参见[法]丹纳：《艺术哲学》，傅雷译，人民文学出版社2004年版，第4页。

出齐鲁文化的性格……这也是“鲁剧”能够延续下来的重要原因。[①]

四、典型案例

研究旨在发展。“鲁剧”佳作众,不胜枚举。然成功之外也曾经历起伏,荣誉和掌声并非一味伴从。回顾其创作经历并探讨其得失之因由,既是当下研究之要,也是本课题讨论展开的起点。此处权且以分期为据,选取不同阶段的部分典型案例,从艺术创作与市场运作双重角度加以分析。

(一)《武松》——意识先行抢占市场先机

山东人有好勇之名,胆大而好打抱不平。古典名著《水浒传》使一群大块吃肉、大碗喝酒、快意恩仇、跨马携剑走江湖的山东好汉亮了相,其中最引人注目的当属武松这一形象。在电视剧《武松》之前,柳子戏、罗子戏、八仙戏、吕剧、五音戏、山东梆子、山东八角鼓、山东快书等山东地方曲艺形式都对这一人物形象有过艺术呈现并反响颇巨,良好的群众基础为其走上屏幕提供了有效的期待视野。

早在1979年,山东电视台就有了拍摄《水浒传》的朦胧构想。然而,从设想到实践却需要付出巨大的勇气。最大的难题是当时极“左”思潮依旧盛行,“四人帮”把名著《水浒传》当作反党工具,直到1980年尚无一文为其正名。加之设备差,经验少,重重的顾虑将《武松》排除在了山东电视台1981年电视剧的正式生产计划之外。关键时刻,时任山东广播电视厅厅长的金钊顶住压力,力排众议,决定从其他电视剧预算中挤出经费进行投入,为《水浒传》正名,让《武松》开机。

植根于齐鲁文化的沃土,又有了先前艺术形式的给养,电视剧《武松》在剧情、人物、表演、置景、音乐设计等多个环节都鲜明地印上了“鲁剧”的标签。

剧情设计上,该剧波澜起伏,扣人心弦。《武松》节选了古典名著《水浒传》中“醉打蒋门神”“身陷都督府”“大闹飞云浦”“血溅鸳鸯楼”等章节,从“景阳冈打虎”到“斗杀西门庆”,从“血溅鸳鸯楼”到“二龙山聚义”,前后共8集。剧中,醉打蒋门神,令人称快;身陷都监府,使人忧心;大闹飞云浦,惊心动魄;血溅鸳鸯楼,痛快淋漓。

人物塑造上,该剧在突出武松疾恶如仇、直爽刚烈、义义薄云天的豪侠气概的基础上对原著进行了必要的取舍增删。例如“醉打蒋门神”一幕,原

---

① 参见《优化创作资源,塑造文化品格》,载《中国电视》2011年第10期。

著中，武松只踢了两脚，打了几拳就将蒋门神制服，而剧中却用了68个镜头详细刻画。再如，原著中的韩玉兰原是参与陷害武松的张都监的“养女”，而该剧借鉴评书，将其处理成一个对张都监有着血海深仇并对武松怀有敬重之情的形象。如此改编，不但使矛盾更加戏剧化，而且避免了原著中武松无辜杀人的费解，强化了主人公的人本意识，人物塑造更为丰满。

精湛的表演同样令该剧增色不少。由祝延平饰演的武松在形象和气质上与原著颇为相近，辅以深厚的武术功底和专业的表演训练，打虎英雄的神采和豪气得以传神刻画。剧中为武松设计的武打动作，不炫技，不讨巧，创造了“打从情节生，打在情理中，打中见性格，打中现真情”的影视武打新范式。更可贵的是，相对于同时代的武戏大多追求花拳绣腿，讲究炫目的视觉效果。该剧的武打并不在镜头上故弄玄虚，而是强调真刀真枪，真杀真打，处处透着齐鲁文化的实在品格。

选景置景上，该剧在尊重原著的同时力求符合历史真实，在条件允许的范围之内最大程度还原当时当地的景物风貌。威严阴森的府衙，深宅大院的都督府，古色古香的鸳鸯楼，碑石林立、巨松夹道的飞云浦等都是采用山东本地区域实景拍摄。典型环境既贴合了受众对原著的想象，又增添了山东地域文化的气氛韵致，为该剧在当时良好的传播效果创造了有利条件。

情动于衷而发于声。该剧的音乐设计，准确地抓住了山东民乐和山东风味的契合点。片头中，古书翻开，唢呐声一响，观众便走进了山东人风风火火的世界；抒情段落采用了山东民乐《一枝花》的曲调，浓郁的山东风情扑面而来；武松痛打蒋门神群众欢庆时，采用的是山东民间吹打和鼓子秧歌的曲调，浓墨重彩地表现了武松梁山好汉的草莽味道。

“鲁剧”《武松》无疑是成功的。这部由金钊策划，王汉平、赵长海编剧，王浚洲、刘柳导演，孙周、王汉平摄像的电视剧一举斩获了1982年度第三届中国电视“飞天奖”一等奖和第一届《大众电视》“金鹰奖”优秀电视剧奖两项殊荣。作为当代中国内地电视剧的第一部历史题材和第一部改编自古典文学名著的成功尝试，为中国内地电视剧创作开辟了一个崭新的领域。然而更加值得深思的，是其创作团队敢想敢干、力排万难的勇气和魄力。

20世纪70年代末80年代初，中国内地文化市场百废待兴，潜力巨大。国家层面提出的改革开放措施，为各行各业的创新提供了政策及制度保障。反观行业内部，当时，由于电影部门和文艺团体的经济诉求，新的电影、戏剧和艺术节目不被允许在电视台转播，匮乏的电视节目越发难以满足大众的需求。山东电视台和其他同类单位一样，面临着缺乏节目资源的窘境；然而不一样的，就是他们多了一股想干就干的勇气和魄力，这恰恰是在符合国家主流意识形态要求与满足大众高涨的文化需求之间寻求突破的前提。由此带来的，不仅有《武松》的惊艳，还有当时社会主义市场经济领域文化层面的破冰成功，以及“鲁剧”在首轮中国内地电视剧市场竞争中的鳌头地位。这在实践层面印证着意识先行对于抢占市场先机的决定作用。

（二）回应时代的苦战——《今夜有暴风雪》

知青时代完结，由伤痕文学、反思文学引发的关于当年的腥风血雨、爱恨情仇的思索成为20世纪80年代初整个社会热衷的话题。而在电视剧领域，用摄像机对准那段苦难岁月进行纵深开掘的作品，却少之又少。

1984年，根据梁晓声同名小说改编的电视剧《今夜有暴风雪》制作完成，播出后赞誉如潮，一举夺得第五届中国电视“飞天奖”一等奖、优秀导演、优秀男配角、优秀摄像、优秀音响、优秀音乐六项大奖以及第三届《大众电视》“金鹰奖”优秀连续剧、最佳女主角、最佳男配角三项大奖。该剧以知青大返城的特定历史阶段为焦点，选取返城前夜这一矛盾爆发的导火索，讴歌了知识青年在谬误年代创造英雄业绩的豪情，在一个新的思想高度上对北大荒的知青生活进行重新思考和扬弃，与文学在同样的时代产生了回应。

与文学作品不同的是，面对那个风雨如晦的年代，该剧并不着意谴责严酷的政治策略，而是以赤子般的胸怀关注大时代中的每一个生命个体，歌颂疾风劲草情，礼赞平民英雄魂，更加符合齐鲁文化的正统意识，通篇充斥着“朝闻道，夕死可矣”的理想主义情怀。

在结构上，该剧借鉴了电影交叉蒙太奇手法，打破了线性时空顺序，以北大荒三团八百多名知青的返城前夜为切入点，在众人心理变化和思想意识中，交叉历史和当下，渗透现实与回忆，根据人物意识流组织叙事，用一天的时间浓缩了十年的生活。

为深入开掘主题，该剧对原著的改编煞费苦心。例如，剧中使用大量篇幅来对原著中着墨不多的小狗“黑豹”与女主人公裴晓芸之间的深厚情感进行铺陈，这样的改动更充分表现出人物的孤独、屈辱和被压抑。甚至小狗的命运也由原著中裴晓芸牺牲后的信使，改编为在女主人公最快乐的光景被一辆火红的拖拉机轧死。这既是现实对人生的残酷——剥夺了人们生活中仅有的温馨和安慰，也是“荒谬的运动”对生命视若无睹的象征。

此外，视听语言的巧妙运用也是该剧的一大亮点。导演孙周善于综合调动声、光、色、形、对话等视听元素，在渲染自然场景暴风雪的同时，烘托出人们心中的“暴风雪”，营造出密不透气的紧张局面。该剧的影像风格借鉴了俄罗斯巡回画派，大量使用了全景和远景镜头。剧中广袤荒芜的黑土地如同列维坦的《弗拉基米尔卡》般悲凉，知青们割麦子的镜头采用了希什金

《麦田》中夸张的透视效果，冻僵的女主人公与远山、雪原、树林连同升起的太阳一起使人不禁联想起希什金那幅《松林的早晨》。尤其女主人公化雪洗澡的镜头，采用了一个稍俯的小全景，使黑暗的环境与姣好的肌肤产生强烈对比，视觉上呈现出朝圣般的仪式效果，体现了该剧对视听语言极强的驾驭能力和革新意识。

作品主题的时代回应，故事结构的经纬相生，视听语言的博采众长，使《今夜有暴风雪》"忽如一夜春风来"，震彻中国大地。而作品背后的拍摄经历，更是不得不说的故事。

为了真实再现当年 40 万知青在北大荒拼搏奋斗的难忘岁月，《今夜有暴风雪》剧组奔赴我国东北边陲小镇萝北，在一年中最为寒冷的冬日，冒着零下 35℃的严寒，苦战 60 多个日夜。这在当时，不仅地处北国的电影厂、电视台为之瞠目，就连跟严寒打惯交道的当地居民也纷纷咋舌。就是在这样的环境中，剧组开机前每天工作平均十七八个小时，最多的时候，一天赶拍过 60 多个镜头……①这种脚踏实地的工作作风和不畏艰难的顽强精神，成全了《今夜有暴风雪》的震撼，也铸就了"鲁剧"传承至今最可珍视的内在品质——山东精神。

(三)《廿十九妹》的经济诉求与《爱情帮你办》的域外拷贝

当经济大潮挟翻天巨浪再次奔涌而来的时候，电视剧的商品属性渐渐凸现。电视剧是一门综合性非常强的艺术，编、导、摄、灯、音、美、道等部门通力合作，制作要耗费大量的人力物力，这就迫使出品单位必须精确地预测市场回报，以进行物质化精神产品的再生产。同时，电视剧作为最广泛的大众文化消费样式，很大程度上具有通俗性。国家在强化意识形态的同时，也逐渐深化了对电视剧通俗性、娱乐性的认识，开始逐渐放开管制，推向市场。于是，在市场经济的推动下，"鲁剧"也开始进行走向市场的探索，试水商业武侠剧和都市言情剧。

20 世纪 90 年代，中国内地进入经济体制转型期。在宏大的体系建设过程中，生产力得以跨越式发展，但与此同时，企业职工下岗，城乡矛盾激化，社会贫富差距加大，贪污腐败日渐突出……随之伴生的各类社会问题使得弱势群体日渐陷入权益危机。于是，茫然于现实生活的大众开始在电视剧世界寻求精神上的救赎，而理想中的侠客便被假以"心理治疗"的作用。在主流话语与经济、文化和社会心理的合力作用下，武侠剧开始大行其道。在

① 参见刘长允主编：《山东广播电视发展史(1978～1998)》，齐鲁书社 2009 年版，第 233～235 页。

这一背景下，带着对千古侠风的眷恋，“鲁剧”推出了以《甘十九妹》为代表的一批武侠作品。

这部由山东三冠电影电视实业公司出品的电视剧根据旅美作家萧逸的同名小说改编而成，讲述了绝色美女水红芍蛊惑人心，引起江湖公愤，被武林正派设计陷害，导致毁容，其女弟子甘十九妹多年以后前来复仇，随之展开的一场江湖恩怨故事。该剧套用港台剧的叙事方式和动作设计，精心设置了男女主人公之间的多层三角情感纠葛，并间入大量刀光剑影，力图通过侠骨柔情的人物、紧张激烈的冲突和精彩刺激的打斗吸引受众眼球，求得上佳市场收益。

遗憾的是，这部讲述英雄美女故事的《甘十九妹》似乎有些生不逢时。20 世纪 80 年代中期，港台武侠剧开始引入中国内地，至 90 年代中期，伴随着《楚留香》(1979)、《霍元甲》(1980)、《天龙八部》(1982)、《射雕英雄传》(1983)、《陈真》(1983)、《神雕侠侣》(1983)、《绝代双骄》(1983)、《鹿鼎记》(1984)、《再向虎山行》(1985)等一系列作品的相继推出，已经在中国内地笼络了大批港台“武侠迷”，品牌效应业已凸显。相较于拥有商业武侠片雄厚制作实力和丰富制作经验的港台作品，《甘十九妹》在理念创新、剧情铺陈、人物刻画、拍摄手法、动作设计、后期效果等诸多方面，显然只能望其项背，加之故事本身并无多少新意，这部旨在迎合大众口味的作品最终的结果便可想而知。可见，一味追求经济效益，缺乏理性认识，放弃自身优势而盲目跟风，并不能有效开拓更大利润空间，反而会损失“鲁剧”苦心经营的公众口碑和努力营造的市场声誉。

都市言情剧，是用现代视角切入都市生活，在纷乱的当代镜像中表达人们对于物质文化表征的理解，勾兑浓郁热烈的情感，营造灯红酒绿的情调，设计层层相扣的圈层，以符号化的影像风格传达一种身处都市或对象都市的个体感受。山东三冠电影电视实业公司 1994 年拍摄的《爱情帮你办》，就是“鲁剧”在都市言情剧领域的首度尝试。

《爱情帮你办》是一部轻喜剧，借助“恋爱婚姻服务中心”这一平台，通过一位终生从事妇女工作的街道女干部、一位壮志难酬的女作家、一位心理学女硕士以及一位身不由己的男电脑推销员四位主人公，展现生活在当代社会不同年龄、不同职业、不同性格的男女在爱情、婚姻、家庭方面所遇到的矛盾。该剧借鉴了当时大热的室内轻喜剧《编辑部的故事》的叙事模式，克隆了京味调侃、温情相救等内容，并复制了大规模邀请明星友情出演的运作方法。

然而，“鲁剧”毕竟习惯了具有硬度和深度的思考方式，像《爱情帮你办》

这样直接而大幅度地移植，难免遭遇水土不服。再加上初次试水题材类型、风格倾向、人物塑造、地域特征和文化品位等特征完全迥异于传统"鲁剧"的都市言情剧领域，创作观念难免有所局限，致使该剧整体风格不够协调，结构上也略显单调，因而并没有形成预期的收视热潮。之后的几度尝试，也均以铩羽而归告终。

《爱情帮你办》的不尽如人意或许可以解释为言情、时尚真的不是"鲁剧"的强项。然而，值得深思的是，这种未经消化吸收、直接囫囵吞枣的拷贝，是否给了这次"鲁剧"对于都市言情题材的探索更为致命的伤痕？毕竟，如同深刻厚重的宏大叙事难以为"京派电视剧"把握一样，戏谑十足的京派幽默也很难植入"鲁剧"的品格。更何况，千百年来，在儒家思想"乐而不淫""克己复礼"的厮磨下，守成有方而创新尚待已成"鲁剧"之痼疾。

不过，反思之后的"鲁剧"终归是迈出了不同以往的形式，努力使自己融入市场化潮流的第一步，无论结局如何，意识始终胜于方法。从这个角度，《甘十九妹》和《爱情帮你办》的存在，也就未必那般牵强。

(四)《闯关东》的成功与失落

《闯关东》无疑是成功的。据央视索福瑞统计显示，这部由山东电影电视剧制作中心拍摄的52集电视连续剧播出期间的平均收视率为8.02，高值为11.3，最大市场份额为27.5%。这意味着，全国开机的电视用户，有四分之一在同一时段选择收看这样一部电视剧。如此骄人的成绩，建立在响应新世纪以降国家普通主旋律题材创作的号召之下，也得益于"鲁剧"精品化道路的积极进取。

内涵厚重丰富，人物生动深刻，情节引人入胜，结构匠心独具，堪称电视剧《闯关东》成功吸引受众的四大利器。该剧以宏大的篇幅塑造了一群即使处于艰难生境，仍始终秉承诚信、爱国、勇毅、仁厚品格的人物群像。剧中人物及其家族之命运与时代风云际会息息相关，沧桑的历史演进过程与鲜活的个体命运起伏共振共鸣，将具有独特民族内蕴的"闯关东"运动在广阔复杂的自然历史特定情境中铺卷，开启了梦想与激情、期待与悬念、开拓与冒险、冲突与抗争的精彩帷幕。该剧在结构上张力十足，作为一部史诗剧作，采用了外围开放与内部起承转合、逻辑严谨、冲突集中相结合的结构方式，将史诗性叙事与戏剧性冲突熔铸为一段鲜活的生命历程与情感体验，展现了从中日甲午战争前后到抗日战争期间关东大地上的民生与中国社会历史的变化。全剧洋溢的是敢于同艰苦磨难进行抗争，无畏于牺牲生命，不屈不挠与天、地、人充满智慧并英勇奋斗的进取精神；是敢于同外族侵略势力奋力抗争，与人生命运进行抗争，无畏于任何阻力，锲而不舍地为实现美好的人生追求置之死地而后生的拼搏精神;是敢于为改变贫穷落后与自身的种种不良品性而进行抗争,无畏于任何陈规陋俗的束缚,自力更生、勇于创新、审时度势、与时俱进的科学精神[①],高度概括了以"闯关东"的山东人为典型的中华民族的核心内涵。

除了电视剧本身的制作水准之外,多管齐下的市场运作也是《闯关东》成功不可忽视的因素。该剧准确把握了当时受众已经厌倦粗制滥造、拖沓冗长、无病呻吟的室内肥皂剧,渴望情节曲折、悬念迭出、人物鲜明、充满传奇色彩的现实历史题材的消费心理,数易其稿,精雕细琢,组建国内一流班底,悉心打造电视"大片"。同时启动促销媒介议程,采用先抑后扬、集中轰炸、高调发布、跟进讨论等方式,对该剧相关信息透露的策略、时机、数量等进行周密策划,最终以不足4000万元的投入,仅在央视就赚取了高达3.5亿的广告收益,收益率近10倍,打破了央视广告收入的历史记录,令一众竞争对手望尘莫及,重振了"鲁剧"的声威。

然而,作为电视产品,在赢得艺术声誉和直接收益之后,树立产业观念,放眼中长期品牌规模化经营,建设衍生产品间的链条勾连,注重营造品牌长期影响和效益,才是竞争日渐激烈的电视剧领域更为迫切而珍重的问题。在这方面,风头正劲的《闯关东》显然并未形成与其既有艺术声望相匹配的产业效果。尽管其中也有隐性广告植入(将军烟草)、生成出版物(书籍、光碟)以及开发旅游资源(朱家峪)的努力,但结果都差强人意。困扰"鲁剧""三连冠"之后长久沉寂的瓶颈,如今横亘在《闯关东》面前。面对这样的挑战,《闯关东》的表现,或许多少令人有些失落。

第二节　"鲁剧"产业的研究范畴

"鲁剧"在艺术领域的成就,已然有目共睹,要寻求更大突破,使"鲁剧"品牌产生持久效益,必须跳出单体思维模式,在产业上做文章。

产业并非单一结构,而是一根复合链条。产业链的概念包含价值链、企业链、供需链和空间链四个维度,其本质是描述一个具有某种内在联系的企业群结构,其中大量存在着上下游关系和相互价值的交换,上游环节向下游环节输送产品或服务,下游环节向上游环节反馈信息。

电视剧既是一种艺术产品,同时也是媒介产品和社会公共消费品,其商

① 参见张厚刚:《电视剧〈闯关东〉的审美意蕴》,载《四川戏剧》2005年第5期。

品属性决定其可以成为产业品类；电视剧既可以通过自身及相关产品销售获益，又可以通过衍生产品的开发与经营获益，其盈利模式决定其可以建立产业链勾连。一个完整的电视剧产业价值链，主要包括创作、投资、制播、发行、衍生产品开发和品牌建设六个层面。其中，传统意义上，电视剧制作公司、发行公司和作为播出单位的电视台分别处于电视剧产业链的上游、中游、下游。音像制品公司、书刊出版社和网络游戏等其他延伸产业则是对整个电视剧产业链的完善。由于电视剧产品具有物质、精神、文化、经济等多重属性，不是一次性消耗的物质产品，对其进行不断扩展的多轮销售，将刺激产业链上中下游各级组织的移动，成为电视剧产业价值链不断增值的驱动力。

一、创作

电视剧产业链的创作环节指向内容生产，具体而言，就是剧本创作。

电视剧产品是内容产品。由于提供精神产品的产业被统一纳入文化产业的范畴，而内容产品显然隶属精神产品的行列，故此，电视剧产业基于其内容产品的立场，也就从学理上得以正名。

内容产品的立场决定了电视剧产品的特性。首先，内容产品本质上是一种社会意识形态，是特定社会利益集团的思想意识状态，因而意识形态属性就是电视剧产品的本质属性。其次，电视剧制作的主要目的就是生产有价值的文化信息。由于文化产品的价值在于其所蕴含的文化内容和意义，而非符号形式，因此，电视剧就成为内容产品的典型代表。最后，非消耗性是电视剧作为内容产品的又一特性。由于电视剧的使用价值是满足消费者娱乐休闲之需求，因而所有消费者之间不存在竞争关系。

剧本是整个电视剧产业链的源头，是电视剧制作单位的核心价值所在。发行和播出方的购片计划，往往从剧本选择阶段便开始介入，说明电视剧市场竞争的重心指向于此。在剧本重要性日益凸显的今天，通过市场化交易，必定会激发剧本创作的热情和市场的繁荣。随着高质量作品的不断涌现，优秀的编剧也将连同剧本一起，成为未来电视剧产业竞争的新宠儿。

二、投资

电视剧产业链的投资环节，是指组织机构以某种有价值的资产（资金、人力、知识产权等）投入电视剧及其衍生产品的生产，以获取经济回报的商业行为或过程。此处主要关注的是电视剧生产资金的筹集。

当前，我国电视剧生产资金的筹集方式主要有自有资金、合资、社会融资、银行贷款和政府资助五种。由于电视剧制作的成本越来越高,制作单位的自有资金满足生产需要日渐乏力,因而开辟多种融资途径业已成为当前我国电视剧投资领域的掣肘问题。市场化运作的企业大多会通过合资、社会融资和银行贷款等多种形式筹资,一些规模较大的影视公司还通过上市进入证券市场进行融资。

向金融机构贷款是实力强大的制作公司融资渠道的首选。作为成本较低的筹资方式,电视剧制作获得银行授信从而使银行贷款成为电视剧资本的来源,无疑提供了一种绝佳的融资新途径。不过,由于商业银行为实现结构优化往往倾向于向效益优良的产业和企业投放贷款,还会要求担保责任和详细的评估预测报告,通常而言只有实力强大的影视企业才能通过这种渠道为电视剧项目融借到资金。2007 年,北京天星际文化传播有限公司以所持有的版权作为反担保物,由专业担保公司作连带责任保证担保,获得银行授信"版权保证贷款"600 万元,首次使用无形资产质押贷款产品,开辟了电视剧制作方获得间接融资的渠道,也为扩张型资本运营模式提供了更多选择。[①] 2009 年,光线传媒与北京银行签署了 2 亿元人民币的授信贷款协议。这是迄今为止金融业以版权质押组合担保方式为影视企业发放的最大单贷款。[②]

股票融资是上市影视制作公司进行电视剧项目融资的主要渠道。影视制作企业上市后,制片企业可以通过发行股票为电视剧项目在资本市场上融资。但是,由于上市条件非常严格,借壳上市便成为企业的惯用方式。2009 年,嘉禾娱乐收购橙天娱乐旗下的智鸿影视公司,橙天娱乐借壳嘉禾实现了智鸿影视公司的成功上市,使橙天娱乐成为中国内地第一家在日股上市的民营影视娱乐企业。此外,剥离上市也是影视制作机构进入资本市场的主要方式。随着传媒市场化的发展,媒体单位投资的影视基地和业务分离形成的影视节目制作剥离上市也成为上市的主要方式。如 1997 年挂牌上市的中视传媒股份有限公司是传媒类 A 股上市公司,由中央电视台控股基础进行改组,是通过募捐方式设立的股份有限公司。[③] 而华谊兄弟股份有限公司于 2009 年 10 月在创业板开放申购,是首家在内地上市、利用股票融资

---

① 参见国家广播电影电视总局发展研究中心:《2008 中国广播电影电视发展报告》,新华出版社 2008 年版,第 75 页。

② 参见吴颖:《光线两年后上市贷款最大单打造"梦工厂"计划》,http://ent.qq.com/a/20090617/000120.htm,2013 年 11 月 9 日。

③ 参见喻国明等:《传媒经济学教程》,中国人民大学出版社 2009 年版,第 16 页。

为电视剧制作筹集资金的民营企业。

向社会公司募集资金是民营企业募集电视剧项目经费的又一渠道。由于电视剧投资的高风险，企业之间相互合作既是融资的有效手段，又是有效的风险分担方式。民营影视企业由于规模小、实力弱，难以获得银行贷款，因而多采取与其他影视公司合作的方式筹资。这种合作又分为不担风险固定回报和风险共担按比例分成两种方式。自 2000 年以来，进入电视剧生产制作领域的社会闲散资金逐渐增加，一些房地产、餐饮业、化妆、药品等领域企业纷纷通过投资电视剧切入文化市场，加上中信、保利、横店等超大型企业集团的高调介入，当前我国电视剧资本市场逐渐呈现多元投资的格局，社会资本已在电视剧投资市场占据主要份额。

与电视台合作是有效分担电视剧投资风险的积极融资渠道。对制片公司而言，与电视台合作不仅可以解决资金问题，还可以减缓发行风险；而电视台通过前期介入，既可以保证电视剧的拍摄质量，提前购买到播出权，还可以获得一定比例的利润分红，可谓一种双赢的筹资方式。不过一般来说，只有看好剧本的预期前景，电视台才会把购片资金提前投入到电视剧的生产中，因而与电视台合作，需要的是优秀的创作基础。

此外，各级政府的支出预算里，通常会包括一部分用于影视制作的资金，属于补贴性质，不需要计算成本收益。当制作单位投拍的电视剧带有强烈的意识形态和政治导向功能，或者是应政府部门要求投拍的电视剧时，就可以寻求从相关领域的政府部门获得资助的融资渠道。不过在电视剧生产日益面向市场的今天，这种依靠政府的融资方式已经日渐式微了。

三、制播

电视剧产业链的制播环节，主要以具体的制作过程和播出模式为靶向进行观照。

电视剧制作的过程，就是将预先的设计方案与摄制工具相结合的过程，一般分为筹备、拍摄和后期制作三个阶段。筹备阶段主要包括人力资源招募和器材设备准备两方面内容。拍摄阶段是对剧本进行的二次创作，是剧本与演员、剧本与电子化传输设备进行融合的过程，也是文本向图像、剧本向电视剧的初步转化。后期制作阶段是对已拍摄的镜头根据剧本进行胶转磁、非线性编辑、配音、合成、字幕、特效、复制等，最后制作出合格电视剧成品的过程。经过制作，原有的镜头成为彼此联系的整体，剧本最终完成了向电视剧的转变。这一系列阶段性活动构成了电视剧制作阶段的动态价值创造。

电视剧播出的模式经历了从自产自播、交换播出到制播分离再到制播携手、自制经营的变化。新中国成立之初电视台刚恢复制作和播出时,省级卫视基本采用自产自播模式,由电视台自己生产电视剧在本台播出或者通过交换在各家电视台之间播出。在随后“三级办电视剧”的大背景下,中国内地的电视频道在十几年间猛增到上千个,依靠电视台自产自播或交换播出已很难满足观众对电视剧日益增长的巨大需求。为了应对电视剧资源的短缺,制播分离模式应运而生。所谓“制播分离”,即电视播出机构将部分电视节目委托独立制作单位制作电视剧的生产模式。依托制播分离,各类资金被投入到电视剧市场,参与电视剧生产,电视剧产量的激增使得民营影视公司成为当前我国电视剧制作的主体。

近年来,随着定制剧的兴起,越来越多的电视台也加入到电视剧资源开发的行列,从作为播放平台的下游转移到内容制作的上游,不仅播放的电视剧更有针对性,也减少了购剧风险,由此进入到自制经营的模式。定制剧是指播出机构采取前期投资、预订或以投代购等方式,要求制作单位根据电视台自身品牌特点、频道形象量体裁衣制作电视剧。与最初的自产自播不同,制播携手的自制经营包含了购买方式,可以有效应对优质资源稀缺和同业竞争的窘境。从电视剧行业的整合角度看来,制播携手是制作机构和播出平台在创作阶段就展开前瞻性合作,让终端价值的实现者从电视剧创作之初就介入进来。这种模式可以推动规模化制作,促进制播双方对接,减少电视剧生产的盲目性。

未来一段时间,传统制播分离的购销模式和制播携手的自制经营模式将并驾齐驱,而后者的比例会越来越大。在政府主管部门的倡导支持下,播出方与制作业强力配合,电视台自制经营的制播方式将占据主导地位。

四、发行

电视剧产业链的发行环节,主要考量发行模式和发行策略的问题。

(一)发行模式层面

我国电视剧的发行对象主要是电视台、广告商、网络平台和出版单位,主要发行方式有一次性卖断版权、出售播映权、出售贴片广告时间和出售出版物版权四种情况。一次性卖断版权,即电视剧制作公司放弃电视剧首映以后可能因重播、再版发行带来的收益,将版权一次性让渡给购买方,从而获得资金,收回成本。出售播映权,即出售一定期限或地域内的电视剧播出权利,但不出售版权。出售贴片广告时间,即电视剧制作单位在自产电视剧中辟出贴片广告时间卖给广告客户,然后将含有贴片广告的电视剧低价或免费提供给电视台播出，实质是一种捆绑销售。出售出版物版权，即将电视剧的 VCD、DVD、CD 等音像版权出售给出版单位，从而构成制片商发行收入的重要组成部分。传统的电视剧发行模式，是先进入电视台播出，然后再发售音像制作版权和网络版权。

目前我国电视剧的发行渠道，主要是参加各类节会和自办发行。电视艺术节、电视艺术周、电视节目交易会是电视剧实现有效交易的集中便捷途径。自办发行利用的则是电视圈内部资源，通过与各家电视台分别交易谈判来实现电视剧的销售目标。制片单位通常会综合考虑短期利益与长期利益、一次性收益与重复收益以及经济效益与社会效益之间的平衡，选择合适的发行渠道。

网络发行渠道的开拓成为近年来电视剧发行的新趋势。这种首先在网络进行首播，然后才在电视台陆续播出的模式，属于逆向的发行思维。由于网络受众与电视受众的巨大差异，网络发行可以形成与电视台播出的分众协同效应，扩大电视剧的整体受众覆盖率。而电视剧网络播映权价格的直线上升，则预示着网络越来越成为电视剧发行的重要渠道。

（二）电视剧发行策略层面

针对电视台进行前期推广是制片单位发行策略的重要组成部分。在拍摄启动前，制作单位会先将剧本的故事梗概和演员阵容提呈电视台的电视剧采购部门，当进入发行阶段便可以缩短交易周期，提高交易成功率。根据前期推广过程中获得的来自电视台方面的市场反馈，制片单位还可以对电视剧的题材、制作和发行各环节进行调整，为成功发行创造条件。在前期推广的过程中，优秀的剧作一旦激起电视台的兴趣，后者还可能主动交付定金，有助于电视剧在制作完成之前部分实现发行效果，大大降低电视剧制作单位的投资风险。

面对受众进行媒体宣传也是制作单位常采用的发行策略。当依靠电视台倾销的竞争日益加剧，一些制片公司开始借助大众传媒的力量进行小范围的线下营销，直接向电视观众进行推广，以此保证电视剧的收视率。这一策略先期促进了音像制品的销售，在电视剧发行之前奠定收视基础，从而增加贴片广告销售几率，提高基本收益。

电视剧的媒体宣传关键在于将宣传整合于“传媒—娱乐新闻—大众消费”的传播生态运行系统之中。预告片、海报、介绍传单是电视剧最常用的广告形式，举行开机、封镜、首映等新闻发布会或记者招待会也比较常见。探班、访谈、拍摄花絮、明星追踪等消息报道是吸引受众的积极资源，可以实现电视剧制作单位和新闻报道的双赢。此外，明星与受众之间的互动、主创签名出售衍生产品等媒体宣传活动,亦成效显著。

五、衍生产品开发

电视剧产业链的衍生产品开发环节,主要考察下游产品的生产和利用。根据目前电视剧相关产业的开发情况,基本可以分为两种类型:一是纵向开发,指跟电视剧生产与播出密切相关的行业;二是横向开发,指与电视剧生产运营关联性较弱的领域。

电视剧资源包含电视剧的整条产业链,因此电视剧资源的运营应该贯穿产业链全部。一部电视剧在播出后会形成一定的文化辐射,延伸至更为广阔的产业空间,不仅可以获取更大的利益回报,而且可以为电视频道拓展经营领域。从成熟的影视盈利模式来看,单独依靠产品本身和广告收益很难获得更大的利润,对周边产品的经营所得远超以上两种盈利。“品牌化+产业化+长期化”的电视剧营销模式可以造就“一部电视剧伴随一代人的成长”的神话(如美剧《成长的烦恼》等),注重衍生产品的开发则可以从广度和深度上加强电视剧产业的挖掘,最终实现经济效益最大化。

电视剧衍生产品纵向开发层面包括版权销售、音像出版和影视基地建设等内容。版权销售是电视剧产业链的传统衍生产品收益项目,需要版权方理性制定价格,防止暴涨之后暴跌导致的行业动荡。一部好剧的成功也可以带动音像出版。受众对一部电视剧的喜欢会延伸到该剧的原声碟、同名书籍或是相关的影音制品,其可用来收藏或作为礼品赠送他人,但是盗版对于该领域的打击是致命的。在世界各地,不少地区以得天独厚的旅游资源为依托建设影视基地,这不但有利于影视业的发展,而且能带动当地旅游度假和第三产业。例如,美国的好莱坞和浙江横店影视城,均大大促进了当地经济的繁荣。

电视剧衍生产品横向开发层面包括旅游、服装和化妆品、文化教育以及网络游戏等内容。一部电视剧能显示一座市镇独特的魅力,带动该地区旅游业的发展。不少地方政府已经认识到电视剧的独特功能,着力协同企业一起打造影视剧,以期一出好剧激活一方山水。一部都市题材电视剧的热播会带动受众对剧中人物所着衣饰、所用妆容的追捧。在韩国,此类电视剧衍生产品开发尤为成功,剧中人物所用产品的关联销售业已成为产业。以儿童题材为代表的电视剧还能带动文化教育产业的发展。美国的《米老鼠与唐老鸭》、中国的《喜羊羊与灰太狼》热播后,同名食品、文具等衍生产品一上市就受到儿童受众的广泛欢迎。此外,网络游戏与热播电视剧的联姻可以成功吸引年轻受众,同步推广不惟节省宣传资源、有效拓展市场,还可利用二者从创意到科技相辅相成的特征，将电视剧的情节优势带入网络游戏，将网络游戏的领先技术渗透数字时代的电视剧生产，可谓珠联璧合，益处多多。

通过想方设法拓展衍生产品，电视剧的价值得以反复利用，从而将生命周期扩展到极限。与此同时，电视剧衍生产品的开发能够有效拓展电视剧制作机构的盈利渠道，分散经营风险，从而获得最大的价值回报和利润空间。

六、品牌建设

电视剧产业链的品牌建设环节，研究的是开发和利用电视剧资源，延伸频道内涵，建构品牌持久影响力的问题。

21世纪伊始，无论是从受众接受还是广告市场的角度，电视剧的制作、发行、播出和营销都进入了品牌化时代。品牌，是一种用以识别某个或某群销售者的产品或劳务，并使之同竞争对手的产品和劳务区别开来的名称、名词、符号或设计。[①] 它是一种存在于生产者和消费者之间的信任关系，是消费者关于其载体的印象，也是产品的增值源泉，因而具有明显的“溢价”功能，能够带来高额的附加值。

就电视剧而言，当下受众的收视习惯已经转向“超市型”结构。大量的选择面前，受众通常会优先收看熟悉或喜爱的品牌媒体播出的电视剧。尤其当同一部电视剧在不同频道同时段播出时，受众一般会习惯性地跟踪自己热衷的频道。另外，对于广告商而言，其所购买的也并非广告时段本身，而是品牌题材、品牌编剧、品牌演员、品牌剧场以及品牌媒体所聚合而成的受众注意力资源。

电视剧的品牌化是一个系统而整体的过程，电视剧本身、剧场和媒体三者共同构成其总体品牌，彼此之间是递进而相互依存的关系。内容资源、平台资源、受众资源和营销途径是品牌化运营的制胜法宝。一部电视剧的营销过程中，品牌贯穿始终，涵盖导演、编剧、演员、播出平台、剧场设置等全部资源内容。在电视剧的宣传推广上，品牌也是获取人气的利器。例如，“某某导演作品”“某某编剧”“某某主演”“某某卫视倾情打造”等标签在电视剧宣传时总会被突出强调。而事实也证明，这样的品牌营销总能吸引大批受众的眼球。可见，品牌效应的不断凸显为电视剧的收视成功做出的贡献不

---

① 参见[美]科特勒等：《营销管理》，吕一林、王俊杰译，中国人民大学出版社2010年版，第13页。

容小觑。

电视剧续集和同名电影的开发,也是延伸电视剧品牌的重要手段。充分利用品牌效应持续开发新产品,可以使品牌影响力呈几何增长。通常情况下,社会反响大、收视率和满意度较高的电视剧,受到之前品牌效应的影响,续集的生产是盈利可见的。不过情形也不尽然。品牌效应一旦形成,对电视剧品牌的后续开发,关键是要保证新产品的质量,否则就会狗尾续貂,导致品牌建设的失利。而在保证创作质量的基础上,借由品牌效应为电视剧品牌带来持久收益,是切实可行的。

综上,电视剧的产业化要求建立以生产制作为基点,以资本市场融资为手段,以可行性分析与成本核算为依据的良性循环生产体系。其收入结构不再仅仅依靠节目本身的销售或电视台播放,收视费、版权交易费和衍生产品市场开发将占据主导地位。电视剧产业是一个复杂的社会系统工程。系统内,从剧本策划、资金投放到电视剧的制作播出,再到受众收视率反馈、广告费支付,是一条长长的产业链;系统外,电视剧产业又与多种相关行业辐射交融,存在多种潜在的可开发性。同时,电视剧产业又受到政治经济、社会环境、科技人文等诸多因素的影响和制约。这就要求"鲁剧"产业研究必须关注系统内和系统外多种机制的良好配合,并努力使之达到一种优化耦合的状态,才能使"鲁剧"产业的发展步入良性循环的轨道。

第三章　全媒体时代的中国内地电视剧产业

第一节　以大数据为表征的全媒体时代

随着信息传播技术的高速跃进，人类正进入全媒体时代。全媒体时代，是指以口语、文字、图像、音频、视频等形式，在新旧媒体融合的基础上，进行全天候、全方位、无缝隙、多终端、立体化的互动传播，涵盖视觉、听觉、触觉等全部感官，开启全民自由、开放、高效传播的新时代。

全媒体时代引领着媒体发展和文化消费的趋势。媒介之间的边界消失，走向媒介融合和跨媒体传播，文化市场的分众化、个性化、碎片化日渐明显。为了适应全媒体时代，全球范围内的并购、重组、整合成为一股不可阻挡的潮流。亚马逊并购《华盛顿邮报》，迪斯尼、维亚康姆进军广播电视业，华纳公司并购传统出版业和互联网产业……世界传媒产业的巨头几乎都是全媒体运作的高手。

不仅如此，国内一些知名国有、民营企业也加入到影视文化领域，通过并购和兼并发展跨媒体视听业务。2013 年 5 月，百度以 3.7 亿美元收购 PPS 视频业务，并将 PPS 视频业务与其旗下视频网站“爱奇艺”进行合并，使“爱奇艺”发展成为中国最大的网络视频平台；同年 7 月，华谊兄弟公司通过发行股份及支付现金的方式，以 6.72 亿元购买银汉科技 50.88%的股权，进军手机游戏产业；几乎同一时间，华策影视以现金及发行股份相结合的方式，收购上海克顿文化传媒有限公司 100%的股权，交易金额为 16.52 亿元，成为国内影视行业中金额最大的并购项目……不难看出，全媒体时代，影视行业内外的跨媒体兼并与厮杀，将更加频繁和激烈。

全媒体时代改变了原有的传媒生态，传媒话语权开始由单向和垄断走向互动和开放。如此环境下，新一轮媒体竞争更加依赖的，是信息的收集整合以及在此之上的数据分析。全球知名咨询公司麦肯锡认为,数据已经渗透到当今每一个行业和业务职能领域,成为重要的生产因素。人们对于海量数据的挖掘和运用,预示着新一波生产率增长和消费者盈余浪潮的到来。于是,大数据在其概念应运而生之余,作为全媒体时代的表征尤为旗帜鲜明。

在注重受众体验的多元化、产业化发展的趋势中,大数据得到了产业资本的充分重视。涉足大数据应用的效益,也已端倪初现。2013 年,在全球多个国家热播的美剧《纸牌屋》的制作,就是基于大数据的分析模式。在国内影视市场,电影《小时代》在国内影评界的一片诟病声中最终获得 4.84 亿元人民币的票房,相对于不过几千万的成本投入,其成功主要得益于基于大数据技术的分众打造和营销。

一、大数据与互联网合力引发产业革命

进入 21 世纪的第二个十年,“大数据”(Bigdata)一词越来越多地被提及,人们用它来描述和定义信息爆炸时代产生的海量数据,并命名与之相关的技术发展与创新。它已经登上过《纽约时报》《华尔街日报》等知名新闻媒体的专栏封面,见诸美国白宫官网新闻,现身于国内一些互联网主题的讲座沙龙,甚至被嗅觉灵敏的金融行业写进了投资推荐报告。

大数据(Bigdata),或称“巨量资料”,指的是所涉及的资料量规模巨大到无法通过目前主流软件工具,在合理时间内达到撷取、管理、处理并整理成为帮助企业经营决策更积极目的的资讯。这一概念在物理学、生物学、环境生态学等领域以及军事、金融、通信等行业存在已有时日,新进的爆发是由于互联网和信息行业的广泛应用,其与云计算、物联网,并称“IT 行业三大颠覆性技术革命”。事实上,云计算主要为数据资产提供了保管、访问的场所和渠道,而数据内容本身,才是真正有价值的资产。企业内部的经营交易信息,物联网上的商品物流信息,互联网世界中的人与人交互信息、位置信息,等等,其数量将远远超越现有 IT 行业架构和基础设施的承载能力。如何盘活这些数据资产,将海量非结构化的信息转变为有价值的决策辅助,使其为政府管理、行业决策乃至个人生活提供合理化服务,是云计算内在的灵魂和必然的升级方向,也是大数据的核心议题。简言之,大数据技术,就是从各种各样类型的数据中快速获得有价值信息的能力。

相比于传统的数据仓库应用,大数据分析具有数据体量巨大(Volume)、数据类型繁多(Variety)、处理速度快(Velocity)和价值密度低而商业价值高(Value)的特点,也就是业界所谓的“4V”。众所周知,数据本身蕴藏着价值,

在善用的人手中，就能变成管理决策的依据，带来的是对受众市场的深入了解和对竞争优势的理性把握。换句话说，善用数据，就能生产出满足潜在需求的新产品和新服务，从而创造巨额利润和价值。

互联网技术不仅催生了大数据的应用，其本身作为一种新兴的传媒技术也在快速发展。特别是近两年，移动互联网应用快速普及，随时随地的便捷体验摆脱了线缆的束缚，与日俱增的传输速度弱化了新老媒体的应用差异。不同于传统媒体，互联网具有良好的交互性，在为受众带来革命性体验的同时，也为采集、存储和分析提供了坚实基础，使对受众行为和情绪的细节化测量成为可能。绝大部分的市场需求都最终追溯为人类群体行为的倾向性，而一旦掌握了群体受众行为的规律，就能够获得更为准确的市场需求信息和更加清晰的商机。挖掘受众的行为习惯和喜好，从繁冗的数据中提炼出更符合受众兴趣和习惯的产品和服务，并对产品和服务进行有针对性的调整和优化，这就是大数据之于产业的价值所在，由此引发的产业革命，也在情理之中。

二、全媒体时代的大众传播特征转向

全媒体时代全面改变了受众人际互动，彻底打破了纸媒和"第二媒体"时代精英掌握话语权、媒介把控意识形态输出的少数对多数的单向线性传播模式。在全媒体时代，媒介技术的发展解放了以往受制于精英话语的普通受众。在其平台上，个体不仅可以通过个性化服务定制完成影音娱乐和生活需要，还可以置身其中，发表日志、参与话题讨论，平等地介入虚拟存在的媒介互动人群。这意味着，在全媒体时代，传播施受之权不再单向线性传递，而是面上分布，属于所有人。与此相应，传播学经典理论的五个基本要素——主体(Who)、内容(What)、方式(Which Channal)、客体(Whom)和效果(What Effect)以及彼此之间的关系，在全媒体时代也发生了特征转向。

(一)主体(Who)与客体(Whom)

无论是报纸期刊一统天下的纸媒时代，还是广播、电视普及的"第二媒体"时代，传播者的话语垄断地位始终未曾动摇，传播主体是"小众"，传播客体是"大众"，传播格局是单向度的。库尔特·卢因(Kurt Lewin)认为，信息的传播网络中布满了把关人，这些把关人负责把关，过滤信息的进出流通。而传统媒体通过这种把关行为进一步控制了信息向客体的传播权限，信息传播的不平等性显而易见。这一传播学经典的"把关人"理论，事实上确认了传统媒体时代少数对多数的传播范式。

而在全媒体时代，日新月异的媒介技术打破了少数人与多数人之间的信息权限。手机打破了固定电话的地点和功能专属特性;短信实现了文字书信的移动功能并将移动传输的平等性进一步拓展;而在互联网平台中,传播主体和客体的界限更加模糊,受众作为网络人际沟通的终端节点,不仅具有收获和搜寻信息的功能,同时也可以将自身作为他人视野中的信息和景观,主动性和被动性并存。由此,传播主体和客体在全媒体时代实现了有机统一,这种统一填平了少数和多数的鸿沟,令"所有人对所有人的传播"成为可能。

(二)内容(What)

传统媒体时代,报纸、广播、电视的传播模式相对固定,容量有限,形式变更空间小,带有一定强迫性,好比餐厅提供的定制"套餐",虽然人人有份,却配搭统一,毫无调整余地。相较于"套餐"式的传统媒体时代,全媒体时代的传播内容更像是"自助餐"的模式,传播内容不惟在质量和数量上都有了显著提升,由"可数"升级为"不可数",而且可以根据受众的具体定位和需求,提供对应的资讯服务。

"传播学之父"威尔伯·施拉姆(Wilbur Schramm)认为,在媒介传播中,受众对于传播的介入带有很大程度的自主性。媒介好比自助餐厅,受众将媒介提供的讯息当作一场可以根据个人口味自由挑选菜品和数量的饕餮盛宴。选择何种信息类型,接受多少信息数量,均由出席宴会的主角——受众来完全掌控;而媒介的地位,只是餐品的提供者,无权加以干预和强迫。这一理论标志着传播学研究的立足点由传播主体本位转向了受众本位。

尽管施拉姆所处的时期并没有互联网等新媒体的出现,但其前瞻性却是对全媒体时代传播内容变迁的有力注脚。全媒体时代提供了菜品极为丰富的"自助餐",受众可以通过媒介提供的各种工具精确定制合乎自己胃口的"美食",避免了由于信息不对称而产生的选择误差和不必要信息的盲目灌输。由此,信息传播的强迫性,因在全媒体时代受制于受众本位而逐渐消解了。

(三)方式(Which Channal)与效果(What Effect)

传统媒体时代的传播方式相对单一,传播效果乏善可陈,对受众的媒介生活质量影响有限。传统媒介时代的传播方式主要是有线电视、无线广播和文字印刷,缺陷在于其单向度的线性传播模式。具体而言,节目信息的编排和获取方式相对固定,受众只能按照电台或电视台的既定规制收听和收看节目。报纸的传播方式就更为死板,以文字信息构成的传播版面局限性更大,无任何受众即时互动可言。

而在全媒体平台上,情况有了很大改观。传播方式和效果均呈现多元化趋势。全媒体时代的传播方式得到极大拓展，Wi-Fi 网络、移动 GPRS、有线数字电视等将受众受传的自由度和主动性大幅提高，只要拥有终端设备，就可以在任意时间、地点自由选择。传播效果上，非线性的编辑模式让传播内容与形态更加丰富，声音、图片、动画、视频呈现在受众有限的感官里，可谓栩栩如生。

全媒体时代的传播活动是各个网络节点之间的传输和互动，每个人都是传播过程的一个节点，相互之间的传输基本上不受限制，从而将传统媒介环境中在信息解除、发布、批判、理解及运用上传播主体与客体所呈的“金字塔形结构”演变为相对平等的“扁平结构”①，从媒介的整体传播特点上看，已经具备了“所有人对所有人的传播”特征。

三、传统电视剧产业面临全媒体冲击

全媒体的媒介融合，让“所有人对所有人的传播”成为可能。尽管广大受众从中获益，但其本源动力仍然在于产业自身的趋利性和竞争本能却也是不争的事实。作为媒介形态大变革中最为崭新的传播形态，全媒体的出现给传统电视剧产业带来了巨大冲击。

从市场受众分析，截至 2013 年 6 月底，我国网民规模达 5.91 亿，手机网民规模达 4.64 亿，其中网络视频网民达到 3.89 亿。尼尔森对美国市场调研的数据显示：2011～2012 年，手机视频观众增长了 22%，达到 4100 万人，而零电视家庭 2007～2013 年年间增长了 250%。在我国，45.4%的受访者已基本不看电视节目，超过 76.3%的受访者选择观看网络视频。

从全球广告市场来看，2005～2012 年，广告主在电视媒体的资金分配从 63.6%下降至 54%；2013 年上半年，全球互联网广告支出是电视广告支出增速的 6 倍。可见，在全媒体时代，传统媒体广告呈明显下滑趋势，过分依靠传统媒体而忽视发展新媒体，显然是个并不明智的选择。

从三网融合来看，电信运营商已经发展成为媒体企业。就主营业务和收入结构而言，中国移动、电信、联通三大电信运营商已俨然成为媒体企业，其为文化产业服务的宽带服务和内容下载平台服务在不断发展。三大电信运营商也因此通过媒体化平台和宽带服务，在获得高收益的同时，对传统媒体进行着挤压。

互联网公司的迅速崛起，也为电视剧产业建立了新的衡量坐标。2012

---

① 参见余秀才：《全媒体时代的新媒体素养教育》，载《现代传播》2012 年第 2 期。

年,百度公司收入223.06亿元,盈利110.51亿元;腾讯公司收入438.937亿元,盈利127.319亿元。其昂扬态势令电视台和影视公司等传统电视剧生产、发行、经营机构叹为观止。

不仅如此,随着大数据和互联网技术应用的日渐深入,传统媒体与新兴媒体之间如火如荼的融合同样冲击着传统电视剧产业。乐视网和小米公司相继向市场推出了低价、高清大屏幕、内置机顶盒的智能电视,既能够收看传统电视信号,也能够通过互联网点播电视剧视频。两家公司都采取了低利润甚至是零利润推广硬件,力图搭建自有平台,对传统电视剧播出市场进行蚕食。与此同时,一些规模较大的视频网站已经开始自投自制电视剧,数量和质量均逐年上升,并开始向电视台反向输出电视剧。

不难发现,伴随着电视剧的跨媒体多渠道传播,电视台、影视公司等传统电视剧产业主体不经意间,已经从原来的电视剧内容生产、提供和传播机构,变为全媒体时代多元传播主体中的一员,优势地位岌岌可危。全媒体时代来临,媒介生态和竞争环境已经发生革命性变革,传统电视剧产业的危机与挑战,也已悄悄来临。

第二节　全媒体时代的电视剧革新

以大数据为表征的全媒体时代滚滚而来,在多元复合的传播环境中,新的潮流和趋势对电视剧产生了深刻影响,总体看来,在受众心理、内容创作、播出模式和营销策略四个层面进行着革新。

一、受众心理

受众是媒介传播的重要方面,受众心理主要关注受众的接受需要、接受动机、心理效应和心理倾向。受众心理根据媒介环境的变化而变化,又因传播模式的不同而表现出迥异的特点。

(一)从单一到多重的意识觉醒

如前所述,随着全媒体的覆盖,受众逐渐成为媒体市场的“自助餐”消费者,作为服务和产品的终端客户拥有一定的购买选择权。媒体技术的日新月异带来了多元化的传播内容和现代化的传播方式,受众不仅接收、消费电视剧信息,还参与电视剧信息的生产、传播和阐释,从而具备了接收者、消费者、生产者和传播者四重角色,主体心理意识开始从单一转向多重,明显的表现是个人意识的崛起和分享意识的凸显。

处于互联网造就的网状传播结构的所有个体地位都是平等的。在这一多数对多数的传播模式中，受众开始扩散与分化。一方面，其主体意识被唤醒，拥有了更多权利；另一方面，受众的个人意识也得到前所未有的发掘。大众日益分化为小众、窄众，个人化消费趋势显著。原来聚集于特殊区域（如某户人家）观看电视剧的公众，先是演变为各自家庭空间的电视剧收看者，继而发展到今天每一部手机、平板电脑等的个人终端用户。不仅如此，受众所面对的电视剧内容也被按照年龄、性别、种族、文化程度、兴趣爱好甚至专业领域、社会阶层等指标细分，更加个性化，信息传播的分众特性日益明显。

如果说在"接收者"和"消费者"角色中，受众的个人意识变得更强，那么在"传播者"与"生产者"角色中，受众的分享意识则得到前所未有的凸显。传统大众媒体机构的新闻垄断和传播特权被打破后，受众借助操作简便、成本低廉、实用快捷的网络应用工具参与到信息传播链条中，成为个性化"把关人"，体会到了参与其中的存在感。这种存在感令受众继而产生社交和分享的需求——不仅"跟剧"，还对所知的相关电视剧信息进行追踪和转发。在新媒体主体可以隐匿的环境下，分享无须承担更多压力，更类似于受众对自己"成果"的展示，从中能够感受到更大的传播主动权和成就感。

（二）从理性到感性的审美变迁

受众的审美心理与电视剧自身的精神内核及其向受众传递出的各种意义与符号密切相关，不仅间接主导了受众的审美取向，而且赋予了受众"美"的理念。在传统媒体时代，美是经典、感性而充满哲思的，受众乐于形而上的批判性思考，追求一种理性的审美；而在全媒体时代，电视剧裹挟的"强调互动、追求平权，回归本我、崇尚自由，标榜草根、抗拒精英，高扬感性、尊重个性"[①]的文化精神，将受众带入了一个感性审美的世界。受众的电视剧审美心理从传统美学的相对永恒、崇高而悲悯，转向消费美学的瞬间、平俗和狂欢。

全媒体时代的传统文本似乎印证了罗兰·巴特（Roland Barthes）"作者已死"的预言。受众借助博客、微博、朋友圈等立体化、全方位的新媒体工具完成了个体对权威的突围，通过戏谑、反讽、荒诞、无奈、自嘲等手段昭示个体存在，建构话语体系，消解正统与崇高。其中，以拼贴、恶搞、吐槽为特征的内容拥趸甚众，标志着受众的审美趣味呈现出平面、断裂、零散、复制等明显的后现代特征。在这样的审美实践中，物质的功利性膜拜转而指向了其

① 宫承波：《新媒体文化精神论析》，载《山东社会科学》2010年第5期。

背后的符号与意义追求。电视剧自身表达的实用主义功能退居其次,其附带的享乐、发泄、狂欢体验更为引人注目。而反之,这种瞬时性审美又进一步刺激着受众对层出不穷的电视剧符号新一轮的感性追逐。

艺术和生活边界的模糊,是全媒体时代电视剧受众审美的又一表征。全媒体时代允许将生活现场搬到公共平台,受众便通过对传统经典电视剧的戏谑和改编,创造出带有强烈草根色彩的生活化电视剧作品(如《春光灿烂猪八戒》等)。审美在此完成了新的超越——不再只存在于艺术领域,而是呈现出泛化倾向。在多种媒介合力的冲击下,日常生活中任何一个不具有传统审美价值的表层肤浅细节都被赋予一定的审美含义。受此影响,受众的每一种行为、话语习惯和意识形态,都可能引发全媒体视野下的电视剧审美变革。

二、内容创作

全媒体时代为电视剧内容创作带来的变化,主要体现在题材选择和叙事结构上。

(一)题材选择

当前的中国内地电视剧题材呈现出百花齐放的局面,从主旋律到谍战剧,从宫廷剧到穿越剧,从现实剧到偶像剧,不一而足。但另一方面的情况是,诸多题材的近似和雷同也让受众感觉乏味(例如谍战剧此起彼伏、宫廷剧扎堆等)。面向全媒体时代正在逐渐改变的受众心理和结构,电视剧题材内容的变革成为必然。

全新的媒介环境已经改变了电视剧的内容评估标准,对电视剧创作提出新的挑战,即引导受众审美需要以受众心理接受为前提。这就要求全媒体时代的电视剧题材内容要符合当下现实生活需要的精神内涵。全媒体时代,受众的审美偏好对于一部电视剧的热播至关重要。一旦电视剧的题材内容与受众所处的时代背景、拥有的社会文化经验达到融合,符合其审美趣味而为受众选择接受,不仅可以在网络视频播出平台上受宠,同时还能引发延伸至传统媒体的自主传播,生成更大的市场效应。

例如,以家庭伦理剧和青春偶像剧为代表的现实题材电视剧,往往聚焦于现代都市人的婚姻观念、婆媳关系、情感纠葛等这些新时代衍生的新问题,通过都市男女的亲情、友情、爱情反映社会转型时期的家庭生活、伦理观念和价值取向的激烈碰撞。由于故事新颖、贴近生活、时代气息浓郁、内容和视角更加贴合当下主流受众的需求,此类题材电视剧的电视台收视率和网络点击量大致成正比,“网台联动”的效应比较明显,网络推广和电视台热播可以互为推进，形成积极效应。

在全媒体时代，电视剧的题材选择也逐渐转向创作主体的策划和审美主体的期待两种视野的融合。创作团队需要在设定电视剧题材内容之前，首先了解相关受众的审美期待与现实差异，在二者之间的张力上做足文章，补足现实困顿与理想美好的落差，从而使作品符合市场预期，把有效受众的所思所想通过电视剧文本尽量原生态地呈现出来。

电视剧《甄嬛传》的成功，正是从题材选择到内容设置完全遵循将迫切性审美期待和陌生化生活经验完美结合的创作原则的典型，前者的陌生化效果满足了观众的猎奇心理期待。整部电视剧的历史架空在清雍正时期，从剧中人物的服饰妆容到生活起居，均激起了受众的好奇心，成为吸引关注的重要因素。而剧中人物之间的情感关系和谋略设计又可以与现实生活、职场斗争紧密勾连，使得受众的期待视野同时具备了现实意义，反映出本剧创作主体的前期策划向审美主体期待视野的主动迎合。

（二）叙事结构

以大数据为表征的全媒体时代是海量信息汹涌澎湃的时代，人们通过对庞杂信息进行快速的过滤和筛选，寻求自己感兴趣或有用的内容材料。这种对有效信息快捷获取的心理，与全媒体时代大部分受众倾向叙事节奏轻快的电视剧作品的审美偏好是相通的。

新媒体电视剧的出现，是叙事结构方面传统电视剧在全媒体时代的应对策略。所谓“新媒体电视剧”，是指主要针对网络、手机、移动电视及户外终端等新媒体平台制作并播放的小型电视剧。即时的网络、随意的手机、固定而循环的户外移动终端等快节奏的现代化播放工具，加之受众的流动性和环境的不确定性，新媒体电视剧必须在较短的时间内传播一定容量的内容，由此决定了其结构的紧凑。例如，地铁剧《晴天日记》每集约 3～5 分钟，掐头去尾，真正叙述故事的时间在 2 分钟左右；而美国福克斯公司与反恐热剧《24 小时》同步推出的手机版电视连续剧《24 阴谋》共 24 集，每集时长1 分钟。不难发现，结构的短小精悍是新媒体电视剧的重要特征。

开放性叙事是全媒体时代电视剧创作的又一特征。开放性的文本可以充分调动受众的主动性，使不同社会经验和文化背景的受众均作出积极反应。为了成为全媒体时代真正意义上的大众文化文本，电视剧的开放性叙事成为必然。通过其中悬而未决的矛盾，受众可以发现相对于自己的社会联系和身份认同的结构性相似意义。①

电视剧叙事的开放性通常表现在剧情和结尾的设置上，对剧中人物的命运设置悬念，不作明确结论。事实证明，相较于既定的情节始终，受众更加广泛地愿意接受缺乏结局的电视剧结尾。这种愉悦感主要来自于不确定性和开放性。它意味着受众可以根据个体的主观愿望，充分发挥想象力，为电视剧续写一个自己满意的结局；或者受众之间进行交流，探讨怎样的结局更加深入人心。受众的反馈意见则可以为电视剧创作提供新的思路。而全媒体时代的媒介生态环境令媒体传播技术更新神速，特别是互联网和手机终端的融合，为受众针对开放式叙事的交流反馈提供了可能。于是，全媒体时代，电视剧受众可以不限地域、不限时间和场合地参与电视剧结局乃至意义的创造。

受众的观看体验是感性的，而从创作者的角度，则需要懂得电视剧传播的取舍之道。新兴媒体之所以受到年轻人的钟爱，是因为其内容随时在线供用户点播。相比电视这种只能按时间线性传播的传统媒体，互联网使人们在获取资讯和娱乐内容时在一定程度上摆脱了时间的限制。电视剧是镜头叙事，含蓄的叙事风格造就恰当的叙事节奏，可以留给受众一定的想象空间，事无巨细地全部展现出来往往反倒降低了作品的艺术感染力，画蛇添足，过犹不及。全球热播的美剧《纸牌屋》取胜的关键，是其打破周播模式的拖沓节奏，不再以延长剧集的播出周期作为收回投资的主要手段，而是顺应受众一睹为快的心理，为付费用户一次性提供全季 13 集剧。

三、制播模式

(一)制作

全媒体时代，电视剧的生产制作实现了跨媒体集成、共平台生产与多渠道分发。流媒体技术的广泛应用使视频实时拍摄、传输、播放浏览和双向交互成为可能，电视剧生产制作周期缩短，效率提高，受众创意被有效调动，互动式创作兴起，多终端联动和社交化传播得以开展，用户行为大数据得以形成。

电视剧生产机构在掌握了平台、资金和用户的基础上，利用互联网信息交互、搜索引擎、游戏设计等应用积累数据，提供电视剧的个性化推荐和定制服务，实现剧作与观众、观众与观众之间的全方位深度互动。全媒体时代

---

① 参见[英]罗杰·迪金森等:《受众研究读本》，单波译，华夏出版社 2006 年版，第 208 页。

的电视剧制作还利用灵活的市场机制，通过各种产品应用和产业内部各环节之间的联合运营，在扩大电视剧产品传播效果的同时，有效提升产业整体的影响力。

(二)播出

在全媒体环境下，电视剧的播出模式呈现双向互动的特点。传统电视剧凭借新的传播平台，无形中扩大了受众覆盖面，增加了收视效果获取的可能。一般而言，电视剧对网络的应用主要有台网联动和网络首播两种模式。前者采取网络与电视同步播出的策略，对网络与传统电视两种模式进行优势互补，获得双赢；后者则先期积聚网络影响力，再转向传统电视媒体播出，达到提前预热的效果。两种模式的新尝试打破了传统单一渠道的掣肘，也为电视剧传播空间在全媒体时代创造了无限可能。

1. 台网联动：开辟收视共振的联动大剧时代

随着网络电视和视频终端的崛起，大量电视剧播出转战网络新媒体，基本实现了与电视台的同步。传统电视的主流地位配合网络媒体的互动特性，有效吸引了青年和高消费受众群体的关注。作为传统电视媒体的有效补充，网络播出平台更加便于不同社会结构的受众根据自己的收视习惯进行选择性观看。而这种新媒体与传统媒体的联买联卖，实际上同时放大了两者的传播效果。

另外，技术的日臻成熟使电视剧的网络观看效果不再逊色于传统电视媒体。不同于电视瞬间即逝的线性属性，网络受众的主动性更加突出。网络电视剧由观众即兴、即时点播，不惟快速便捷，而且热播过后还能通过图文专题介绍、多集视频回放、论坛访谈、微博互动、微信参与等方式，在长时间留住老观众的同时吸引新观众。因此，在全媒体环境下，对于电视台来说，将其影响力延伸至新媒体平台就显得尤为重要。

台网联动以双倍效力把电视剧推向受众，电视台与网络形成互动合力，成为共同影响受众观看的重要力量。电视媒体观众覆盖面广，媒体接触方式简单，受众忠诚度相对较高；而网络视频平台的交互性强，自由选择度高。二者的不断深度融合可以推高一部电视剧的社会影响力，打造全方位、立体化的多重传播攻势，延续受众的收视热情，延长电视剧的传播生命力。

今天，台网联动这种传播模式日趋常态化且渐趋成熟。这种播出模式以强大的视觉冲击力博取受众的眼球，以信息的高度集中、传播的高度活跃来积聚力量，从而提升了传播速度，有效缩短了电视剧进入受众视野的时间差。在利益共赢的前提下，驱动于全媒体浪潮，电视台与网络的互动进入前所未有的“蜜月期”。[①] 二者之间的合作早已突破单纯买卖版权的范畴,纷纷尝试建立战略合作关系,捆绑台网联动形成联盟的直属网络平台以及同步联合首发播映等联动形式。高品质视频网站与传统电视台共同携手,挖掘电视剧播出市场的潜力与营销价值,创造收视共振的“联动大剧时代”已经悄然来临。

2. 网络首播:大剧网络时代近在咫尺

年轻受众群体的回归,催生了电视剧观影模式的变革。传统电视媒体不再是电视剧选择首播的唯一媒介途径,网络平台参与到电视剧首播权的市场抢夺中。

2005 年的《小鱼儿与花无缺》率先打破了以往传统电视台首播的惯例,尝试通过互联网进行全球首播,“优度宽频”网站作为其首播的网络平台,以在线 VOD 及相关下载付费观看的形式为受众提供收视服务,成为受众消费该剧的第一种途径。随后,网络首播的声势逐渐浩大,宣传力度和竞争压力也愈演愈烈。2009 年,《我的青春谁做主》与搜狐网首次联手开创大剧网络首播的合作模式。2010 年,央视开年大戏《神话》凭借上线当日在搜狐高清的 512 万点击率一举创下了央视八套的收视纪录。

经济学强调,价值是由资源的稀缺性决定的。电视剧选择网络首播,是全媒体语境下混合多媒体竞争的新选择,也是传播方充分考虑受众收视习惯后的新举措。新一代受众群体的年轻化结构、参与性意识和善于接受创新的特点,在一定层面上繁荣了电视剧网络首播的市场。时至今日,电视剧的网络首播地位越来越引起重视,这种最初具有开拓性的创举正在慢慢演变为常态化的播出模式。或许,打开电脑看电视剧的“大剧网络首播时代”已经近在咫尺。

四、产业运营

在全媒体时代移动终端、云计算、物联网等新技术的推动下,传统产业与互联网的融合渐趋深入。伴随着社交应用的兴起,用户通过微博、微信等新兴社会化媒体移动终端零散而频繁地登录互联网,PC 时代遗漏的碎片化时间得以聚集,为社会化营销制造了不可多得的良机。电视剧产业自然也无法逍遥于互联网之外,原本由内容生产、节目播出、广告营销、版权销售、衍生品开发等环节组成的线性封闭式产业运营弊端渐显,全方位的升级蓄

① 参见张海潮、白芳芹、潘超:《剧领天下:2012～2013 中外电视剧产业发展报告》,中国民主法制出版社 2013 年版,第 157 页。

势待发。

(一)网络蚕食改变电视剧传统电视广告经营模式

数字化引发的技术变革改变了信息传播的方式和规律,以电视媒体传播为主的电视剧传统广告市场正被日益分流,电视广告的市场份额正在缩减。与此同时,以互联网为代表的数字广告已成为仅次于电视广告的第二大收入来源。艾瑞咨询(iResearch)的《中国互联网年度数据报告》显示,2012年,互联网广告收入达753.1亿元,同比增长46.8%,已超越报纸和杂志的广告收入之和,预计在2015年会超越广播电视,成为第一大广告发布载体。①

传统电视广告的线性单向传播缺乏互动性,提前购买投放缺乏及时性,受众信息推送缺乏精准性。互联网广告的优势不仅在于其传播能力、速度和范围,更重要的是其表现形式的多样性。后者可以实现精准投放,与受众生成良性互动,建立全面的广告营销数据库,这些都是传统电视广告的经营模式无法企及的。随着广告效果和受众心理的重视度提升,以往"万金油式"的电视广告已不再是广告商的首选,取而代之的是定制化、精准式的服务。例如,百度改变了服务于中小企业的传统广告模式,推出"联合发展计划",利用用户黏性较高的搜索引擎,借助强大的后台数据分析能力,为广告品牌进行全面、精准和深度的定制推广。该服务一经推出就吸引了宝洁集团、中国平安等年投入亿元以上的大型广告商。

网络广告的蚕食迫使电视媒体重新考虑广告经营手段。英国天空广播公司启动面向电视直播节目的定制化广告服务"AdSmart"。这是基于家庭信息的多种定向投放方案,能够满足不同类型广告商的需要。美国诸多电视巨头联合网络社交新贵 Twitter 发布了新产品"Twitter 放大器"(Twitter Amplify),允许媒体在 Twitter 上推广带有前置或后置式广告的视频短片。这种"电视节目+广告+社交网站"的广告经营新模式,一方面使电视台能够通过社交网站推广电视剧,并利用其数据为广告商提供更好的服务;另一方面使广告商得以将广告信息拓展到电视用户以外的平台上,达到更好的营销效果。除此之外,新兴社交网络通过与强势电视媒体的合作,则能为其带来更多的电视剧内容资源和分众人气积累。

(二)互联网改变电视剧内容产业运营模式

从重金购买到与电视台合作出品,又到自行生产,再到反向输出,视频

---

① 参见郭全中:《传统媒体业拉响"红色预警"》,http://www.chinaxwcb.com/2013-03/05/content_264407.htm,2014年11月23日。

网站经历了从构建内容资源库到形成台网联动新格局的变化过程,成为当今电视剧内容生产的重要力量,挑战着电视台和影视公司的传统优势地位。

凭借内容战略,视频网站与电视台的关系正在从台网联动的配角走向主导。依靠营销手法、内容亲民度、形式灵活度、视角独特性等优势,视频网站的自制电视剧开始返销电视台,在市场口碑和经营收入方面获得双赢。典型案例莫过于付费在线视频与影碟租赁服务商 Netflix 联合投入 1 亿美元自制的电视剧《纸牌屋》,这部首次完全绕开电视媒体播出的电视剧在全球范围内的热播,有力动摇了传统电视产业电视剧生产的江山。

1. 市场细分聚焦电视剧营销主体市场

全媒体时代,传媒市场的潜力得以更加充分地挖掘,受众覆盖更为广泛,传播渠道的多元化催生了受众群体的市场细分。在电视剧领域,一方面,曾占据绝对主导的传统媒体传播份额逐年下降;另一方面,基于互联网媒体平台的传播份额逐年上升。

国家新闻出版广电总局发布的《中国视听新媒体发展报告》(2013)显示,受个人电脑、平板电脑、智能手机的冲击,北京地区的电视开机率从三年前的 70%下降到 30%,40 岁以上的消费者成为收看电视的主流人群,年龄结构呈现老龄化的趋势。对于同时收看网络视频和电视的双屏用户,网络已经成为收看热播电视剧的主要渠道。[①] 传统媒体面向的主要对象是绝大部分 20 世纪 70 年代以前出生的观众,70 后、80 后和 90 后受众更多选择新兴媒体,是社交和消费的主流。这一趋势日益受到产业资本的重视。2013 年上半年凭借 1.7%的电视剧收视率占据全国榜首的湖南卫视一直主打青春题材的都市和古装偶像剧,在题材类型上与新兴网络媒体的内容是相吻合的,其面向的主要群体正是 80 后和 90 后。

面对这一趋势,电视剧行业以市场为导向,尽可能地利用大数据技术有针对性地进行产品营销,才能立于不败之地。营销策划伊始,首先需要确定面对的目标群体以及与之对应的媒体平台。例如,抗战剧、年代剧、家庭伦理剧比较适合在电视平台播出,时装偶像剧和古装偶像剧在互联网媒体上播放效果更好,而历史正剧、谍战剧、神话剧在两种平台上都受欢迎,等等。实践证明,目标导向清晰的电视剧的市场反响通常理想。横向比较来看,面向年轻受众的电视剧则更具市场潜力。

大数据技术为制播双方在全媒体传播环境下的营销细分市场提供有效

① 参见张玉玲:《2013 年中国视听新媒体发展报告》,载 2013 年 6 月 19 日《光明日报》。

的数据支持。从文化传播的社会和经济效益最大化的角度出发，聚焦年轻群体这一主体市场无疑应该是电视剧营销战略层面的侧重点。因为年轻人代表了社会的未来，建立起可以与之对话的语境，才能在延续优秀文化基因的同时，获得理想的营销效果。

2.社交媒体平台拓展电视剧的话题性

社交媒体平台与电视剧的深度融合，可以利用短信、在线论坛、微博、微信等新媒体工具聚集受众对剧中元素的热评，提升受众参与感和黏合度，拉动收视效果。当前媒体信息纷繁复杂，人们的休闲娱乐方式丰富多彩，电视剧这一节目类型尽管产量逐年上升，在人们休闲娱乐生活中所占的比重却在逐年下降。而话题性，无疑是从众多竞争者中间脱颖而出，收获良好营销效果的一剂良方。

电视剧成为“话题”，就是让受众对其诸多元素评头论足。区别于传统评论局限于专家和业内人员从专业或学术角度对电视剧所作的评析，社交媒体的出现使受众能够自主点评和推介喜爱的电视剧，就其中或人或事或物展开互动。受众表达好恶的内容最终经由大数据技术统计归纳为代表市场真实需求的信息，可以成为电视剧营销决策的重要参考数据。

电视剧的话题性分为两种类型：其一是内容为紧扣社会热点、传播社会正能量的话题（如《媳妇的美好时代》《医者仁心》等）；其二是电视剧播出后本身成为社会热点话题（如《士兵突击》《潜伏》等）。前者是电视剧艺术创作对现实社会中或发展大势或百姓生活的细微思考和观照，创作出来的作品接地气，令观众有亲切感，容易产生共鸣；后者则是电视剧艺术对人性更深层次的挖掘和展示，效果往往深入人心，甚至成为经典。

电视剧通过话题性得以推广的典型案例是美剧在我国内地网络媒体的广泛传播。尽管无法成规模地登陆中国内地电视平台，但美剧仍然在国内拥有大量拥趸，其原因正是由于美剧迷们在社交媒体上的口口相传和大力推介。目前，国产电视剧也已经开始在播出前和播出期间通过社交媒体进行营销推介，吸引受众群体对电视剧的关注。社交媒体的话题性营销策略不仅可以提升电视剧首播期间的关注度，还能在后续轮次的电视播出和网络媒体在线点播中，收获继起的传播效果。

全媒体传播环境中，技术发展推动时代坚定前行。然而大数据始终只是辅助决策的工具，内容为王的电视剧行业竞争核心纲举目张。电视剧产业的新旧更替，其本质不在于硬件升级，而在于理念的前沿和视野的开阔。全媒体的媒介生态赋予了这个时代更为公正的行业环境，这是电视剧革新最为厚重的前提。

3. 电视剧多平台、多渠道经营日渐升级

首先,在电视剧传播渠道多样化、移动化、社交化的趋势下,单一播出渠道已不能满足受众需求,多终端传播才能实现收视和收益的最大化,包括搜索引擎营销、微博微信营销、游戏营销等在内的社交化营销逐渐成为当下电视剧营销的标准动作。电视剧由作品定位转向产品定位,充分导入了新媒体营销理念,并与在线视频平台展开了大数据合作。

其次,当前,重视电视剧电视转播权而忽视全媒体发行版权的情况常见。在电视剧内容储备方面,电视台的忧患意识和对市场上优质资源的企及远没有新媒体那般强烈,由电视台制作发行的电视剧在新媒体上存在低价分销现象。相形之下,以视频网站为代表的新媒体长于大规模采购电视剧版权,着力构建电视剧资源库。如《新编辑部的故事》的网络版权为 5000 万元,《天龙八部》则卖到 5200 万元。

再次,随着电视剧的生产交易量攀升,展会、交易会等传统的线下交易方式已不能适应数字时代的需要。"云平台"具有动态性、虚拟性、扩展性、有效性和灵活性等特点,可满足电视台内部用户和外部用户对电视剧内容的全媒体需求。因而,依托"云技术"构建版权交易平台,是电视剧产业运营在全媒体时代的不二之选。

最后,电视台现有的电视剧版权经营主要围绕自有节目展开,经营手段较为单一,未形成内容多重版权开发、艺人经纪、移动增值业务、品牌商标和新媒体等多层次、多渠道的开发态势;而互联网企业由于内容资源的来之不易,更加重视版权使用、产品研发、营销拓展等二次开发,在引发网民的关注的同时,以期更多地得到广告商的青睐。因而,全产业链开发可谓电视剧产业运营在全媒体时代的又一大改观。

(三)多屏互动颠覆电视剧相关产业

1. 基于大数据分析的收视率新内涵

"第二屏"的崛起使电视剧受众的收看习惯发生了转变,媒介正在经历数字化变革,测量标准也必须遵循同样的轨迹。

在传统的电视剧市场决策中,制播双方都用电视收视数据作为市场预测的依据。通用的数据统计方法,是先在全国开展大样本量的收视率基础调查,然后根据配额指标采用随机抽样的方法选取日常调查的固定样组,以家庭为单位,在节目播出后抽样收视数据进行统计。这种收视数据的采样存在不完全覆盖的局限性,是节目播出后收视表现的笼统量化,对于电视剧策划与创作来说是过去时,只能作为模糊的参考。使用传统的收视数据作为电视剧的决策辅助,制播双方都倾向于曾经获得良好收视表现的电视剧题材和演员，倚重复制成功，客观上容易造成电视剧题材扎堆，受众审美疲劳，演员片酬飙升，高成本侵蚀利润空间，为制播双方带来困惑。这很大程度上是由于传统的电视收视数据无法提供有效的辅助决策信息。

随着微博、微信、客户端等社交媒体的迅速发展，电视剧收视调查将更加重视用户注册、分享、评论等使用行为，精准的、全样本化的分析将逐步取代传统模糊而后置的统计方式。大数据在收视率调查上的应用，为电视剧产业运营提供了全面、系统、准确、前置的参考数据，使决策者能够建立以终端受众群体为中心的决策体系，在创作出受市场欢迎的产品的同时也获得可观的营销收益，这就是收视率的新内涵。

除提供收视监测外，基于大数据分析的收视率还可提供数据营销服务，并最终构建起科学、全面的全媒体传播效果评估体系。权威调查机构尼尔森(Nielsen)于2013年第三季度在全美推出了“尼尔森Twitter收视率”(Nielsen Twitter TV Rating)服务，对微博上电视剧的热度和效果进行测量，作为传统收视率的辅助。此外，尼尔森还将为23000户采样家庭配备可将互联网观看内容纳入电视剧收视率统计范围的系统，追踪诸如亚马逊、Netflix、Hulu、iPad和Xbox等播放平台的在线电视剧点播情况。

2.有线数字电视向宽带互联网转型

在电视剧传输市场上，有线电视网在开放性、社交性、便捷性等方面均逊色于互联网。限于规定时间、规定地点的“双规平台”，其用户增长乏力。数字付费电视在产业链中须要依托有线传输网络方能落地，而一方面分散的有线网络无法让付费电视形成规模市场；另一方面高昂的落地费用让运营商难以承受，加之稀缺内容较为匮乏，消费者越来越倾向于从互联网上点播，以掌握更多电视剧的控制权。

面对4G时代的到来和微软、苹果、谷歌等互联网巨头发起的“客厅争夺战”，传统电视剧产业运营的机遇在于有线电视网向宽带互联网的彻底改造，实现由线下到线上的转型，在为用户提供电视剧点播的同时，开发多种增值业务，构建全媒体产业链，形成“内容＋服务”的台网融合电视剧产业生态。为了弥补业务低迷，有线电视运营单位开始进军宽带业务。美国时代华纳有线电视公司就推出了“宽带网络＋电视频道”的捆绑套餐服务，希望将用户拉回电视机前，并同时投资2500万美元，拓展其在纽约市的宽带网络业务。

互联网向传统电视剧产业的渗透，实质是传统产业需要互联网。互联网作为技术平台和底层架构，已在经济领域大放异彩。传统经济向网络经济的转轨，引发了以融合为特征的信息革命。互联网与传统电视剧产业的融合，加速了后者的转型升级，以线上线下结合的核心业务为切入点，重点是战略之融合和模式之创新。而电视剧产业运营的全方位升级前提,则建立在全媒体时代开放、融合、跨界的态度之上。

第三节　中国内地电视剧产业概况

一、全球价值链视角下的中国内地电视剧产业

全球价值链理论根源于哈佛商学院教授迈克尔·波特(Michael E. Porter)在其著作《竞争优势》中提出的“价值链”概念。为了便于将全球价值链理论直接运用到全球经济或产业组织研究中,联合国工业发展组织(UNIDO)将全球价值链概念界定为:为实现商品或价值服务而连接生产、销售、回收处理等过程的全球性跨企业网络组织,涉及从原料采集和运输、半成品和成品的生产和分销,直至最终消费和回收处理的整个过程。

全球价值链理论从纵向维度研究全球经济组织,为重新审视一个国家或地区产业竞争力状况及提升路径提供了分析方法。在全球价值链背景下,世界上任何一个国家或地区的经济活动及其优势产业都不再仅仅是本国/地区产业或企业的个体行为,而是融入全球价值链各个环节及其产业网络的过程。因此,一个国家或地区某一特殊产业的升级,已由最初注重自身产业结构优化转向了强调产业价值链的核心环节,由注重低端、低附加值、低效益环节的生产转向了注重高端、高附加值、高效益环节的生产。电视剧产业的发展及升级过程,同样具备这样的特征。

电视剧产业是朝阳产业,具有高风险、高投入的特点。电视剧产业的完整价值链包括前期媒体资本运作、中期内容制作生产、后期播出与发行以及价值链尾部的电视剧衍生品开发和经营。受众对电视剧的需求,是构建电视剧产业价值链体系的前提和基础。在这种需求力的作用下,制作单位开始对电视剧进行策划与创作,从而引起制作、播出、发行等核心价值链环节的形成。一旦电视剧成功播出,其价值链将向出版、游戏、旅游、服装、化妆品等相关产业衍生,从而延长产业价值链条,大大提高电视剧产品的附加值。

电视剧产业核心价值链的环节,主要包括资源开发、剧本创作、生产制作、播出发行及衍生品开发等。从“电视剧产品附加值变化曲线”(见图 3-1)可知,创意开发、剧本创作、品牌营销及衍生品开发处于电视剧价值链的高端,附加值较高,主要在发达国家或地区进行。融资、制作、播出、发行等环节处于价值链中端,通常通过全球化市场运作以获取市场份额和经济效益。

而电视剧外景拍摄、衍生品生产加工及零部件组装处于价值链低端，主要在发展中国家或地区完成。

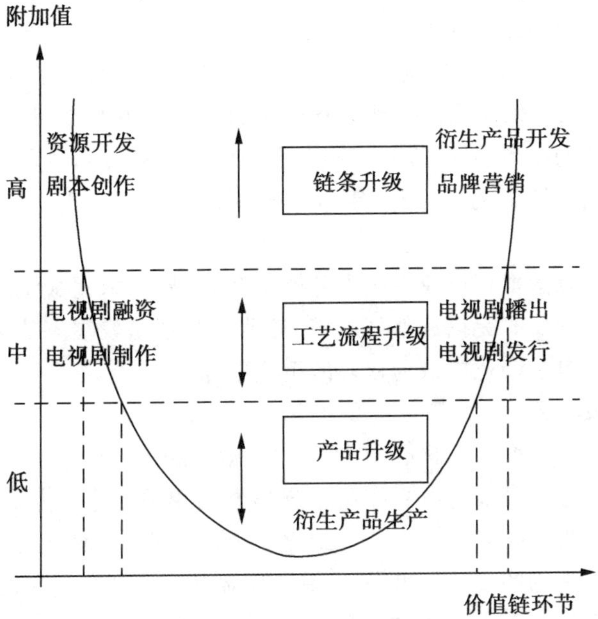

图 3-1　电视剧产品附加值变化曲线

基于全球产业价值链视角不难看出，当前中国内地电视剧产业在世界范围内尚处于附加值曲线的最底端，无法占据全球产业价值链的高端环节，与发达国家和地区存在差距，不利于参与国际竞争。

二、中国内地电视剧产业特征

(一)产业属性

电视剧产业从属于电视产业。中国的电视体制是典型的国有国营体制，电视事业作为国家机构的一部分，一直遵循着行政科层的规范，在“四级办广播，四级办电视，四级混合覆盖”的政策指导下，逐渐形成了“中央—省—市—县”的树形网络结构。这一结构与国家行政体制完全吻合。由于资方为政府权力机关，身份为政府行政部门，其基本职能是国家和政府宣传。这是中国电视组织的基本性质。

改革开放的深入发展引起了社会文化领域的变革，我国电视事业从当初单一政治宣传工具的意识形态范畴逐渐演变为集政治、经济、文化功能于一体的复合式信息产业。2004年年初,国家广电总局出台了《关于促进广播影视产业发展的意见》,允许各类所有制形式作为经营主体进入广播电视节目制作业务,广播电视可以面向市场成立公司,并提出打造大型影视集团公司作为骨干带动整个行业发展。10月底,广电总局又联合商务部发布了《中外合资、合作广播电视节目制作经营企业管理规定》,明确了外资可以通过合作、合资成立广播影视节目制作公司并制作广播电视节目。这些政策背景指明了发展的基本思路,提供了相对宽松的政策环境和制度保障,2004年被命名为中国广播影视的"产业年",中国内地电视剧产业化正式进入实质性实施阶段。

电视剧是我国电视产业系统内部改革步伐最快、取得成绩最突出、市场化程度最高的领域。无论从整体规模、经营现状还是发展态势来看,电视剧产业都是我国电视产业中最为核心的组成部分。

(二)发展特色

1. 电视剧市场发展的核心动力——中国电视产业化

电视剧的市场发展与电视产业化进程密切相关。这一方面是由于电视剧市场是在电视台众多节目经营中最先形成的;另一方面是由于国情所限,电视台作为电视剧的主要播出平台,具有明显的强势和垄断地位。

中国电视行业三十余年的发展令人瞩目。2013年,全国广播电视行业创收3183亿元,其中广告收入1302亿元,同比增长2.52%①,电视剧广告在电视广告中的占比为36.34%②。正是这种电视产业化的巨大力量,推动了中国电视剧市场的衍变、成型和发展。在电视台经营行为的推动下,电视剧成为电视台制播分离的典型。电视台的角色转型就是在电视剧的生产和播出上进行分工——电视剧的生产交由独立的电视剧制作机构,形成卖方市场;而电视台则由过去的自产自播转为购买电视剧进行播出,形成买方市场。

中国电视剧的市场化运作起步于1993年。如前所述,此前的电视剧主要是以节目引进、交换的形式在各个电视台之间流通播出,但是随着电视节目经营在市场经济体制下的逐渐发展,这种以物易物的原始交换方式的弱点逐渐显露了出来。一方面,由于电视剧是一种特殊的精神产品,等量的时

① 参见《2013年全国广播电视行业创收3183亿元》,http://www.cnad.com/html/Article/2014/0124/20140124085003235.shtml,2014年2月28日。

② 参见张海潮、白芳芹、潘超:《剧领天下:2012～2013中外电视剧产业发展报告》,中国民主法治出版社2013年版,第9页。

间并不能真正体现内容的价值，这种不平等的交易方式必然会影响交换行为的积极性；另一方面，版权意识的淡薄极易引发版权纠纷，特别是涉及国外的电视剧产品时就更加麻烦。以物易物的交易方式明显不适合市场经济条件下电视剧运营的需要，所以，在整个行业逐渐走向市场的过程中，电视剧在电视台间交流播出的形式就逐渐退出了历史舞台。

在电视产业化经营市场的形成过程中，1986 年首度举办的“上海电视节”第一次尝试按质论价，并且开创了当场现金交易的完全市场化操作模式。以后相继兴办的“北京国际电视周”和“四川电视节”也都采取这种方式。稳定的节目交易市场的形成，是中国电视剧经营有序化、市场化的前提和基础。

2.中国内地电视剧市场的形成与特点

在中国内地的电视节目经营市场中，电视剧市场是最先形成的，市场化程度最高，也是获取经济效益最可观的。20 世纪 90 年代初，一批独立于电视台之外的电视节目制作机构开始出现，采取现金交易或贴片广告的方式发行电视剧。如 1990 年的《渴望》和 1991 年的《编辑部的故事》的发售，是分别面向中央电视台和地方电视台进行的；而 1992 年的《爱你没商量》则采取了将国内播出权以 350 万的总价附带每集 1 分 45 秒的贴片广告一次性卖给中央电视台的方式。90 年代末，随着地面频道与省级卫视竞争加剧，电视台开始大量购买电视剧。1997 年，国内电视剧年产量突破 1 万集，在交替举行的“四川电视节”和“上海电视节”上，成为成交额最大的内容类别。1999 年，以收视率论价格的电视剧播映交易风险合同开始出现，以交易双方确定的最低收视率为基点，电视剧每集的价格随着收视率的上升或下降而机动变化。此时的中国内地市场的电视剧制作和销售已基本进入产业模式，电视剧市场初步形成并开始走向成熟。2000 年，广电总局出台相关法规限制引进剧的数量、规模和播出时段，为国产电视剧创造了发展空间，产量出现大幅增长。伴随全媒体时代的到来，网络媒介和移动终端的融入加速了三网融合，国内电视剧交易市场空前繁荣。

发展历程体现了由计划思维到市场意识的现实转化。以往电视剧生产仅限于各级电视台，投资主体单一，不顾及回报，社会效益就是电视台的节目内容产出，过重的负担限制了电视剧市场的繁荣和发展。市场机制的引入导致需求增长，极大调动了社会方方面面参与电视剧市场的热情。众多的影视制作公司和媒介企业既促进了电视剧行业内的竞争，也丰富了电视荧屏，满足了受众的精神需求，并且形成了相对具备一定规模和规制的电视剧节目市场。

我国的电视剧市场成型之后，特征亦逐渐显现。首先是具备了一定规模。电视剧交易在国内视频节目交易总量中所占比重以及电视剧前后广告收入在电视台广告整体收入中的占比均遥遥领先，观众收看电视剧的时间在所有节目中也首屈一指。其次是电视剧生产数量庞大，类型多样。相关资料显示，近几年国内每年制作完成的电视剧均保持在万集以上。电视剧的类型和题材也日渐丰富，历史剧、武打剧、都市剧、言情剧、涉案剧、情景剧、穿越剧等层出不穷，类型化发展也是电视剧市场成型的一个重要标志。再次是电视剧的价格体系基本建立。十余年的市场化道路，经过生产方和播出方大量、频繁的交易。目前，我国电视剧的价格体系已基本成型，不同类型、不同题材的电视剧都有相应的价格标准。最后是商业交易模式渐趋稳定。当前我国的电视剧交易模式仍以直接销售为主，相关法律法规在交易行为中起到的规范、限制和保障作用真实而具体。

（三）市场结构

当前，我国的电视剧的市场结构较为简单，由生产商、媒介和消费者三方形成。电视剧生产商与播出平台之间形成流通关系，广告商与播出平台之间形成交易关系，播出平台与受众之间形成消费关系（见图 3-2）。四者之间的互动影响形成了电视剧市场的运行机制。其中，播出平台为一个独特的流通节点。围绕这一节点，中国电视剧的市场结构可以归纳为双层交易、两种结构和四方交易主体。

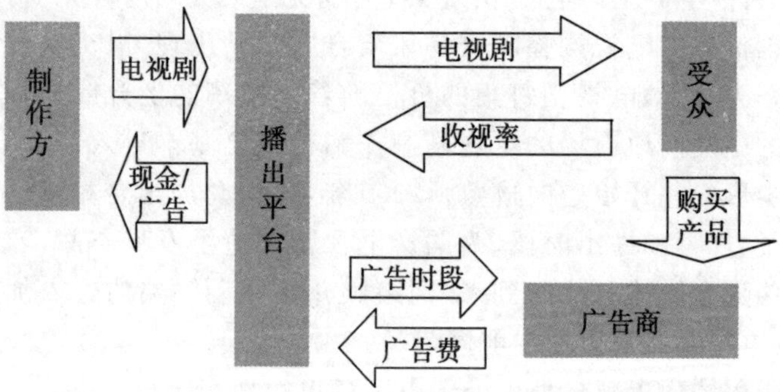

图 3-2　中国电视剧市场结构模型

第一层交易存在于独立的电视剧制作机构和播出平台之间。独立的电视剧制作机构将电视剧销售给播出平台，播出平台以现金或贴片广告时段的形式支付给制作方。第二层交易存在于播出平台与广告商之间。播出平台将电视剧前后的广告时段销售给广告商，广告商支付给播出平台广告费。

以上双层交易模式构成了中国电视剧市场的经典商业格局。

我国电视剧市场存在线形和三角两种结构。线形结构，指电视剧作品由制作机构先到播出平台再到受众的传播路径。这一路径下，播出平台面对制作方时代表的是受众需求，制作方只需参考播出平台的意见即可。而当播出平台面对受众时则代表制作方，制作机构提供的电视剧产品质量则需要经过受众检验。线形结构中，受众是播出平台的需求方，播出平台要把握其观看习惯；播出平台又是电视剧制作机构的需求方，制作方需要参照其采购需求。此线形结构的关键在于播出平台的节点地位，意味着播出平台同时具有内容集成和销售终端的双重身份。按照内容集成商的定位，播出平台通过对采购节目的辨别，区分时段、题材、渠道和对象将电视剧销售给受众；按照销售终端的定位，播出平台就形同于商场或超市，销售能力则完全依赖供给方提供的产品质量和品牌影响力。从长期行业均衡来看，播出平台的需求与受众需求总体保持一致。另外，国际传媒理论基于电视广告的经营行为认为，播出平台要达到一个完整的资金循环，需要自身、广告商连同受众构成一个三角结构。三角结构是指：其一，播出平台出售电视剧给受众，受众支付关注度；其二，播出平台向广告商提供受众关注度，广告商向播出平台支付广告费；其三，广告商向受众出售商品，受众向广告商付费购买。如果同样着眼于长期产业均衡，就会发现广告商和受众的取向也趋于一致。

故此，播出平台创造了内容和受众两种商品。受众消费的电视剧构成了播出平台的一种销售内容，而被这些内容吸引的受众又构成了第二种有价值的商品。在这种情况下，受众的接受途径可以被播出平台包装和定价，然后大张旗鼓地出售给广告商。由此划定了制作方、播出平台、受众和广告商四方交易主体，这四方主体相互作用，构成了中国电视剧市场的一个基本结构。在这四方主体中，播出平台的节点地位依然独特。原因在于，其不仅仅是一个播出的供销平台，更重要的是，由于受到中国广播电视体制和政策等多重因素的影响，电视剧产品的供给和需求都将在此作出不同程度的直接反映。

总体而言，虽然我国已成为当今世界第一大电视剧生产国和播出国，但是产业整体创意不足，制作水平低，高端价值链运营能力和衍生品开发不够，以广告为主要来源的收入类型单一，核心价值链环节的自我构建尚未形成。制作环节上，制作机构规模小，融资困难，由于不臻精致导致电视剧数量多而质量差；发行环节上，由于对剧本重视程度不够，资金投入少，发行市场难以自立；播出环节上，播出平台垄断导致利润分配不均，且播出机构之间相互制约。产业价值链的不完善和结构松散,严重影响了我国电视剧产业核心环节价值的创造能力,直接导致我国电视剧产业的国际竞争力疲软。

换个角度,不足的存在说明上升的可能。凭借规模化和产业化经营,中国内地的电视剧产业正在吸引越来越多合作者的参与和支持;而其向更为广阔领域的辐射,将为后者带来大量的市场需求和潜在的市场机遇。

全媒体时代以应接不暇的新媒体技术刷新着世界的感官,在为电视剧产业发展带来契机的同时,也裹挟着更为严峻而激烈的竞争和挑战。根据产业发展的基本情况,创意资源获取与价值链建构完型,成为中国内地电视剧产业最为核心的基础命题;而提升产业竞争力,则成为中国内地电视剧产业最为迫切的行业诉求。

第四章 “鲁剧”综合竞争力分析

竞争力的强弱，决定着“鲁剧”的命运和地位。中国电视剧已经度过了产业化的第一个十年。随着传媒业的市场化程度加深，电视剧的商业属性也将进一步显现。“中国梦”的提出为“鲁剧”充盈了底气，近年来屡获大奖的佳作频生也反映出一片繁荣景象。然而，喧嚣之下的“鲁剧”却似乎羽翼未丰。倚重文化价值、长于主旋律题材的“鲁剧”能否在全媒体时代国内外竞争激烈的电视剧市场中行久行远？回答这个问题之前，首先需要对自身进行客观而中肯的评价。

“鲁剧”寄托着齐鲁大地的期望，承载着对儒家文化的新识和反思，彰显着山东地域文化的软实力。考察“鲁剧”的综合竞争力，对于山东省文化产业、传媒产业乃至文化软实力的构建意义非凡。

第一节 电视剧产业竞争力评价体系

一、理论基础

被誉为“竞争战略之父”的美国著名学者迈克尔·波特，在其号称“竞争三部曲”的经典著作《竞争战略》(1980)、《竞争优势》(1985)和《国家竞争优势》(1991)中，建构了今天主导产业竞争领域的权威理论——“竞争优势理论”的主要内容。作者从产业经济学的视角与实际应用出发，最后落脚到企业与国家或地区的竞争战略，层层推进，将产业经济学与企业战略两大领域相结合，并将产业组织理论引入战略管理。近年来，“竞争优势理论”被广泛运用于政府机构决策制定以及企业战略规划，已经成为了竞争力研究中不可或缺的理论基础，也是本章对“鲁剧”竞争力展开探讨的依据。

“竞争优势理论”的主要理论观点包括钻石模型、五力模型、三种竞争战略、价值链理论以及四阶段模型等,此处选取与本研究课题密切相关的前三种理论着力进行分析。

(一)钻石模型

钻石模型,又称"钻石理论""菱形理论"或"国家竞争优势理论",其逻辑起点是亚当·斯密(Adam Smith)的"绝对优势理论"①。不同于后者的对象仅是参与竞争的一个国家或地区的单一产业或产品,钻石模型强调的是在竞争中形成国家或地区的整体竞争优势。钻石模型由生产要素、需求条件、相关与支持性产业、企业战略结构及同业竞争四个基本要素,辅以政府和机会两个辅助要素共同组合而成(见图 4-1)。

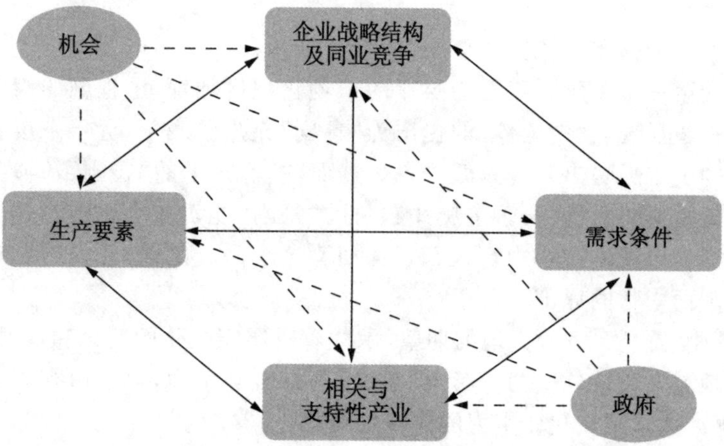

图 4-1 钻石模型示意图

作为当下影视竞争力研究领域的基础分析工具,波特的钻石模型将一个国家或地区电视剧竞争力因素相应概括为:

生产要素——电视剧产业的天然资源、人力资源、基础设施资源、知识资源、资本资源和创意与技术水平等。

需求条件——本国家或地区电视剧受众的需求以及区域外受众对本国家或地区电视剧产品的文化认同度。

相关与支持性产业——电视剧产业和相关上游、下游产业。

企业战略结构及同业竞争——电视剧企业和影视集团的战略、结构以

① 绝对优势理论是 1776 年由亚当·斯密在《国富论》一书中提出的,认为各个国家和地区在生产技术上的绝对差异,造成劳动生产率和生产成本上的绝对差异,每一个国家或地区都有针对某一特定产品的绝对生产优势,包括生产率、生产成本、价格等。

及竞争对手的表现等。

政府——各国或地区的电视剧保护、扶持、管理政策及其对电视剧贸易的影响。

机会——动态因素。

这六个方面因素相互影响、相互加强，共同构成一个动态的激励持续投资和创新的竞争环境，由此构成一个国家或地区电视剧竞争力的来源。

(二)五力模型

五力模型，又称“波特竞争力模型”，是用于分析行业基本竞争态势以及企业竞争战略的工具。五力模型认为，产业结构是由进入威胁、替代威胁、消费者议价能力、供应商议价能力和现有竞争对手之间的竞争五种竞争作用力共同决定的(见图 4-2)。

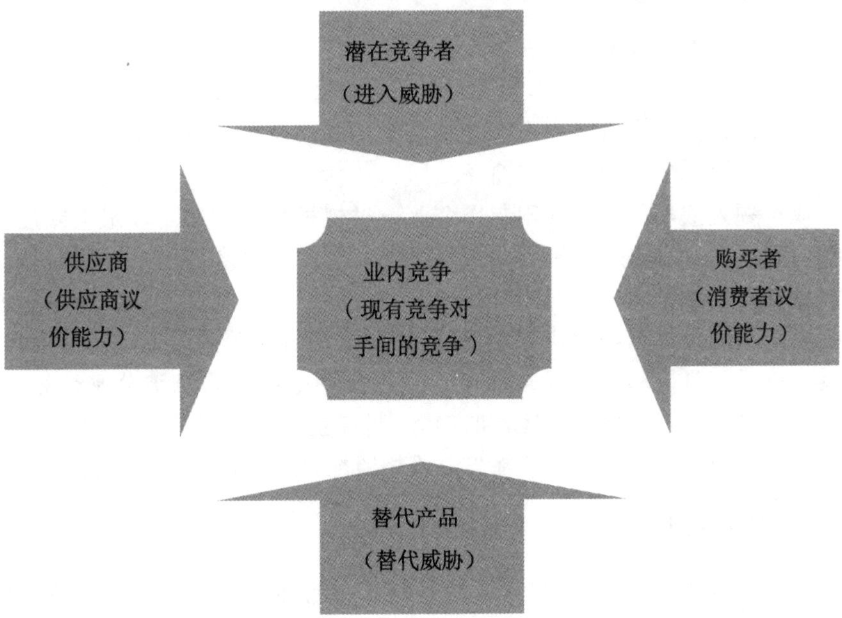

图 4-2　五力模型示意图

进入威胁会影响整个产业的结构与竞争程度，主要由进入壁垒体现出来。进入壁垒包括规模经济、产品差异化、资本优势、顾客忠诚度、政府规制等。替代威胁指同现有产品具有相同功能的产品，表现为对企业造成的威胁和对行业整体需求弹性的影响。电视剧作为一种消费性文化产品，满足受众精神需求并提供放松、娱乐和社交体验，其代替产品的种类随着社会文化的发展日渐丰富，由于全媒体时代传播渠道的多元化与复杂化，以互联网为代表的新媒体成为电视剧产业的最大替代品威胁。消费者议价能力包括客户的购买量、本行业产品的标准化程度、消费者的转移成本等。尽管受众无法参与由制作方、发行方、播出方等多方议价所得的电视剧价格制定,但是却可以通过是否观看电视剧来反映态度,这也成为了电视剧产业受众最大的议价能力。供应商议价能力在电视剧产业中表现为,电视剧制作方与播出方就播出档期、播出形式、版权售买、收益分成等问题进行商讨。电视剧产业内部的各家制作机构所制作的电视剧作品进入到播出市场后就成为了彼此的竞争者,而资金来源和最终的收视情况则是电视剧产业同业竞争中的决定因素。

五力模型侧重于对电视剧制作机构竞争力的外部环境分析,凭借突出的规范化和标准化,成为当代企业战略分析,尤其是竞争力分析的基本范式。

(三)三大基本战略

三大基本战略,指总成本领先战略、差异化战略和目标集聚战略,不同的企业可以依据自身特点作出与之相匹配的战略选择。三大基本战略是电视剧企业获取竞争力的方式与途径。

成本领先战略是指电视剧制作企业通过规模化经营等手段最大限度地降低各项成本,以此来维持较强的竞争力。差异化战略是指电视剧制作企业提供与其他竞争对手不同的产品或服务。如一些电视剧制作机构通过开展衍生产品的设计与经营业务,组织各种与电视剧相关的线上线下活动等,为受众提供别具一格的产品或服务。目标集中战略与市场细分密切相关,分众化已经成为当下电视剧经营的趋势,制作企业通过对受众群体的细分,将不同的电视剧类型与不同的播出时段相匹配,以获得收入和影响力。

二、概念模型

产业竞争力,是指某一国家或地区的某个特定产业相对于他国或地区同一产业在生产效率、满足市场需求、持续获利等方面所体现的竞争能力。电视剧产业竞争力,是指在全球一体化的市场环境下,一个国家或地区的电视剧产业能够有效利用各种资源,提供比竞争对手更优质的电视剧产品和相应衍生产品,并使电视剧行业自身以及所在国家或地区获得较高经济和社会效益的整体能力。产业竞争力作为竞争力空间结构中的中观层次,连接了宏观层次的国家竞争力与微观层次的企业竞争力和产品竞争力。因此,在进行电视剧产业竞争力分析的时候,需要综合考虑国家、产业和企业的不同影响因素。

竞争优势理论强调，一个国家或地区需要拥有区别于其他国家或地区的竞争优势，才能在竞争中获得主动。因此，赢得竞争的关键就是获取竞争优势。这方面，波特主张应从产业的战略定位出发，通过不断调整其各项价值活动而凸显竞争优势，强调价值活动在获取产业竞争优势中的关键作用。

竞争是为了获得更多的经济利益，价值活动是达到这一目的的重要手段。价值活动包含价值创造和价值转移两个环节，电视剧产业竞争力就表现为产业价值的创造和转移两种能力。而最终的竞争价值无非通过两种途径得以体现——要么通过产品和服务顺利转化为货币，要么在竞争中产生影响，提升自身的软实力。

影响产业价值活动的因素有许多，创新能力无疑是重中之重。具体到电视剧产业看来，在全球化、信息化的浪潮推动之下，科技与文化创新在其发展过程中成为了核心的推动力量。前者支撑和引领了电视剧产业发展的模式、机制与途径，促进了电视剧产业与其他产业的重组与融合，实现了价值创造；而后者影响电视剧产品的内容生产，通过播出环节实现文化价值向商业和社会价值的转换，经由受众在不同产品和服务市场的消费实现文化价值的社会传播，最终反哺于电视剧创作，由此形成了电视剧产业竞争力的概念模型（见图 4-3）。

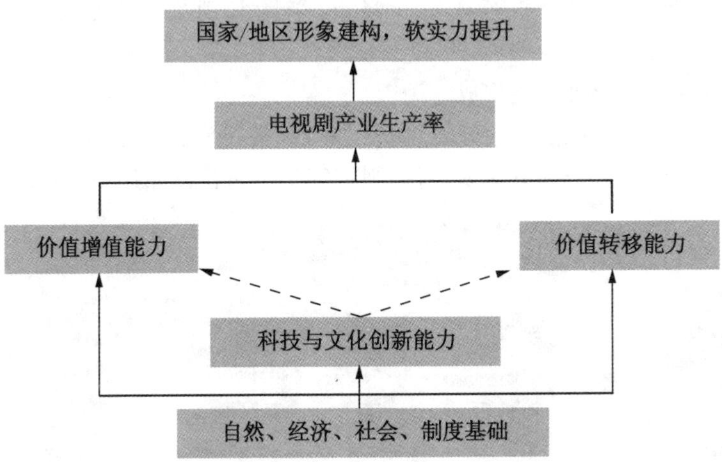

图 4-3　电视剧产业竞争力概念模型

与价值活动密切相关的理论分析工具即竞争优势理论中的价值链理论。价值链反映价值的转移、创造和分配，是企业获得竞争优势的出发点，也是产业经济循环中最为关键的环节。全媒体时代和全球化背景扩大了产业与产业之间的价值流动,使价值链的范围扩展到了国家与国家、地区与地区之间。因此,可以把价值链视为纽带,串联起企业、产业和国家三个层面。电视剧产业竞争力表现为价值创造的能力,即能否通过各种资源实现价值创造,其中,实现最为合理的价值分配,是获得竞争优势的关键。

尽管"竞争力"本身是一个经济领域的问题,然而相比其他产业,电视剧附着着独特的文化与社会属性。这就意味着,文化和科技因素在电视剧产业竞争力的形成过程中同样起着至关重要的作用。探讨电视剧产业竞争力的形成以及产业结构、绩效和竞争等问题,需要综合传播学、管理学、社会学和文化研究等领域的知识。

三、体系构成

(一)价值链

1985 年,波特首度提出"价值链"概念。由于竞争优势来自企业内部的产品设计、生产、营销、运输、支援项目等多项独立活动,价值链就由各项价值和利润同构而成。许多看似分散的价值活动其实紧密关联,形成价值体系。整个价值体系由供应商、企业、渠道和买方四种类型的价值链组成,企业所创造的价值蕴藏在整个价值体系之中。全媒体时代,随着区域之间的合作加深,价值链的分析范式不断修正,采购和消费环节也被纳入研究视野。

1. 电视剧产业价值链构成

电视剧产业价值链分为开发、制作、发行、播出和消费五大基本环节,同时增加发行许可这一调节变量,营销则贯穿整个价值链始终(见图 4-4)。

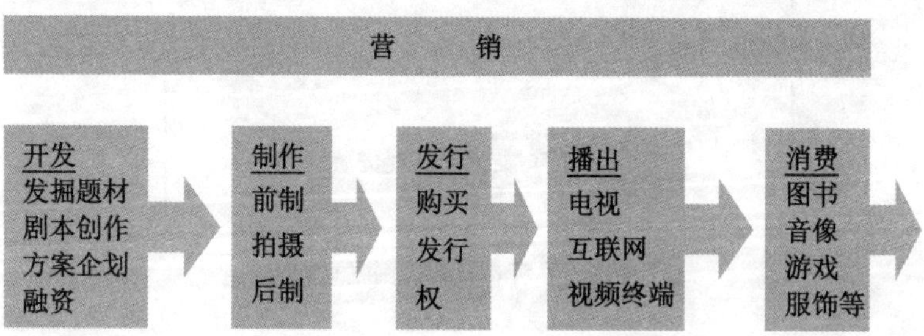

图 4-4 电视剧产业价值链构成示意

开发主要指发掘拍摄题材、剧本创作、确定企划方案以及完成融资。制作过程包括前期制作、拍摄和后期制作。发行阶段包括电视剧制作完成后,公开上映前的所有价值活动。一般情况下,发行商是制作商和播出商的代理人，但也有一些制片公司兼任发行角色。此外，还要考虑发行许可对海外发行的影响，针对不同目标发行国家和地区选取不同的政策。播出指将电视剧呈献给受众观看的活动，与发行渠道相匹配，播出渠道也日趋多元化。消费环节主要指播出结束后，受众对图书、音像制品、游戏软件、服饰等电视剧衍生产品的消费。受版权因素等影响，衍生产品通常具有高额利润，成为电视剧价值链中极高的价值增长点。随着产业发展，电视剧营销已经从早期的播出前宣传演变为贯穿整个价值链的多种营销活动，如市场现状与机会分析、制定发行策略、广告促销及媒体选择等。

随着信息技术的迅猛发展及各种媒介之间的不断融合，电视剧企业在研发、生产、销售、售后等环节均受到上下游产业的影响，价值链的形成与拓展也对电视剧产业竞争力影响显著。

2.电视剧产业价值链特点

纵观产业价值链构成内容不难发现，电视剧产业价值链具备动态性和紧密性两个特点。

动态性是指电视剧产业价值链各环节价值活动的先后次序并非一成不变，会在不同条件和环境下有所调整。比如，开发环节的题材选择和剧本创作可以调整到制作环节的主创人员确定之后、拍摄开始之前，而剧本也会在拍摄过程中不断修改。很多电视剧也会在制作环节的拍摄结束之前，就开始发行和消费环节的大规模线上线下宣传营销。

紧密性主要体现在一项价值活动与另一项价值活动的内在连接关系上。以电视剧生产来说，任何拍摄活动的进行都以资金为前提，因此存在着因为投资不到位而在制作环节临时更改剧情，或者因为发行环节不畅而使已经完成的电视剧作品无法播出的状况。正是因为价值链中各项活动的紧密联系，造成了价值链本身的动态不确定性。

（二）技术链

科学技术是社会变革和发展的主要动力，技术创新与产业发展休戚相关。电视剧产业发展史上每次创意、制作、发行和营销层面的变革，都是因为技术革新的直接影响。

技术链通常有两种呈现方式：一种以技术为前提，某项技术的获得和使用须以另一项技术的获得和使用为先决条件，高新技术产业、生物医药产业等多以此种模式构成网状技术链；另一种是以产品为前提，各种技术依据产品的链接关系形成技术链。产品从创意到产出的每个环节运用到不同的技术，这些技术与整个产业的价值增值紧密相关并具备一定的承接或对应关系。[①] 电视剧产业的技术链就归为此列。

电视剧技术依附于电视剧的产业链与价值链，视觉设计、特效等技术成果被运用于电视剧创作、拍摄、制作、发行、营销、播出等不同环节。由于电视剧产业具备社会属性和文化属性，同一个题材、同一部机器、同一个场景在不同的主创人员手中会呈现截然不同的成品效果。因此，创作理念是电视剧产业重要的核心价值和竞争资源，而创新能力、艺术感觉、实践经验等人才因素也是电视剧技术链的重要组成部分。与其他产业不同，对电视剧技术的各种使用并没有统一的评价标准，好的电视剧作品需要技术与人才之间的密切配合。技术是平台和基础，通过人才方能发挥最大效能。

电视剧的技术链依附于产业的创意、前制、拍摄、后制和播出环节。在开发、发行和播出阶段，技术多表现为情景模拟技术和“CG 技术”等实体技术形态。情景模拟是指根据创作理念目标，模拟和创意相符的环境，激发潜在创意灵感，主要应用于开发阶段。“CG(Computer Graphics)技术”指利用计算机进行视觉设计和生产，如模拟临时演员或背景、开展动作片中的特效处理等，目前广泛应用于电视剧制作阶段。而在发行和消费两个阶段，技术更多体现在选用针对电视剧产业的整合营销以及公共关系策略上。

（三）文化链

文化的定义里除了文学艺术以外，还包括生活方式、聚居方式、价值体系、传统和信仰的内容。作为文化表达和交流的载体，电视剧除了是一种实体商品之外，也是一种包含了艺术性、原创性和唯一性的符号意义的创作产物，受众通过体验获得的象征价值是其价值核心。因此，各种文化意涵以及社会价值的传递，是电视剧不可或缺的价值增长点。

电视剧产业的文化生成周期包括创造、生产、传播和消费四个阶段，与价值链中开发、生产、发行、播出和消费过程遥相呼应。

创造指最初故事梗概的构思以及据之生成的剧本大纲。在这个过程中，故事本身所传达的文化价值观念核心意涵被投射到电视剧创作中，构成了整部剧作的灵魂。

生产是指文化产品符号化的价值转变和物理形态形成的过程，包括电视剧的前期、拍摄和后期制作。电视剧产品在这个阶段开始拥有了外延和内涵两个层次。外延层次是电视剧的表面意义，包括故事的形成、镜头的切

---

① 参见高汝熹、纪云涛、陈志洪：《技术链与产业选择的系统分析》，载《研究与发展管理》2006年第 12 期。

换等；内涵层次是指隐蔽在产品中的内在意义，包括电视剧所阐释的核心理念及普世价值等。

传播是让受众接触电视剧产品的过程，主要指产品发行。值得注意的是，在全媒体数字化的消费环境下，一些电视剧产品可以越过发行商，直接由生产者传递给消费者。例如，受众可以通过付费的方式，直接从制作电视剧的网络公司平台下载剧集进行观赏。

消费对应的是电视剧产业价值链中的播出和消费环节。受众通过观赏电视剧产品或参与相关活动，满足自身需求，所获的审美愉悦更多地来自于象征价值的无形体验。作品背后蕴藏的文化价值理念可以通过唤醒个体知觉和情感投射引发受众共鸣，最终，电视剧产品所蕴含的文化价值为受众所吸收和体验。从一定程度上来说，消费的重要性不是来自电视剧本身，而是其裹挟的文化意义。

电视剧产业中的文化生成是个循环的过程，这个过程将电视剧产业的文化属性和社会属性紧密结合在一起。电视剧文化的生成可以创造、生产、传播、消费中的任一阶段为起点，一些阶段可以合并，并非一个简单的线性结构，而是一个循环往复的路径。这一循环体现了文化生产扎根于社会领域并通过电视剧媒介施加影响的过程。电视剧的文化价值被受众消费之后，帮助社会成员形成相互认同、相互接近的价值观和生活规范，进而反哺于文化创意的产生，其文化消费对文化创意的形成和文化生产的反作用最为显著。基于电视剧产业文化链的循环性特征，一些国家或地区会利用电视剧消费来进行文化输出，对被输出国家或地区而言可能引发文化冲突，造成本土文化价值的流失。在某些情况下，电视剧产业的文化创造、生产、传播和消费可以跨阶段完成。新媒体技术的发展为不同的文化功能阶段之间建立了联系，受众可以通过视频网站这一平台，同时完成一部电视剧的创造与消费。这意味着，在全媒体时代，文化的创造者和消费者可以同为一人。

价值链、技术链和文化链共同构成了电视剧产业组织中的经济、技术与文化循环。三种链条相辅相成，技术链是价值链和文化链的基础，价值链是技术链和文化链的价值体现，文化链影响价值链和技术链。

一方面，电视剧开发、制作和播出环节所使用的各项技术是产业发展的基础。脱离了技术基础，电视剧产品将不复存在。技术创新活动的开展直接影响到制作公司的物质生产过程和结果，改变了电视剧产业价值链中的投入产出及空间分配关系。同时，技术链也是文化生成的基础，帮助无形的文化创意理念更高效地转换成电视剧产品。各种高新技术打通了实体和虚拟空间的屏障，使无形文化产品转化为有形文化产品，在强化传统方式的同时，开辟着文化传播的新途径。

另一方面，电视剧产业技术链、文化链的各个环节与价值链一一对应。技术链是一条实体链，只有通过与不同价值环节的结合才能获得价值增值。文化链则是一条虚拟链条，需要附着在价值链上来完成文化的生成、传递和再现。技术链与文化链在价值链上实现交叉融合，技术与文化之间的相互促进通过价值链的不同环节来实现。与此同时，电视剧产业价值链的形成是个动态过程，技术的发展与文化的传承会影响到价值链各环节的价值分布，进而影响产业与市场结构。

此外，电视剧产品的核心价值之一是文化意涵的传递。作为一种抽象概念，文化在创造、生产、传播与消费的各环节中均与价值链和技术链紧密相连。文化植根于社会，反哺于社会，电视剧产业作为介质将文化与社会联系起来。文化意涵的生成与表达直接影响电视剧产品的价值，文化与技术的相互结合则可以有效提升电视剧产品的质量。

四、形成机理

价值链的分析指出了电视剧产业创造的总体价值在产业链中的分布；技术链的分析说明了电视剧制作播出各环节技术及相互连接关系；文化链的分析反映了电视剧产业中文化价值的形成、传播与消费。电视剧产业的发展依赖于技术进步。技术控制的难易和消费对象的差异使产品的价值产生差别，从而形成从低到高的价值链。在技术创新过程中，电视剧产品质量、产业结构、消费模式都发生了变化。此外，技术创新使原有价值观发生改变并促进了新的价值观的形成，影响了社会文化的变迁。文化链是既独立又附着于电视剧价值链之上的链条，它是产业价值链中各环节实现价值增值和转移的关键影响因素。文化的生成与转移使电视剧产品实现了从使用价值向象征价值的转换。同时，电视剧产业的文化折扣和文化距离也构成了不同企业进入电视剧产业的文化壁垒。

基于以上分析，电视剧产业竞争力的来源主要有两个方面：一方面是以价值链为基础的产业价值活动所产生的竞争力，可以称之为“基础竞争力”；另一方面是以技术链、文化链为基础的产业创新能力，可以称之为“创新竞争力”。基础竞争力是整个竞争活动的根本，贯穿于整个竞争过程之中；创新竞争力是整个竞争活动的核心，影响着价值增值和价值转移。两种竞争力相互影响，共同构成了电视剧产业的竞争力。

(一)基础竞争力的形成机理

价值创造和价值转移共同组成了电视剧产业价值活动，成为其竞争力的基础。

价值创造是对各种电视剧产业资源的有效整合。电视剧产业链中的价值创造存在着横向和纵向两种类型。横向价值创造指通过开发、制作环节所生产的电视剧产品，通过在发行、播出和消费环节的使用和交换，所呈现出的商品价值与社会文化价值；纵向价值创造指电视剧产业与其他上下游产业间的双向对接与互动传递，通过向关联产业的延伸，创造新的边际效应。影响电视剧产业纵横双向价值的因素是电视剧产品生产、产业资源互补和关联产业创造。

电视剧产品生产是电视剧价值创造的根本环节，是电视剧产业生产经营过程中所必须具备的基本因素。对于电视剧这一以创作和创造为核心的产业来说，人力资源尤为重要，其专业素养、价值观念和技术素质会直接影响电视剧产业的竞争力。同时，资金是电视剧产业的重要驱动要素，电视剧产业的投资结构和资本运营也会影响产业本身的价值构成和价值流动。

产业资源互补是电视剧产业价值创造的核心要素，对产业资源的恰当配置可以帮助其创造价值。产业价值链能够确定与竞争优势更加一致的资源类型，企业通过资源的重新调整配置，使得原有价值活动的资源得以更新。电视剧产业发展的资源既包括天气、人口在内的自然资源和电视网覆盖能力等基础设施，也包括文化历史资源。一个国家或地区的文化积淀与历史积累会为电视剧创作拍摄提供土壤，激发创作灵感。在全球价值链背景下，区域间通过内合、外联、集聚等形式，实现着电视剧的资源整合与价值创造。

产业关联是经济活动中，各产业之间存在的广泛、复杂和密切的技术经济联系。电视剧产业是创意轴心产业，是文化产业中价值链拓展最为活跃的产业之一。电视剧产业作为内容供应商，价值链不断向音像、出版、动漫、游戏、玩具、主题公园、旅游、服装、化妆品等关联产业延伸，创造了新的产业价值。

电视剧产业的价值转移，是指其价值链结构及战略制定随着技术的进步和消费需求结构的变化而变化。由于配额制度和消费结构的变化会影响电视剧产业的价值活动及资源配置，电视剧产业价值转移的影响因素主要有产业政策和市场需求两点。

产业政策有助于优化产业资源配置，培植竞争力，也可优化产业结构，促使技术进步，最终实现经济价值。电视剧产业在竞争中除了以获得经济价值为目标，更要注重文化价值的传输以及对区域文化的保护和传承，因而制定相应的产业政策能够有效调节电视剧的经济价值与社会价值。

电视剧市场需求主要来自两方面:一是为满足历史文化传承、记录社会变迁的需要;二是为满足受众的精神文化需求。由于电视剧产品的体验特征,播出之前很难预计受众的真正喜好,因此对消费者潜在需求的把握就成为影响电视剧产业价值转移的重要因素。

价值创造与价值转移并非完全割裂,而是有着密切联系,这二者间的互动共同构成了价值活动,最终形成了区域间电视剧产业的独特竞争优势,为其参与竞争打下基础(见图 4-5)。

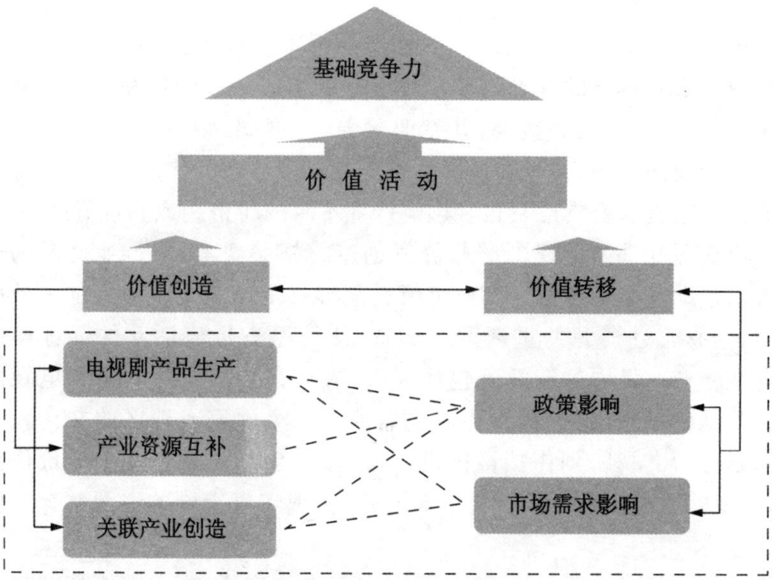

图 4-5 基础竞争力形成机理

(二)创新竞争力的形成机理

面对复杂多变的全媒体全球化竞争环境,创新能力直接影响产品的开发、生产与品质,成为提升竞争力的关键。产业经济增长会经历要素驱动、投资驱动、创新驱动、财富驱动等不同阶段,每个阶段的价值增值空间不同,所取得竞争优势也不同。当前,全球产业经济增长的动力逐渐从要素驱动转向创新驱动,在技术、制度、管理等方面的积极探索成为电视剧产业培育和发展核心竞争力的趋势。同时,由于电视剧产业是以创意和创新作为主导驱动因素的产业,内在的文化观念创新自然会影响产业的竞争能力。因此,技术创新和文化创新共同成为了电视剧产业创新的驱动因素。

电视剧产业的技术创新需要依托于电视剧产品这一载体,包括内容创作和制播技术两种成长。电视剧产业是一种以内容生产为主体的产业,内容决定了电视剧产品在市场上的竞争能力。文化折扣和距离造成了电视剧区域间传播和交流的先天屏障，因此，如何通过内容最广泛地吸引受众，是电视剧产业赢得竞争优势的关键。此外，技术创新直接表现为对物质文化的创造。电视剧在技术层面的不断创新不仅为产业发展提供了强大的技术支撑，同时还影响着人们的生活方式和消费结构，促进了社会文化的变迁。

电视剧产业的文化创新是一个动态的过程，可以看作传统文化因素的保留和新生文化因素的融入。文化的生成与反哺是电视剧产业竞争力的重要环节。电视剧产业的形成与发展是以原有的历史与文化作为基础，新的文化元素通过电视剧作品不断地被挖掘出来，经过不同类型的传播和受众的选择而被社会接纳。这个过程是个缓慢的过程，伴随着渐进与突变。文化创新力是电视剧产业发展的内在动力，是内容生产的源泉，也是实现价值增值、获得竞争优势的重要途径。

值得注意的是，电视剧产业的技术创新和文化创新都以价值流动为载体，贯穿于电视剧产业价值链的开发、制作、发行、播出、消费的整个环节。技术和文化是电视剧创新的核心推动力，影响着产业各项价值活动，催生了电视剧产业的创新竞争力(见图 4-6)。

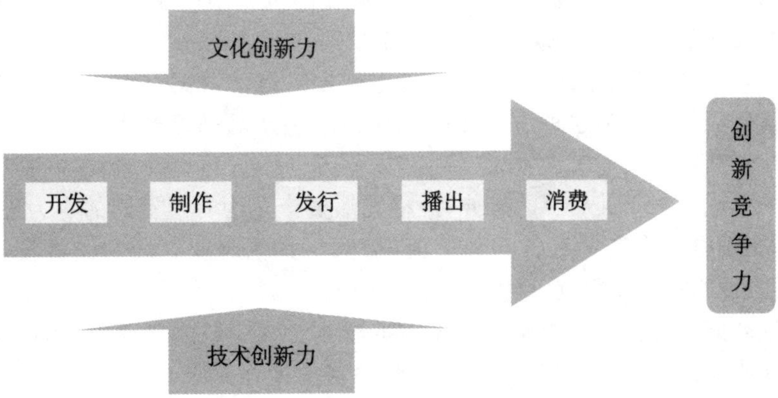

图 4-6　创新竞争力形成机理

电视剧产业竞争力由基础竞争力和创新竞争力共同构成的。基础竞争力是创新竞争力的基础，创新竞争力是基础竞争力的直接驱动和激励因素。二者共同发挥效用，实现着电视剧产业竞争力的提升。

五、核心要素

如果将整个电视剧产业竞争力评价体系视为一个网络，那么每个环节都可看作这一网络中的节点,它们之间相互连接,基于地位的不同,其对整个产业体系网络的影响亦有所差异。通过以上分析可知,产业需求、产业关联、生产能力、文化创新能力这四项内容是判断电视剧开发、制作、发行、播出、消费各个环节之间关联和指标的必然依据,决定着整个电视剧产业网络总体结构的稳定性。因此,这四项内容可以视为整个电视剧产业竞争力网络的中心节点和核心要素。

产业需求对电视剧产业竞争力的影响主要表现在,供给关系的调整和变化会改变产业发展模式与路径,而受众收入和素质以及电视剧产品生产情况会影响电视剧产业需求。在当前全球经济相对疲软的情况下,文化产品消费受到热捧,文化产业得到政府战略扶植,这无疑刺激了电视剧产业的发展。同时,电视剧产业需求的提升可以刺激创新,其创新程度、方向和产业集中度会受到来自广告效应、从众效应和网络效应等需求表现的影响。因此,平衡供求关系,精确市场细分,实施分众产销,最大限度地激发受众需求,是电视剧产业发展的必由之路。

产业关联的影响主要表现在:电视剧产业作为文化产业核心,可以拉动许多相关产业的发展,形成产业链效应。电视剧产业链的拓展通过衍生产品营销创造出更大的经济价值。全媒体时代的电视剧产业早已跨越了同类间资源有无的边界,任何一家企业都希望可以将主题公园、酒店、玩具、游戏、书籍、音像制品、服饰、化妆品等与电视剧产品本身融合起来,产生合力及连锁反应——因为这种协同作战比任何单项产品都能产生更多的能量、品牌认知和经济效益。在视觉文化娱乐主导的全媒体消费时代,电视剧产业链的形成有利于其品牌的延伸,是将无形资产化为有形资产的有力手段。因此,挖掘电视剧产业链各部分价值,加强与其他产业之间的经济技术联系,是电视剧产业获得竞争优势的有效途径。

生产能力是整个电视剧产业发展的根本。无论技术如何发展,内容与传播介质如何变化,电视剧的基本生产和制作过程并未改变。生产能力与产业需求紧密相连,各种创新通过生产这一实体环节得以实现。全媒体时代电视剧产业生产能力加速的捷径在于充分利用资本市场资源,通过资本运营筹集资金,大规模涉足以信息技术为特征的新兴媒体和市场潜力巨大的公共领域,逐步增强实力,打造大型立体化产业集团,以资本手段进行大规模并购、整合、重组,从而直接提升竞争力。资本运作不但能够盘活电视剧企业资产,而且有助于理顺体制机制,实现全行业集约化经营,还可以改善电视剧产业的整体市场结构,收获一定的规模与范围效益增量,通过提升生产能力有效提升整个产业的竞争力。

文化创新能力是产业获得竞争优势的源泉。电视剧产业创新包括内容、技术、发行、营销方式等多种角度，最终呈现为品牌效应。“内容为王”的行业特征，决定了制作精良的电视剧是形成品牌效应的王道。在市场竞争日趋同质化的背景下，播出平台的频道设置、节目信息与信息源也趋向同一，高品质的品牌电视剧成为争夺受众注意力的焦点所在。品牌的打造象征着电视剧精品的诞生，不惟可以推动固有产品进行创新革命，还能使得产业主体成为竞争胜者，在诉诸收益的同时，将一脉相承的企业文化娓娓道来。因而，通过打造电视剧品牌，实现从内容到技术再到发行营销方式等全方位的品牌效应，可以有效延展整个电视剧产业的竞争能力。

全媒体时代的电视剧生存环境发生了巨大变化。国外传媒巨头借文化准入之机对中国内地电视剧市场虎视眈眈；国内电视剧企业之间也由过去单纯的广告市场争夺延伸至包含基础竞争和创新竞争在内的双层领域。在内外夹击的态势下，将产业需求、产业关联、生产能力和文化创新能力这四项内容作为电视剧产业核心竞争力来积极培育，便可整合调动相关领域的多样资源，培育出独具特色的竞争优势，夺得市场先机。

第二节 “鲁剧”竞争力分析

不同的历史时期，“鲁剧”在中国内地电视剧市场中占据的地位不尽相同——有过挑战成功的辉煌，也有过尝试失败的落寞；遭遇过瓶颈，也经历过突破。要谋求长久发展，“鲁剧”需要对自身竞争力作出客观而理性的评价。

考量全媒体时代“鲁剧”的竞争力，需置之于全局视野进行横向比较，总结自身优势和特点的同时查找与竞争对手的差距，并寻求卓有成效的解决方案。基于上文分析，产业需求、产业关联、生产能力和文化创新能力四项要素的优势提升，将有助于“鲁剧”整体竞争力水平的崛起。本小节将选取以上四方面电视剧产业核心竞争力要素进行对比分析，以期界定“鲁剧”在当前中国内地电视剧市场中的竞争力状况。由于山东影视传媒集团在“鲁剧”产业中的绝对核心及优势地位，下文将以其作为主要样本进行分析。

一、产业需求

山东影视传媒集团近年来的“鲁剧”作品（见表 4-1、图 4-7），在一定程度上可以反映“鲁剧”当前的产业需求情况。

表 4-1 2003～2014 年山东影视传媒集团电视剧作品统计

年份	主要作品
2003	《21 天》《女子监狱》《警中警》《水浒少年Ⅱ》《"北京人"事件》《好太阳》《未被审判》
2004	《满天星》《森林武警》《铁道游击队》《浪子燕青》《黑蚂蚁》
2005	《开创盛世》《磨坊女人》《铁将军阿贵》《真情年代》《鼓上搔时迁》
2006	《真情年代》《旱码头》《春风化雨》《潮涌黄河口》
2007	《磨坊女人》《闯关东》
2008	《沂蒙》《我的美女老板》《北方有佳人》《生死线》《五朵警花》《新隋唐风云》《女工》《警中英雄》《拯救爱》《潍县集中营》
2009	《情系北大荒》《南下》《同龄人》
2010	《钢铁年代》《小小飞虎队》(新版)
2011	《知青》《大金脉》《瞧这两家子》《温州一家人》
2012	《战火摇篮》《战长沙》《放开我的手》
2013～2014	《青岛往事》《马向阳下乡记》《北平无战事》

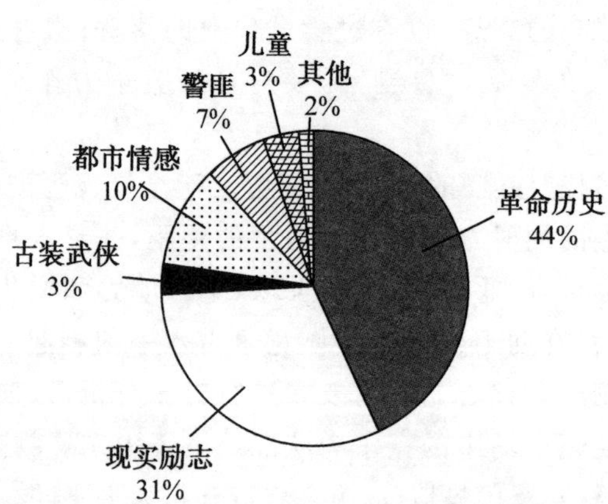

图 4-7 2003～2013 年山东影视传媒集团电视剧作品统计①

① 以下各图表相关统计数据,除经特殊说明,来源均为山东省新闻出版广电局内部资料。

由表 4-1 和图 4-7 可知，2003～2014 年间山东影视传媒集团出品的共计 48 部电视剧中，革命历史和现实励志两大类题材以合计 74%的比重占据绝对优势；相较而言，时下普遍流行的古装武侠、都市情感、警匪悬疑类作品不足总量的 1/4(21%)；包括儿童、戏曲、农村在内的其他题材类型鲜有涉及(5%)。

受众是电视剧创作的起点和归宿，也是电视剧产业得以生发的根源。电视剧产业链各环节的一众需求，均源自受众对电视剧产品的原初接受。随着技术应用的进步与普及，受众接受主体性日益凸显，对播放终端的选择和产品的要求日益具体，以小众化、碎片化为特征，群体构成、收视心理、收视态度、期待视野等发生了一系列变化。新的受众收视行为和收视特征的出现，与电视剧产业的传播营销、生产创作等环节形成直接关联，激发了新一轮的产业需求。

全媒体时代粉碎了传统电视媒体在电视剧播出上一统天下的局面，收视环境和收视语境的改变加剧了受众分化。由于所关注的元素和对电视剧文本的解读趋向多元，受众的收视需求有了获取知识、娱乐身心、提高审美、探求真实的差异。因此，电视剧的开发、创作和营销需要注重满足不同群体的需求。

通常而言，影视受众可以根据身份、年龄、性别、阶级等划分为不同人群。不同的人群对影视题材的偏好可谓大相径庭，而相同题材的影视作品针对不同的受众，切入点和侧重点也将有所分野。例如，从身份来看，高收入人群在影视题材选择上往往倾向于与自身经验差异较大的悬疑片或科幻片，而中低收入者则喜欢与自身经历相似的现实题材作品；从年龄来看，青少年喜欢玄幻片，中年人偏爱社会历史剧，而老年人通常会选择喜剧片；从性别来看，男性大多喜欢思想意味浓重的政治斗争题材或商战题材，而女性则比较喜欢情感充沛、人物关系复杂的言情剧；等等。

革命历史和现实励志这类“主旋律”电视剧的拍摄是“鲁剧”的强项。所谓主旋律，普遍定义为受政府主导、弘扬国家主流意识形态的影视作品。此类题材因受众范围广泛、政策倾向保护、播出时段最佳等优势一度受到各类制作播出单位的热捧。但是，主旋律电视剧的叙事模式往往一目了然。一方面是微小人物、宏大叙事、以小见大的叙事策略。主旋律电视剧的故事框架大多通过一个普通家庭在风云变幻的宏大政治背景下的艰难挣扎来反映整个时代的变化与变迁。如经典“鲁剧”《闯关东》的故事构建虽然精致，却让人不由联想起同为主旋律题材的《大宅门》和《乔家大院》，醒目的雷同感极易消磨作品初始的艺术魅力与文化特征。另一方面是故事情节的发展与矛盾升华处理的理念化。主旋律题材故事情节基本是伴随着个人与国家、集体利益的冲突不断推进而发展,最后结局概为个人利益服从国家和集体利益;而矛盾的升华则大多辅以宏大历史背景,结局处上升到民族矛盾的高度。这般看了开头便知结尾的故事,势必削弱吸引力和感染度。而表4-1中的《铁道游击队》《开创盛世》《真情年代》《温州一家人》等作品创作都陷入这种樊篱。所谓"成也萧何,败也萧何",曾经成就"鲁剧"鲜明风格的主旋律题材,如今令其陷入尴尬。

由此观之,"鲁剧"创作题材在受众层面存在巨大的挖掘潜力。单就其擅长的"主旋律"题材而言,亦可在不同角度有所侧重,而非重复单一模式。当下急需的是,锁定受众人群,发现其显性或潜在兴趣点,针对不同的目标受众选择适销对路的题材,结合产业发展实际和市场需求,展开对象具体、目标明确的"鲁剧"创作。显然,基于创作题材单一的受众群体障碍模糊了市场细分,限制了"鲁剧"产业需求的有效扩容,是当前"鲁剧"竞争力的一大短板。

二、产业关联

依据《中外电视剧产业发展报告》评选的"电视剧制作机构优异榜",选取当前中国内地电视剧市场中积极程度高、发展态势好的十家产业机构作为参照(见表4-2),可以相对直观地总结"鲁剧"当前的产业关联程度。

表4-2　　中国内地十大电视剧生产机构产业关联情况表

序号	机构名称	成立时间	背景规模	经营领域	市场开发
1	北京电视艺术中心有限公司	1982	2010年8月,由北京电视艺术中心转企改制而成,累计完成电视剧180余部,近2500集,平均年产7部	电视剧专业制作单位,主要从事剧本研发、影视剧策划宣传、拍摄、发行、后期制作及演艺经纪等业务	与香港银都机构、安徽电视台、国家话剧院影视中心、世纪伙伴传媒公司、鲁迅文化基金会、银润集团等机构协议合作

续表

序号	机构名称	成立时间	背景规模	经营领域	市场开发
2	山东影视传媒集团	1986	前身为山东电视剧制作中心，2008年12月由山东省广播电视总台为主出资组建成立，累计创作电视剧260余部，近4500集，年产约200集	以影视剧和经营性广播电视节目的制作、生产、发行业务为主，同时兼营相关文化产业	下辖3家控股子公司，下一步将根据业务需要逐步成立电影制作发行、电影院线经营、影视新媒体业务开发、影视拍摄制作基地开发、影视广告经营、电子音像出版、广电报刊经营等专业子公司
3	华谊兄弟传媒集团	1994	综合性民营娱乐集团，“中国娱乐第一股”，累计出品电视剧40余部，年产量500集	电影、电视剧、艺人经纪、影院投资及管理、国际合作、游戏、文化旅游、品牌授权及服务	截至2013年年底，拥有30家全资或控股子公司及孙公司，20家参股公司
4	北京鑫宝源影视投资有限公司	1998	具备国家电视剧制作甲种许可资质，拥有著名导演赵宝刚为主体的几支创作小组	电视剧拍摄、制作、发行及艺人经纪	发行网覆盖全国各省、市、自治区的几百家电视台，并一直保持良好合作关系

续表

序号	机构名称	成立时间	背景规模	经营领域	市场开发
5	北京小马奔腾传媒股份有限公司	1998	累计生产电视剧 27 部，500 余集	影视剧投资、制作、发行，国际合作，娱乐软硬件研发，艺人经纪，广告	拥有 8 家娱乐传媒公司，2012 年 4 月与好莱坞数字王国(Digital Domain)正式签署合作协议，在北京设立合资公司
6	海润影视制作公司	2001	第一批获得国家广播电影电视总局批准认证的甲种“电视剧制作许可证”的国内最大民营影视制作机构，累计拍摄电视剧 100 多部，3000 多集，年均产量 20 余部，600 余集	电视剧制作、发行、整合营销(含内容式植入、电视节目赞助、新媒体娱乐传播、演出活动赞助、名人商务合作、娱乐整合行销等)	娱乐服务终端拥有中国联通、哈药六厂、法国标致等 15 家国内外知名企业 VIP 客户
7	北京华录百纳影视股份有限公司	2002	国务院国资委主管的中央企业中国华录集团所属上市公司，制作电视剧共计 58 部，近 2000 集	影视策划、投资、制作及发行，演艺经纪，电视栏目，电影，动漫，游戏	

续表

序号	机构名称	成立时间	背景规模	经营领域	市场开发
8	中视影视制作有限公司	2003	中央电视台与中国国际电视总公司共同投资成立，拍摄制作电视剧 200 余部，5000 余集，年产量 400 余集	影视策划、投资、拍摄、制作及发行，艺人经纪	下设 5 个个人工作室、4 个专业部门
9	浙江华策影视股份有限公司	2005	国内第一家以电视剧为主营业务的民营上市企业，投资生产电视剧 50 部，1500 余集，年产上千集	影视剧制作、发行，影视基地建设，影城院线，新媒体，广告开发，产业投资，国际合作（含海外发行、“华策剧场”海外频道落地及节目译制）	旗下拥有 20 多家子公司，2012 年 5 月成立以政府为主导、以华策影视为运营主体、以出口为导向的“中国（浙江）影视产业国际合作实验区”
10	上海上影英皇文化发展有限公司	2006	上海电影集团公司与香港英皇娱乐集团联合成立，出品电视剧 11 部，250 余集	影视制作、发行，影视娱乐，演艺经纪	

表 4-2 显示，尽管“鲁剧”在新媒体业务、影视基地、广告经营、音像出版及报刊营销等领域力求拓展，但相较于市场化程度较高的北京电视艺术中心有限公司、中视影视制作有限公司等政府背景机构以及华谊兄弟传媒集

团、北京小马奔腾传媒股份有限公司、海润影视制作公司、浙江华策影视股份有限公司等市场灵敏度较高的民营企业已经在相关领域进行的市场开发，产业上下游关联程度仍存在较大差距。

电视剧产业价值链囊括了生产企业内部和企业之间为满足受众需求所经历的开发、生产、销售、服务等一系列价值增值活动。一个完整的电视剧产业链连接了从影视企业、发行公司、电视台到延伸产业的一系列层级。传统意义上，制作公司、发行公司和电视台分别处于产业链的上游、中游和下游，音像制品公司、书刊出版社和网络游戏、旅游餐饮等其他延伸产业则是对整个电视剧产业链的完善。根据波特的价值链理论，企业在经营活动中应抓住关键环节的价值增值活动。因此，电视剧产业机构需要明确自身在市场竞争中的优势和价值链中的位置，增加经营差异性，扩大生存空间。其中，剧本策划、资金流转、部门协调和营销服务可以看作电视剧产业价值链实现增值的关键环节。

就剧本策划而言，“鲁剧”拥有一支精干的创作团队，作品品质长久以来总体上乘且较为稳定，从获得的各项奖励殊荣可见一斑，但需进一步宏观布局，壮大策划力量。在编剧、知名导演的培育与引进方面，新的举措有待出台以增加人才吸引力，为创作团队不断注入新鲜血液。资金流转上，“鲁剧”目前80%以上实现了社会融资，并且额度基本保持在50%以上，但与已经在创业板上市的影视机构相比，在募集资金、深化投融资体系建设方面尚需开拓。在部门协调领域，“鲁剧”过度而依赖政府支持的现状有待转变，与国有、民营企业采取多种形式合作是未来深化改革的目标之一。在营销服务层面，“鲁剧”需要利用当下“三网融合”所带来的媒体变革，进一步调整由于受到题材单一的限制而过度依赖电视台播出的现状，同时，下游衍生产品创意开发及经营力度有待进一步加强。

随着有线数字付费电视、IP电视、网络电视、移动电视、手机电视等新媒体的兴起，开放、竞争、合作的理念被注入电视剧产业，从而使提供商、网络运营商、电视台以及受众都参与到所有的运营环节，成为关联要素。文化产业的高附加值与产业链形态和品牌延伸密切相关，未来的电视剧产业需要立足整个产业链视角，调整眼光，制定战略，实现资源互补与竞争合作。着眼当前发展情况，“鲁剧”已经与中国内地电视剧市场实现有效接轨，但在内容制作环节采取边拍边播的开放式模式、树立编剧在制作过程中的核心地位、实现产品的多级销售和品牌经营、加强衍生产品开发、建立版权保护机制和针对买卖双方的对话机制等方面的欠缺，说明上下游产业关联度的竞争力有待进一步提升。

三、生产能力

生产能力需要从产品质量和数量两个方面进行解读。由表 4-2 可以看出，“鲁剧”成长经验丰富，产品质量上乘，但产量较为低迷。

从成长历史看，“鲁剧”算得上中国内地电视剧生产的先行者。其主要制作单位山东影视集团有限公司(前身为山东电影电视剧制作中心)成立于 20 世纪 80 年代中期，能够与之相提并论的，只有前身为北京电视艺术中心的北京电视艺术中心有限公司。从这个意义上讲，“鲁剧”承担了中国内地电视剧革新的拓荒角色，对其后的发生、发展有初创之功。相较于其后成立的电视剧制作机构，“鲁剧”显然得到了改革开放之初抢占内地文化市场的先机。当时的山东电影电视剧制作中心的确不负众望，创造了“三连冠”的佳绩，连续一段时间在中国内地电视剧市场遥遥领先于业内同行，被引以为翘楚。与此同时，悠久的历史和丰富的积淀给“鲁剧”增加了故事性和话题度，除却可以作为后继参照，还可衍生出版权价值。这些都是成长经验丰富带给“鲁剧”的竞争力。

从品质上看，“鲁剧”的竞争优势在于始终坚持“精品意识”以质取胜的宗旨。无论是与时代同步，记述社会环境变迁的《温州一家人》，还是与现实接壤，反映个体生活变化的《钢铁年代》；无论是与心灵对话，表现公众社会心理需求嬗变的《知青》，还是与家国同构，传达社会结构文化寓意的《闯关东》，“鲁剧”一方面面对着消费社会日益沉降的人文危机，承担起艺术作品应有的意识形态责任，通过思想内容、审美取向和情感格调对受众的世界观、价值观、思维方式、行为方式、流行用语等产生潜移默化的影响；另一方面主动承载着人文精神的诉求，从现代性意识出发，对中国传统文化内涵进行观照，担负起铸造民族灵魂的神圣职责，点燃起民族豪情与爱国情怀，用熔融时代理想和信念的方式塑造平民英雄，更多地传递给受众真善美的感悟和来自灵魂深处的自省。凭借上乘的品质，“鲁剧现象”悄无声息地在中国社会达成共识，这其实是产业竞争力积聚到一定程度的自然社会效应。

不过事有两面，悠久的历史在塑造成绩的同时也容易固化思维，精雕细琢的品质在成就口碑的同时也容易行动迟缓。二者使“鲁剧”满足现状，艰于创新，即便意图改革，也由于既有模式的积重难返和尾大不掉而增加难度。相对而言，成立较晚的电视剧制作机构通常具备敏锐的市场反应和前瞻意识，在引进新思路和新创意方面显然自由度和灵活度优于前者。而对于电视剧这一本质上属于艺术创作范畴的商品而言，思路和创意对于价值转换和竞争力生成尤为重要。表 4-2 中晚于山东影视传媒集团成立的鑫宝源影视、小马奔腾、海润影视、华策影视等纷纷成为近年来中国内地电视剧市场的重要力量,就是对这一事实的说明,最为直接的差别就体现在生产能力上。

尽管“鲁剧”总数超过200部4000集,但其参照系为三十多年的成长历史以及获益于此的丰富作品积淀。由表4-1可知,2003年以后的“鲁剧”创作,除了2003年度(7部)和2008年度(10部),山东影视传媒集团其余年份的“鲁剧”生产均在5部或以下。这一生产能力与北京电视艺术中心有限公司平均年产7部、华谊兄弟传媒集团的500余集、海润影视制作公司的20余部600余集、中视影视制作有限公司的400余集以及浙江华策影视股份有限公司的上千集相比,可谓天壤之别。而产量上的明显弱势状态,也与“鲁剧”在当下中国内地电视剧产业格局中的实际竞争地位相符合。

全媒体时代到来,不惟专业电视剧制作机构,以互联网为代表的越来越多产业类型将会持续加入到电视剧市场,争夺一席之地。面对日趋激烈的媒介环境,“鲁剧”在成长历程和产品质量上的传统优势一方面为其积累了丰富的经验,奠定了良好的市场基础;另一方面却也限制着其向新策略和新体制的转型与突围,导致产量低迷,成为进一步扩大生产能力、提升竞争力的严重阻碍。

四、文化创新能力

“鲁剧”具有丰富的文化资源优势,在受众审美和创意发掘层面为文化创新奠定了良好的基础,也为齐鲁大地历史文化传承和传播提供了有力保证;但是产业层面以营销推广为表征的创新能力尚有待进一步提升,构建与文化资源相匹配的产业环境,是“鲁剧”文化创新能力腾跃的要义。

电视剧的文化创新能力可以从艺术、产业和软实力三个层面来理解。审美层面的电视剧文化是一种艺术表现形式,视听语言、审美观念和审美品位是衡量其创新能力的指标。产业层面的电视剧文化重在传播能力建设——一部优秀的电视剧必须兼而平衡文化与商业价值。电视剧的传播能力包括收视率、播出范围、播出频率及数量、视频网站点击量等指标。在全媒体时代自由竞争的背景下,为了占有市场、争夺受众,电视剧走向大众化、亲民化、娱乐化、商业化,文化传播力最终决定了其在竞争市场的成败。软实力层面的电视剧是一种民族区域文化推广和传承方式,其中所展现和表达的历史渊源、风土人情、传统习俗、思维模式、价值观念等都代表着一种文化软实力。当代区域竞争是软硬结合的双重实力产物,政治、经济、科技、军事、外交经常借电视剧文化施加影响。某种程度上,电视剧的文化创新能力可视为区域竞争的一个要害环节。

就“鲁剧”而言，在审美层面，其一，“鲁剧”的视听语言精致，写实的画面与贴切的音效营造出整体和谐气氛，将形象、直观、全息化的电视艺术美感发挥得淋漓尽致。其二，“鲁剧”讲究美人之美，美人自美，美美相生，即发现他人之美，明辨自身之美，二者相生相成，抑恶扬善，促使受众主观活化，激发起强烈的情感共鸣。其三，“鲁剧”帮助受众树立高雅的审美观，正确地看待文学艺术和生活之美，确定电视艺术欣赏的心灵坐标，有利于受众健康审美的培育和形成。近年来，“鲁剧”作品数度荣膺国家级大奖，正是其竞争力的最佳说明(见表 4-3)。“鲁剧”艺术角度的文化创新能力是展开同业竞争的有力抓手。

表 4-3　“鲁剧”国家级获奖情况统计表(2000～2013)

出品年度	剧目	获奖情况
2000	《光荣之旅》	第 21 届中国电视剧“飞天奖”长篇电视剧二等奖
	《我的爸爸》	第 21 届中国电视剧“飞天奖”短篇电视剧二等奖
	《水浒少年》	第 21 届中国电视剧“飞天奖”少儿电视连续剧一等奖
	《同学，你好！》	第 21 届中国电视剧“飞天奖”少儿电视连续剧二等奖
2001	系列剧《中华美德》之《牵手》《车站》	第 22 届中国电视剧“飞天奖”优秀短剧奖
	《大法官》	第 19 届中国电视“金鹰奖”优秀电视剧奖；第 22 届中国电视剧“飞天奖”长篇电视剧二等奖
	《两个人的一生》	第 22 届中国电视剧“飞天奖”短篇电视剧三等奖
	《誓言无声》	第 23 届中国电视剧“飞天奖”一等奖；第 7 届全国法制题材电影电视剧“金剑奖”一等奖
2002	《大染坊》	第 24 届中国电视剧“飞天奖”二等奖、优秀男演员奖；中宣部第 10 届精神文明建设“五个一工程”奖
	《好爹好娘》	第 24 届中国电视剧“飞天奖”长篇电视剧二等奖

续表

出品年度	剧目	获奖情况
2003	《好太阳》	第22届中国电视"金鹰奖"优秀短篇电视剧奖;第8届全国法制题材电影电视剧"金剑奖"中篇电视剧一等奖
2005	《狩猎者》(电视电影)	第6届电影频道数字电影"百合奖"二等奖;中宣部第9届精神文明建设"五个一工程"优秀文化奖
2007	《闯关东》	第24届中国电视"金鹰奖"最佳长篇电视剧;第27届中国电视剧"飞天奖"长篇电视剧一等奖;中宣部第11届精神文明建设"五个一工程"优秀作品奖;全国十佳电视剧优秀作品
2008	《潍县集中营》	2010年度中国电视纪录片系列好作品
	《沂蒙》	第25届中国电视"金鹰奖"优秀电视剧奖;入选国家广电总局电视剧管理司"2009年度中国优秀电视剧选集"
2010	《钢铁年代》	第28届中国电视"飞天奖"长篇电视剧二等奖、优秀男演员奖;2011年度"华鼎奖"最佳导演奖
	《小小飞虎队》	第29界中国电视剧"飞天奖"少儿电视剧三等奖
2011	《知青》	第29界中国电视剧"飞天奖"长篇电视剧三等奖
	《温州一家人》	第29界中国电视剧"飞天奖"长篇电视剧一等奖;第19届上海电视节电视连续剧最佳导演奖

在播出能力建设层面,当前,"鲁剧"的文化创新能力提升面临两大挑战:一是平民化与专业性的选择,二是娱乐化与主旋律的选择。这两种挑战可以归结为收视率与受众口碑的抉择,二者几乎很难统一。根据近六年"鲁剧"收视前列剧目的播出情况(见表4-4),结合近年来"鲁剧"的获奖情况分析,不难发现,除了《闯关东》在社会效益和经济效益领域同时打开双赢局面外,其他作品大多屡获殊荣却未能得到受众青睐,"叫好不叫座",如《沂蒙》《温州一家人》《知青》等。总体看来,"鲁剧"品质上乘,但在辐射力、影响力等播出能力方面,与竞争对手存在差距。

表 4-4　　2008～2014"鲁剧"收视 TOP 9 播出统计表

序号	剧目	首播时间	平均收视率（%）	播出频道	备注
1	《闯关东》	2008.01.02	11.290	央视一套	年度收视冠军
2	《小小飞虎队》	2011.08.11	3.858	央视一套	年度收视季军
3	《知青》	2012.05.29	2.445	央视一套	
4	《父母爱情》	2014.02.02	2.349	央视一套	
5	《温州一家人》	2012.11.01	2.248	央视一套	
6	《钢铁年代》	2011.01.01	1.670	北京卫视 山东卫视 天津卫视 河南卫视	同时段收视第三
7	《沂蒙》	2009.11.02	1.590	央视八套	
8	《战长沙》	2014.07.14	0.854	央视八套	
9	《瞧这两家子》	2012.08.27	0.550	央视八套	

在软实力打造层面，拥有文化内涵和传播认同的电视剧最具普世价值——此即电视剧产业最大的文化竞争力。用跨文化传播的理念将域外文化与齐鲁文化相结合，用全媒体时代的视觉技术手段呈现齐鲁大地传统的文化资源，技术与精神内涵的有机融合将更加有效地传达"鲁剧"的内在情感和文化寓意，从而更加充分地张扬文化价值，是提升"鲁剧"文化创新能力的关键所在。综合近年来"鲁剧"海外发行的实际情况（见表 4-5），"鲁剧"截至目前仅有不足 300 集且主要面向非洲国家和港澳台地区的海外发行数量，相对于总计超过 4500 集、每年 200 集左右的产量，显然，在充分利用文化资源优势拓展海外市场的吸引力、从软实力角度增强文化创新竞争力的层面，还存在巨大的上升空间。当然，这不仅仅是"鲁剧"自身的问题，还牵扯到对象国家立场的文化产品政策导向，以及中国内地电视剧产业总体的国际竞争力水平。

表 4-5　　"鲁剧"海外发行情况统计表

剧目	海外发行地区	协议单位	发行集数
《大染坊》	香港、澳门、台湾	香港美骑国际贸易公司	25
《大染坊》	非洲	旭新国际有限公司	25

续表

剧目	海外发行地区	协议单位	发行集数
《闯关东》	非洲	旭新国际有限公司	52
《生死线》	非洲	旭新国际有限公司	48
《钢铁年代》	非洲	旭新国际有限公司	37
《温州一家人》	非洲	旭新国际有限公司	36
《到爱的距离》	非洲	旭新国际有限公司	36
总计	4	2	259

基于文化创新能力的竞争特点,“鲁剧”的竞争力可以从电视剧文化和传播实力两个方面加以分析。从电视剧文化方面来讲,“鲁剧”的竞争力体现于思想力。作为中国传统文化发源地,以儒家文化为代表的齐鲁文化博大精深。长久以来,“鲁剧”一直尝试在齐鲁文化中摸索、挖掘电视剧素材、思想和表现手法,例如《水浒》《闯关东》《红高粱》等作品所展现的文化深度就是“鲁剧”需要传达的文化思想力。在这一层面,“鲁剧”的竞争力首屈一指。从文化传播实力来讲,优质的水准使得“鲁剧”有别于一些收视率高却未必具有深远文化价值的剧目,极具传播价值。不过,在宣传片和预告片的制作,播出之前的各种广告、首映式、新闻报道等营销策略实施以及海外发行层面,“鲁剧”的文化创新竞争力相对疲软。

全媒体时代来临,“鲁剧”在迎接良好发展机遇的同时,也面临着来自内外部综合因素的严峻挑战。针对产业需求、产业关联、生产能力和文化创新能力四方面竞争力的分析,可以及时发现“鲁剧”当前产业发展的问题和不足,及时调整策略,以避免因为激烈的商业竞争而被淹没于海量的资源里。

第三节　竞争力视角下“鲁剧”产业链的问题与不足

从产业需求、产业关联、生产能力和文化创新能力四方面竞争力的分析中可以看出,当前“鲁剧”产业竞争力总体相对薄弱。能否全面而准确地识别其中的问题,对于提升“鲁剧”产业竞争能力至关重要。只有对症下药,从问题出发制定相应的战略决策,才能最直接有效地发展“鲁剧”产业。

当前,“鲁剧”的市场受众定位单一,产业关联程度松散,生产能力有待大幅度加强,文化创新力层面的传播能力薄弱,这些指标都与“鲁剧”产业价值链密切相关。因此,从价值链内部出发,将“鲁剧”产业价值链作为分析框架，对“鲁剧”发展的不足进行识别，各环节中存在的问题便能一目了然。

一、开发环节：融资方式单一，资本与产业对接存在障碍

电视剧融资是开发环节最重要的内容。良好的资金来源和储备是保证电视剧生产和产业良性有序运作的重要前提。

当前，“鲁剧”产业的融资方式相对比较单一，尽管由于国家和地方政策的扶持，民营及境外资本有条件地准许进入其投资领域，但有效投资并不持续稳定。同时，由于至今仍然肩负着政治宣传与舆论引导的职能，“鲁剧”产业化的运作过程中，存在着体制、机制与市场本身的结构性矛盾，这也造成了资本与产业很难有效而直接地进行对接。开发环节的诸种问题直接影响了“鲁剧”的造血功能，是导致其生产能力差强人意的重要原因。

二、制作环节：企业主体性不强，文化创意及资源有待开掘

制作环节指的是电视剧的前期、后期制作和拍摄过程，是整个产业链中与艺术性关联最强的部分。制作与开发一脉相承，开发环节存在的问题会相应延伸至制作环节，其中最明显的就是投资结构对电视剧内容创意的影响。

企业是参与电视剧制作的主体。目前“鲁剧”制作环节中，山东影视传媒集团占据绝对优势地位，体量和产量上都远远超过民营机构。一家独大的产业现状导致“鲁剧”生产专业化水平较低，缺乏专业性和品牌影响力强势的关联企业，并对山东影视传媒集团自身的锐意进取、开拓创新形成桎梏。体现在创意层面，对剧本创意的着力突破和对山东地域优势文化资源的充分挖掘就会有所欠缺。

创意是电视剧产业最宝贵的财富，需要不断更新方能拥有无限潜能。随着新媒体技术的应用，制作方对技术的追求或许会冲淡对内容的想象。然而，技术需要通过叙事展现，内容本身的创意才是消费者最终选择观看的决定因素。电视剧本身具备商业价值和社会文化价值，如果说经济收入更多的是商业价值的体现，那么能否反映社会现实、传递生活方式与价值观并将之反哺于社会，完成文化价值的传达，则是电视剧传播的关键，也是其价值的最高体现。就目前国内情况而言，尽管“鲁剧”在承载文化价值层面居业内领先地位，但意识形态色彩过于浓重，纠结于高、大、全的形象塑造和家、国、史的宏大叙事，人文关怀表现形式相对单一，文化资源结合利用率并不充分。这也是“鲁剧”产业文化创新竞争力有待提升的重要原因。

三、发行及播出环节:行业之间矛盾突出

电视剧的发行与播出环节是产品走向市场的过度与实现,尤其发行环节更是贯穿整个电视剧产业的纽带。

在影视产业改革之前,我国电视剧的发行和播出机构是按照行政区域设置的。各省、市、县之间实行条块分割,行政区域和电视剧企业的自我利益保护机制阻碍了市场机制的良性运行。尽管近年来出台了对发行和播出机制的改革,也允许民间和境外机构参与电视剧的发行及播出平台建设,但发行方与播出方为了争取自身的利益最大化,在分账比例上一直存在着矛盾与争议。这也是“鲁剧”的发行以制作单位为主、播出主要依赖央视和上星频道(尤其山东卫视)的主要原因。故而进一步适应市场机制的现状,是“鲁剧”生产播出环节竞争力的软肋。

四、消费环节:受众群体单一,对“后市场”开发不足

消费环节同样是影响电视剧产业发展的要害。从消费结构来看,“鲁剧”的主要受众群体为45岁以上的中老年人群,对18～45岁之间的优势受众明显缺乏吸引力,阻碍了“鲁剧”市场的全面良性运转。一方面,“鲁剧”题材的单一限制了观看目的日渐娱乐化的优势受众选择;另一方面,“鲁剧”对电视播出平台的过度依赖分流了日益青睐自由终端的优势受众取向。随着全媒体时代主体意识越加明确的媒介生态演进,能否培养更为广泛、多元的消费群体,尤其是对优势受众观看习惯的培育,是“鲁剧”面临的迫切挑战之一。与此同时,“中国梦”的提出推动了国民意识的觉醒,文化反思在成熟的媒介及文化环境下应该成为自觉,大中城市电视剧受众对于注重精神内涵和艺术品位的作品选择呈上升趋势。这对“鲁剧”无疑十分有利。“鲁剧”产业需求的囹圄恰恰与其消费结构密切相关。因此,扩大“鲁剧”的消费区域和消费人群,是其参与竞争的重要条件之一。

此外,“鲁剧”在消费环节存在的另一问题是对“后市场”开发的不足。当前“鲁剧”产业的盈利模式相对单一,主要依靠播出前后广告、植入性广告等广告收入。而成熟的电视剧产业环境下,电视剧衍生产品的生产和经营是获得产业利润的重要环节,也是与其他产业关联的有效体现。在这一方面,“鲁剧”也存在明显不足。

竞争优势理论对“鲁剧”竞争力的分析将问题集中引向创作题材的多元转型和产业链完型两个突出而亟待解决的方面。随着全媒体时代经济全球化进一步向纵深发展,“鲁剧”面临着来自全国甚至整个世界的产业冲击。

在自身内容产品缺乏、产业链环节不完善导致的竞争力羸弱的状况下，只有积极参与竞争，不断培育和提升自身的产业竞争力，积极迎接一切挑战，“鲁剧”才有可能获得新生。

不过，尽管竞争优势理论为电视剧产业的竞争力研究提供了系统的分析框架，该理论在运用过程中也存在着明显的局限性。首先，电视剧产品本身附着价值观、生活方式等属性，产品流通的过程也是各国或地区文化、习俗、意识形态传输与碰撞的过程。因此，国家或地区的软实力也决定着电视剧产品的国际竞争力，而不仅是波特论及的产业以及企业层面“硬实力”的竞争优势分析。其次，竞争优势理论是建立在“市场的完全竞争”这一假设之上的，而电视剧产业本身难以做到完全的市场竞争。就中国内地而言，出于对国产和地区自产电视剧的保护以及防止主流意识形态的过度域外冲击，国家广电总局陆续出台相关制度对进口电视剧实施限制，一些省级卫视也会优先播放自营或相关企业制作出品的电视剧作品；同时，国家每年会对一些特殊题材电视剧采取专项资金扶植等。最后，电视剧在政治社会方面的影响远远超出一般产业，而竞争优势理论在这方面的解释显然也存在不足。

竞争优势理论的局限为“鲁剧”产业竞争力在提升空间之外，创造了巨大的可能性与合理性，而这正是“鲁剧”创新发展战略的出发点。当前，“鲁剧”正处在产业升级换代、从传统优势地位到竞争优势地位转变的关键时刻，需要全社会营造良好的舆论氛围，增强关注的持续性、报道的客观性和评价的专业性，释放更多的善意，推动“鲁剧”的健康、可持续发展。

从整体上看，“鲁剧”处在良性和健康的发展格局之中，多类型、多品种、多样化的格局正在逐步形成。需要明确的是，对于“鲁剧”而言，无论是当前存在的现实问题，还是未来面临的终极问题，都是发展中的问题，都需要时间和过程不断进行调整和完善。发展依然是“鲁剧”的主要矛盾，辩证、平衡与包容应该是评价当下“鲁剧”竞争力的基本理念和原则。我们有理由相信，“鲁剧”竞争力的进一步觉醒，将会改写中国内地电视剧市场，甚至整个华语电视剧市场的文化版图。

第五章　“鲁剧”创新发展战略

伴随着“中国梦”的国民呼声，习近平同志在2013年年底的全国宣传思想工作会议上指出，在全面对外开放的条件下宣传阐释中国特色，要讲清楚中华优秀传统文化是中华民族的突出优势，是我们最深厚的文化软实力；讲清楚中国特色社会主义植根于中华文化沃土，有着深厚历史渊源和广泛现实基础。[①] “鲁剧”产业振兴恰是区域发展对这一要求的充分回应。

进入21世纪，软硬结合的综合能力竞争已经成为区域竞争的焦点。电视剧产业既是以技术为表征的硬实力体现，又是以文化竞争力为标志的软实力核心，由此成为区域实力竞争的主要战场之一。经过三十余年的改革开放实践，山东省经济实力在全国位列三甲之列。然而令人遗憾的是，经济的快速发展并没有促使电视剧产业同步。“鲁剧”虽然在这三十年里不断改进，不断加快着前行的节奏，但与国内电视剧产业势头强劲的兄弟省市相比，竞争力依然积弱不强。“鲁剧”的影响力显然没有与山东省现有的全国经济地位相匹配，内在的贫血和产业的畸弱极大影响了“鲁剧”的竞争力。全面提升“鲁剧”竞争力，已经成为山东省实现综合实力跨越式进阶的重要任务之一。

“鲁剧”及其产业竞争力的强化需从软硬两方面实力展开铺陈。这两方面指向一个共同的落脚点——创新。创新既包含了“鲁剧”内在的生长力因素，也映现了亟待完善的竞争力弱点。全媒体时代来临，如何争夺优质观众，开拓“鲁剧”更加广阔的市场空间？如何在竞争博弈中脱颖而出，打造“鲁剧”独具特色而长盛不衰的文化品牌？如何激发资源长尾效应，实现产业链的提升优化？……一系列问题纷至沓来，“鲁剧”创新势在必行。

---

① 参见习近平：《意识形态工作是党的一项极端重要的工作》，http://news.xinhuanet.com/politics/2013-08/20/c_117021464_2.htm，2013年12月17日。

创新并非一蹴而就。首先从思路上进行定位，其次作出路径选择，然后钻研具体策略，再辅以政策扶持，或可建构出合理而切实的“鲁剧”产业总体发展战略框架。

第一节　思路定位

就当前“鲁剧”产业总体情况而言，主要问题集中在收益提升上，即如何进一步提高“鲁剧”生产力，增加产业整体利润。要解决这一问题，首先需要分析当前中国内地电视剧产业的增值思路，可以从以下两方面进行定位：一是从权益分割与市场延展角度探讨“鲁剧”产业的整体竞争力，二是从国际传播层面提升“鲁剧”的软实力。

一、培养注重权益分割与市场延展的竞争力内涵

产业创新的终极目的在于盈利，思路调整首先反映在提升收益的能力上。关于电视剧产业收益增长方式的思考，要从权益分割与市场延展两个层面加以拓展。由于当前“鲁剧”的主要市场投放和利润来源均集中于电视媒体，思路定位的创新将首先考量以传统电视媒体播出平台为主要参照系的“鲁剧”生产制作利益构成、分成，以及由此衍生的创新思维。

在电视剧产业制度安排中，生产者的权益安排是电视剧竞争力的动力结构核心所在。不同的产制模式形成不同的动力结构，进而决定竞争力的大小。当今全球范围内电视剧产业的成熟产制模式以美国、英国和韩国为代表大致可以分为三类，创新“鲁剧”竞争力内涵的思维模式，可将之作为参照。

（一）美剧、英剧和韩剧的制播组合技巧

关于电视剧的生产制作模式，可以按照制作播出权益关系分为制播分离与制播合一两类。美国和英国实行的是制播分离制度，并在此基础上按照权益与风险关系形成各自不同的产制模式。韩国则由于国内市场狭小，资源有限，选择了制播合一的电视剧产业成长方式并形成资源集聚优势，带动了文化产业海外市场的扩张。

1. 美剧——制播分离下的协同制作模式

美剧制作常采用“赤字财政”模式，即在制播分离的前提下，制作方分担制作过程中的一部分资金风险，并获得所制作电视剧的二三级销售权作为

回报。[①] 通过这种方式,制作方可以开发利用自己的优质电视剧资源,从而将市场激励和市场风险联系在一起,形成权益分配的基础,鼓励风险共担,共享市场收益,被称为"协同制作模式"。

协同制作模式运作如下:为了获得独立制作方电视剧产品的首播权,美国电视网会预先支付一笔拍摄许可费,通常占成本的70%～85%[②],而制作方只需承担部分制作费用。一旦播出失败,电视剧被电视网提前停播,制作方的投资会连带受损;如果播出成功,制作方则可以凭借享有的相关权利开展电视剧产品针对其他电视台、影音发行公司以及海外媒体的二次销售,获取递增利润。由于获得电视网投资和电视剧盈利状况与其市场表现密切相关,美国电视剧产制表现出来的一个十分重要的特征就是边拍边播。

2.英剧——制播分离下的委托制作模式

英剧制作模式常被称为"成本附加模式"或"制作商委托制度",即由电视台支付电视剧制作的所有费用以减轻制作方的资金风险,电视台借此持有电视剧绝大部分的二级权力。[③] 在这一机制下,电视台委托独立制作方制作电视剧,除主动承担全部制作费用外,还要预付一笔制作费或利润(通常是总额度的10%),作为回报,电视台要求制作方放弃与其制作电视剧产品有关的大部分首次、二次播出及其他附属权利。

通过电视剧委托制作模式,电视台得到的不仅是首播权,还有在国内电视台的重播、音像发行以及海外销售等二级权力。

3.韩剧——制播合一下的寡头协商制作模式

韩剧近年来的迅猛发展,是韩国文化产业突飞猛进的缩影和"后进追赶型"文化产业模式的探索,集中表现为制播合一下的寡头协商制作模式。

韩国电视业表现出典型的寡头垄断市场结构——三大电视台(KBS、MBC、SBS)不但联合垄断了韩剧收视市场和广告市场,还各自垂直整合制作、流通和传播环节,形成了制播合一的电视剧产制格局。同时,三家电视台相互之间极少进行横向交流,绝大多数电视剧在本台播出后,国内市场便极少再有人问津。因此,韩剧制作一直由电视台及其下属公司所垄断,电视台与制作公司之间是定购关系,通常,电视台根据预算提前支付制作公司电视剧拍摄总资金的35%～45%。

---

① 参见[英]吉莉安·道尔:《理解传媒经济学》,李颖译,清华大学出版社2004年版,第58页。

② 参见[加]考林·霍斯金斯等:《全球电视和电影产业经济学导论》,刘丰海、张慧宇译,新华出版社2004年版,第106页。

③ 参见[英]吉莉安·道尔:《理解传媒经济学》,李颖译,清华大学出版社2004年版,第58页。

寡头协商制作模式类似协同制作模式与委托制作模式的混合体。由于高收视率是立足国内市场、开拓海外市场的基础，同美剧的协同制作模式类似，韩剧的制作过程也是边写、边拍、边播。在收益分配方面，韩国电视剧制作虽然也实行明星制，但编剧才是剧组的灵魂。尽管大多数编剧只专注于剧本创作，然而待遇却十分优厚，更有甚者会直接支付空白支票，让编剧自己填入数目。

(二)三种电视剧产制模式的权益分割与市场边界

美剧、英剧和韩剧的产制模式展示了电视剧产制过程中权益分割的三种不同方式。作为电视剧竞争力生成的动力结构，不同的权益分割技巧对电视剧竞争力影响各异。

1. 美剧——制作方主导的收益分配与市场份额格局

在美剧的协同制作模式下，制作方因为拥有电视剧的多级收益权利而必须承担市场风险，因而更为自觉地提高电视剧品质以与观众需求契合。多层次的利润刺激了美剧市场的繁荣——美国以全球5%的电视受众占据着1/3的电视节目总支出。[①] 如此广阔的市场空间和强劲的消费能力，使得美剧的制作成本通常在本土市场就能收回，因此可以低价开拓海外市场。例如，一家加拿大电视台进口一部美剧所花的费用，大约是自制同类电视剧成本的1/10或是向国内制作方购片价格的1/4。[②] 高质量美剧的出口价格之低使得同文同种的美国之外的电视剧制作方在本地市场几乎毫无竞争力。

制播分离制度的确立是美剧独占全球电视剧市场鳌头的保障。为了推行制播分离，美国政府于1970年实施的《财政利益与辛迪加法案》强迫三大电视网大量采用独立制作方的电视剧产品；1971年通过的《黄金时间准入法案》规定电视网在黄金时间(19：00～23：00)节目播出时限为3小时，由电视网制作的节目为每周15小时。这样的规定旨在约束电视网的势力，解放独立制作方的活力，鼓励创作高质量的电视剧产品。两个法案大大推动了资金充足而又相对独立的电视剧制作业在美国的形成，并最终占据了国内的绝大部分市场份额。由于强制性安排制作方在电视剧收益分配中居于主导地位，美剧生产商、渠道和播出方的收益分配比例一般为6∶2∶2。这一分

① 参见[加]考林·霍斯金斯等：《全球电视和电影产业经济学导论》，刘丰海、张慧宇译，新华出版社2004年版，第54页。

② 参见[加]考林·霍斯金斯等：《全球电视和电影产业经济学导论》，刘丰海、张慧宇译，新华出版社2004年版，第111页。

配格局较之当前中国内地电视剧市场的 2∶2∶6 或 3∶2∶5[①],形成鲜明的反差式对比。

2.英剧——播出方统治的收益分配与配额保护下的市场份额

英剧的委托制作模式尽管也是制播分离,但明显表现出英国电视业作为公共服务者的特征。由于主要制作成本将在首轮播出中收回,制作方承担较少风险,市场制约就变得十分有限。电视台在电视剧产业供应链中的统治地位,导致很少有制作方可以从低成本复制和递减的边际成本中获益。制作方因与市场成功带来的经济收益无缘,电视剧产品的市场拓展动力明显不足。如此一来,便机械地割裂了制播之间的共同愿景——作为创意的核心,制作方更多只是工具意义上的生产机器,而非与电视台共谋发展的合作伙伴——导致的直接结果就是,一方面,制作方对生产适合全球市场发行的电视剧产品毫无兴趣,而将目光仅仅集中于满足国内电视网的本土播出需求;另一方面,英国电视剧产业数千家公司大部分都规模较小,资金不足,无法形成规模效应,更无法单独完成大型的电视剧制作。在参与联合制作节目比例的国家排序中,英国位居首位(15.7%),其主要动机被认为是"经济上共同分担,以确保参与者筹集到最大的预算资金"[②]。

本质上,委托制作模式属于服务区域社会公共传播需求的保守模式,并不适合商业市场扩张。除了《天线宝宝》《鲍勃工程师》《唐顿庄园》等少数产品外,面对物美价廉的美剧,整个欧洲电视剧市场几无还手之力,只好借用配额制度构建起相对封闭的堡垒来确保本土电视剧产业获得发展的空间。专为保护本土电视剧制作产业制定的强制性欧洲节目配额,要求所有欧洲电视台确保所播出的节目中至少有 50%为欧洲原产。[③] 这一措施实际上延缓了包含英剧在内的欧洲电视剧产业演进速度,在一定程度上等于保护了那些远离市场、不知所云的电视剧制作方,而没有正面解答亟待破解的效率难题。同时,配额保护使受众需求得不到满足,于是盗版等非正常途径大行其道。

由此观之,英剧的委托制作模式所解决的主要问题不是市场致胜,而是市场失灵,其在抑制竞争前提下的机制设计,颇有因噎废食的味道。近年来,英国电视剧制作方提出了对品牌权利的要求,可谓这一模式转变的暗示。

---

① 参见陆地、郭淼:《略论国产电视剧繁荣的市场环境》,载《新闻大学》2003 年第 3 期。

② [加]考林·霍斯金斯等:《全球电视和电影产业经济学导论》,刘丰海、张慧宇译,新华出版社 2004 年版,第 35 页。

③ 参见[英]吉莉安·道尔:《理解传媒经济学》,李颖译,清华大学出版社 2004 年版,第 67 页。

3.韩剧——制作方优先的权益分割与连通内外的市场边界

由于缺乏庞大的国内市场作为实行价格歧视、长期消减文化折扣压力的支柱，韩剧的成本回收如果依赖制播分离的竞争机制，那么大量利润将被转化为竞争成本，使原本脆弱、狭小的市场雪上加霜。因此，韩剧选择了寡头协商制作模式，目标不是国内的有限窗口，而是指向了海外。

韩国电视剧产业的整个结构在相当程度上依赖于能否成功占领海外市场。在以海外市场竞争为目标的背景下，电视剧制作方从一开始就是面向一个打通的国内外市场进行生产，在广阔的海外市场上争胜是三大集团竞争的共同目标所在。由于垄断形成的资本积累被用于扩大化再生产而不是消耗在竞争中，确保了三大集团有实力制作高质量的电视剧。由此来看，寡头本身就是生产权益的最大受益者，而且在集团内部实行类似美国模式的赤字财政协作方式，形成市场化程度极高的边拍边播机制，加之编剧在产制过程中的绝对权威和丰厚收益回报，这些因素保证了制作方在权益分割过程中处于优先次序，共同促成了韩剧海外市场的繁荣。

韩国是一个奉行公共广播体制的国家。1997 年亚洲金融危机后，韩国将文化产业作为 21 世纪发展国家经济的战略性支柱产业，先后推出《文化产业振兴基本法》和《文化产业发展推进计划》，明确了文化产业的管理法规和未来规划，同时设立专门机构，拨出专项资金对文化内容产业进行扶持。为了打破三大集团的垄断地位，韩国政府从 20 世纪 90 年代初期即开始推行节目配额制度，规定电视网外制节目的播出比例到 2001 年增加到 40%，其中独立制作方节目份额增加到 30%，并且电视网每月黄金时间必须播出 15% 的外制节目。然而现实情况却是，2001 年三大集团全年播出时间中自制节目仍然占到 84.4%，台外节目时间仅占 16.6%(其中还包括与电视台有特殊关系的外部制作单位)。[①] 这说明，对于韩国这样一个政府明显处于强势地位的社会，在产业经济效益导向和多元文化建构导向的冲突中，韩国政府明显偏向文化产业竞争力的培育，而对这一竞争力的基础性垄断持默许态度。可见，韩剧海外市场扩展的动力，根本上源于国家和寡头对自身经济利益与政治利益的最大化诉求。

在政府与寡头心照不宣的合谋下，从 1997 年开始，韩剧的出口以每年

① Kyoung-Hee Song, "Report on the Program Quota Regula-tion: What has changed after nine years in the programsupply market," *KBI Report 2000*, Seoul: KBI, 2000.

33%的速度递增。2002 年首次出现贸易顺差,电视剧成为市场主宰。[①] 韩剧出口市场除中国内地外,还有日本、港台、东南亚等国家与地区,一些经典剧目远销俄罗斯、埃及和阿拉伯半岛。价格方面,以 2005 年湖南卫视购买《大长今》国内首播权为例,当时已经达到每集 1.1 万美元,高于同期档《汉武大帝》在央视全国性播出平台创下的中国内地电视剧首播权销售 7.2 万元的纪录[②],说明了韩剧在海外市场强大的扩散能力。

从上述比较来看,制播分离并非电视剧产业竞争力生成的根本,而仅仅是电视剧制作方权益保障的机制之一。国内市场规模虽然制约着竞争力动力结构的表现形式,却并非其决定因素。当电视剧制作方处于剩余收益索取权安排的优先地位时,自我权益扩张的追求使电视剧产业竞争力的动力结构充满张力和活力,降低文化折扣和扩展市场边界成为其自觉行动。

(三)价值偏好在美、英、韩电视剧产业动力结构中的表现

作为竞争力生成之动力结构的电视剧制作商权益安排方式,显然不是随心所欲的结果,而是一个与政策规制价值取向密切相关的利益格局。长期以来,竞争、垄断、管制、多样化四大问题彼此制约,难解难分。处理四者的彼此关联和频发冲突,是西方传媒政策法规的核心任务。[③]

美国公共政策学派代表人物哈维克(John J. Havick)曾将政府主导作为传播政策制定的四种理论模式之一。所谓政府主导,就是政府依据自己的偏好制定政策,实施政府行为。[④] 美剧、英剧和韩剧的三种产制模式,可以看作不同传播规制偏好的结果。

美剧的协同制作模式显示了多元主义和经济规制的博弈,强调对垄断的限制,给予市场竞争者平等的获利机会以实现产品多元化。这一过程保障了电视剧制作方的剩余索取权,扩张了生产者的收益边界,形成了市场的竞争优势。英剧的委托制作模式强调了多元主义、新多元主义与政府主导联合的公共性倾向。由于规制核心的公共利益属性源于对市场竞争伤害电视公益品质的排斥,生产者处于与市场相对隔离的状态,缺乏生产竞争力强

---

① 参见朱春阳:《当代文化产业与文化事业的格局、动作与管理》,http://www.doc88.com/p-782671161985.html,2015 年 11 月 2 日。

② 参见孙倩:《一集"七剑"七万多,央视首播看齐〈汉武大帝〉》,载 2005 年 6 月 9 日《南方都市报》。

③ 参见金冠军等:《国际传媒政策新视野》,上海三联书店 2005 年版,第 2 页。

④ Lee. S & Joe. S. K. "Key Issues in the Korean Television Industry: Programmes and Market Structure," In D. French & M. Richards (Eds.), *Television in Contemporary Asia*, London: Sage, 2000, pp. 131-149.

劲的电视剧产品的动力；而低度市场化带来的效率损失导致的制作高成本，也是英剧市场拓展的一个制约因素。韩剧的寡头协商制作模式则是政府主导与经济规制的合谋，其经济效益的偏好甚至强于美剧，并不惜牺牲多元化原则为代价。国内市场总量限制的客观存在导致海外市场扩展成为韩剧收益扩张的必然路径。政府与寡头合谋使这一与“国家资本主义”类似的模式与英剧的价值取向可谓截然相反。经济追赶，或者说经济优先的社会发展路径设计是这一模式形成的基础，但其可持续性有待商榷。

库伦伯格（Janvan Cuilenburg）与麦奎尔（Denis McQuail）关于传播政策纵向演进的研究将其现代阶段划分为三个范式。[①] 第一阶段从19世纪到二战爆发，管制目的是促进竞争，反对垄断；第二阶段即1945～1990年，侧重于传媒公共服务的政策取向；第三阶段即1990年至今，其基本特点是全球化快速发展，政府、国内公司、跨国公司三者共同主导传播政策的变化——公司力求放松管制，以此拓展并打通国际国内市场的发展空间；政府则逐渐从干预市场发展的管制中退出，并给予经济而非社会与文化福利更多的优先权，通常遵循市场、技术、消费者和公民意愿的逻辑，而不是强行实施其目标。将美剧、英剧、韩剧的产制模式置于国际大背景下考察，就不难理解韩剧产业政策的偏好、英剧价值取向的偏离以及美剧在全球市场中的强势地位了。

尽管美剧模式带有显著第一阶段范式的烙印，但1995年前后一系列严格管制的政策相继废止，尤其是《1996年电信法案》展示了一个由多样向同一的转向，经济规制、效率优先原则明显占据了优先位置。英国传播政策的走向，也出现了从单纯公共服务向公共服务与市场效率并重的转变。《1996年广播电视法》的宗旨在于解放英国的广播电视产业，主要目标是通过放松管制提高经济效益并提升国际竞争力。[②] 尽管由于公共服务者角色惯性，该法案的设想还没有被成功贯彻，英剧模式仍表现出较强的第二阶段范式特征。韩国传媒规制的多元化努力与文化产业效率导向之间的冲突，则集中体现出三种范式的综合影响。韩国1999年的广播法案表现出第一阶段促进竞争的范式特征，1980～1987年间取消了民营电视网的生存资格显然受到

① Jan Van Cuilenburg and Denis McQuail, "Media Policy Paradigm Shift," *European Journal of Communication*, 2003, 18(2), pp. 181-207.

② 参见[英]吉莉安·道尔：《传媒所有权》，陆剑南译，中国传媒大学出版社2005年版，第77、87页。

第二阶段公共服务政策导向大环境的影响[①],但最终文化产业政策的经济效益偏好则以第三阶段范式主导了韩剧产业发展,不仅为三大电视网带来了丰厚的收益,而且海外市场的表现也令政府引以为豪。

将传媒规制演变作为考察电视剧产制模式的视角,将市场贯通能力的培育作为分析路径,能够为解释其竞争力形成的核心动力结构形态提供合理依据。当前国际三大主流电视剧产制模式提供了电视剧产业竞争力生成动力结构分析的三类样本。美剧模式与韩剧模式不仅为电视剧竞争力的形成提供了制作方收益优先保障的动力结构,而且使这一结构富于弹性和张力,大大延展了电视剧的市场边界。相较而言,英剧模式尽管为制作方提供了安全的、低风险的权益保障,但因为这一机制没有优先保证制作方权益,而使其竞争力生成的动力结构缺乏足够的弹性和张力,市场边界的延展也因此乏力。在电视剧产业领域,政策规制价值目标、贸易竞争优势因素、市场规模、文化贴现等无不通过动力结构影响发挥作用,最终形成市场延展性的差异。

(四)电视剧产业权益分割的“鲁剧”审视

当前,我国实行的是制播分离的电视剧产制体制。作为“鲁剧”的主产单位,成立于1986年的山东电视剧制作中心,是全国第二家依托省级电视台成立的专业电视剧制作机构。2000年年初,广电总局要求全国各电视台、有线电视台在19:00～21:30的黄金时段播放港台电视剧的比例全年不超过15%,无特殊情况不得播放引进剧。这一规定极大地刺激了“鲁剧”生产。同时,中国内地电视观众数早在1999年就已经占据世界市场的25%,亚洲市场的44%。[②] 这样的资源积累、市场容量和产制规模本应为“鲁剧”提供良好的竞争力基础,但实际情况却不尽如人意,从其产业的权益分配格局加以观照,或许能窥斑一二。

当前,“鲁剧”的流通领域基本上采取先制作完成,再集中购买(且多为一次性购买)的方式。这样的情况下,制作方独担市场风险。但高风险却并不意味着高回报,前述生产、流通、播出三方利润2∶2∶6的比例,说明我国电视剧利润明显倾向播出方。导致这种利益分割现状的原因,是当前“鲁剧”市场主体的结构失衡——民营企业主要集中于制作环节,而电视播出平

① 参见郭镇之:《韩国广播电视的发展历程:叙述与分析》,载《中国广播电视学刊》2001年第8期。

② 参见勾晓峰:《国产电视剧海外市场愈走愈窄,尽显“文化逆差”》,载2005年12月21日《经济参考报》。

台属国有且居于垄断地位。首先，由于“鲁剧”的主要供应商——山东影视传媒集团是山东省广播电视总台为主出资组建成立的国有企业，与电视播出平台具有与生俱来的血肉关联；而民营制作公司则因缺乏明确的产业制度规范，无法以平等的市场主体身份参与交易，在整个竞争格局中，规模微小，处于底层，地位低下。就持有山东省电视剧制作许可证前十位的民营企业而言，2011年以降生产制作的“鲁剧”资源总数只有3部101集，相对山东影视传媒集团19部664集的保有量，可谓杯水车薪（见表5-1）。其次，就广告分成而言，目前我国上星电视台获取30分钟的电视剧仅仅支付30～45秒广告时间；而在同样奉行制播分离的欧美国家，电视剧前12分钟的广告收入有7分钟给予电视剧制作方。[①] 此外，作为我国内地电视剧制作市场进入资格授予的“电视剧生产许可证制度”，事实上也纵容了这种明显不利于中小企业公平介入市场竞争的不平等。

表5-1　　2011～2014“鲁剧”民营企业统计（部分）

序号	企业名称	成立时间	注册资本	作品产量
1	天地鲁人影视制作有限公司	1999	80万	0
2	青岛名扬影视传播有限公司	2002	300万	2部65集
3	山东美猴动漫文化艺术传媒有限公司	2011	1000万	0
4	山东新国基影视制作有限公司	2003	300万	0
5	青岛银碟影视制作有限公司	2003	300万	0
6	山东海华影业有限公司	2009	2000万	0
7	山东大成传媒有限公司	2007	300万	0
8	山东天麦文化传播有限公司	2011	210万	1部36集
9	山东唐人文化传播有限公司	2006	50万	0
10	山东世博华创动漫传媒有限公司	2011	400万	0
附	山东影视传媒集团	1986	3500万	19部664集

可见，在保证国有经营单位垄断利益优先的前提下，现有制播分离提供的权益分配制度造成了实际上的国有资本雇用民营企业劳动的利益格局，是国有市场主体依托行政资源，变相地、掠夺式地与民争富。因而，民营制

① 参见勾晓峰、侯璐：《制作费用天上地下，国产电视剧陷入低价怪圈》，载2005年11月22日《经济参考报》。

作方在利润分割过程中权益实现程度过低,可以视为制约“鲁剧”竞争力提升的重要原因。

政府对企业来说存在三种可能模式:权威主义型政府、关系依存型政府与规则依存型政府。[①] 其中,权威主义型政府对企业有极大的管理权力,有很强的宏观掌控与资源分配能力;关系依存型政府在企业中有非常重要的利益,相互依存度较高;规则依存型政府与企业之间独立性较强,企业有较多能力与政府博弈。对照观之,我国政府与电视剧产业制播环节之间表现出不均衡的关系结构。

相对于播出业,政府以权威主义或关系依存类型行动;而对于民营制作方则扮演着规则依存型角色,即双方相互独立,但政府明显处于强势。按照市场经济的本意,作为政策制定者的政府应该是整个经济体系的利益守护者,而不应该厚此薄彼。但由于计划经济惯性,国有资本一直处于规模垄断与利益优先地位,在与民争富的过程中独领风骚。

在一个非成熟的市场经济体系中,这种不平衡的关系结构有意强化了权益分割的不公平格局,并已经严重抑制了整个经济体系的活力和张力。2013 年,经国家广电总局立项审批的“鲁剧”总数为 20 部,但当年实际产量却只有 9 部 324 集。[②] 超过 50%的“鲁剧“胎死腹中的原因,多在于民营制作方的现实生存环境极大地限制了他们融资以及扩大再生产的能力。因此,尽管“鲁剧”声誉斐然,但由于民营制作机构表现小、散、弱,内部自生动力不足而被排挤到了收益的边缘。任何一边倒的权益分配方案都必将付出沉重代价,这个代价需要由整个“鲁剧”行业面对竞争对手冲击时的徘徊与失措来支付。

乘着“中国梦”的璀璨东风,“鲁剧”不仅要“站得稳”,还要“走出去”,这亦是山东影视传媒集团成立的逻辑起点。然而,走出去的源头在于制作方利益的优先保证或至少是平等保证。电视剧产业“内容为王”的特色决定了原创性产品是走出去战略的主要承担者。在“鲁剧”现有市场权益分割的框架之下,民营资本制作方的利益处于优先侵蚀的从属地位。这一模式无法提供竞争力形成所需的必要动力结构,显然不可能实现走出去战略意图。从目前的情况来看,依托于行政化的市场财富集中路径,也正腐蚀着“鲁剧”守土有责的基本能力——越来越多的竞争机构产品正在攻占着“鲁剧”播出

---

① 参见[日]青木昌彦、奥野正宽:《经济体制的比较制度分析》,魏加宁等译,中国发展出版社 2005 年版,第 194～196 页。

② 参见山东新闻出版广电局 2014 年统计数据。

的本土市场。如果民营制作机构的权益无法得到有效维护，“鲁剧”一切的崛起都将是空谈。

美剧、英剧、韩剧三种模式分别使用不同的权益分割技巧来分配市场收益和风险，为电视剧参与市场竞争提供了不同的动力结构和市场扩张能力。对照这三种模式的形成与演变，国有垄断性播出平台和民营竞争性制作平台间的收益分配失衡，是制约当前“鲁剧”竞争力提升的一大主要原因。从此处着眼调整思路，培养注重权益分割与市场延展的竞争力内涵，将直观迅速地解决现有产制模式下“鲁剧”产业的增收问题。创新“鲁剧”发展思路的意义，也将由此得以直观呈现。

二、建构国际传播视野下的“鲁剧”软实力

“软实力”概念由美国著名公共政策专家约瑟夫·奈（Joseph Nye）在20世纪90年代初提出，如今已为世界各国普遍接受并广泛关注。其核心理论为一个国家或地区的综合实力既包括硬实力，也包括软实力，其中软实力主要来源于社会文化、政治价值观和外交政策三种资源，而社会文化是最基本也是最具凝聚力的力量。作为山东地域文化的一个重要组成部分，“鲁剧”担当着记录并传播社会文化和主流价值观的重要角色，是山东省“软实力”的一个有力支点。

“鲁剧”是山东省重点发展的产业，缘于其是齐鲁大地文化、艺术、意识形态再现极具普遍和普适价值的产物。要让全国以至世界公众了解山东地域文化并且受到吸引，依靠动态影像进行宣传是较易接受的表现方式。伴随全媒体时代传播科技的进步，文化与文化之间的信息流动渐趋密集，“鲁剧”不仅要放眼全国，更要置于国际传播视野之下实施在地化传播，才能促使产业越做越强。这是“鲁剧”创新发展思路定位的第二个方面。

（一）“鲁剧”之于软实力

当今中国区域竞争日趋激烈。要在竞争中赢得主动，不仅需要硬实力作基础，尚需强大的软实力作保证。作为文化传播的重要载体，“鲁剧”与山东地域文化软实力的关系正愈加密切。

“文化软实力”已经成为当下社会生活中的一个高频词汇。电影、电视、音乐、舞蹈、动漫、互联网……几乎所有的文化载体都在建构与提升文化软实力的要求下面临着历史性重组，抑或是文化品牌的重构。软实力特指通过吸引而非强迫或收买的方式来达到自己目的的能力，所以文化软实力的提升便成为一个与诸多艺术问题相互关联的时代命题。自1978年首部《人民的委托》开始，“鲁剧”就承担起传播齐鲁文化、传达主流意志的作用，在解

读国家的大政方针、塑造国民的精神品格、提高国民的文化素质、丰富人民的精神文化生活等方面做出积极贡献。

“鲁剧”所进行的传播活动不仅普及到社会的每一个角落,而且渗透到社会生活的各个方面,移默化地影响着人们的意识和行为。《高山下的花环》《大染坊》《闯关东》《温州一家人》等作品中体现的爱国主义精神信仰与民族情感感化、陶冶、激励着受众,是体现当代山东甚至中国文化影响力的重要组成部分。《爱情帮你办》《甘十九妹》《我的美女老板》《瞧这两家子》等在文化消费领域具有娱乐因素的作品,尽管没有直接表现重大历史事件,但是具有向善、向上的精神力量,不论对于扩大山东省文化产品的市场占有率,还是加强齐鲁文化的心理吸引力,都是极为重要的资源。“鲁剧”通过调节舆论引导方向、扩大舆论传播范围、改进舆论引导方式,向世人展示经济、政治、文化理念,从而扩大了山东省在全国乃至世界舆论中的影响力,增强了文化软实力。

另外,区域主流媒体传播的信息和观念能否为社会所接受,能否产生广泛而深刻的舆论影响,直接关系到区域话语权的强弱和影响力的大小。不论对于社会发展进程的显示,还是对于民族传统文化魅力的展示,电视剧都起着非常重要的作用。“鲁剧”通过一系列影像的表达使受众形成对整个山东主体形象积极的印象和认识,并激发其不断加深的正面认识和无限向往。《今夜有暴风雪》和《知青》塑造了来自五湖四海的知识青年形象,但是主体人物身上或多或少都带有山东精神的标签。《水浒》《沂蒙》和《北方有佳人》将山东的历史文化、自然景观、饮食、生活习惯等通过现实历史题材加以映现,将忠厚质朴、宽容善良的人文传统与执着坚韧、充满朝气的时代精神配以制作精良的画面和优美的音乐,让受众在不知不觉中感受齐鲁文化,在创造产业经济效益的同时增强了地域亲和力,提升了“文化山东”的整体形象。

(二)“鲁剧”之于山东

“鲁剧”以大众传播特有的方式使全中国乃至全世界各个角落的人们增加着对山东地域的了解,进行着文化的交融与沟通,履行着文化载体的功能,在山东省软实力建设中担负着重要使命。

1.彰显山东优秀传统文化,增强吸引力

传统文化是民族精神的源泉,是文化软实力发展的基础。加强山东省文化软实力建设,其中一个要求就是实现价值认同。在文化全球化的过程中,面对全球化与本土化的冲突,传统伦理与现代文明的冲突,东西方价值观、审美观的冲突,“鲁剧”既要坚持马克思主义指导地位,坚持用历史唯物主义的观点认识传统文化,努力实现传统文化与现代意识的最佳结合,又要贯彻“中国梦”的伟大构想,制定齐鲁文化的发展战略,加大整理、开发和保护山东地域文化的力度，增强区域自信心、自豪感、认同感和归属感，将以儒家文化传统为代表的齐鲁文化建设成中华民族共有精神家园。同时，既要以面向世界的开放胸襟、容纳古今的兼容态度和探求真理的科学精神对待一切优秀文明成果，将之融入当今时代的齐鲁文化，又要通过交流与合作向世界传递更加健康文明的山东形象，赋予“文化山东”普世性人性理想和价值追求，逐步提升齐鲁文化吸引世界、走向世界、影响世界的能力。

当前，中国内地电视剧的出口以包含港台在内的东南亚地区为主，主要是由于这一区域受众深受儒家文化影响，天然具有亲近性。儒家文化根在山东，注重天人合一，讲究顺其自然，不突出个人，重视集体，强调对国家、社会、民族的无私奉献，重视个人修养与人际关系，坚持家庭观念。其在内化为山东人血脉的同时，一再吸引着具有共同文化认知传统的日本、韩国、新加坡、马来西亚等国的受众。因此，弘扬自身文化精神，摒弃民族虚无主义和自我封闭的“盆地意识”，在全球化背景和现代化进程中从儒家传统伦理道德精髓出发，张扬蕴含其中的温情脉脉的东方道德，赞颂呼唤人伦亲情，突出东方民族的人格力量和东方式的智慧，正是“鲁剧”吸引东南亚乃至全球儒家文化圈受众的利器。

2.建设“文化山东”核心价值体系，增强凝聚力

作为灵魂元素，任何国家、区域、民族都有自己的核心价值观。“文化山东”的核心价值观，是儒家传统文化体系中的“仁”“义”“礼”“智”“信”以及由此延伸至当代中国的富强、民主、文明、和谐、自由、平等、公正、法制、爱国、敬业、诚信和友善。这是当代中国的普适价值，是冶铸国民之魂与彰显山东省文化软实力的根本。“鲁剧”同样以这一普适价值为基点，彰显着“文化山东”的核心价值观。在近四十年的发展过程中，从区域形象建构的角度考察，“鲁剧”可谓异彩纷呈。《真情年代》《温州一家人》以经济体制改革为题材，在反映中国经济腾飞的同时，再现了改革开放过程中的问题以及为解决这些问题所采取的种种积极有效的措施；《钢铁年代》《女工》诠释了商品经济大潮中坚守的文化传统美德；《水浒》《铁道游击队》《小小飞虎队》则增加了中华民族伸张正义、不畏强权的凝聚力。

文化软实力很大程度上表现为国民的精神状态、意志品格和区域凝聚力，这一切来自社会核心价值的认同。因此，“鲁剧”唯兼顾核心价值体现的艺术化和娱乐化，兼容意义与快乐，让国内外受众在审美愉悦和情感激发中了解山东的价值观念、审美趣味和思想情感，感受儒家文化的精神、气节和忧患意识，才能生成集思想性、艺术性、娱乐性、商业性为一体的综合价值，才能有效地转化为文化软实力，成为维系山东与全国、山东与世界深层关联

的精神纽带,推动弘扬民族精神,凝聚中国力量,集政治、经济、文化、社会、生态文明五位于一体的“文化山东”建设。

3.扩大山东特色城市知名度,增强竞争力

不惟“文化山东”整体形象,省内各城市形象传播同样可以借力“鲁剧”,通过反映自然人文景观、拍摄主题剧、建设影视基地、举办影视节庆活动等方式彰显城市地域特色,承载城市文化内涵,扩大城市知名度,增强城市文化竞争能力。

在麦克卢汉(Marshall Mcluhan)所预言的“地球村”时代,拥有国际影响力的城市已成为国家与国家、地区与地区之间软实力竞争的重要内容。对于山东省来说,城市品牌营销不仅在拉动内需、促进当地经济发展中具有重要意义,在提升文化软实力上同样具有战略价值。城市特色鲜明的电视剧不仅提升了作品品位,增强了受众收视兴趣,也为城市形象宣传起到了促进作用。

首先,城市在人们的记忆或者印象中始终是部分的、片断的,城市的发展则是由一系列连续的片断组成,将这一系列的片断在受众大脑中进行有机整合,就构成了“城市形象”。一个历史悠久的城市以它留存下来的风情承载着以往历史岁月的传说和梦想,在数百年甚或上千年的历史发展中积淀着深厚的文化底蕴,即使发生了现代化巨变,人们仍能从中品味到难以拂去的往日掠影。《四世同堂》之于北京,《死水微澜》之于成都,《上海一家人》之于上海……电视剧对城市风土民情习俗、民间世俗生活、自然人文景观的描摹,都让观众仿佛置身于彼处的文化气息中,那些面貌、历史、兴衰、传说、掌故、逸闻,形成一个个文化景观,散发着独具魅力的城市气息,展示给受众予取予求、魅力十足的接受观感。

“鲁剧”《北方有佳人》对老济南的描摹亦是生动具体,打动人心。该剧虽然讲述的是抗日战争初期所发生的一段扣人心弦的故事,但画面十分唯美。济南的古街、古巷、古村、古镇等古建筑都在导演的巧妙设计下,不露痕迹地展现出来;而随着剧情的发展,人们还可以在镜头中看到评书、大鼓、琴书、快书等具有浓厚地方特色的“济南元素”。片尾曲《佳人曲》将现代音乐与大鼓、琴书相结合,婉约动听,抒情缠绵。该剧将济南城市本身当作片名,直截了当使用电视剧媒介为之做了一个饶有兴味的鲜活广告。

其次,一部以旅游为题材的优秀电视剧会使受众生动认识特定旅游景点,围绕景点展开的故事也令人津津乐道、回味不已。以扬州为例,这座国内著名的天然影视基地城市自20世纪80年代初开始,便引得大批剧组前来取景拍摄。《红楼梦》《青青河边草》《苍天有泪》《上错花轿嫁对郎》《紫玉金砂》《还珠格格Ⅲ》等作品演绎的起起落落、悲欢离合、纷纷扰扰、风云聚散背后，这座城市从容应对着虚化、改装、凸现而缤纷的电视剧舞台。电视剧《偶然》对周庄的宣传效果亦可圈可点。画面中静谧夜色下的石桥朴拙、简约，月色下的流水温柔和缓，发出清粼粼的光，小镇上的人们在小船上摇着橹，悠然而不紧不慢地过着日子。这样一个温婉内敛、不事招摇的江南小镇，通过电视剧的播出一夜之间吸引着无数游人纷至沓来。“鲁剧”《闯关东》对济南周边景区——朱家峪的营造，同样功不可没。在真实与虚构之间，朱家峪成为一个无限开放的结构，在《闯关东》的版图之下不断延伸。

最后，实践证明，以山东省为单位在挖掘城市历史文化资源上下功夫，能够走出一条“文化强省”的可持续发展之路。以山西省为例，舞剧《一把酸枣》和电视剧《乔家大院》《白银谷》等一系列文化精品，短时间内在全国形成了一股山西“大院”文化热。据统计，《乔家大院》热播之后，乔家大院一个黄金周的门票收入就相当于过去一年。在挖掘山西中部晋商文化的同时，山西太行山区、吕梁山区借助《八路军》《吕梁英雄传》等影视剧的热播，推出红色文化品牌；而山西南部则主打尧舜、关公等寻根文化。靠文化品牌的拉动，在《乔家大院》首播的2007年，山西文化产业的增加值占到了整个GDP的2.6%。同样得益于电视剧引发旅游热的城市还有舟山。2001年《射雕英雄传》在央视的播出，使得剧中“桃花岛”的取景地——浙江舟山桃花岛这个名不见经传的小岛蜚声国内外。从这一年开始，桃花岛每年的旅游人数直线上升，两年内接待游客突破30万人次，实现旅游业总收入1亿多元，而且至今依然保持良好的发展势头。“鲁剧”《大染坊》对淄博周村的旅游产业贡献亦为卓著。自2004年在央视播出后，周村这个素有“旱码头”之称的内陆古镇一时吸引了众多国内外观光客的眼球，至今已成为山东省旅游不可或缺的推荐景区之一。此外，并非“鲁剧”的电影《南征北战》对济南、电视剧《奋斗》对青岛也都贡献了不少的影视作品之外的受众旅行关注度，可见影视产业为城市文化软实力提升的助力之劲。

（三）“鲁剧”之于国际传播

未来“鲁剧”产业的发展须要突破本土竞争的单一思路，立足国家、区域、民族文化传承，放眼国际市场，着力提升对外传播中的软实力。参与国际竞争的“鲁剧”产业唯以制作、发行机构等相关企业为传播主体，才能具有市场取向和营利诉求。由于“鲁剧”属于区域文化载体，其传播内容与行为直接关系到山东省社会稳定发展，其产品不可能摆脱山东区域价值观的影响，因此产业内容层面可以山东省作为传播主体，进行跨文化传播交流。

1.借力国家国际传播条件

由于国际传播的主体学理上以国家为单位,因此"鲁剧"的对外传播在自身产业奋进之余,还可借力我国现有的国际传播媒介及政策条件。

中国电视节目的海外传播始自20世纪90年代初。多年来,我国电视节目对外传播以多种途径和方式在不同层面上展开。中央电视台国际频道通过卫星电视落地,接入当地有线电视网络、互联网传送等方式覆盖全球,取得了较好的效益,为传播中国文化拓展了道路。我国卫星电视平台已陆续建成开播,其中长城欧洲平台、非洲平台、亚洲平台面向欧、非、亚洲受众播出节目。

电视剧的国际传播自广电总局2001年实施广播电视"走出去"工程开始,呈现出前所未有的红火局面。国家广电总局每年组织国内电视台与电视剧制作机构参加国际电视节目交易展,拓宽了国产电视剧的海外市场,提升了国际知名度。通过参加这些国际展览与博览会,国内电视台与电视剧制作机构直接与欧美发行代理商建立了联系,从而大大拓宽了海外流通渠道,增加了国产电视剧在国际舞台上的市场份额。据不完全统计,2011年,我国向海外出口电视剧11000小时,出口额1200万美元,成功推广至100多个国家和地区。[①] 一批描写中国历史文化和带有中国传统文化价值观的电视剧作品在海外畅销,成为传播文化的影像符号,将我国丰富的历史文化底蕴与充满活力的现实场景展现在世界受众面前。

随着我国对外传播事业的不断发展,中国电视剧将被越来越多地通过各种媒介和渠道传播到海外,全球受众亦将更加了解中国文化和中华文明。一方面,国家层面对外媒体建设搭建了中国电视剧对外传播的渠道;另一方面,文化产业政策支持则为电视剧对外传播的方向和环境提供了保障。中国政府支持和鼓励文化产业"走出去"的相关政策推动着电视剧国际传播进入更广阔的空间,而电视剧产业发展则为我国对外传播提供了丰富的内容资源。中国电视剧对外传播局面的日益拓展,是产业发展、对外传播媒介建设和产业政策多方作用的协同结果,这一结果为"鲁剧"开展国际传播提供了可能性与现实性。

2.培育国际传播普世性接受模式

电视剧内容认知为一国或地区文化、传统、价值观、意识形态等的再现。一部电视剧从一个国家输出到另一个国家,就是国际传播行为。制作机构

① 参见张海潮、白芳芹、潘超:《剧领天下:2012~2013中外电视剧产业发展报告》,中国民主法治出版社2013年版,第172页。

运用大笔经费摄制电视剧，发行机构运用总预算一半甚至以上的经费进行全球范围的公关宣传，目的是要从国际市场上谋取大量利益。因此，提供国际通用、适宜、普遍接受的电视剧作品，是“鲁剧”进行国际传播必须遵循的普世性接受模式。

电视剧的国际传播，必然遭遇转换问题。第一个层面是电视剧语言为对象国受众接受。角色对白和字幕显示应地道、精当而新鲜，并按照对象国语言的语法和修辞进行规范转换。第二层面是电视剧内容为对象国受众接受。电视剧类型、明星以及剧本中内含的文化、经济、价值观、意识形态等隐藏于影像中的概念可以作为判断依据。

从类型来看，对于电视剧产业而言，巨大的市场压力经常迫使成功类型不断被复制，续集层出不穷。同一种类型的不同电视剧往往会以相同特点进行营销，制作时也会考虑类型惯性的限制。明星是受众选择消费电视剧的必要因素之一。明星形象在文化中的塑造包含媒体与环境呈现，加之日常生活样貌，形成一种表意功能的“符号”。[①] 对于制作机构来说，挑选演员担任剧中角色对整剧的商业利益影响深远，许多制作机构为确保收视率和盈利，纷纷与受众欢迎的明星签约。如国内首家境内上市娱乐公司华谊兄弟发起了“明星投资家＋明星艺术家＝明星制造业”的产业创新经营模式。这种明星、导演合股的模式，由于个体努力可使公私双方获得更佳收益，充分激发了持股员工的主动性，有效提升了华谊兄弟在国内外影视产业领域的市场竞争力。电视剧产品中隐含的文化、经济、价值观、意识形态等次文本变量，比起类型、明星等表面文本，更加能够再现一个国家或一种文化的深层内涵。信息内涵同位调整理论认为，完美的互相理解不可能存在，交流目的在于相互调整。因而国际传播客观存在达成电视剧内容共识的解决之道，即通过提升软实力，大量输出产品，才有可能消隐彼此之间的鸿沟，使主体国在的文化价值观在国际社会得到普遍认同，增加主体国国际传播的话语权及其电视剧产业的普适性。

3.钻研国际化营销手法

电视剧的国际传播属于企业传播的一环，以营利为目的，目标受众及预算选择十分明确。电视剧的国际营销势必采取较之国内营销更为高规格的方式。就营销预算为制作预算一半以上比例的法则而言，至少要收回成本才能继续经营。为达此目标，对于受众市场的细分和预算控管也会采取较

① 参见[澳]格雷姆·特纳：《电影作为社会实践》，高红岩译，北京大学出版社 2010 年版，第 137 页。

精准的方式,以期提升对象国对电视剧产品的接受程度。

通常情况下,电视剧本土发行由于对国内市场基本把握,对自身文化体制、意识形态等与受众有约略一致的共识,所以较为顺畅。但在国际传播的语境下,产业需求不能满足于现况,因此适当增加国际化营销手段是尤其需要思考的问题。

在国际传播中,若一国文化能吸引对方,得到普遍认同,甚至被吸纳、融入其他文化中,两国之间便会减少敌意,增进了解。主体国向世界传播文化理念和精神内涵时将其文化产品行销各地,为自身带来巨大经济效益,为主体国经济发展、国力进一步强大做出贡献。[①] 对象国接受主体国电视剧的内容,需要经历一个循序渐进的过程。因此,让对方先了解自身剧作风格类型,同时研究对象国会受到哪类产品吸引是电视剧发行机构实施国际传播的切入路径。

电视剧的发行可分为广告性内容和公关性内容。对于电视剧产业来说,这两种内容又可细分为植入式广告、播出平台广告、电视剧形象授权、网络营促销以及确定播出时间点等发行策略。相对于电视剧国内营销从制作、发行到播出可以运用配套形式的产业垂直整合利基,国际营销则需考虑入境、电检、分级以及语言文化差异等各种因素,因而需要配合发行前置与整合营销,才可能吸引受众,达到营利目的。寻找海外合作发行方是较为通用的方法,通过与海外发行方合作发行电视剧,可以在预告片阶段投入对象国的喜好因素,从而有效吸引受众入场。

当前,国际传播营销经验缺乏、人才不足不仅是"鲁剧",也是中国内地电视剧产业整体的严重问题。需要注意的是,在国际传播中,需以批判的态度作出向内及向外审视,避免为了争取商业利益过度趋向大众化、娱乐化而失去"鲁剧"传统文化内涵与内在底蕴探索动力的可能。产业和创作者均应意识到,"鲁剧"的本土文化特质仍需保有,国际化情势下的商业取向可能导致文化创意产品的肤浅特征。

在全球电视剧市场频趋水平联合营销的情况下,"鲁剧"若要迈出有限的内地市场,跨入国际传播,需要借助国家现有的国际传播媒介与政策条件,培育国际传播领域具备普世性接受可能的成长模式,同时积极钻研国际传播营销手法,以开放性姿态将体现儒家文化、齐鲁文化风采的"鲁剧"转换成适宜全球传播的语言,实现在地化国际传播,有效助力自身产业链发展的理想。

---

① 参见程曼丽:《国际传播学教程》,北京大学出版社2011年版,第215页。

第二节　路径选择

思路定位导向路径选择。梳理近年来有关"鲁剧"的研究，有两个关系是争论的焦点：其一是保持固有创作风格与新题材类型探索之间的游移；其二是维持山东影视传媒集团的垄断优势与扩充民营机构市场份额之间的博弈。两个问题虽不同时出现，却在全媒体时代全球化的市场竞争中共同交织于"鲁剧"，成为"鲁剧"谋求进一步发展所需思考的重点，并迫使其参照美剧、英剧、韩剧及中国内地其他同类产业发展比较成功模式，探索改革路径。

然而，诸多的探索并未完全解决问题，反而随着十八大后国家层面文化产业政策的调整显得更加突出与急迫。在全媒体、全球化语境下如何思考和改革这两大关系，决定了"鲁剧"的未来发展。立足于丰富的人文历史资源背景和当下复杂的国内外竞争环境，在参照自身成长经历和比较同类产业成功经验的基础上，分析"鲁剧"的题材多元转型与产业链完型，或可成为解决两大关系问题的现实路径。

一、题材多元转型

长久以来，"鲁剧"以贴近主流意识形态的"主旋律"题材创作闻名遐迩。《大染坊》《铁道游击队》《真情年代》《闯关东》《沂蒙》《南下》《知青》《温州一家人》《战火摇篮》《父母爱情》等力作均以"弘扬主旋律"的选题彪炳史册。然而"成也萧何，败也萧何"，如今令"鲁剧"陷入尴尬的，正是这看似风格明确、实际过于单一的标志性、样板化题材。

转型从何切入？文化生态学与媒介生态学或可提供新的契机。文化生态学认为，人类进入生命之网的方式是通过超越有机体的文化因素而进行的，生态学研究必须恰当地处理文化因素，既研究文化对于环境的影响，也研究环境适应对于文化的影响。文化对其环境的适应是一个创造过程，人类社会对其环境的适应需要特殊的行为模式，存在多种可能。[①] 媒介生态学主张，用生态平衡思想保护媒介环境，寻求媒介与人的和谐发展，关注媒介与经济、政治、文化之间的关系以及同类或异质媒介之间的竞争，从媒介与社会文化的关系变化中寻求媒介生存发展规律，借用生态学中自然环境保护隐喻获取媒介良性的发展空间。

---

① Julian H. Steward, *Theory of Culture Change: The Methodology of Multilinear Evolution*, University of Illinois Press, 1972, pp. 30-36.

文化生态学和媒介生态学倡导的是一个“自然—社会—经济”复合生态系统，有助于深化对地区文化根基特质和人与自然关系的认识，开拓地区文化研究新领域，其区域与国际相结合的研究空间极为广阔，非常适宜借鉴文化优势促进区域可持续发展。习近平同志2013年全国宣传思想工作会议上指出，在全面对外开放的条件下宣传阐释中国特色，要讲清楚中华优秀传统文化是中华民族的突出优势，是我们最深厚的文化软实力；讲清楚中国特色社会主义植根于中华文化沃土，有着深厚历史渊源和广泛现实基础。文化生态观恰是区域发展对这一要求的充分回应。[①] 因此，用文化生态学和媒介生态学指导“鲁剧”创作题材转型，就成为山东省文化强省建设策略的有力指针。

以文化生态学与媒介生态学指导当前“鲁剧”的题材创新，就是以文化生态学与媒介生态学为两层理论支撑，以“彰显文明”与“反思文弊”[②]为双重思想主题，以“陆地齐鲁”与“海上山东”及其所隐含的思维方式为山东文化生态系统框架，以齐鲁人跨越黄海“闯西洋”为突破口，再造“鲁剧”在生态文明时代的新辉煌。

(一)文化生态学与媒介生态学的观念内涵

文化系统与生态环境系统的耦合即是文化生态观的内涵，用生态平衡思想保护媒介环境，以谋求和谐发展即媒介生态观的内涵。对文化生态和媒介生态的思考源于以生态伦理学为基础，借助于生态知识引发了关于旨在克服人类传统审美偏好的新型审美方式与审美观的想象以及由此所激发的情感。作为强调生物圈生态整体的人文主义，生态伦理学以“仁爱之心”的层层扩大为核心，从传统伦理的“人—人”关系扩展到生态伦理的“人—物”关系，关爱散布于世界任意角落的生命及其存在样式。其先决条件是自然知识的具备，其观察视角是文化人类学和文化哲学，其审美所遵循的价值准则是生物多样性与生态平衡。

审美必须借助知识展开，生态审美亦不例外，它需借助自然界庞杂的生态知识引起欣赏者的好奇和联想，继而激发其想象与情感。人类赖以生存、文化得以生成的环境既非单纯的自然因素，也非单纯的社会、经济因素，而是自然背景下经过人类长期活动渐次形成的“自然—社会—经济”之复合生

---

① 参见习近平:《意识形态工作是党的一项极端重要的工作》，http://news.xinhuanet.com/politics/2013-08/20/c-117021464-2.htm，2013年12月17日。

② “文弊”，即“文明”的反面，亦人类历史阴暗、险恶乃至罪恶的一面。参见程相占:《生生美学论集——从文艺美学到生态美学》，人民出版社2012年版，第113页。

态系统。具体到陶冶了齐鲁文化的地域生态而言，地处黄河下游、太行山以东的齐鲁大地在远古时代就有北辛、大汶口、龙山三足鼎立的石器文化足迹，上古时代形成了中国文化史上辉煌灿烂的齐文化和鲁文化，近现代又勃兴了岱岳、沂蒙、运河、胶济等文化亚形态，而奠定中国社会框架与思想价值观基石的儒家文化更是在这片土地上诞生、发展，一脉相承。这种递进发展的文化正是植根于齐鲁大地生生不息的生态环境之中。这里广袤的土地、肥沃的土壤培育了齐鲁文化的“胚胎”或“幼芽”，滋补了其发展的“食物”或“营养”；这里温暖润和的季风气候成为了维持齐鲁文化永不衰竭、地久天长的伟力；这里绵延的泰山、沂山山脉，汇聚的黄、淮、海河流，孕育了涵养宽容的文化心态，深埋了厚重坚实的文化根基……得天独厚的自然背景最终促成了与其他地域文化大相径庭的齐鲁文化，也塑造了齐鲁生民坚强质朴、豁达豪迈、古朴深沉的文化性格。

具备了生态知识，生态审美便得以深化，深化了的生态审美对文化的重新审视首先锁定文化多样性。这是文化生态观价值判断的一个标准，也是文化哲学关注的主要内容。作为文化生态观的视角之一，文化哲学旨在揭示不同文化形态发生发育的社会历史基础和一般动力条件，研究文化与社会经济、政治的矛盾互动以及文化本身构成成分之间相互影响与制约的辩证关系。多样的文化存在使文化哲学研究成为可能。中华民族创造的每一种文化都是一个动态的生命体，互相关联成一张生命之网，作为中华文化整体的有机组成部分具有自身价值，为维护中华文化的完整性发挥着作用。从全国范围来看，东有吴越，西有三秦巴蜀，南有楚湘，北有齐鲁；从山东省内来看，儒、道、墨、法、兵、刑名、阴阳、纵横、方术、农、医等资源林立纷呈。各种形态的文化存在是一个相互作用的整体，其融容共生使得中华文化、齐鲁文化趋于平衡。

生态平衡是指导生态审美的终极原则，最核心的要点是维持生态系统中的自然平衡。吴越文化、三秦文化、楚湘文化、齐鲁文化等诸种遍布长江、黄河流域的地域文化构成了当前我国文化生态的整体，它们之间的健康互动形成了良性循环。同时，各文化生态系统内部的组成要素之间也是互相作用、互相影响的，正如儒、道、墨、法、兵各家思想资源共同推动了齐鲁文化生态系统的演进化成一般。尽管诸种文化构成中总会有主次之分，主流之外还有各类伴生的、不同层次、不同能级的非主流甚至反主流文化形态，而历史积淀同样深厚的各类文化资源在不同时期也分处不同位阶（全国范围内的少数民族文化、山东区域内的其他各家文化之于儒家文化，就均处于边缘或次要位置），但是，它们的存在从来就不应被漠视，在寻求文化突围、思维创新的今天,反而更加值得关注。合理的文化生态应是一定时期一定社会文化大系统内部各种具体文化样态之间的辩证存在,特定社会的总体文化构成是多个子文化的有机集合,彼此之间的融通互动可以作为解读文化演进和文化变迁的重要依据,此即文化生态呈现出来的平衡之美。

由上观之,文化生态学与媒介生态学鼓励一切符合人类社会发展进程的生命样态及其存在方式。若将之投射于齐鲁文化的传承和"鲁剧"创作题材的多元化拓展,可以认为,一切有益于齐鲁文化在当今时代多样性、丰富性呈现者,一切有益于保持齐鲁文化内部生态系统自然平衡者,都应予以阐释和发展,由此引发了"鲁剧"创作题材创新的可能。

(二)"鲁剧"题材创新新意何在

1.反思齐鲁文化传统弊端,激活题材创新内在动力

"齐鲁文化"是指以先秦齐、鲁两国文化为内核和主干,以两国文化的渊源发生和延续展现为主要描述对象的文化。[①] 齐鲁文化历史悠久,博大精深,在中国文化、文明史上地位显赫,被誉为"中国传统文化中的正统派"[②],其魅力足以吸引全世界的目光,是齐鲁大地绵延至今的文化根基,亦是"鲁剧"取之不竭的题材源泉。

然而,生产方式、生活方式和社会关系风云涌动,当传统文化在此情境之下依然"范围着人们的思维方法,支配着人们的行为习俗,控制着人们的情感抒发,左右着人们的审美趣味,规定着人们的价值取向,悬置着人们的终极关怀"[③]。如果缺乏清醒的批判思想,就会对社会进步形成制约和禁锢。遇有新兴文化或外来文化冲击,传统文化会自发产生排斥行为,激发潜在的自我保护能力,而且愈是悠久的文化,这种力量就会愈加巨大。齐鲁文化恰属此类——两千多年的正统地位奠定了守成型的文化心态。经济转型、社会转型、文化转型、体制革新、技术革新……面对接踵而来的现代化浪潮,根深蒂固的齐鲁文化融接不畅,固有的封闭性、保守性、滞后性逐渐显露(如官本位浓厚、安土重迁、思想保守、现代商品意识淡薄等等),严重影响了区域发展,牵制了前进步伐,此即"鲁剧"主流题材自20世纪80年代以来未曾动摇的根本原因。

中国的现代化转型肇始于学习西方民主科学观念与批判儒家传统思想,这种精神裂变的痛苦山东人感受尤为深切。当已融入骨髓、化为血脉的

---

① 参见王志民:《齐鲁文化概说》,山东文艺出版社2004年版,第4页。

② 杨向奎:《齐国史·序》,载王阁森、唐致卿主编:《齐国史》,山东人民出版社1992年版,第4页。

③ 庞朴:《文化传统与传统文化》,载《中国社会科学季刊》1993年第3期。

文化传统从不可一世的精神遗产变为无法摆脱的沉重包袱，在荣耀与耻辱的巨大落差中，人们惊愕、惶惑、焦虑而无所适从。如同一百年前那个启蒙运动的旗手，为追求进步振臂一挥抛出了“反思国民性”的呐喊，一百年后的齐鲁大地仍然需要将反思文化弊端作为创新超越最旗帜鲜明的回应。激活“鲁剧”创作题材多元化转型的内在动力，正在这里。

翻阅“鲁剧”历史，赞颂齐鲁文化精神的作品比比皆是。从礼赞忠义气概的《水浒》系列到彪炳诚信道德的《大染坊》，从高扬人性关怀的《今夜有暴风雪》到展现不屈精神的《生死线》，从记录卫国军魂的《高山下的花环》到描绘移民史诗的《闯关东》……一部部经典呈现了追逐历史脚步、融合文化理想的独特“鲁剧”魅力。然而欢欣鼓舞之余，人们看到的是高大全的人物形象，听到的是清一色的豪言壮语，感受到的是八小时工作之外来自影视媒介的一种新型说教式的压力。这样的艺术形式很难赢得当今观众的喜爱，尤其是质量最优的中青年观众。面对日趋多元化的接收终端和内容选择，有谁还会在难得的休闲时间背上一副精神枷锁？毕竟，今天的人们，来自生活各方面的压力已经够大了。

从文化生态学角度看来，反思齐鲁文化传统弊端的影视作品是多元诉求和平衡审美的观照，它可以新鲜而深刻地唤起受众对长期占据主导的文化质素的重新审视，在当下人本立场的全球化语境中既符合主流观众的批判心理，又实现小众、非主流以及边缘人群的自我认同，从而有效激发不同层面受众的观看欲望。而事实上，对于此类题材作品，“鲁剧”姑且不论，当前整个国产电视剧市场都寥寥无几。“鲁剧”如能捷足先登，必可占据先机。

2.展现丰富地域文化资源，提升文化产业核心竞争力

齐鲁大地孕育着缤纷的生命样态，使得齐鲁文化呈现出丰富的内容层次。从思想流派上看，春秋战国时期，以孔子、孟子为代表的儒家，以墨子为代表的墨家，以孙子为代表的兵家，以邹衍为代表的阴阳家以及以淳于髡为代表的纵横家等相继于齐鲁大地诞生争鸣，创造了中国文化的首度辉煌。从地形地貌上看，东临海洋，西接大陆，有山，有海，有丘陵，有岛屿，有盆地，有平原，有河流，有湖泊……地形之丰富，地貌之完整，览尽天下。从历史史实上看，春秋末期就有“从卒九千人，横行天下”的奴隶起义，而新莽末年的赤眉大起义，东汉末年青州黄巾起义，隋末王薄领导的长白山起义，唐末黄巢大起义，北宋末年的宋江农民起义，明代的唐赛儿、徐鸿儒起义，近代的幅军、捻军斗争以及著名的义和团都是彪炳史册的农民运动。从传奇传说上看，有孔子做过中都宰的荣耀，有小县不大四尚书的美谈，有姜子牙在昙山封神的佳话，有牛郎织女的传说，有嫦娥奔月的古话，有孟姜女哭长城的绝

唱……不胜枚举的风物传说和民间故事彰显着山东人的灵气和智慧。从民间艺术上看,胶东沿海渔家风情浓郁,悠绵奔放;鲁中平原农耕文化特色鲜明,粗狂芬芳;鲁西南地区孔孟之乡,学礼深厚……带有地域特点的山东民俗文化风格多样,生生不息。如此繁茂的地域文化生态不仅记录着山东宝贵的历史,更能为"鲁剧"创作提供大量的素材。然而,翻看三十年来的成果,除了《水浒》《大染坊》《旱码头》《闯关东》《北方有佳人》《孔子》等为数不多的几部作品外,资源利用率实在令人遗憾。

文化和艺术总是相互促进的。丰富的地域文化生态为"鲁剧"创作提供了良好的文化氛围和背景,而"鲁剧"又将文化发扬开去,通过电视传播媒介使更多的人了解山东的历史文化、风土人情、地域万象。"鲁剧"的题材多元化理应充分融合独特的自然、人文资源,从复杂的地域文化生态中进行深度开掘。更为重要的是,对山东地域文化的充分展示不惟能升华齐鲁文化之底蕴,还将有助于提升山东省文化产业整体的核心竞争力。

资源整合能力是文化产业竞争力中一个至关重要的部分。如果离开这一核心能力,即便不断利用、维护和改进,诸如政策、人才、品牌等各种资源,也将难以产生持续的竞争优势,而且可能在短期内被竞争对手复制或模仿,失去其独特性,从而丧失市场优势。显然,丰富绵长的山东地域文化正是山东省参与国内国际文化竞争最有特色的核心资源要素。山东有 6 座国家级历史文化名城,27 项国家级非物质文化遗产,29 个全国文化先进县,被文化部命名的"中国民间艺术之乡"达 23 个,是全国最多的省份。近年来,各地市均在打造自己的文化品牌,如济南的"文化济南,魅力泉城",青岛的"帆船之都""音乐之岛""影视之城";潍坊的"世界风筝都"、淄博的"齐文化"、临沂的"沂蒙文化"、济宁的"孔子文化"、泰安的"泰山文化"、菏泽的"牡丹文化"、聊城的"江北水城"、日照的"水上运动之都"等均有不俗的亮相。但是目前,这些地域文化资源价值的挖掘和利用还相当有限,山东本土全部的文化资源亦并未得到全面的盘点与评估,资源占有意识和产业开发意识仍然相对薄弱,各地市的文化资源开发利用大多成了一个吸引投资的"噱头",真正的文化资源既未得到应有的尊重,也难以得到切实的投资开发。因此,根据山东区域资源特点进行整合定位,形成独具特色的品牌文化产品就成为提升山东省文化产业核心竞争力的当务之急。

文化资源的整合必须经过创意策划、内容提炼、产品定位、市场营销、消费体验等过程,方能将文化生产和文化服务最终转换为文化消费和经济效益。展现齐鲁地域文化生态、平衡当下媒介互动的"鲁剧"堪当此任。

3.涵容当代文化多重景观，重视媒介生态对受众的潜在影响

文化生态不仅是主体的审美需要，也是受众的审美诉求。基于后者立场，它可以表达不同文化样式发生作用的范围大小和距离主流意识形态的远近亲疏，而这正是精英文化与大众文化的分野。相较于传承千年的儒家文化和历久弥新的地域生态，精英与大众的言说似乎新颖而羞怯。毕竟，不足百年的现代进程面对浩如烟海的民族史诗总有卑微的理由。然而，正如文化生态观始终强调的那样——任何一种文化样态都不应失去发生的权力和存在的尊严，尤其，当这种存在凸显着现代性光辉的时候。

近现代的西方学者把文化从宏观上划分为精英和大众两种表现形式。对于文化本身而言，从已经发生的事实推断，二者早已不再泾渭分明。随着社会生产力的发展、知识蒙昧的洞开，中产阶级的审美趣味在多姿多彩的文化呈现中渐渐趋于主导，建立在公共文化空间和全球化语境中的文化生命力日益在社会生活的民主化进程中发挥着积极的作用。无论是莎士比亚的戏剧、柳永的诗词、我国四大名著，还是可口可乐、流行歌曲、好莱坞大片，任何今天的大众文化形态都有可能进入明天精英文化的序列，这种变化多端的可能性以及由此引发的想象空间成为吸引当下最为优质的受众——中青年人群的绝佳资源。

纵观“鲁剧”以往的创作，这一领域似乎从来就是软肋。或许因为传统的包袱过于沉重，或许因为以往的辉煌难以割舍，以贴近主流意识形态著称的“鲁剧”始终抱有一种“远大众，亲精英”的姿态。受到某一阶段播出平台和媒介终端的限制，出于特定时期创伤抚慰、干事创业的情感需求，受众或许会对此类题材影视作品“情有独钟”。但当个体的自我展示超越了集体主义“牺牲小我，成就大我”的高尚与凛然，互联网、手机与电子商务的合谋取代了电视机满足人们观看欲望的首选地位，全媒体时代的受众与电视剧作品调换了位置，“选择”或者“不选择”的主动权已然旁落——今天的人们，只需按动手中无数个可以任意切换的按钮，便可获得最贴合当下需要的视觉满足体验，而且随着科技的进步，其程度还将持续加深。这样的媒介生态之下，刻板而单调，沉闷而压抑的传统“鲁剧”会流失观众，已是逻辑上的必然。

媒介生态学认为，任何媒介系统都将面临需求量的无限性与资源量（营养级的数量）的有限性这对永久矛盾，媒介生态系统是一个被现代传播科技武装起来的不断变化、不断发展的动态整体系统，任何解决问题的成功做法

都可能很快过时,我们必须不断面对新的挑战,思考新的办法。[①] 立足于艺术生命的延长伸展和文化生态的多样平衡,要实现创作题材的多元化拓展,涵容当代文化的多重样态终究是"鲁剧"无法回避的课题。出国热、草根文化、山寨文化、网络文化、选秀热、嘻哈文化、丁克文化、颓废主义、非主流……所有诸如此类的当代大众文化景观都应纳入"鲁剧"的创作和题材选择视野,尽管在立场上,我们可以旗帜鲜明地秉承自己的批判风格。

(三)"鲁剧"题材创新去向何处?

1. 观念超越——紧握齐鲁文化脉络的生生精髓

"生生之德"是中国古代哲人设想的最高文明模式。在此模式之下,范围天地,生生不息。代表齐鲁文化大成之儒家文化经典《论语·阳货》提出:"天何言哉？四时行焉,百物生焉。天何言哉!"《易大传》言:"生生之谓易。"《孟子》说:"顺天者存,逆天者亡。"以上均是这一思想最为深刻的表达。当今的"鲁剧"欲传承这一理念,首先便是要解放思想,超越观念,不以地理为限,不以主流为念,将所有有益于"鲁剧"蓬勃发展之元素纳入麾下,充分彰显层次分明、多元共生的"鲁剧"题材文化生态。

观念的超越离不开想象力的发挥,这种发挥可以体现在突破创作手法与题材类型的固有搭配模式上。长久以来,人们习惯于用现实主义手法表现近、现、当代题材电视剧作品,用浪漫主义手法表现古代题材作品。而事实上,诸如虚构、夸张、穿越等浪漫主义典型元素如果恰当应用于现实题材,也会产生意想不到的功效。以 2009 年哥伦比亚及华纳兄弟联合电视网出品的美剧《吸血鬼日记》为例,这部作品就是在题材领域发挥了无限的想象力,将故事置换一个时空再进行人物设置,把古老吸血鬼题材的魔幻、悬疑、惊悚故事与青春、校园乃至人类未来发展相联系,预见了人性的矛盾冲突和变化发展。正是由于置换了时空场景,多种浪漫主义元素的应用与这部青春校园剧贴合得天衣无缝。这一看似简单的置换确是题材创新的一大进步。尽管受到我国法律法规限制,个别题材不能涉及,但是《吸血鬼日记》横扫全球青少年受众的收视成绩说明,在保持传统素材精神内核的前提下展开天马行空想象力的电视剧题材创新的可能。

此外,在保持事件真实性的基础上大胆突破叙述窠白,展开细节想象也是一种题材创新。2007 年,央视首播的"湘剧"《恰同学少年》就是这样一部作品。虽然这是一个看似严肃而老旧的革命历史题材,讲述的故事又是全

---

① 参见邵培仁:《论媒介生态系统的构成、规划与管理》,载《浙江师范大学学报》2008 年第 2 期。

中国都熟知的历史，但该剧通过将人物的生命体验和细微情感植入到宏大的历史叙述当中，受众被个性化的剧情牵动，在情感上产生共鸣。最终，该剧成为当年度央视收视冠军，《新闻联播》连续两期对其社会影响进行了报道，尤其青少年受众对其反响强烈，实现了艺术和市场的双赢。这是充分发挥想象力，在社会背景、人物角色、内容细节上有所变动，完成主旋律题材电视剧创新的一个成功案例。

2.内容为王——拓展“鲁剧”故事素材

文化生态观要求眼界开阔，不拘泥于特殊地域范围，而要将视线放诸四海。电视剧始终是“内容为王”的情节艺术，“鲁剧”的题材创新必须在更为广阔的空间里寻找新的故事素材。一方面，可以放眼全国甚至世界寻找各种地域、各种文化与齐鲁文化的因缘际会，以齐鲁人跨越黄海“闯西洋”为突破口，通过“陆地齐鲁”与“海上山东”两条线索按图索骥，搜集“鲁剧”资源。另一方面，社会的不断变化发展决定了影视题材动态发展的无限可能，只要拥有一双善于发现的眼睛，可以成全“鲁剧”的故事便永远不会穷尽。

例如，对“冷门”题材的探索和表现。通过时间纵向和题材横向对比分析，不难发现，“鲁剧”题材的种类分布是不均衡的，有些种类表现得多，如现代题材；有的种类表现得少，如民族题材。我国有55个少数民族，而据不完全统计，到目前为止全国电视剧作品只展现了22个少数民族，其中又以蒙古族、维吾尔族和藏族居多。[①] 显然，少数民族题材属于影视创作的“冷门”。山东省是少数民族杂居、散居的省份，有回族、满族、蒙古族、朝鲜族、苗族等53个少数民族，占全省人口的0.6%。其中回族人口46万居首，是山东少数民族的主体。虽然每个少数民族都有独特的风俗和信仰，但却都与汉族血脉相连，也会受到以儒家文化为代表的齐鲁文化的熏陶感染。从这个角度出发，少数民族资源完全可以为我所用，成为“鲁剧”题材库中的新型生力军。

通过深入挖掘镜头空白，“热门”题材同样可以持续为“鲁剧” 贡献新的故事资源。以都市题材这一“热宠”为例，其内部仍存在镜头空白——都市中有不同层次、不同年龄段、不同行业的人的生活，可以从不同的角度加以反映。人群中，都市青年不是只有爱情，还有工作中的奋斗和社会人际关系的处理；中年人也不是只有婚外恋，还有作为社会中流砥柱的压力和担当家庭承上启下的责任；老年人的生活也不永远是缺乏沟通和爱，还有别致的夕

① 参见李强：《浅论少数民族电视剧发展中的障碍》，http://www.mzb.com.cn/html/Home/report/413320-1.htm，2013年12月30日。

阳生活和晚年事业。行业中，除了热门的警察、医生、教师、白领，工人和农民工及其子女也十分值得关注。此外，热门的古装题材也同样具有广阔的填充空间。“鲁剧”古装片多改编自文学名著或历史事件，而此类作品中并非只有宏大的战争场面、英雄美人的爱恨纠葛和权力欲望的争夺宣泄，完全可以尝试韩剧《来自星星的你》的模式，将宏大的历史背景渗透进小人物的成长经历中，通过充满想象的设计书写百年传承的社会风貌、文化遗产和市井人生百态。“热门”题材可以表现的领域和层面有很多，而且普遍具有良好的受众群体。精准于此，“鲁剧”必能捕捉到“热门”题材拓展的新动向。

网络媒介也能够为“鲁剧”提供源源不断的故事素材。近年来，层出不穷的网络小说这种最平民化的文学形式凭借低廉的制作成本、突出的商业色彩和符合当下审美趣味的故事内容，先是成功占领了大众文学市场，进而在影视领域安营扎寨。从 2000 年的《第一次亲密接触》至今，短短十余年时间里，《亮剑》《蜗居》《杜拉拉升职记》《美人心计》《千山暮雪》《山楂树之恋》《裸婚时代》《步步惊心》《甄嬛传》……似乎中国内地收视份额最大、话题度最高的影视作品统统都贴上了“网络小说改编”的标签。这正是网络时代媒介生态整体优化的表现。反观“鲁剧”创作，在此领域却从未涉足，这不能不说是一种遗憾。更为值得关注的是，脱胎自网络小说的热播电视剧不仅能有效拓宽传统创作题材范围，而且能够促进电视剧产业的迅速发展，为在全媒体时代完成电视剧艺术与多种新型媒介的接合搭建起一座沟通的桥梁，而这也是“鲁剧”题材创新的终极指向。

3.目标明确——根据受众分类选题

文化生态学和媒介生态学的多样性既体现在创作层面，又反映在接受层面。电视剧从诞生之始就与受众密不可分。从黑白屏幕到彩色屏幕，从模拟信号到数字传输，从传统电视到网络视频再到手机终端，表面看来是时代发展、科技进步，而背后的推手实则市场竞争与受众需求。

电视剧受众是处于一定阶层、一定时代、一定区域三维坐标系中的集合体，其接受特点会随着社会环境的改变而不断变化，既有历时的时代之分，又有共时的层次之别，更有不同文化系统接受者的巨大差异。接受美学认为，受众的接受情况是由“接受银幕”和“期待视野”决定的。所谓“接受银幕”，就是传统文化习染积淀的纵向和时代文化观念影响的横向所组构的坐标图像；而“期待视野”则为“接受银幕”的潜能向纵深发展的企望。这“接受”和“期待”对于每一个独立受众来说，无不由其政治经济地位、文化教养、生活阅历、艺术兴趣、性格品质、性别年龄等复杂因素决定。这里面既包含相同文化系统和相同时代接受的层次性，又包含不同文化系统和不同时代的差异性。

文化生态观的一个重要特征是一切生命形式和谐共处。电视剧作为人类生命需要的艺术形式，因人的生命需要得以诞生，又以满足人的生命需要得以存在和发展。这就要求电视剧必须将受众视为鲜活的生命体，以受众接受为其创作的根本目的，以源自受众生命需要的审美满足为其艺术追求。要达到这一目的，就必须将受众进行细分，了解不同群体的观看需求，有的放矢，始见成效。

通常而言，电视剧受众可以根据身份、年龄、性别、阶级等划分为不同人群。不同的人群对电视剧题材偏好可谓大相径庭，而相同题材的作品针对不同的受众，切入点和侧重点也将有所分野。例如，从身份来看，高收入人群往往倾向于与自身经验差异较大的悬疑或科幻题材，而中低收入者则喜欢与自身经历相似的现实题材作品。从年龄来看，青少年喜欢魔幻剧，中年人偏爱社会历史剧，而老年人通常会选择喜剧。从性别来看，男性大多喜欢思想意味浓重的政治斗争题材或商战题材，而女性则比较喜欢情感充沛、人物关系复杂的言情剧……

由此观之，"鲁剧"题材在受众层面存在巨大的挖掘潜力。单就其擅长的"主旋律"题材而言，亦可在不同角度有所侧重，从而抓住定向受众的眼球。当下急需的是，锁定受众人群，发现其显性或潜在兴趣点，针对不同的目标受众选择适销对路的题材，结合产业发展实际和市场需求，展开对象具体、目标明确的"鲁剧"创作。当然，这样的尝试需要经历一个过程。

4.市场发力——发掘"主旋律"的商业价值

黑格尔在《美学》中说，艺术并不是一种单纯的娱乐、效用或游戏的勾当，而是要把精神从有限世界的内容和形式的束缚中解放出来，要使真理显现和寄托于感性想象，总之，要表现真理。① 此语可谓意味深长。今天的"鲁剧"作为一项文化产业，商业因素固在，然而其本质还是一门艺术，需要创作者不懈追求，表现真理。于是，它必须在艺术和商业之间寻求微妙的平衡点，一旦得偿所愿，就会产生无数题材创新的可能。"鲁剧"最擅长的"主旋律"创作，也不外如此。

以往的主旋律"鲁剧"在艺术层面的追求和探索有目共睹，但在商业价值的挖掘上明显后继乏力。政府投入超过总资金量的70%是明证，年产200部集的产量也能说明问题。这恐怕不单单仅以"观众流失"或者"选题转向"

---

① 参见[德]黑格尔：《美学》第3卷(下册)，朱光潜译，商务印书馆1995年版，第335页。

就可搪塞，背后更主要的还牵涉“主旋律”题材在当下的市场潜力挖掘。

事实上，“主旋律”也能拍出既吸引受众又不失品味的商业与艺术双赢的好作品。如在革命历史题材这一类典型的“主旋律”创作中，以旧民主主义革命和新民主主义革命为背景的作品原本并不太吸引受众关注，但2008年的《潜伏》却突出重围，成为当年中国内地收视的一匹黑马，以稳居各电视台收视榜首的成绩完美收官，这就是“主旋律”题材攻陷市场的成果。《潜伏》摒弃了对革命历史事件进行宏观展示的传统叙事方法，从人性角度出发，讲述了一群潜伏在敌后的我党特工的故事。惊心动魄的敌我战报、诙谐幽默的搞笑婚姻、令人痛彻心扉的生死爱情，无时无刻不在揪着观众的心；爱国与爱人的情感纠葛、人性的冲突与挣扎在剧中恰当释放，再加上带有商业性质的黑屋、谍战、悬疑、侦探元素，这就让一个原本简单的“主旋律”题材在精神内核上得到深化。以上几方面特点相融，使原本缺乏个性的主旋律人物附着了浓厚的江湖义气，成功激起了观众的兴致、感慨和感动。此案例的经验就在于转换了传统“主旋律”题材的思考角度，将意识形态问题处理得恰到好处。2014年，该剧在朝鲜热播，剧中男主人公余则成为朝鲜姑娘的梦中情人，甚至连朝鲜第一夫人李雪主都是余则成的粉丝，从而开拓出“主旋律”题材的崭新市场空间。

“主旋律”题材未必千年不变地一腔正统坚持到底，只要创作者转变思路，善于在多种影视题材中寻找合适的交叉点，就可以发掘出新的生机，获得市场与艺术的双赢。从某种意义上讲，这才是延长“鲁剧”生命力、塑造其文化品牌最为有效的途径。

二、产业链完型

按照注重权益分割与市场延展的竞争力内涵与国际传播视域下的软实力建设双重思路定位，产业链各环节的充实匹配是参与并最终赢得市场竞争的充要条件。就当前“鲁剧”产业价值链的实际情况而言，面对日益变迁的观众结构，优势受众的背弃在所难免；身处角逐激烈的竞争市场，产业价值的流失如鲠在喉。那么，如何争夺优质观众，开拓“鲁剧”更加广阔的市场空间？如何在竞争博弈中脱颖而出，打造“鲁剧”独具特色而长盛不衰的文化“品牌”？如何争取资方青睐，实现产业链的提升优化？……一系列问题纷至沓来。要实现十八大以后山东省文化经济的再度腾跃，“鲁剧”产业链完型已成燃眉之急。

基于竞争优势理论对电视剧产业价值链竞争力的分析，结合全媒体时代中国内地电视剧产业的行业整体现状与“鲁剧”发展面临的实际问题，在未来培养注重权益分割与市场延展的竞争力内涵与建构国际传播视野下的软实力战略思路定位明确的前提之下，本研究将“鲁剧”的产业链完型最终建构为宏观层面的盈利结构与资源运作两个观照视角，中观层面的政策制度的管理保障，以及微观层面的开发、制播、发行、消费和营销五个实施环节三方面综合维度。

（一）宏观层面：“鲁剧”产业链完型的两个视角

竞争力视角的产业链探讨的是权益分割与市场延展背后的盈利模式升级问题，而软实力立场的产业链分析的则是全媒体时代全球化背景下的资源优化利用问题。故此，“鲁剧”的产业链完型，可以从盈利结构与资源运作两个层面加以考量。

1. 盈利结构视角的“鲁剧”产业链完型

盈利结构直观呈现为盈利模式，是在给定业务系统中各价值链所有权和结构确定的前提下，相关者之间利益分配的表现。良好的盈利模式不仅能够为产业带来收益，更能为其编制一张稳定共赢的价值网。

电视剧产业的价值创造是通过生产提供面向市场的能够满足消费者使用和精神特定需要的效用系统。作为一种核心创意产业，其价值创造主要表现在三个向度上：一是针对电视剧内容出售的观看价值向度；二是作为广告和宣传平台的媒介价值向度；三是针对原始创意元素开发的娱乐价值向度。在这三个向度上，电视剧利用其影响力实现着不同价值的开发。

(1)以广告为主体的当前“鲁剧”盈利模式

当前“鲁剧”的盈利模式主要为广告。广告盈利模式的实质，就是利用其传媒平台优势，将电视剧的影响力提前出售给广告商，从而获取投资收益。严格意义上的广告在电视剧产业价值链中理应属于衍生产品开发环节，但囿于当前行业整体发展，广告收入在“鲁剧”的价值创造环节中占据了相当重要的位置，成为收回投资和风险控制的重要手段。根据经营模式与投放区位，当前“鲁剧”的广告盈利结构主要指向植入式广告、贴片广告和明星代言广告三种表现。

植入式广告主要存在于“鲁剧”的上游制作环节，在电视剧生产过程中融入广告商品的视觉形象符号元素，使其成为剧作整体内容的一部分，潜移默化地影响受众。巧妙而合理的广告植入会大大降低电视剧的投资风险，成为风险控制的有效手段。

贴片广告也叫“随片广告”，是指将广告随着电视剧片头和片尾在各电视台播出的广告形式，具有强指向性、强到达性和强印象性等其他广告发布媒体无法媲美的优势。从经营主体来说，“鲁剧”目前的贴片广告主要由两部分组成:一是由制片方在电视剧制作完成之后随内容拷贝而来,二是由播出平台自行组织或运作招商。

明星代言的广告经营模式作为典型的影响力经济和注意力营销,实质是利用社会对明星的认知度和美誉度,完成企业形象或者品牌等的有效传播。明星代言广告之所以能够成为"鲁剧"广告盈利模式的重要方式,在相当程度上与"鲁剧"整体运营环境和方式有重要的关系。"鲁剧"生产主力军山东影视传媒集团兼营电影、电视剧和艺人经纪三大业务,集团一方面借助本身强大的影视制作能力为旗下签约艺人提供角色机会;另一方面也注重挖掘艺人潜在价值,使其广告代言收入持续增长,成为集团重要的盈利方式,反过来又为"鲁剧"发展提供资金支持。

(2)广告主体盈利模式的结构性问题

广电总局"限播令"和"限广令"的相继出台,压缩了电视剧的播出时间和排播数量,限制了电视台强行插播广告的行为,导致"鲁剧"的直接广告收益受损。与此同时,随着我国加入世界贸易组织后大量境外资本的涌入,"鲁剧"产业在激烈的国际竞争中正遭受着前所未有的冲击,传统的盈利模式受到严峻挑战。这是"鲁剧"产业传统盈利模式自生的结构性问题。

首先,盈利结构单一。当今国际电视剧产业领域,后产品开发俨然成为衡量其产业价值链完善度和盈利能力高低的重要依据。但就"鲁剧"目前的盈利模式来看,虽然呈现出版权出售、广告、后产品开发的多元化经营格局,而实际绩效仍然存在过度依赖广告盈利方式的现象,相关的海外发行拓展、信息服务等衍生产品开发和盈利能力严重不足,"大产业链"的概念尚未形成。作为一种核心创意产业,其突出的产业联动效应和辐射效应还没有发挥出来,跨业经营能力差,价值链运作概念和实践缺乏,导致产业盈利模式单一,缺乏可持续性。

其次,产业要素不健全。理想状态下,"大产业价值链"是围绕"鲁剧"创意元素的研发、制作、发行等环节的价值联动,各价值要素之间通过产权联结,促进产业内部结构调整,实现资源优化配置,从而发挥跨媒体、跨行业、跨地域经营的整体优势,达到最理想的价值链接。而目前"鲁剧"产业内部各业务单元虽然形成了各自的价值链(如制作、发行、宣传营销等),但无论是产业内部各业务单元,还是同一价值创造环节的不同企业之间(如山东影视传媒集团与民营制作机构),更多处于一种独立经营状态,彼此之间缺乏有效的沟通与融合。这种盲目追求各价值要素和主体规模的扩张和多元化组合,在自身核心竞争力尚未确立的情况下,通过重组、并购等形式看似形成了完整的产业价值链,实际上只是单纯的"加入"而非有效的"融合",这也就造成了产业价值链内部各业务单元和环节的“孤岛”现象。它非但不能使“鲁剧”得到整体最优效果，反而在一定程度上会影响其产业价值链最终的形成与完善。

最后，创新能力不足。“鲁剧”产业盈利结构总体创新能力不足在很大程度上是由于经营管理人才的缺乏造成的。在日趋走向成熟的中国内地电视剧市场，围绕着人才的管理、配套激励机制和培养使用制度与技术设备、艺术标准以及营销推广方法相比，恰恰是最为落后的。[①] 既精通电视剧行业特点，又具备相当的企业管理、市场营销、财务管理等经验的复合型高素质经营管理人才能够很好地平衡电视剧的艺术价值和商业价值，准确把握时代潮流和受众心理，开发出符合市场预期的作品，在相当层面上引发、引导甚至引爆一定时期内受众的文化消费热潮，从而保证电视剧市场化运作的成功，在降低制作风险的同时实现经济价值最大化。当前“鲁剧”以导演为中心的运营机制缺乏合理的管控和约束，容易降低产品质量，增加制作风险，伤害受众期待，进而在一定程度上削弱了导演和明星的品牌价值，使得本就薄弱的后产品开发过程更加步履维艰，最终制约了“鲁剧”产业整体盈利模式和盈利能力的创新。

(3)立足盈利结构调整的“鲁剧”产业链完型路径

盈利结构创新的实质是企业价值创造逻辑的重新排列与组合。“鲁剧”产业盈利结构创新的核心，是以强大的市场需求为动力，积极利用技术创新、资本融合、内容制作、跨媒介经营等多重因素，努力克服、突破传统产业发展逻辑的桎梏，在经济全球化和产业融合的背景下，找准自己的市场定位，以合作思维替代竞争思维，以多赢合作替代零和竞争，形成强大的经营网络，实现跨媒体、跨行业、跨地域的多元化发展，增强盈利能力，促进产业的健康发展和价值链的优化升级。

①关注后产品开发。后产品开发是“鲁剧”当前的薄弱环节，也是盈利结构层面产业链完型首先需要补足的部分。

理想的“鲁剧”产业价值链包括制作、发行和播出三个传统环节以及之后的版权、音像、图书、动漫、游戏、玩具、主题公园、旅游、服装、化妆品等一系列后产品的开发。非传统之外的一众产业价值链环节，可以概括为扩窗发行和衍生产品开发两个部分。

电视剧商品具有一定的公共产品属性，一部分人对于其内容的消费不

---

① 参见于丽、刘扬、王煊：《电影产业经济学研究》，中国电影出版社 2011 年版，第 184 页。

会影响和减少另一部分人的价值获得，因而首轮播出之后可以向付费电视、网络平台、移动终端等领域二次出售市场发行权，以取得商业利益的最大化，此即电视剧产品的扩窗发行。扩窗发行是一种基于时间差的价格歧视，根据消费者需求的不同，电视剧扩窗发行在满足不同消费主体的同时，相当程度上实现了内容与形式的相对分离。随着数字技术的发展和我国电视剧市场的逐渐成熟，原先依附于电视台播出渠道的传统模式被颠覆，“鲁剧”作为自由的内容主体，可以通过多种渠道进行有效传播。传统的“荧屏”概念正在消解，取而代之的是全媒体时代包含各种观看终端在内的播放渠道和平台，其所产生的价值和利润对于“鲁剧”产业盈利结构的调整无疑具有重要影响。

作为核心创意文化产业，电视剧生产制作过程聚集了大量的创意与才华，通过影响人们的精神文化生活和艺术消费的方式为相关产业提供巨大的价值驱动。这种基于核心创意元素的产业联动，就是衍生产品开发。“鲁剧”衍生产品开发的实质，就是生产创造过程中产生的一系列电视剧核心创意元素的商业价值持续实现过程，对于“鲁剧”产业调整盈利结构、摆脱长久以来单纯依靠广告的收益模式意义重大。

就目前情况而言，虽然“鲁剧”在衍生产品开发市场取得了一定成绩，但大多仍停留在VCD、DVD、CD等音像版权领域，与核心产品创意相关的游戏、玩具、服装、食品等涉足不深，还没有取得理想的规模经济效应。我国电视剧衍生产品市场蕴藏着巨大的潜力，单网络游戏一项，在兴起仅仅几年的时间里已得到迅速发展。相关数据显示，2010年，中国网游产业规模为338亿元，较2009年同比增长24.9%，涉足影视产业业已成为中国网游产业重新踏上“黄金期”的支柱之一。[①] 可见，相关多元化经营对于迫切需要转变盈利结构的“鲁剧”产业市场及价值的巨大潜力。

②加强内容产业整合。电视剧内容产业，主要是指在新的媒体技术环境下，依靠数字技术和网络技术所进行的一系列有关电视剧的创意、生产、交换、销售、传播、衍生产品开发等活动系统或服务群体的统称。内容是“鲁剧”产业不可或缺的盈利要素，基于内容的整合包括“鲁剧”产品及其生产运作机制两个方面。

首先，内容产品作为“鲁剧”产业盈利的首要元素，在我国目前的市场需求与供给中存在着严重矛盾。一方面，激增的产量使得具有高投资、高回报

① 参见张会军、俞剑红:《中国电影产业发展报告(2010～2011)》，中国电影出版社2011年版，第196页。

的电视剧产业成为众多资本纷纷追求的对象；另一方面，播出率的低迷使得电视剧产品供大于求的行情不言而喻。然而，以电视台为主的传统播出平台却认为自身发展的最大障碍在于节目内容资源的短缺，甚至严重到了没有播出内容的程度——55.1%的广电机构认为，能够收看到更多节目内容是用户选择数字电视的首要因素，77%的广电机构表示内容不足是广电系统内发展数字电视遇到的最大困难。[①] 内容产品作为电视剧产业最重要的盈利要素显然在某种程度上处于缺失的状态，这种实质上的"内容匮乏"不符合产业价值链的构建要求，成为"鲁剧"产业盈利结构层面产业链完型的关键节点。

随着全媒体时代产业跨界的融合，不同媒体技术条件下受众所追求的消费内容和用户体验各不相同。"鲁剧"需要在受众细分和市场研究的基础上健全和完善盈利要素，促进产品内容与不同媒体使用者之间潜消费体验价值的一致，根据不同媒体的特点和消费体验，生产出符合手机、移动车载电视、楼宇电视、数字电视、IPTV 等新媒体形式和传播特点的内容产品，实现分媒体环境下"鲁剧"内容的个性化生产和传播，刺激各盈利要素真正将潜在的消费需求转化成为切实的消费体验。

其次，就电视剧内容产品的生产机制而言，随着数字技术的深入发展和视听新媒体领域的不断壮大，我国影视内容产业的市场准入机制将逐步放开。加强"鲁剧"内容产品生产机制的整合，必须要积极培育和建构位于产业链不同价值创造环节的不同利益主体之间的有效关联，将这些相对独立的盈利要素看作有机统一的整体，通过整合提高其协同效应，实现产业链的整体增值。

在传统媒体环境下，"鲁剧"的价值主要体现为其在电视平台播出的版权售卖和广告收入。然而，数字技术引发的媒介环境变化使得"鲁剧"的盈利要素贯穿其整个开发、制作、发行、播出和后续消费的全部过程。不同价值创造环节盈利要素的层层累积，迫切需要"鲁剧"内容生产机制根据不同的产品特点和要求，与产业内其他组织或要素建立一种新型的战略竞合关系，从而实现资源优化升级，促进各要素之间的协同关联，形成一种更广泛意义上的内容生产运作机制，追求整体价值的最大化，促进"鲁剧"产业整体盈利能力的提高。

③进军新媒体领域。新媒体是与传统媒体相对而言的，主要是指继广

① 参见王天铮：《电视内容产业整合研究》，新华出版社 2011 年版，第 138 页。

播、报纸、电视等媒体之后崛起的包括移动终端、互联网媒体和数字电视等在内的媒体形式。在全媒体时代媒介与产业融合的大背景下,数字技术完全改变了传统的电视剧制作模式,从更深层次上颠覆与变革了“鲁剧”产业的经营理念和管理方式,具体表现在发行渠道和生产机构两个方面。

新媒体首先拓宽了“鲁剧”的发行渠道。如前所述,我国传统电视台播出渠道远不能满足巨大的电视剧产量需求,寻求新的播出模式成为整个中国内地电视剧产业摆脱发展瓶颈的重要课题。与此相应,网络视频媒体通过数字化升级和近几年的迅猛发展,在线播放效果明显提升,并且形成了相对成熟的播出模式,这无疑为“鲁剧”发行提供了新的契机。

CNNIC数据显示,2012年,我国网络视频用户人数达3.72亿,较2011年增长41.3%,收看视频的用户比例为65.9%,网络视频使用首次取代搜索引擎成为用户规模最大的网络服务业务。其中,电视剧收视习惯占比高达87.2%。① 由于电视剧能够提供更强的用户黏性、增加网站流量,发展电视剧已经成为视频网站提高流量的主要手段。这一变化有效助推了新媒体市场成为电视台之后的第二大电视剧发行渠道,对于“鲁剧”产业盈利模式创新具有实践指导意义。

不惟拓宽了发行渠道,新媒体还丰富了“鲁剧”的生产机构,突出表现为新媒体自制剧的兴起。一些有实力的互联网企业利用其掌握渠道资源、拥有大量用户以及了解消费偏好的优势纷纷涉足原创内容领域,形成“内容+渠道”的模式。《屌丝男士》的热播与搜狐拥趸数众及其成熟的网络运营经验有着千丝万缕的联系,《扁豆先生》《众里寻她》等剧的出现则成功开启了新媒体技术支持下全民创作的时代。这些,都可视为“鲁剧”生产机构向新媒体领域进军的前车之鉴,为其在全媒体时代媒介与产业融合的大背景下升级盈利结构提供了有益支持。

④完善山东影视传媒集团产业功能。影响力经济时代,电视剧产品吸引的注意力越多,生产单位的投资收益率就越高,经济效益也就越多。在媒介产业融合的背景下,单纯的“内容为王”已渐行渐远,当今国际知名大型传媒集团福克斯、迪士尼、派拉蒙等,均将影视产业的内容与渠道紧密结合在一起。这种“内容+渠道”的组合,才是它们能够借助跨媒介、跨产业、跨地域的经营优势,将影响其产业整体盈利能力的结构、要素有机整合,为产业价值链的延伸和创新提供有力支撑的根本原因,也是山东影视传媒集团以

① 参见张海潮、白芳芹、潘超:《剧领天下:2012～2013中外电视剧产业发展报告》,中国民主法治出版社2013年版,第142页。

盈利结构调整为目的的产业功能完善初衷。

大型传媒集团在整合盈利要素方面具有明显优势，能够以内容为核心，形成多个利润中心，促进各价值要素的连续升级；还能够借助“内容＋渠道”的独特优势延伸产业价值链条，对于促进影视产业盈利结构的调整具有积极作用。通常而言，大型传媒集团的产业价值形态是充分市场竞争和市场选择的结果。虽然山东影视传媒集团是在政府主导下进行的，但是其在“鲁剧”生产制作领域的强势地位，以及横跨电影、电视及艺人经纪的初级业态规模业已具备产业盈利优势，并由此成为“鲁剧”产业价值整合的趋势。当下亟待解决的问题是，为山东影视传媒集团已经具备的大型传媒集团外壳注入实力更为全面和强劲的产业功能。在这方面，博纳影业的盈利模式或可提供参考。

博纳影业起家于发行，经过数十年的发展，逐渐形成了以强大资本为支撑的全产业链发展模式，在做大做强发行主业的同时成功涉足电影制作、影院投资、艺人经纪、广告营销等多个领域，极大地拓展了公司的业务范围，完成了多元化转型。长期以来，博纳形成的多个利润中心不仅为企业带来稳定的现金流，而且能够在原有的基础上进一步促进集团发行网络的建设和扩大，为核心竞争力的壮大和升级奠定了坚实的基础。另外，博纳影业在举力拓展国内市场的同时积极挺进海外市场，在做强自身核心主业的过程中，注重传输渠道的有效嫁接，全面扩展和整合内容服务。2012 年，更是通过跨国传媒大亨新闻集团的战略性投资，显示了巨大的发展潜力和全球化发展目标，为山东影视传媒集团整体盈利能力的提高做出榜样。

对照博纳影业的盈利结构成功经验，山东影视传媒集团显然需要完善建立在主业基础上的边际延伸产业功能及产业链环节。在当前形势下，迫切需要解决的是与新媒体企业开展合作联姻与海外发行两项。这两项内容可以有效疏通“鲁剧”的生产、发行、播出及衍生产品（如网络游戏等）开发平台，结合山东影视传媒集团固有的“鲁剧”内容生产传统优势，就会形成“内容＋渠道”的盈利模式和协同作用机制。虽然在现有产业条件及环境下完善这两方面功能，会由于集团内部整而不合、产权保护不利等问题产生制约因素，但是由于其促进“鲁剧”产业链完型的显而易见的强大价值驱动效果，仍然值得付出代价进行尝试。这也是山东影视传媒集团对于“鲁剧”产业链盈利结构层面的产业功能建设完型支持。

2.资源转化视角的“鲁剧”产业链完型

资源运作视角的“鲁剧”产业链完型，着眼的是山东省文化资源经由“鲁剧”这一媒介向文化资本的转化问题。

文化经济在全球的勃兴和凸显,使文化产业不仅成为一种重要的经济形态,也成为一种重要的文化形态和传播方式。文化资本是文化产业的能源和能量形态,是其发展的基础和主导因素。文化产业的发展实际就是文化资本的转换与积累,文化资本是文化产业和软实力的标志。美、英、韩等发达国家发展实践表明,文化产业的强弱是形成软实力的关键因素,是提升区域竞争力的重要战略手段;而文化产品的经济收益和文化软实力的形成,正是文化资本的作用体现。这也是十八大再次强调加快发展文化产业,以及山东省不遗余力推进文化强省战略的根本原因。

当前,山东省文化产业发展、软实力建构乃至文化建设面临的一个重要问题和矛盾是:山东是一个文化资源大省,文化产业发展却既小且弱。文化资本及产业发展与文化资源优势相差悬殊,极不匹配。文化资源优势并不等同于文化产业和文化资本优势,文化产业的发展和文化资源的积累并不成正比关系。资源优势如果不能转化成资本优势,不能产生新的价值形态,不能形成文化产业发展所必需的能量形态,就很难推进文化和文化产业的发展。[①] 因此,将文化资源大省转变为文化产业强省,将绵延深厚的齐鲁文化资源优势转变为文化资本优势,是当前山东省文化和经济发展面临的重要问题,其核心就是文化资源向文化资本的转换。

"鲁剧"是山东省文化产业的重要形式。基于其传播媒介属性,对山东省文化资源的整合、聚拢与体现最为具体,对山东省文化资本的价值转换和利润产出最为直观。建立在资源运作层面上的"鲁剧"产业各环节完整程度,直接影响到山东省文化资源向文化资本的现实转换效果。这既是软实力立场产业链分析的必要视角,也是全媒体时代全球化背景下的资源优化利用的核心问题,更是"鲁剧"产业链完型不可忽略的层面。

(1)山东省文化资本运营现状及问题

随着山东省文化体制改革的不断深入,文化资本运营模式不断变化,整体朝着集团化、规模化、数字化、网络化以及多元化等趋势发展,通过股份制改造、收购、兼并等资本运营模式,采取 PE 投资、跨行业投资以及与国外资本合作投资等方式,建立了规模化的大型文化企业集团,实现资源和资本整合,整体提高了山东省文化企业的综合市场竞争力。

在大步迈进的同时,山东省文化资本运营的问题也十分突出。目前,山东省文化企业普遍规模较小,对于政府的依赖性依然较强,自身经营管理能

① 参见胡惠林:《文化资本:现代文化产业和谐发展的能源形态》,载《探索与争鸣》2007 年第 1 期。

力较弱，参与国际文化市场竞争的程度较浅；文化产品整体缺少创意和创新，附加值较低，市场竞争力较弱；文化企业发展比较保守，不能灵活运用文化资本运营方式；行政对文化企业的经营管理干预较多，但对文化市场的监管规制不够，导致文化市场运营效率较低，市场交易规模较小，不够活跃。就“鲁剧”产业而言，集中表现为题材不够丰富，形式单一，缺少创新和创意，不能有效实施山东省文化的输出；同时，科技含量较少，对于以网络和数字技术为依托的新型表现形式挖掘得不够深入。究其原因，可以从文化体制改革深入程度、政策支持体系完善程度以及市场体系健全程度三方面求解。

在文化体制改革层面，我国现行的文化企业管理体制将改制后的国有文化企业的所有权定位为政府，企业缺少自主性，存在多头管理、职责不清的现象。山东省国有文化企业的投融资渠道单一，主要资金来源除了自身经营收益外，以财政补贴、财政专项资金为主。国有文化企业股权结构单一，基本为国有独资，无法通过兼并、收购等资本运营模式迅速集中社会资金，扩大自身经营规模。同时，非国有资本进入广播电视产业规模较小，制约了山东省国有文化企业资本规模的扩张。

在政策支持体系层面，山东省文化产业管理部门未明确统一，文化产业政策尚未形成完整体系。文化产业的财税支持政策体系不够健全，税收支持政策针对性不强，优惠条件不够具体，财政投入的资金量有限，未能通过有效政策引导社会资金注入。文化产业资本运营缺少投融资支持政策，省内企业普遍社会信誉度较低，无法满足金融部门的准入要求，融资比较困难，参与资本市场的程度较低，不能充分利用发行企业债券、中期票据、短期债券以及私募债券等融资工具扩大资本来源。

在市场体系层面，立法环节关于文化产业的独立的国家基本法较少，缺乏国家对于促进文化产业可持续发展的保障法律；执法环节由于文化产业规章制度出自不同的政府管理部门，导致推诿扯皮易发，审批审查效率低下。此外，在实施国际化战略过程中，缺少完善的运营市场环境。现阶段，山东省仍缺少大量拥有国际视野和实际市场运营经验的专业人才，输出的文化产品大多是制造类。创新意识鲜明、文化主题明确的影视、音像、报业等核心文化产品国际市场竞争力较弱，在国外市场产生的交易量较小。这些竞争短板阻碍了山东省文化产业运营市场的健康发展。

(2)山东省文化资源资本转化的核心环节——“鲁剧”

山东省文化产业的发展始终与“鲁剧”这一传播媒介紧密相关，“鲁剧”深刻影响山东省文化产品的生产和文化产业业态的形成。《水浒》引发了水泊梁山的怀旧风潮，《大染坊》催生了周村的民俗经济，而《闯关东》增长了朱家峪的旅游收入……媒介是文化产品传播的渠道和消费终端,文化产品的经济效益和社会效益实现依赖于媒介。在山东省文化产业的组成上,“鲁剧”及其产业不仅是核心,而且占据要量。“鲁剧”实际已成为山东省文化产业整体生产、传播和消费的中枢环节。

山东省文化产品生产和文化产业形态形成的过程,正是“鲁剧”对齐鲁大地文化资源进行选择和再生产,转换成文化资本加以呈现的过程。上述《水浒》《大染坊》《闯关东》三部作品即是通过电视剧媒介对山东省文学传统、民间故事和民俗资源进行选择和再生产,形成文化资本,使处于僵化状态的文化资源符号转变成具有资本增值特性的文化产品,从而获得经济效益及相关社会和文化效益的典范。故此,考察山东省文化产业的发展和文化资源向文化资本的转换,“鲁剧”成为核心环节和关键视角。

首先,“鲁剧”产业是山东省文化产业的传统产业之一,其进步可以直接促进山东省文化产业的发展。近年来,“鲁剧”产业收入一直占据山东省文化产业前列。随着电视人口综合覆盖率进一步增长,有线广播电视用户和数字电视用户不断增加,“鲁剧”广告资源价值大幅提升,产业收入持续快速增长。2013 年,“鲁剧”总产量共计 11 部 357 集,储备价值约 7000 万元的拥有自主知识产权的剧本项目。仅 2014 年 7 月刚刚完成前期制作的《琅琊榜》一项,就与新媒体爱奇艺进行了 150 万元每集的高价签约。[①] “鲁剧”产业为山东省文化产业带来了发展动力,也为促进山东省完成经济增长和经济发展目标贡献了力量。

其次,“鲁剧”产业是山东省文化资源整合的最佳平台,可以间接促进其他相关产业的横向发展。影视产业是最具整合力的文化产业之一。从其产业链的分布可以看出,“鲁剧”正在成为山东省整个文化产业的创意核心,为很多上下游相关产业提供内容资源和动力支持。根据“鲁剧”作品设计的图书音像、网络游戏、玩具产品、餐饮食品、旅游度假、服装及化妆品等,可以提升衍生产品的宣传效应,提升销售效果,从而推进这些横向产业的纵深发展,资源集聚效应十分显著。

最后,“鲁剧”产业是山东省文化产业参与国际竞争的主力军。“鲁剧”是山东省文化产业中受众群体最多的产业,具有强劲的市场传播力和影响力。通过播出,“鲁剧”完成的不仅是一部剧集的展映,更是对齐鲁大地丰富多彩而历史悠久的文化传统的有效宣传。受众在观看“鲁剧”的同时,也在

---

① 参见晋亮:《坚守原则创新模式再创辉煌》,山东省广播电视精品创作生产工作座谈会材料,2014 年 7 月 22 日。

接收其输出的山东地域文化影响。因此,“鲁剧”产业承载着更多的文化价值和文化理念,通过电视台、网络、移动终端等媒介进行有效的传播,不断完善资本运营模式,抢占着当下竞争激烈的全球文化市场份额,在经济效益之外,为提升山东省形象、构建文化软实力起到了积极作用。

(3)依托文化资本运营的“鲁剧”产业链完型路径

谋求“鲁剧”产业链各个环节的完善,必须本着对山东省丰富文化资源更为充分而合理的应用宗旨,将产业链各环节可以发掘利用的文化资源成功转化为能够生成经济价值的文化资本。

①以“鲁剧”产业链形态构划文化资本形态。伴随着全媒体时代媒介科技、媒介形态和媒介生态环境的变化,每种新媒介都会对应构划新的文化资本形态和文化产业业态,文化资本形态和产业业态随着媒介形态的变化和增加也在不断变化和增加着新的形式。

就山东省文化产业总体情况和“鲁剧”产业发展而言,亟待补充完型的,当是对应层出不穷的媒介新形态的文化资本赋型以及对应现有文化资本的新媒介形态表达。前者可以通过台网联动、三网联动以及运用大数据建立“云平台”,实现“鲁剧”对山东省丰富文化资源转化为文化资本后的优势传播。后者一方面需依靠人才要素,在产业内部各环节内容创意和技术创新上加以提升;另一方面则需要与国内外大型专业传媒集团展开横向合作,在积极拓宽市场空间的同时完成文化资源向文化资本的深层次转化。

②以“鲁剧”产业链形态更新文化资本形态。网络和数字技术形成的新媒介对现有文化资本形态的更新和推演改变着传统媒介及其产品样态。处于网络和数字技术规制下的“鲁剧”,其产业链各环节无时无刻不在随着媒介技术的变革发生着主动或者被动的调整。这种调整本身既是文化资本对媒介环境变迁的适应性更新,也是新的媒介形态作用于既有文化资本的必然结果。

基于这一判断,在媒介环境的驱动之下,“鲁剧”产业链可以持续更新现有的文化资本形态,使之前未被有效使用的文化资源转化为具备价值生成能力的文化资本。例如,处理并利用好大数据,积极调整和创新当前的生产创作和发行营销方式,可以对现有文化资源的整合利用及资本转化产生指引作用。通过对海量数据的广泛搜集和专业化分析,得出受众收视偏好的基准判断,然后根据这一判断调集可供利用的现有但之前并未善加利用的文化资源,进行“鲁剧”文本策划、制作与营销,就能取得优异的收视效果,继而产生产品延伸效应。这一依据大数据环境建立起来的电视剧生产“搜集海量数据—分析海量数据—提供决策依据—决定内容生产—帮助产品营销”系统模式,其功效已被风靡全球的美剧《纸牌屋》所证实。而就当前“鲁剧”产业现状而言，对应大数据媒介环境，补充专门的受众市场数据搜集、整合、分析机构，显然是亟待补充的产业链环节。

③以“鲁剧”产业链形态主导文化资本形态。媒介的特性和形态主导着文化资本的形态和样式，这意味着，幅员辽阔的齐鲁大地上孕育的丰富文化资源转化成为的文化资本，可以经由“鲁剧”及其产业的呈现塑造影响力和竞争力。

正如《纸牌屋》对美国政治场景的理想建构，《来自星星的你》对韩国小吃“啤酒和炸鸡”的形象描摹，《名侦探柯南》对日本动漫产业的实质贡献，不同国家和地区文化资本的呈现形式经由电视剧的表达变得尤为深入人心。这与电视剧内容产业的本质密不可分，需要的是运用创造性思维将二者紧密相连。就现有文化资源的有效利用程度而言，“鲁剧”产业在这个环节可谓任重道远。成立专门的文化资源搜集整理机构以及其后的剧本要素恰当转化机构，或可成为这一环节产业完型的解决方案。

④以“鲁剧”产业链形态延伸文化资本形态。媒介对文化资本形态的塑形，就是将自身的特性和技术因素渗透到文化资本之中，使文化产品蕴含了媒介的特性。如同媒介是人类的延伸一样，文化产品也是媒介的延伸。在这个意义上，“鲁剧”及其产业链各环节就可视为文化资本不同形态的合理延伸。

“鲁剧”通过对文化资本的构架与塑形，进一步构建着山东省文化产业形态，其产业链相关文化产品生产因为融合渗透进了产业链不同环节的特性而增加了附加值。由此，文化的资本化和延伸产业对文化资本价值的提取才得以完善。产业链形态的变化推动着文化资源的资本转换形态和产业业态，如果说以往的齐鲁文化资源只能通过电视机屏幕得以呈现，理想业态的“鲁剧”则可为其提供从图书音像到网络游戏、从食品餐饮到酒店旅游、从衣着服饰到化妆美容的全方位、立体化呈现途径。无论从外在产品形态、产业形态还是内容形态，文化资本的形态变化都与“鲁剧”产业链各个环节如影随形。“鲁剧”产业链形态的变化催生和推动了文化资本形态变化，直接影响着山东省文化资本的不同形态。而“鲁剧”产业链当前的状态是，抛开主体制作、播出和发行环节，其他一应衍生产品开发均无表现。从这个意义上，“鲁剧”产业链显然需要在上述言及的各个领域展开全面完型。

(二)中观层面:“鲁剧”产业链完型的一个保障

经过十余年的快速发展，“鲁剧”在山东省文化产业中已占据优势地位。谋求全媒体时代全球化背景下“鲁剧”的创新发展，不仅与盈利结构调整和资源资本化转化的宏观导向相关，更与产业发展政策的制定以及政府行政的引导和推动联系紧密。后者是“鲁剧”产业链完型切实有效的政策保障。

1."鲁剧"成长与我国影视产业政策及政府行政的关系

在有中国特色社会主义的社会背景下,政府是推进我国各项产业形成和演化的主导性力量。我国影视产业政策和政府行政在"鲁剧"成长中发挥着极其重要的作用,直接影响着速度、质量与方向。

在"鲁剧"及其产业链的形成与发展过程中,政府提供了政策许可和必要的引导与支持。回顾成长历程,"鲁剧"的成长探索、专业化分工、产业市场秩序的维护与环境优化等,都离不开我国影视政策的推动和整合,其产业链的成长发展无不得益于政府行为在理念、角色定位、范围以及行为模式等方面的沿革。

表 5-2　　我国影视产业政策沿革情况表①

年份	影视产业政策内容
1979	中宣部发布《关于报刊、广播、电视台刊登和播放外国商品广告的通知》,间接肯定电视台刊登广告的经营行为
1983	第十一次全国广电工作会议决定实行"四级办广播,四级办电视,四级混合覆盖"和"广开财源,提高效益"的方针,支持国家投资之外的资金注入推进广播电视事业发展
1986	广电部颁布《关于实行电视剧制作许可证制度的暂行规定》《〈关于实行电视剧制作许可证制度的规定〉的补充规定》等四个文件,在全国实行电视剧制作许可证制度
1987	国务院制定颁布《广播电视设施保护条例》
1992	中共中央、国务院《关于加快发展第三产业的决定》将电视列为第三产业,明确赋予了电视事业和产业的双重身份,强调面向市场,注重经济效益
1996	中共中央办公厅、国务院办公厅发出《关于加强新闻出版广播电视业管理的通知》,规定广播电视业治理条款,整顿电视播出机构;规定县级电视台只能从广播电影电视部规定的渠道购买、取得影视文艺节目
1997	国务院颁布《广播电视管理条例》,对电视节目生产、许可证、交流交易活动等作出明文规定

① 参见《中国广播电视年鉴》,山东新闻出版广电局内部资料。

续表

年份	影视产业政策内容
2001	中共中央办公厅、国务院办公厅发出《关于深化新闻出版广播影视业改革的若干意见》,组建多媒体兼营和跨地区经营媒介集团,对媒介业务组织资本结构进行全面调整;允许通过融资股份募集资金;允许广播电视传输网络公司进行股份制改造、电视剧制作、图书发行;在确保国有控股的情况下,允许吸纳国内非国有及国外资金;允许经营性资产上市
2003	国家广电总局发布《关于改进广播电视节目和电视剧制作管理办法的通知》,进一步向社会开放广播电视节目制作;另发《关于市(地)、县(市)广播电视播出机构职能转变工作的实施细则(试行)》,调整市(地)电视台自办节目频道数量和县(市)广播电视台自办频道向播出时段转变,设立省级和部分市级电视公共频道
2004	国家广电总局发布《关于促进广播影视产业发展的意见》,允许电视台、电台、广电集团(总台)将影视剧制作经营从现有体制中分离出来,实行企业化、产业化经营
2005	国家广电总局给上海电视台发放首张批准其经营 IPTV 传播业务牌照;发布《关于加强非公有资本、外资进入广播影视领域和广播影视产品进口管理的实施办法》,明确非公有资本可以投资参股国有广播影视机构控股 51%以上的广播电视节目制作经营企业
2006	国家广电总局在《2006 年广播影视工作要点》中提出,根据广播电视特点,探索进行制播分离改革,引入市场机制,实行节目市场招标采购
2007	国家广电总局、信息产业部联合发布《互联网视听节目服务管理规定》,涉及互联网视听节目业务的资质审批、业务范围、运营规定、惩处措施内容
2008	国务院六部委发布《关于鼓励数字电视产业发展若干政策》,从明确发展目标、优化投融资环境、加强税收优惠政策支持、推动技术进步、加强市场培育和监管、推进"三网融合"、强化知识产权保护等七个方面提出相关政策措施

续表

年份	影视产业政策内容
2009	国务院常务会议原则通过《文化产业振兴规划》，包括影视在内的文化产业被提到国家战略的层面；国家广电总局出台《关于加快广播电视有线网络发展若干意见》，推进有线电视网络整合，鼓励和支持有实力的省级有线网络公司跨省联合重组
2010	国务院常务会议通过《推进三网融合的总体方案》，确立了中国三网融合的总体目标、推进时间表及工作要求；国家广电总局向中国网络电视台颁发首张互联网电视牌照，发布施行《电视剧内容管理规定》
2011	国家广电总局下发《关于进一步加强电视上星综合频道节目管理的意见》，要求对部分类型节目播出实施调控，防止过度娱乐化和低俗倾向，满足广大观众多样化、多层次、高品位的收视需求

通过对我国政府影视产业政策沿革的梳理（见表 5-2），结合“鲁剧”自身的发展历程不难发现，在“鲁剧”发轫期、发展期和成长期的不同阶段，其产业链生成与政策保障在时间轴线上的节奏、步调几趋一致，二者保持密切关联。

在“鲁剧”的发轫期（20 世纪 70 年代末至 90 年代初），1979 年上海电视台播送了中国内地第一条电视广告“参桂补酒”，电视媒体的广告经营活动就此重启开展，“诱致性”地引发政策调整。这一时期，政府为探寻既保留行政控制权，又缓解财政压力的途径，为电视媒体的市场经营活动提供了“政策许可”，成为产业成长的动力来源。电视产业的经营重启迫使政府调整管理政策，政策调整带来的资源又成为电视产业链萌芽成长的直接推动力。

在“鲁剧”的发展期（20 世纪 90 年代初至 90 年代末），政府主动调整影视产业政策促进电视剧产业发展：一方面，明确承认电视的产业属性，顺应市场经济发展的要求，逐渐减少产业链发展中的限制性措施，如为产业链成长提供宽松的政策环境，改组国家广播电影电视总局以更好地引导、指导和监管影视产业等；另一方面，囿于市场经验缺乏，仍保持了一定的行政简单介入行为，如直接领导合并、集中重点扶持等。这一时期，初步成长的电视剧产业对政策保障的需求更为紧迫，政府政策调整的主动性和政府行政的积极性亦明显增强。

在"鲁剧"的成长期(21世纪以降)，我国影视政策调整的程度最为深刻和剧烈。这一时期，我国内地电视剧产业链已经基本成型，各个环节初步建立，市场化程度不断提高，但同时也开始际遇市场缺陷引发的"失灵"。为缓解这一问题，此时的影视政策着眼于从深层次转变行为理念，向法治化、服务性转变，不但有法可依地采取法律行为来弥补"市场失灵"，还不断调适政府行为的范围与程度，避免行为过度带来的负面效应，如允许通过资本和业务纽带组建多媒体、跨地区经营的媒介集团，允许媒介集团有条件地融资募股及经营性资产上市，等等。同时，这一时期的影视产业政策积极推进制播分离改革，推进电视剧交易市场发展和电视剧产业现代产权制度、企业制度的建立，加强对市场的培育和监管。显然，通过这一时期的影视产业政策调整，政府行政逐渐从微观领域退出，在弥补"市场失灵"、完善法律法规、建立宏观管理体系方面不断迈进，着力为电视剧产业链的快速稳定发展创造良好的市场环境。

2."鲁剧"产业链视阈下的政策沿革、行政调适原因

我国影视产业政策持续沿革、政府行政不断调适的原因，从"鲁剧"产业链成长的角度进行分析，大致可以分为外部的产业成长总体趋势与内部的当前产业政策及政府行政自身问题两个方面。

(1)基于播出环节的"鲁剧"产业链成长趋势

随着全媒体时代数字技术、网络技术以及现代通信技术的广泛应用与不断革新，基于数字化的融合已经成为电视剧领域难以阻挡的潮流。正如尼葛洛·庞蒂(Nicholas Negroponte)所描述的那样，技术革新改变着电视剧受众的媒体使用习惯、内容的生产方式和传播模式，进而影响着整个电视剧产业的发展变革。在此种媒介生态下，"鲁剧"产品制作、播出、消费等环节均呈现无限状态，整个产业链不断成长的趋势明显，引发我国影视产业政策的进一步调整。这可看作是政策沿革的外部原因。

就当前的产业环境而言，"鲁剧"最明显的成长趋势变化体现于播出环节，技术在"鲁剧"产业链的播出环节一直扮演着催化剂、推动者的角色。如今，信息的数字化处理、储存和传输，甚至是跨媒介、跨网络的高速流转，都已经不再是难题。"鲁剧"的播出也由过去的单一电视平台演变为新型电视和基础网络两大平台并举，两种播出平台下的"鲁剧"产业呈现出不同的发展趋势。

①新型电视平台的"鲁剧"产业链成长趋势。播出依靠新型电视平台的

“鲁剧”产业链(见图 5-1)主体部分仍由原来的电视卫星频道播出方——电视台掌控,通过卫星频道为受众提供“鲁剧”产品。由于移动通信技术的不断推动,手机电视、移动电视等消费终端不断发展,“鲁剧”产业链得以进一步拓展。相对于与传统单一电视播出平台,融入了移动终端的新型电视播出渠道需要生产制作方提供的“鲁剧”产品更加丰富多元,受众随之拥有了更多的自主选择空间。另外,由于对碎片化、庞杂化、海量化的“鲁剧”产品进行分类、组合服务的需求不断增大,发行方的地位日渐凸显。与此同时,从用户端始发的反馈信息流打破了以往单向资金流流通模式,双向互动的信息沟通模式为“鲁剧”创作的信息反馈以及开展应用服务提供了条件。

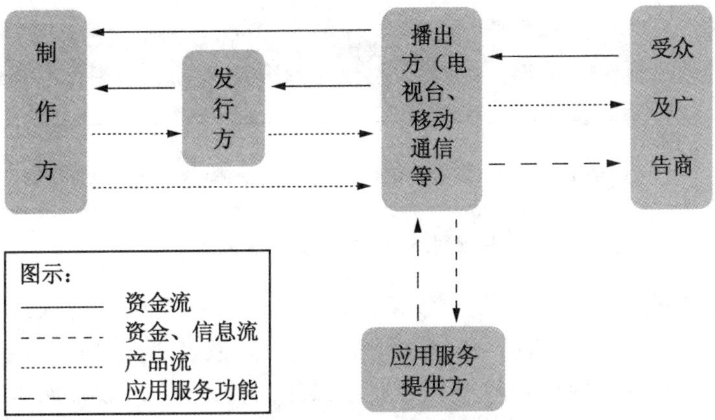

图 5-1　新型电视平台“鲁剧”产业链示意图

在依靠新型电视播出平台的“鲁剧”产业链中,市场主体之间的竞争和受众及广告商的自主选择能力进一步增强,市场主导地位进一步提升;但播出方由于掌控着无线频谱、通信信号等资源,仍然在产业链中保持垄断地位,决定利润分配。

②基础网络平台的“鲁剧”产业链成长趋势。基于网络播出平台的“鲁剧”产业链由于传输介质的差别,呈现出不同于依靠新型电视播出平台的另一种成长趋势。

网络技术的发展消除了有线电视网络、电信网络与互联网之间的连通壁垒,网络平台的加入消解了传统“鲁剧”产业链播出环节的渠道稀缺性,形成了一个多元开放的基础网络平台“鲁剧”产业链(见图 5-2)。

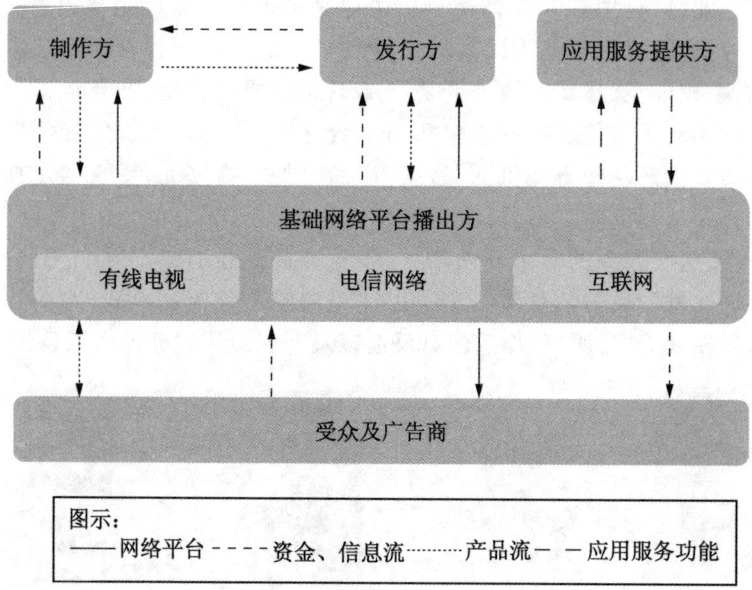

图 5-2 基础网络平台"鲁剧"产业链示意图

由电信网、互联网与有线电视网三网融合构建而成的基础网络平台播出方包括有线电视、电信网络与互联网三个主体，三者之间的竞争主要聚焦于各自网络平台上的用户规模。不同于以往的播出环节，基础网络平台为"鲁剧"产业链各环节主体间的交流沟通搭建一个通用的场域平台，并以之为主要经营对象。制作方、发行方、应用服务提供方通过这一平台自主提供各种"鲁剧"产品及服务，受众及广告商则通过这一平台自主选择"鲁剧"产品及服务进行消费。主体之间供需自主，沟通无碍。资金流、信息流、产品流在产业链各个环节之间无缝对接，流转顺畅。

基础网络平台"鲁剧"产业链是一个多元开放的以用户为中心的网状产业链，产业链上的各个环节资金、信息流通顺畅，与传统电视平台"鲁剧"产业链相比，发生了根本性变化。

(2)当前我国影视产业政策和政府行政的现实局限

"鲁剧"产业链成长中呈现出的新特征对我国影视产业政策提出了新的要求，政府也在不断调整行政行为以适应产业发展。然而，由于体制改革经验不足以及受路径依赖影响，现行的产业政策和行政行为仍存在一些调整不及时或不恰当的情况，成为"鲁剧"产业链成长的现实局限。

首先，"鲁剧"产业链的不断成长使产业内外日益融合，不同的内容与服务可以通过同一个基础网络平台进行传输，业务交叉日益普遍。这种产业边界的模糊与融合对长期以来形成的政府行政边界提出了挑战。由于电信、互联网、应用服务提供方相继加入"鲁剧"产业链，业务主管单位不再仅限于原本的中宣部、文化部、新闻出版广电局、财政部以及各省市的广电政府部门，而是涉及工业和信息化部与发改委等相关部门机构，出现了多重主体交叉管理的状况。

同时受到挑战的，还有"鲁剧"产业政策实施程度。我国对影视产业的管理一直偏紧。在电视内容产业链不断成长的趋势下，政府行政需要理清"松"与"紧"之间的内在逻辑，建立一个稳定的产业管理程度调节机制。随着"鲁剧"产业链越来越开放多元，三网运营构成的基础网络平台上的产品可能来自世界任何角落，原有的影视政策难以对境外机构进行有效监管，而过度管理和引导也会损害国内"鲁剧"产业主体的积极性和竞争力。这方面的政府管理行为低效将有可能引发"失效"的风险。

其次，在基础网路平台上传播的"鲁剧"产品，具有与传统的电视平台播出截然不同的即时开放性、海量储存性、实时交互性和组合多样性等特征，通过基础网络平台向受众提供"鲁剧"产品的运营模式也会与之前大相径庭。将传统政策中管理电视剧生产、播出、发行、服务的行为照搬至基础网络平台的电视内容产品及服务管理，显然难以实现预期效果。在产业化、市场化的"鲁剧"产业链中，包含着政府、企业和受众三方利益。三种利益都试图寻求自身利益的最大化，难免博弈冲突。产业政策作为均衡三种利益的"看得见的手"，必须通过合理的行政寻求一个三方利益的平衡点，这也是"鲁剧"产业链成长趋势下产业政策和政府行政面临的一个现实问题。

再次，当前，政府行政在产业政策实施中仍占据重要地位，过多的行政指标、行政许可指令直接干预着产业链各环节主体，其易变行为影响着产业发展的相对稳定。由于中央和地方行政的分野以及缺乏强制约束力的粗线条政策条款，地方易为经济利益形成区域壁垒，而"鲁剧"产业链的的演进趋势又要求破除地域壁垒形成全国性市场。因此，政府行政不当容易引发"鲁剧"产业重复建设、区域分割以及标准不一的困境，也常常会引发技术寻租，导致"鲁剧"产品内容、风格、形式单调的风险。

最后，囿于政策行政多重主体发生冲突的现实局限，政府行政也易陷入低效境地。由于各职能部门的行为资金支持来源于税收，政府行为实施只顾追求社会效果以及自身利益的最大化，往往缺乏成本意识和经济意识。这又造成了多重主体同时对"鲁剧"产业实施管理、引导与监管等政府行为的状况，形成各个部门的职责交叉、重叠甚至相互竞争的局面。

可见，在全媒体时代技术不断革新、广泛应用的媒介生态中，政策调整不及时、政府行为实施不恰当将直接阻碍“鲁剧”产业链成长。因此，探求我国影视产业政策和政府行为调整方向，是进一步发展“鲁剧”，促进其产业链完型的切实保障。

3.“鲁剧”产业链完型背景下产业政策和政府行政的调整方向

竞争网络的多元开放催生了以基础网络播出平台为代表的“鲁剧”产业链新特征，遵循以往单纯考虑影视产业生产、播出、发行领域管理问题的一般政府行政思路已然难以解决当下态势复杂的“鲁剧”产业新生问题。寻求一条适合当前情况的特殊路径，建构既能实现对“鲁剧”产业链有效管理，又能促进其完型成长的科学、合理、有效的政策行政保障体系，成为“鲁剧”产业链完型背景下产业政策和政府行政的调整方向。

路径之所以“特殊”，是因为其是在转变政府行为理念、调整政府行为角色的基础上，充分考虑“鲁剧”产业链纵向分离的特性，将其“内容—服务”提供体系与网络平台体系进行适当分离，根据两个不同经济形式体系各自的特点，分别明确政策适用与政府行为的范围程度，建构合理的施政与行政模式。

(1)“内容—服务”提供体系下的产业政策和政府行政路径

通过前述“鲁剧”竞争力的分析可知，全媒体时代全球化背景下，垄断封闭的竞争格局已经被打破，“鲁剧”产业链环节在更多领域得以拓展。“内容—服务”提供体系就延及制作方、发行方以及应用服务提供方等。针对这一改变，产业政策和政府行政路径的调整可从以下几方面入手。

①加强“鲁剧”内容管理。在传统电视平台“鲁剧”产业链时代，“鲁剧”内容主要来源于电视台、影视公司等专业的影视制作机构。随着全媒体时代媒介生态的演变，“鲁剧”来源渐趋多元，网络公司等新兴媒体机构和受众自身也加入到生产队列，成为了“鲁剧”内容制作方。来源的广泛、数量的庞杂、传播的随意和版权的易侵都需要政府来加强管理、政策来加以约束。

第一，调整“鲁剧”内容管理体制。囿于新闻出版广电部门管理模式、管理队伍等的有限以及内容来源的广泛庞杂，“鲁剧”内容管理的范围越来越大、要求越来越高、难度越来越大，分级管理体制的建立已成当务之急。具体而言，宣传部门对“鲁剧”内容管理实行原则性领导，切实保障信息安全与文化安全；新闻出版广电部门主要承担依照国家相关法律法规及政策要求进行的“鲁剧”内容的管理工作；电信、互联网等主管部门做好“鲁剧”内容管理的协助工作，积极配合新闻出版广电部门加强对各平台传播的“鲁剧”节目内容的管理。

第二，完善“鲁剧”内容管理政策。全面、稳定的政策体系是“鲁剧”产业快速健康发展、市场有序运行的保障。目前，我国管理电视剧内容的重要法律《广播电视管理条例》仍只是行政法规，法律效力和监管力度难以满足管理需求。因此，尽快出台一部类似美国《1996 年通信法》的顺应电视剧产业链成长趋势的综合性法律，保证行政管理有法可依十分必要。此外，还应根据电视剧管理的实际需要制定一些规范和保障的专门政策，并对现有政策进行整合，减少相互冲突。

第三，调整政府行为模式，维护市场正常运转。随着“鲁剧”产业链的不断成长，“内容—服务”提供体系中的竞争已趋白热化。维护有效竞争机制，保障市场良性、健康运行，需要政府调整原有的集权型行政模式，变传统的命令性行政方式和计划手段为综合利用多种方式。如，运用经济方式鼓励“鲁剧”产品生产、提供中的正当竞争，处罚不正当竞争；运用法律方式维护“鲁剧”产品的版权与知识产权，保障著作权利益；等等。

②加强“鲁剧”产业环境建设。在“鲁剧”产业链不断成长的趋势下，“内容—服务”提供体系得到前所未有的发展，但当前这一提供体系的产业环境尚不完善，存在不足，必须依靠政府提供各种政策支持，构建规范的市场竞争机制，为“鲁剧”产业发展创造良好的环境。

第一，着力培育独立的“内容—服务”提供体系市场竞争主体。政府需调整自身的角色定位，推动法人治理结构的建立健全，对国有资产实行委托经营和管理，下放电视媒体的经营权，激发电视台的“鲁剧”制作能力，使其拥有独立的市场竞争主体地位。同时，在对待电视台与其他“鲁剧”制作机构，尤其是民营影视企业的关系方面，政府应该致力于综合运用各种行政手段，建立一个“鲁剧”生产融资扩源和产品交易的平等制度体系，为体系内各主体搭建一个公平竞争的平台。

第二，建立健全产业发展制度体系。政府需要在“鲁剧”产业链“内容—服务”提供体系的开发、制作、营销的整个过程中，建立健全的制度体系，进一步促进产业链成长发展。由“制播分离”到“制播融合”的转变是一项重要举措，有利于健全“鲁剧”产业链生产制度，有效避免了强势主体对产业链施行纵向控制，侵害其他主体利益。同时，政府应该对建立“鲁剧”生产要素和人才流动市场提供政策支持，并为融资扩源提供政策保障。此外，还应尽快打破条块分割的市场格局，促进跨区域、多渠道、多层次、规范化的“鲁剧”产品交易市场的形成。

③加强“鲁剧内容—服务”提供体系监督。建立在基础网络平台上的“鲁剧”产业链的“内容—服务”提供体系，既提供“鲁剧”产品与服务，又提供

各种通信、商务、娱乐等应用服务,供应产品拥有“公共物品”与“私人物品”双重属性。因此,在这一提供体系中,存在着内容产品提供和应用服务提供两种损害公共利益的可能。公共利益的受损需要政府调适其行政方式,对“内容—服务”提供体系实施监管。

第一,政府可以对内容制作方作出政策性规定,保障与公共利益相关的新闻资讯内容、公共事务类节目内容、益智教育类节目内容的提供,确保受众多样化的内容需求能够得到满足。如2011年国家广电总局的“限娱令”“限广令”,就是通过行政政策防止电视内容的过度娱乐化和低俗倾向,满足广大观众多样化、多层次、高品位收视需求的重要举措。

第二,政府可以运用经济和文化方式,对高品质、高品位、道德伦理类电视剧产品的生产提供经济资助、补助和文化政策支持;运用技术方式强化对低俗、暴力、淫秽等内容的监督管理;还可以运用行政方式,对电视剧内容实施配额管理,指令播出主旋律题材等公共利益性明显的电视剧产品;等等。

(2)网络平台体系下的产业政策和政府行政路径

传统“鲁剧”产业链的播出环节仅有电视台,随着基础网络平台体系雏形初现,包括有线电视网、电信网与互联网在内的三大网络平台运营商相继加入“鲁剧”产业链播出环节,其与“内容—服务”提供体系迥异的寡头垄断型经济形式,对政府行政提出了不一样的要求,也需要产业政策进行相应调适。

①统一政府行政主体。在网络平台体系形成之前,我国电视剧产业链播出方电视台的行政监管主体是国家广电总局以及各省市的广电局。电信网与互联网两大播出平台加入后,由于电信网络运营商主要由工业和信息化部与各省市的通信管理局管理,互联网运营商更是呈现出由工业和信息化部、公安部门、外宣部门等多个部门齐抓共管的格局,尽管国家2010年建议推动成立“三网融合工作协调小组”,但现实情况仍然是整个基础网络平台体系缺乏一个统一管理的政府主体。相关问题在电视剧产业发达的欧美国家早已解决,如美国1996年成立的联邦通信委员会(FCC)、英国2001年成立的通信管制局(OFCOM),都是对电视剧播出平台实行统一管理的政府主体。

鉴于部门利益与行业难以协调的现实,我国建立统一管理网络平台体系的政府主体可以采取分步循序推进的策略:第一步,建立初步协调机构,去除政策法规阻碍。以“三网融合工作协调小组”为机构雏形,减少、消除政策法规之间的冲突、障碍。第二步,组建相对融合的管理机构,修订、调整相关政策。将有线电视主管部门、电信主管部门和互联网主管部门划出共同组建融合管理职能部门，同时大幅修订、调整相关政策，实现有线电视与网络视听业务的政策融合。第三步，形成完全统一的政府行政主体，出台专项法律法规，完善相关政策体系，从而逐步建立我国电视剧产业播出环节的统一管理行政主体。

②调整政府角色定位。在传统"鲁剧"产业链的播出环节中，由于体制原因和计划经济的长期影响，电视台一直以来都属政府所有，拥有行业内无以复加的行政垄断地位。这种行政性垄断在当下的基础网络平台体系中仍然没有动摇，原因是新加入的电信和互联网同样隶属政府。因此，政府通过行政方式介入电视剧产业市场发展的现象极为普遍，播出环节的基础网络平台体系处于行政性垄断过度的状态。

从政治经济学的视角来说，这种过度的行政性垄断状态其实根源于政府行为角色定位的模糊——一方面是三网的所有者，另一方面又直接参与或干预市场活动。因此，只有调整政府角色，才能消除行政性垄断，促进"鲁剧"产业基础网络平台体系市场结构优化。

基础网络平台体系是一个具有自然垄断属性的行业。政府定位此类行业的角色调整，可以不再对网络平台运营商的经营状况或者是利润水平进行限制，而是转向市场竞争前提下的行业标准制定、价格标准制定以及安全、质量和服务标准制定。通过这一调整，打破政府利益与企业利益的合谋，消除行政性垄断，促进基础网络平台体系发展。

此外，在重新定位角色的基础上，政府还应充分发挥市场宏观管理者的职能，促进服务定价进一步透明化。如对收视费、联网费等的征收采取听证、专家论证等形式，征集公众意见，抑制基础网络平台运营商的过度权力膨胀。

③优化政府行为模式。随着"鲁剧"产业链的不断成长，传统播出环节的垄断封闭性逐渐为基础网络平台体系的寡头垄断性所取代。由于全媒体时代日渐凸显的受众中心地位使得有线电视网络在当前的三网竞争中明显处于弱势和劣势，加之基础网络平台的市场效率存在降低的可能，这种寡头垄断型的经济形式不可避免地存在扰乱市场秩序、引发市场无序竞争的风险。因此，政府有必要优化其行为模式，维护"鲁剧"产业链基础网络平台体系中市场的有序、健康发展。

首先，政府可充分运用行政、法律方式，在市场准入方面对电信网、互联网与有线电视网采取“非对称限制政策”[1],对有线电视网络运营商(电视台)采取适当的政策倾斜与政策优惠。其次,可适当运用经济方式,对处于成本弱势的有线电视网络运营商实施经济补贴,同时对有线电视网的双向改造升级和数字化建设提供资金支持。最后,应未雨绸缪,建立基础网络平台发展专项基金,为通过补贴进一步拓展延伸满足最广大普通受众需求做好资金准备。

政府通过优化行为模式,综合运用行政、法律、经济手段,使基础网络平台体系中的弱势主体——电视网络运营商得到扶持,竞争力量得以培育壮大,竞争性垄断市场格局得以形成,最终实现竞争的高效、有序,市场秩序得到良好维护。

④加强基础网络平台体系监管。基础网络平台体系同样具有自身特殊性,主要体现在其提供的是具有“准公共物品”性质的社会生活必需品。这一商品属性使得基础网络平台体系同样存在损害公共利益的可能。例如,基础网络平台的用户“锁定”可能侵害受众利益,负的网络外部性会损害受众利益,有线电视网、电信网和互联网三网融合后的寡头垄断也可能损害受众利益,等等。三种受众利益受损的可能性,加上网络运营商拒绝向新增用户提供联网服务的可能,都需要政府部门有针对性地实施监管,达到维护用户福利及公共利益的目的。因此,调适政府行为成了实现这一目的的必然选择。

首先,政府可以采取行政与经济方式,设法降低用户转网的成本,使用户在与基础网络平台运营商博弈的过程中掌握主动权。其次,政府可以加大对网络建设和拓展的投入,并为基础网络平台运营商提供有效的产权制度,为其融资扩源建设高带宽网络提供资金和政策支持。最后,政府还可以建立合理的竞争性垄断制度,对三网融合之后的有线电视网、电信网和互联网三寡头之间的合谋进行监督和限制,促进基础网络平台体系三寡头垄断市场中的有效竞争。

(三)微观层面:“鲁剧”产业链完型的五个环节

建立在盈利结构调整和资源运作优化两大宏观方向之上,依靠我国电视剧产业发展政策的有力保证,“鲁剧”产业链可以分解为开发、制播、发行、消费和营销五个微观环节依次加以观照,完成建设。

---

[1] 贺金娥:《“三网融合”的反垄断法思考》,载《知识经济》2010年第13期。

1. 开发环节

就“鲁剧”产业链的开发环节而言，当前主要需关注策划和融资两方面建设。

(1)策划

对于全媒体时代全球化背景下的“鲁剧”而言，前期策划正日益倾向于采取产业化的项目运作方式。早期将“前期工作等同于剧本创作”的观念已经略显陈旧，当下的“鲁剧”前期策划包含了题材选择、编剧策划、艺术规划、概念设计、衍生产品开发考量等众多内容，可以统称为“项目开发与创意策划”。

①素材策划。根据故事素材差异，“鲁剧”的创意策划主要有传统文学、民间传说、网络文学、网游、动漫、电影、舞台剧、现实人生等多种来源。

传统文学是“鲁剧”创作的主要来源之一。小说是开发环节的素材首选。根据名著改编的“鲁剧”较易塑造品牌，进行系列开发，如《水浒传》《聊斋志异》等。大多中国古典名著均为“回合”“篇章”结构的长篇作品，在受众已然熟悉名著全篇背景的前提下，每个回合/篇章的改编比较容易掌控和延续。通常，被改编的小说类型都与电视剧类型相契合，对等类型间的改编项目更易于操控，也更容易获得观众认同。例如，犯罪小说改编成罪犯片、科幻冒险小说改编成科幻片、言情小说改编成爱情片、武侠小说改编的武侠片等。

民间传说主要是神话、传说等见诸文字的故事，也包括以口耳相传的方式延续至今的非物质文化遗产中的经典故事。神话包含着人类有史以来最伟大的想象力，它为“鲁剧”提供了大量素材。山东地域文化资源中，我国古代“女娲补天”“后羿射日”“八仙过海”等神话素材和“孟姜女”“秃尾巴老李”等民间传说，经过几千年的演绎传播，已在民间奠定了广阔而深厚的根基，无疑是“鲁剧”创作的上好素材；而神话和传说大多是口耳相传，并无考证，所以改编发挥的空间也就更大，容易获得突破。

从《杜拉拉升职记》到《甄嬛传》，综观近十年的网络文学改编的电视剧，不难发现其受众多为网络核心的青年人群。此类受众没有太大的社会压力，价值观比较单纯，更容易接受网络文学的故事内核。正因如此，该类电视剧多表现爱情，同时以成长母题相配合。网络文学作为“鲁剧”来源的优势，一是有稳定的观众群体，二是爱情和成长母题更易驾驭、易于过审，三是更适合创造共鸣话题。

考虑将网络游戏改编为“鲁剧”是由于某种情境下受众的重叠。目前市场上成功的案例，如《古墓丽影》《仙剑奇侠传》等，显示出被改编为电视剧的网游特点。通常,游戏中刺激的打斗场面及绚丽的动作表演十分符合动作片制造视听奇观的需求。明确任务的游戏角色非常符合戏剧化的类型电视剧对人物设计和故事走向的要求,游戏人物设置拥有鲜明的正反方对抗性满足了电视剧冲突设计的基本要求,而复杂的游戏人物关系图谱则有利于在电视剧改编时安排适于情节展开的人物关系。

漫画改编的我国影视作品有爱情片(如《向左走向右走》)、幽默片(如《三毛流浪记》)、动作片(如《头文字 D》)等,这类作品常常由于科幻、爱情等因素的加盟而获得受众喜爱。由动画片改编的影视作品则以国内的《喜羊羊和灰太狼》和国外的《变形金刚》系列电影为代表。事实上,更常见的改编方式是由漫画先改编成动画片,再由动画片改编成影视作品。如《加菲猫》《蓝精灵》《名侦探柯南》等,都是这个套路。因此,漫画、动画片和“鲁剧”三者之间形成良好的互动,各自的受众互相转移,对“鲁剧”可谓促进。

作为电视剧的“孪生兄弟”,电影这种表现形式同样很适宜进行“鲁剧”改编。《手机》《樱桃》《唐山大地震》《风声》等作品在完成电视剧改编后均收视不凡。一部成功的电影“电视剧化”改编,或可对电影开放式的结尾进行续写,或可对电影旁枝末节展开延伸,或可对热门电影角色再行塑造。

舞台剧是呈现于舞台的戏剧艺术,按照表演形式可以分为歌剧、舞剧、话剧、戏曲等。舞台剧和影视剧的“近亲关系”使得二者之间的相互改编也层出不穷,比如根据歌剧改编的电影《托斯卡》《白毛女》等,根据话剧改编的电视剧《茶馆》《雷雨》等。由于电视剧可以近距离表现人物,因而可以更加注重人物内心刻画,从而实现对舞台剧的突破。

现实人生是“鲁剧”创作经久不息的源泉。很多出色的影视艺术作品都是改编自有原型的真人真事。比如根据历史事实改编的《铁道游击队》,根据人物传记改编的《焦裕禄》《孔繁森》,根据新闻时事或其他真实事件改编的《征服》《天不藏奸》《插翅难逃》等。就市场需求来讲,电视剧改编对真实原型的要求需要考量传奇性和价值观的共鸣效果;如果不考虑市场,以真人为原型改编电视剧则更加纷繁——我国多数革命战争和当代英模类型剧集都属于此类。

②导向策划。“鲁剧”创意策划是一个富有创造性、挑战性的工作。除了素材来源,还可以从角色需求、类型创新、戏剧冲突、明星及受众的维度导向入手,展开创意策划。

从角色的个性化需求出发来进行故事创意,是比较基本的一个维度。电视剧的需求导向创意不同于马斯洛需求理论(Maslows Bierarchy of Needs)的层层递进,而是由主角固定单一的个性化需求来主导故事,成为叙事的主发动机。受众追求生理需求的本能会促使他们感同身受地沉浸到剧情之中。安全需求包含着人类希望免于灾难和伤害、获得自由、职业稳定、治安良好等愿望，其主导创意的电视剧领域包括灾难片、犯罪片、惊悚片、警匪片。归属和爱的需求又叫“社交需求”，与个人性格、经历、生活区域、民族等众多因素息息相关，爱情片是体现这类需求的典型。社交需求之上是尊重需求，可以分为自尊、他尊和权力欲三类。最后是自我实现需求，即完成与自己能力相称的工作，充分发挥自己的潜在能力，成为所期望的人物。比如《闯关东》中传武这一角色的主导需求就是尊重和自我实现的需求。

类型片是创作者与受众之间的一种契约。受众对类型有依赖性，需要类型来为电视剧可能提供的审美体验作出标签，以此来建立一定的心理预期。类型创新要基于对类型片模式的熟练掌握，模式大致有类型杂糅、元素改变和议题变化三种。以言情剧为例，言情剧模式基本可以概括为：男女主角相识以后发展到相爱，但是剧中总要为其爱情的圆满设置障碍，导致主人公由于种种原因不能在一起。[①] 类型杂糅创新便是将以爱情为核心的故事嫁接在其他类型中，如《鬼丈夫》将惊悚元素的接入放大了言情故事的刺激度。元素改变创新是通过改变类型片中的人物、时间、地点等固定元素来实现创新，如穿越剧《宫》《步步惊心》等。议题变化创新可以通过改变言情剧中的障碍设置得以呈现。如早期言情剧的障碍设置多为阶层、门第、身价等物质层面的问题，而今天则多表现为男女双方在个性、情感倾向、个人观点等方面的差异，如都市题材的《瞧这两家子》《裸婚时代》等。通过类型杂糅、元素改变以及议题变化，“鲁剧”完全能够实现对许多常规类型模式某种程度上的创新。

冲突是构成电视剧戏剧性的基础。电视剧的戏剧冲突可以概括为人与人的冲突、人与自然的冲突、人与社会的冲突以及族群与族群的冲突等几个方面。其中，人与人的冲突是内涵比较广的一个范畴，它涉及人与敌人、友人、爱人、亲人甚至是自我之间的冲突。人与自然的冲突主要表现在灾难剧中，如《唐山大地震》《21 天》等。人与社会的冲突通常显著呈现于一些社会政治题材或具有批判精神的剧作中，比如《蜗居》《纸醉金迷》等。族群与族群之间的冲突由于主人公往往是一个团体/种族的利益代言人，电视剧所要表达的内核是关于种族冲突（或者说是文明的冲突）而引起的具有人类学意义的思考，比如《闯关东》等。当然，更多电视剧作品是同时融合了上述几种

① 参见郝建：《类型电影教程》，复旦大学出版社 2011 年版，第 43 页。

冲突。冲突的叠加不仅能使得"鲁剧"更有看点,而且能够增强层次感,更具高度与深度。

根据明星定制影片的现象在电影领域中并不稀奇,从明星出发进行创意也不失为进行"鲁剧"产业链开发环节创新的路径之一。好莱坞经常将导演、编剧、主演打包,依据他们的特点来策划成一个电影项目到处兜售,这样的项目经常是为明星量身定做的。国内也经常能够看到围绕某一定型明星拍摄的具有特定风格的类型片。成龙就是其中的典型代表,喜剧风格的动作片基本上是为他度身定做。葛优在冯小刚的贺岁喜剧片中将"贫民"化的中年男性打造得深入人心。这种"沉稳幽默范"体现在剧情创作上,就多是一个平凡的草根男通过努力还有些许运气,实现理想、收获爱情的故事。可见,针对言情剧、戏剧、武侠剧等对明星依赖较大的电视剧类型,如果参演明星能在项目开发的早期阶段就确定下来,那么"鲁剧"故事创意就可以紧密围绕明星的特点展开。

从受众维度进行创意,就是从消费者定位出发,有针对性地进行"鲁剧"项目开发,如针对儿童的动画片、老少咸宜的合家欢家庭剧、面向女性的言情剧以及为广大男性准备的武侠剧和谍战剧等等。不同的目标受众定位,会给电视剧故事的创作带来明显差异。比如,针对女性观众进行创作的剧集往往需要一个甚至多个具有不同魅力的男性角色,故事多以圆满结局收尾,注意细节的情感效果和情节铺排,以利于最大限度地煽情。与此相反,针对男性观众的剧集则多要有性感火辣的女性角色,叙事逻辑严密,经得起冷静理性的挑剔并最好有火爆动作场面。在选择受众群体上进行创新,实际上就能间接实现对于"鲁剧"故事的创新。

③产业链环节呼应策划。在素材来源和维度导向之外,"鲁剧"的策划创新还必须重视项目的开发策划与产业链其他环节的呼应。

在播出环节对"鲁剧"策划创新的要求上,时间的限制尤为重要。虽然很多内地剧集是在拍摄完成后才决定上档日期的,但在项目初期就确定播出档期,显然更有利于针对性开展工作。贺岁、暑期、国庆节、春节、情人节、七夕节、中秋节等不同的档期具有不同的"气质",因而选择不同档期播出的电视剧自然也需要具备不同的类型元素。当档期特质与电视剧类型相匹配时,针对档期的"鲁剧"开发会易于成功。如情人节、七夕节对应着浪漫言情剧,万圣节对应着悬疑剧,愚人节对应着喜剧,等等。尤其值得关注的,是针对主旋律题材的七一、八一、十一档期。这些档期的开发不是制作机构和受众的自主选择,而是为了配合特定时期的政治宣传内容。确定了档期,就意味着"鲁剧"项目的开发与策划要遵循档期的各项要求,从故事元素、演员选择、营销策略等各个方面迎合播出档期。

在衍生产品对“鲁剧”策划创新的要求上，近年来，游戏作为电视剧后产品开发链条上的重要一环，越来越得到制作机构的重视。基于对电视剧进行全产业链开发的考虑，很多项目在开发策划的过程中会专门进行一些内容设计，如在剧情中增加暴力、科幻、神奇等元素，明确角色的正反阵营并平衡双方实力等，为以后的游戏开发打下基础。国外改编成游戏的影视作品多是魔幻题材，在中国，根据武侠剧改编的游戏较多，如“三国”“金庸系列”“聊斋系列”等。从故事内容上看，若想针对电视剧进行游戏开发，则必须要增强其“幻”的色彩，拉大故事本身与现实的距离。对于玩家来说，游戏赋予他们一种超脱于社会生活，突破个人局限的可能。所以只有建立在这种“与生活不同”的基础上，玩家才能够在游戏中忘掉现实的压力，实现心理的释放和情绪的宣泄。

在电视剧改编的游戏中，既有单机游戏，也有网络游戏。单机游戏成功的关键在于是否有平衡的数值、优美的剧情和新奇简明的游戏规则。因此，被改编成单机游戏的电视剧通常要具备简单奇巧的构思和饱满丰富的剧情。而在网络游戏中，对抗暴力则为必须元素，玩家可以选择扮演各种角色，以其他的玩家为对手或伙伴，使用各种道具、装备，体验不同于现实世界的人生。此外，网络游戏还需要被改编电视剧的各方势力均衡，或者是有多位主角，这样玩家才能选择不同的阵营或角色来进行对抗。而在以儿童、青少年为对象的游戏中，则主要依靠动画角色来吸引玩家，故而在项目开发的过程中要注重角色形象设定，提升其对受众和玩家的吸引力。

此外，电视剧产业是一项高风险产业。为了更多地增加项目收入，更好地降低运营风险，成熟的制作机构会在授权产品上下功夫。不惟游戏，授权产品还包括音像制品、图书出版、玩具、文具、服装、食品、纪念品、主题公园等。一方面，电视剧为后产品提供创意、促进销售；另一方面，产品授权为电视剧提供投资、分担风险，同时产品开发商的促销活动也提高了剧作自身的知名度，可获得联合营销的效果。巨大的经济效益激发制片商继续投资的积极性，使电视剧生产和后产品销售进入良性循环。

不同的授权产品对电视剧项目的开发策划有着不同的要求。比如，音像制品、图书出版主要是对故事剧情有要求，“鲁剧“故事最好具有畅销小说那种激动人心的抓人的效果；玩具、文具、纪念品等主要是对角色形象、饰物有要求，“鲁剧”中的角色必须具有鲜明特征，被赋予惹人喜爱的特点和价值观；旅游景点则是对场景有要求，“鲁剧”中的场景要有特色，可提供足够的娱乐刺激，适合在景点中复制。“鲁剧”授权产品的开发还需要考虑到不同年龄、不同性别的受众需求。比如武侠剧、侦探剧、谍战剧等适合针对男性群体进行开发,而动画片、言情剧等则适合针对女性群体或低龄受众进行开发。可见,若有意进行授权产品的开发,那么在“鲁剧”前期项目策划的过程中,就必须要选择适当的电视剧类型,并对内容进行合理的设计,还要根据目标受众年龄、性别等因素进行相应调整。

(2)融资

今天的电视剧产业是资金密集型和技术密集型有效结合的新型经济产业,如何提高资金利用率,将资金优势转化为电视剧作品优势、制作技术优势和制作机构品牌形象优势,是“鲁剧”产业链开发环节必须考虑的问题。

从阶段性发展成果来看,“鲁剧”产业在强调艺术性和社会传播功能的同时,已经注意到社会效益与经济效益的统一以及艺术性与市场价值的有机匹配。但是另一方面,按照市场经济规律营造完善的产业化市场环境,通过资本运营手段推动“鲁剧”产业健康有序发展,还十分迫切。资本运作是电视剧产业发展的必要条件,只有具备了雄厚的资本基础,“鲁剧”产业才能实现突破,更上一层楼,获得发展。

由于“鲁剧”长期着重主旋律体裁创作,就目前总体情况而言,项目资金基本依靠政府拨款,社会融资不足现象普遍。造成这一局面的原因不仅是“鲁剧”自身特点,市场不规范、行业发展空白以及政策约束等问题同时造成社会融资困难,成为制约“鲁剧”产业发展的瓶颈。

综合近几年平均情况,“鲁剧”产业融资来源超过 70%是制作机构自有资金和政府投入,社会资金投入占比不足三成,显然社会资金比例偏低;而融资困难直接导致了内容制作的缺位。尽管目前我国影视产业政策允许依靠与海外合作拍摄和并购吸引海外的行业投资和风险投资,但由于与海外投资方之间的信息不对称,缺乏有效的沟通渠道,对于“鲁剧”而言,通过此种方式寻求融资似乎可望而不可即。而寻找国内跨行业投资融资,同样步履艰难。尽管在市场和政府的双重推动下,我国文化产业潜力渐显,但国内很多资金方仍然易于过分夸大其投资风险,加之保守主义在山东地域文化中根深蒂固的思维影响,导致“鲁剧”社会融资不畅。

随着经济的高速发展,“鲁剧”制作在投融资领域也逐步走向市场化和多元化。完善开发环节的融资渠道建设,是“鲁剧“产业链整体提升的必由之路。

未来我国影视制作融资的发展大体有两大趋势:一是资本更加社会化,二是投资效益最大化。十二五期间,文化产业被定为战略性产业之后,各地的文化产业基金也蜂拥而起。随着影视产业的发展,带有行业色彩的影视产业基金也随之兴起，其投资对象主要为影视行业的非上市企业，投资期限通常为三到七年。这为“鲁剧”项目开发提供了有力支持。“鲁剧”融资渠道的完型建设，可从以下几方面展开。

①私募股权基金融资。当前，活跃在我国影视市场的私募股权基金主要有中华电影基金、红杉资本、A3国际亚洲电影基金、韦恩斯坦（TWC）亚洲电影基金等。但由于风险过高，且没有形成完善的退出机制，中国影视制作市场私募股权投资基金虽呼声很高，但基本仍处于观望状态。2012年第一季度仅有一起投资案例，前期获得投资的公司也大多集中在动漫制作公司。截至2011年，国内针对文化产业的专项基金累计超过100只，承诺募集资金总额超过1300亿元。鉴于影视产业基金融资宽松的准入条件，为影视与资本开辟了一条新的路径，随着募资的不断到位，未来三到五年内，上千亿的资金需要在文化传媒领域觅出口。良好社会声誉是私募基金投资的重要考量指标，而这恰恰是“鲁剧”最为显著的优势。凭借这一资本市场背景，“鲁剧”项目可在私募股权基金领域加大宣传力度，争取更多的社会资本注入。

②上市融资。2007年11月，橙天娱乐借壳嘉禾娱乐成功在香港上市，成为国内第一家上市的娱乐公司。2009年，华谊兄弟在创业板上市，标志着中国民营影视产业进入资本化运作时代。2010年，中影积极筹划主板上市，则标志着在资本市场助力之下，国产影视制作业走向产业化道路。2010年10月，证监会批准华策影视登陆资本市场，以每股68元的价格募得资金12亿元，用于影视剧项目运营。2012年7月12日，上海新文化传媒集团股份有限公司获准首次公开发行股票并在创业板成功上市，标志着上海第一家影视制作公司已成功登陆中国A股市场。影视企业通过上市，不仅可以建立直接的融资渠道，品牌影响力也大幅提升，加强了资源整合的能力。以山东影视传媒集团为旗手的“鲁剧”生产军团力求在融资渠道上的拓展，上市融资是一条值得借鉴的可行思路和现实途径。

③版权质押融资。2007年，由中国电视剧制作中心、西安电广传媒股份有限公司等五家单位联合投资拍摄的古装神话电视连续剧《宝莲灯前传》与交通银行北京市分行签订了一份以版权作为抵押的贷款合同，成为我国第一部版权质押贷款融资的电视剧。2008年5月14日，北京银行与华谊兄弟签订了1亿元版权抵押贷款，这是商业银行第一次以电视剧作品版权增信拓展的担保方式为电视剧制作企业提供的多个电视剧项目打包贷款。2009年12月18日，中国电视剧导演工作委员会在人民大会堂与中国民生银行联合举办“中国电视剧导演集体授信签约暨新闻发布会”，杨亚洲、李少红、张国立等23位优秀电视剧导演共获得了1亿多元的授信额度及授信证书。无形

资产主要是指版权、衍生品开发权、品牌、市场影响力等,影视项目打包“版权抵押”在国际上已经比较成熟,无形资产融资也在不断涌现出新的模式。作为几经业内尝试的新渠道,“鲁剧”在版权质押领域的融资,有待进一步探索试水。

2.制播环节

对于“鲁剧”而言,“这是一个最好的时代,也是一个最坏的时代”。一方面,在文化体制改革和制播分离等一系列放松性规制政策的推动下,“鲁剧”产业的市场空间得到最大限度的开放与释放,迎来了最佳的发展机遇期;另一方面,随着市场准入门槛的降低,上下游市场的竞争亦达到前所未有的激烈程度。位于电视剧产业链上游的制作行业极度分散,同质化竞争严重。在此背景下,无论是电视剧的内容提供商——制作机构,还是播出平台,纷纷探索基于制播分离的合作策略,以构建专属于双方的核心竞争力,在互利共赢中赶超竞争对手,而这也是“鲁剧”产业链制播环节完型的方向。

所谓“制播合作”,是由制播分离衍生而来的产业链纵向合作现象,是相互分离的制作单位和播出平台出于某一互利共赢目的而缔结合作联盟的策略性行为,其特征是在认同双方交易关系的基础上,更加注重彼此的战略合作与利益共享,可以形成类似于制播合一模式下的协同效应。在构建利益共同体关系的同时,制播双方更加关注作为独立交易主体的利益诉求与所得。尤其是制作机构可以较好地利用与挖掘其作为平等博弈主体所具有的产业链的链位优势,参与甚至是主导产业链合作,从而有效地弥补制播合一模式下“计划有余,市场不足”的弊端。

制播合作是一种介于制播合一和制播分离之间的中间型组织。制播双方之所以选择这一模式,除了可以综合两者的比较优势之外,还可以创造制度红利,激发双方潜在的价值。

首先,制播合作可以实现全电视剧产业链的资源共享。“鲁剧”产业链上的播出平台和制作公司各自拥有在市场、政策、人才、技术和品牌等领域的优势资源。播出平台基于其在地域上的区域垄断属性,在市场进入和传播政策等方面拥有平台优势,而制作机构则基于产业分工下的专业化运作,积累并不断更新着先进的制作技术和专业化人才。通过纵向合作,制播双方可以在一个统一的组织框架下整合分布在整个“鲁剧”产业链上的资源,在实现互补、发挥比较优势的基础上,聚合生成新的资源与竞争优势。

其次,制播合作可以突破现有的体制障碍,为“鲁剧”引入先进的内容生产机制。受制于播出机构长期以来所依附的事业单位科层式管理体制,其内部自有的制作部门习惯于传统的计划型生产管理机制,对市场的敏锐度与反应速度较之社会制作单位尚有差距。无论是宏观层面上曾经如火如荼的集团化改制，还是微观层次上的制片人制度改革，无不表明，在现有的体制环境下，要实现广电媒体的市场化运营仍需时日。通过与外部制作机构的合作，可以在回避改革震荡的前提下，突破制度藩篱，引入战略合作伙伴，以试验田的形式践行“鲁剧”市场化的生产理念与运行机制，以点带面地推进系统性体制改革。

再次，制播合作可以形成风险分担机制，有效地降低“鲁剧”项目风险。一个“鲁剧”项目的完成需要历经从剧本筹备到宣传发行的多个阶段，每一个环节都可能遭遇来自摄制许可、资金投入、技术实现、市场认可等多方面的风险。2012 年，国产电视剧 17000 多集，而能够登录央视、省级卫视和各地方频道播出的数量只有 7000～9000 集，不足 30％，能够进入到黄金时段的则仅为 10％～15％，境遇实在不容乐观。如果拍摄之初就以定制剧、独播剧、合作拍摄等形式与播出平台开展合作，就可以为“鲁剧”的销售提前找好出路，让项目的完成无后顾之忧。在项目执行过程中，通过与播出平台在摄制主题策划、团队组建、渠道宣传与推广等方面深入合作，可以进一步提升“鲁剧”的市场价值，降低风险。

最后，制播合作可以创设“鲁剧”合作研发平台，激发创新创意。影视产业是国际公认的创意产业，能否形成可持续激发、汇集和实现创意理念的平台与机制，事关“鲁剧”产业核心能力的培育。制播合作可以通过创设第三方合作研发机构，促成虚拟创意资源和实体实践平台的全面对接，推进新生创意的快速成型与有效传播。更为重要的是，通过对合作机制的协商与固化，可以将“鲁剧”产业链上个体企业的独立创新演变成为整个产业链条上的组织创新，降低创意和创新成本与风险，在更高层次上提升制播系统的“鲁剧”产品研发与创新能力。

在现实的制播合作实践中，制播双方会基于各自的发展实际与合作需求形成类型多样的制播合作模式，企业间合作的紧密程度是判断合作类型的重要标准。基于此两项依据，“鲁剧”的制播合作可以建构为紧密型的股权合作与非紧密型的契约合作两种模式。股权式合作是指参与合作的制播双方，根据一定的股权比例投入合作所需的资金、设备、人力等资源，甚至是成立双方所共同拥有的合资企业等实体组织来运作“鲁剧”项目，并按比例分享收益，如制作机构与电视台合资拍摄“鲁剧”作品、成立“鲁剧”项目研发机构等。契约式合作，主要是指合作双方以合作协议的形式来完成某一“鲁剧”项目，但合作过程中通常不涉及股权投入，如制作机构受电视台委托为其定制“鲁剧”产品。

由于具体“鲁剧”项目的合作主导方不同，尽管同样是紧密型或者契约型合作形式，内部仍存在显著的类型差异。有的是由制作机构主导，有的则是由播出机构来定夺，有的甚至是由制播双方之外的第三方力量来组织。由此，可以建构“鲁剧”基于合作紧密度与主导方双重维度的六类制播合作模式(见图 5-3)。

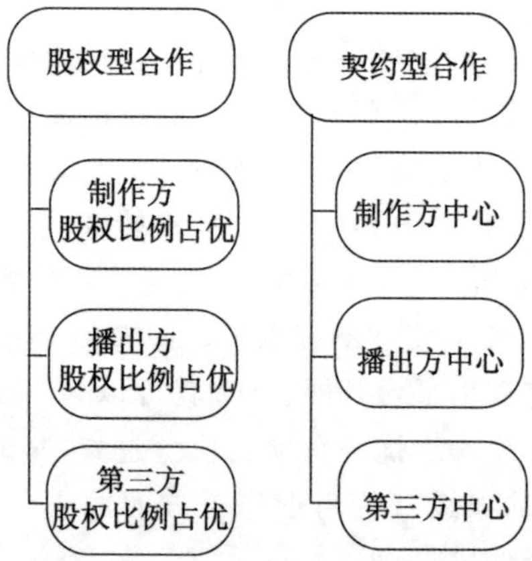

图 5-3 “鲁剧”制播合作模式示意图

(1)股权型合作

在股权型合作中，出资比例大的一方将在合作过程中占据主导地位，也相应地承担更大的风险，获取更大的收益。当前业内可供参考的案例为湖南卫视的品牌栏目《越淘越开心》。

2010 年 4 月，《越淘越开心》作为中国内地首档电视网络互动节目被推出，栏目的出品方是快乐淘宝文化传播有限公司。公司于 2009 年底由淘宝网和湖南卫视共同出资 1 亿元成立。其中，淘宝网占 49%股份，湖南卫视占 51%股份，获得新公司控股权。在栏目的研发与制播过程中，淘宝网主要负责专属网络购物平台——嗨淘网的线上运营、消费热点捕捉与网络互动，而湖南卫视的主持人、签约艺人与制作团队则主要负责针对热门网购产品的电视购物与娱乐节目的制作，经由卫视平台播出后形成营销推广效应，继而带动网络购物业务的发展。除由《越淘越开心》所驱动的电视与网络购物板块之外，快乐淘宝还在淘宝 TV、明星衍生产品开发以及摄制与网购相关的影视剧等领域拓展。在此案例中，虽然制作团队和播出平台都是由湖南卫视一手提供，但是节目必不可少的第三方主体——网络购物与互动平台同样是淘宝网的核心资源。

这种模式同样适用于“鲁剧”的制作播出合作领域。无论是以山东影视传媒集团为主导的制作方，还是以山东电视台为主导的播出方，都可以牵头寻找两者之外的第三方合作者，利用其网络或资金平台优势获得产业增长空间，利用控股权利把握品牌品质，从而进一步提升扩大“鲁剧”的竞争力和影响力。

(2)以制作方为中心的契约型合作

建立在我国传统电视平台上的电视剧产业社会制作机构起步相对较晚，在与央视和省级广播电视台等大型垄断播出平台的博弈过程中长期处于弱势地位。因此，以制作方为中心的契约型合作多发生在制作实力雄厚、品牌效应明显的一线制作公司与地市级广播电视台之间。较具代表性的案例是光线传媒与全国诸多地市级频道之间所达成的电视节目“联供联播网络”合作模式。

光线传媒是中国内地首屈一指的电视节目制作上市公司，业务涵盖综艺娱乐、生活服务等多种节目形态，涉足演艺活动、整合营销、影视制作与发行等多个领域。强大的信息获取与内容制作能力，使得光线传媒从一开始就成为诸多偏于一隅，或难以在第一时间获取全国娱乐资讯的地方性地面频道的首选合作伙伴，并保持着持久的战略合作伙伴关系。目前，光线的节目联播网已经以免费提供内容换取广告时间的方式，覆盖了全国所有地市级以上城市，每天有超过 1100 个电视频道滚动播出光线旗下的各类节目，有 150 个城市的地面频道在每日的黄金时段连续播出长达 6 小时的联播节目。通过与全国各地广播电视台的广泛与紧密合作，光线传媒已经俨然发展成为一个“没有电视台的电视台”。除此之外，光线还与全国性的数字频道、视频网站、手机媒体、航空、铁路、公交电视、户外媒体和大学校园等传播平台和渠道合作，构建更为立体的交叉覆盖网络，进一步提升光线传媒的产业链主导地位。

“鲁剧”的制作方主要为山东影视传媒集团。在调整思路的基础上，山东影视传媒集团通过开展与诸如光线传媒等全媒体时代多方新型播出平台的合作，可以使“鲁剧”依据其全国铺排的播出渠道网络，顺畅占据除央视、各大卫视等传统合作平台之外的电视剧市场。这种合作既符合网络时代的媒介生态演进趋势，也更加有利于“鲁剧”寻求多元的文化生态资源创新创作。

(3)以播出方为中心的契约型合作

从现有的案例与产业实践来看，以播出方为中心的契约型合作是当前我国电视剧领域制播合作的主流模式。其根本原因在于，我国电视剧产业链纵向市场结构所呈现出的体制性“寡众对峙”格局，即数量众多的制作机构在与数量有限的传统电视播出平台展开博弈，其均衡结果多为播出平台(尤其是省级卫视及其以上的平台)以其垄断属性这一压倒性优势，将制作机构置于合作的从属地位。

目前，从省级卫视的制播合作来看，受播出方的委托，制作机构依照要求为其定制个性化的电视剧是此类合作中较为常见的类型。以湖南卫视为例，自 2005 年“金鹰独播剧场”开播以来，陆续开辟出“青春独播剧场”和“金芒果独播剧场”等品牌剧场，专门播出与湖南卫视的年轻受众目标和“快乐中国”定位相符合的定制剧和自制剧。这些剧场的开播吸引了国内的华策影视、唐人影视、于正工作室等知名制作公司与之合作，研发出《新还珠格格》《丑女无敌》《宫》《步步惊心》等具有湖南卫视标签效应的经典剧集。

“鲁剧”的播出集中于山东电视台。在明确自身特色的主旋律定位之后，山东电视台不仅可以依赖传统合作方山东影视传媒集团，而且可与各大知名制作公司开展合作，向它们定制专属产品，结合我国电视剧播出政策或政治倾向档期(如五一、七一、八一、十一等)，适时推出积聚品牌效应的“鲁剧”力作。

(4)以第三方为中心的契约型合作

以第三方为中心的契约型合作，是由某一制作公司或播出机构组织，多个制播单位共同参与合作的情况。更为常见的情形是指由除制播双方以外的第三方机构或组织来协调双方的交易与合作。其中，第三方机构或组织可以是行业协会或制播联盟。

成立于 2006 年 8 月的“首都广播电视节目制作业协会”，其关于自我定位的第一条就明确指出，该协会是“政府与行业之间沟通的桥梁，是投资者与制作机构之间沟通的桥梁，是制作单位与播出机构之间沟通的桥梁”。其宗旨在于“积极推动与全国广播电视节目制作和播出机构的合作”，其业务范围包括“加强与广播电视播出机构的联络和沟通，按市场规律促进合作，开发节目市场、改善本行业的制作和经营环境”等内容。[①] 自成立以来，协会以“推介会”为品牌载体，为电视剧制作方和购片方搭建沟通平台，倡导以合作替代简单的节目交易。目前，在业界推行的电视剧“4＋X”的播出模式，就是在推介会上由制播双方共同协商的结果。

此外，第三方组织也可以是节庆会展与电子交易平台。如中国金鹰电

① 参见首都广播电视节目制作业协会官方网站“协会简介”，http://www.cbbpa.com,cn/index.php? m=content&id=372，2014 年 1 月 20 日。

视艺术节、上海电视节、北京国际电视周、四川电视节等，均开设诸如国际影视节目交易市场和行业合作高峰论坛，以形成业界交流与合作的空间与机制，推进产业链上下游的深度合作。

2013 年 9 月 22 日，万达集团总投资 300 亿元建设的全球投资规模最大的影视产业项目“青岛东方影都”影视产业园区举行了启动仪式。美国索尼影业、华纳兄弟、环球影业、派拉蒙、狮门、韦恩斯坦六大电影公司的掌门人出席了启动仪式。这一第三方平台的建设为“鲁剧”在更加开阔的空间寻求制播合作提供了有利契机。对这一平台善加利用，将有助于“鲁剧”凭借便利的地缘优势，增进与国内外电视剧产业界的交流与合作。

制播合作是广电产业链纵向市场结构不断嬗变、产业链上的制作和播出机构不断调整竞合策略的结果。无论是以山东影视传媒集团为代表的“鲁剧”制作机构，还是以山东电视台为代表的“鲁剧”播出平台，抑或是以青岛东方影都为代表的“鲁剧”第三方行业协会组织，都应在壮大自身实力与可依附能力的基础上，主动寻求并把握契机，融入以制播合作为导向的产业链合作大潮。在借力发展的同时，塑造影视产业制播合作的典范，合力推动“鲁剧”产业的繁荣与发展。

3. 发行环节

我国传统电视剧发行主要以电视播出为主，同时推出音像制品。在用户（受众和广告商）与制作方之间，只有电视台这一唯一渠道，从而造成了电视剧的发行环节中电视台和制作方之间的不对等交易。电视剧制作方不得不低价出售产品给电视台，而电视台通过广告投放获得高收入。

时下，三网融合和 3G 网络成为我国媒介生态新型特征，互联网、手机、IPTV 等正在不断冲击传统媒体的固有地位。随着在线视频产品的日益增多，新媒体与传统媒体在电视剧上的争夺尤为激烈。各卫视的抢播激战正酣，如今，视频网站也披挂上阵。在三网融合的大背景下，面对播出平台之间的混战，如何寻求版权利益的最大化是“鲁剧”产业链发行环节应该思考的核心问题。

尽管 2012 年电视广告以 53.5% 的市场份额占据中国广告市场的头把交椅，但互联网的市场份额激增到 20.2%，仅第三季度与上年同期相比增幅就达 77.9%[①]，成绩尤为抢眼。视频网站不受播出时间、播出时长、播出集数等的严格限制，贴片广告更具精准性，加之政策的鼓励和网民的热捧，因此

① 参见张海潮、白芳芹、潘超：《剧领天下：2012～2013 中外电视剧产业发展报告》，中国民主法治出版社 2013 年版，第 96 页。

受到更多广告商的青睐。“鲁剧”要寻求产业效益更大化，与视频网站的合作是不可偏离的方向。

当前，不论是电视台之间、电视台与视频网站之间，抑或是视频网站之间，对电视剧网络版权、首播权、独播权的争夺频频上演，导致播出平台购剧成本的飙升。这无疑给“鲁剧”制作机构带来了契机，要想凭借这一契机获利，“鲁剧”首先需要了解当前我国电视平台和网络平台之间的电视剧争夺表现。

首先是台网抢播战。随着三网融合的进一步推进，同一部电视剧多渠道发行的情况会日益增多。但是由于制片方和播出平台签订的合同存在不规范现象，目前又没有一个统一的播出标准可以规范电视台和视频网站的播出行为，导致热门电视剧抢播事件频频发生，由此产生的纠纷也就不可避免。如2011年热播的新《水浒传》，天津卫视、安徽卫视、山东卫视、东方卫视不惜砸重金购买首播权，最终因为多家视频网站的抢播造成电视台收视惨淡，这对依靠电视剧广告盈利的电视台来说可谓是重创。新《水浒传》播出引起的风波最终在广电总局的斡旋下得以解决，但是利益相关方之间产生的矛盾不能每次都依靠广电总局出面，况且这种单纯依靠行政命令的方法也违背了市场规律，并不是长久之计。

其次是卫视收视大战。现在比较常见的热播剧播出形式是首轮选择四家上星卫视再搭配若干个地面频道。部分有经济实力的上星卫视则多采用首轮独播再搭配地面频道的形式。例如，2012年热播剧《甄嬛传》制片方选择同时在四家上星卫视播出，将电视剧市场的竞争成功转化为电视剧播出平台的竞争。从播出平台来看，同样的内容、同样的播出进度，如何能吸引受众的眼球成为各大电视台绞尽脑汁琢磨的问题。从表面上看是一场宣传战，其背后牵扯到参与竞争的各家电视台的品牌节目、经济实力、跨媒介合作能力等诸多方面的较量。卫视之间电视剧竞争不断升级也是各大卫视塑造自身品牌形象的契机。电视台需要找准自身的品牌定位和比较优势来寻求差异化发展，只有这样才能在未来的收视大战中获得主动权。

最后是视频网站版权之争。优酷网、酷六网、乐视网等具有良好融资能力的视频网站都把经营重点放在电视剧网络版权的购买上，砸重金购买首播剧、独播剧的视频网站也不在少数。由版权竞争引发的“口水战”此起彼伏。2010年，酷六网一纸诉状将土豆网推上了被告席，土豆网随后与优酷网联手举行发布会，宣布将起诉酷六网之前的侵权行为。2011年，土豆网因优酷网擅自盗播已购买大陆地区独播权的《康熙来了》，向优酷网索赔1.5亿元人民币。视频网站之间的相互攻击与拆台行为，无疑破坏了行业的生态环境，进一步加剧了视频行业内部的恶性竞争，严重影响了电视剧版权行业的健康发展。

视频网站对电视霸权的挑战体现在它改变了受众收视习惯。与此同时，电视台也开始进军网络视频行业，对目前以民营企业为主导的视频行业竞争格局也产生一定影响。在未来的电视剧争夺中，电视台与视频网站之间的博弈还将持续，有一点可以肯定的是，在三网融合的大背景下，台网合作将成为主流。

从制片方的角度来说，尽管版权价格存在泡沫成分，高估的市场价值还是为优秀的"鲁剧"产品带来了丰厚的回报。为了避免在争夺优质视频资源的混战中被边缘化，"鲁剧"制作机构需要充分考察三网融合、台网合作的媒介生境，结合自身优势，在发行环节积极采取应对策略。

(1)成立"鲁剧"发行专业机构

从以上针对电视剧发行竞争的分析可以看出，分销商是国内电视剧流通市场中缺失的一环，也是"鲁剧"产业链完型必须补足的一课。

目前，多家国内电视台已经认识到这个问题，开始通过对产业链上游的合作投资来实现购买行为的专业化。例如，江苏省内 13 家城市电视台联合出资 1.5 亿组建"江苏城市联合电视传媒有限公司"，专门购买首播剧和独播剧。广州的"南方影视节目有限公司"则旨在通过统一操作广东电视台和南方电视台的购片行为，降低两者在电视剧购买方面的成本。然而这种模式却更能加强电视台的要价能力，使得渠道垄断的优势更为明显。

成立独立的分销商组织，是保护"鲁剧"制作机构利益与降低买卖双方交易成本的关键所在，可以借鉴美国成功的电视节目"辛迪加模式"。作为制片机构联盟的"鲁剧辛迪加"，是介于制作机构和播出机构之间的一个电视剧分销系统，其销售对象是播映权而非版权(版权仍归制作机构所有)，其存在价值是无孔不入的电视剧发行网络渠道和专业化的营销方法。

尽管就我国当前的媒介生态而言，还不具备建立类似美国成熟的"鲁剧"发行组织体系，但建立专业发行机构组织开展"鲁剧"营销业务的条件已经成熟。国家广电总局《关于促进广播影视产业发展的意见》中促进节目流通领域发展的相关政策，为"鲁剧"专业发行机构的成立开辟了市场空间。例如，以代理发行国外电视节目为主的"唐龙国际传媒"分销发行的电视节目已经达到日播出 7 小时的规模，发行网络遍及全国 300 个中心城市的 600 多个主流频道，由此每年整合的广告资源已经达到 40 亿元人民币，成为境外电视节目进入中国内地传媒市场的收费桥梁以及全国专业频道的供片平台。

“鲁剧”发行机构独立于播出平台和制片机构，凭借专业评估电视剧质量的能力、娴熟的谈判技巧和一定范围的销售网络，购买有市场潜力的“鲁剧”的销售权或版权，将其播出权或版权销售给播出平台。成功销售“鲁剧”后，发行机构可以根据实际销售情况与制片机构分成。一方面，根据产业链分工优化理论，发行机构可以提高“鲁剧”销售效率，降低交易风险，可根据播出机构的具体风格和资金实力推销特定的“鲁剧”产品，避免抢购独播剧的盲目性；另一方面，制片机构则可以将精力放在受众调查和制作品质精良的“鲁剧”产品上，减少炒作，降低推销成本。同时，发行机构也使“鲁剧”销售收益的最大化成为可能。借助发行机构建立的分销网络，非独播的“鲁剧”可以在不同区域的不同播出平台反复播出，避免制作机构把资金孤注一掷投到独播剧上的高风险行为。分销渠道的存在还有助于调和长期以来存在于制作机构和以电视台为代表的传统播出平台之间的积怨，打破强势播出平台的垄断地位，实现交易平等，将“鲁剧”的生产和交易完全交由市场来调节。

(2)构建“鲁剧”发行机构与媒介咨询机构的战略联盟

对“鲁剧”发行机构而言，除了要具备较强的资金实力外，还需准确判断电视剧特别是独播剧产品收视率，以实现成功的“鲁剧”市场营销。媒介咨询机构处于整个“鲁剧”产业链的最末端，将测量分析所得的产品播出效果反馈给播出机构，用于优化播出方的决策。鉴于当前“鲁剧”发行环节的断裂以及电视咨询业发展迅猛的环境特征，作为制播中间环节的发行机构有必要与媒介咨询机构建立战略联盟或联合成立二级子公司，专事“鲁剧”发行业务，二度开发大数据时代媒介咨询机构的优势资源。

发行机构在“鲁剧”交易市场中的事实身份为信息服务与产品流通，旨在解决制播双方的信息不对称带来的交易问题，需要掌握特定“鲁剧”项目所需的各方信息。而媒介咨询机构拥有丰富、全面、系统的信息资源，并能够在此基础上对“鲁剧”项目特质展开详细、深入的对策分析。以克顿顾问开发的“收视引擎”软件为例，这是在研究国内外近万部电视剧之后，研发出的电视剧优化软件系统。它能测定出不同电视剧的不同收视曲线，帮助预测不同题材电视剧的收视爆发点。专业的媒介顾问公司可以帮助“鲁剧”发行与播出机构更加清晰地勾勒各类受众的时间分布及其对电视剧类型的偏好，可以帮助播出方更加准确地网罗收视人群，通过数据分析对原来模糊的概念进行科学论证，使“鲁剧”更加吻合播出平台的风格，培养受众的忠实度，最终提高收视率。

在具体的合作上，一方面，“鲁剧”发行机构可通过数据购买与交换、发行网络与监测网络的资源共享、人才流动等方式与媒介咨询机构建立紧密联系，使其所掌握的信息资源与分析能力能够作用于“鲁剧”项目发行。发行机构可向播出方提供一揽子服务，在具体“鲁剧”产品的选购上，根据收视市场情况确定与播出平台进行独播还是首播权交易，并对播出方所购“鲁剧”的播出效果及时跟踪，保持对各平台播出效果第一手资料的及时掌握，结合实际播出情况确定盈利预期，选择灵活的付款方式，还可对播出机构的编播方案提供参考意见。另一方面，通过与媒介咨询机构的合作，“鲁剧”发行机构可将发行价格、收视率分析、题材选择等信息反馈给制作方，以便其在下一轮“鲁剧”生产中制作出符合市场需求的投资决策。假设某一发行公司同时掌握两部质量不错的“鲁剧”版权，其中前者质量稍优于后者。此时，有两个播出机构争相抢购前者的独播权，而后者无人问津。传统的“价高者得”的发行方式容易造成播出方购买前者成本过高而令后者滞销，发行机构利益并未完全实现，制作机构投资也无法最大收回。在与媒介咨询机构建立密切联系的情况下，发行机构可根据咨询机构提供的的信息数据，把握收视市场动向，综合评估播出平台特色与受众分层。如果分析结果显示前者适合机构一在黄金时间播出，后者适合机构二在午间或深夜剧场播出，发行机构便可协调两个播出机构，避免出现抢购扎堆与滞销的情况，实现“鲁剧”产业链上制作、发行、播出三方的利益最大化。

在当前的情况下，“鲁剧”专业发行机构的建立已是大势所趋，在着力营造发行机构的同时，充分开展与媒介咨询机构的合作，是完整“鲁剧”产业链发行环节整体形态的题中应有之义。

4.消费环节

产业链意义的“鲁剧”，不再仅仅是艺术家的灵感乍现，而是整个创作机制、传播构成与参与行为的全面创新。此处的“消费环节”，是指涵盖“鲁剧”纵横双向的开发领域，以商业盈利为目的，除了播出广告收益之外的一切下游产值和各类后期衍生产品，包括书刊杂志、衍生节目、音像制品、动漫游戏、旅游餐饮、文化产品及服装化妆品等。

以世界影视产业大鳄迪士尼为例，其衍生产品的主题公园年收益在2002年就已占集团总收益的40%，份额之巨不容小觑。反观“鲁剧”产业，三十余年的成长历程除了《大染坊》对周村和《闯关东》对朱家峪两处旅游业的带动外，影响力明显的衍生产品屈指可数。目前，“鲁剧”制作机构最大的利润仍然来源于电视台的购片费用以及音像制品发行，从衍生产业中所得的利润几乎可以不计。有的作品播出效果很好，却因为种种原因没有卖个好价钱，直接导致产业亏损。虽然制作机构意识到了衍生产品背后巨大的盈利空间,但大部分"鲁剧"仍是"播完即可",后期衍生产品无人问津,仅有的成果也只是停留在初级开发阶段,未能做大、做深、做远。任何一部电视剧都应该利用自己的品牌效应追求利润总和的最大化,避免资源浪费。某种意义上,"鲁剧"生产之所以尚不能称之为完全的产业化生产,正是因为缺失了衍生产品开发的产业链环节。对于"鲁剧"产业链完型而言,衍生产品的盈利应为当下着力追求的目标之一。

电视剧属于文化消费品,与其他文化产业的关系极为紧密。依据我国文化产业分类中的第三层分类标准[①],除去已经实施开发的音像制品和旅游服务产业,"鲁剧"衍生产品还可在另外的书刊杂志、广播节目、电影改编、网络游戏、动画漫画、文化产品以及版权服务七个向度着重加以利用。

(1)书刊杂志出版发行

书刊杂志出版发行向度的"鲁剧"衍生产品,主要是电视剧小说。对采用原创剧本的"鲁剧"来说,推出电视剧小说无疑是一个很好的盈利方式。

文学作品一直是影视创作的母本。从"三连冠"时期的《水浒》《高山下的花环》《今夜有暴风雪》,到新世纪以降的《知青》《红高粱》,一系列作品都是文学文本先行,再被选择进行二度"鲁剧"开发,但这种按部就班的商业模式已渐渐被新的模式所取代。自从王朔将为都市轻喜剧《编辑部的故事》撰写的电视剧本改写成小说之后,电视剧和文学作品的关系就开始发生微妙的变化。郭敬明小说版《无极》的成功,更是极大地刺激了传统的创作模式,此后,在影视剧本基础上推出的小说文本愈演愈烈。2007 年,热播的电视剧《奋斗》,便是在播出后推出了完整版小说。

值得注意的是,作为一种视觉艺术与传播形式,电视剧和小说的叙述方式迥然有别。作为"鲁剧"衍生产品的电视剧小说,如果直接将剧本内容复制为小说故事将无法满足受众心理期待,市场收益也难获理想。剧本与小说的关系最好毫无违和而又若即若离,在文本上互相补充,互相促进。

(2)广播节目衍生分析

"鲁剧"的广播节目衍生产品主要指把电视剧改编成广播剧在电台进行播出。

长期以来,广播剧、长篇小说联播和电影录音剪辑节目在电台节目中广受欢迎,时至今日,在有车一族和广大农村地区受众中仍然保有一定的市场。20 世纪 80 年代初,广播剧和"鲁剧"之间就有过成功协作。1982 年,广

① 参见国家统计局:《文化及相关产业分类 2012》,http://news.china.com.cn/live/2013-08/28/content_21979885_5.htm,2014 年 1 月 28 日。

播剧《夜幕下的哈尔滨》在全国共计108家电台播出，据不完全统计，听众超过3亿，反响强烈；1984年被青岛电视台联合中国电视剧制作中心拍摄成为电视剧。当年年底，时任中央台电视剧制作中心主任的阮若琳看完该剧前4集的样片后说："今年不搞晚会了，就播《夜幕下的哈尔滨》！"[①]这为"鲁剧"向广播剧领域的延伸奠定了良好的基础。

2006年的热播电视剧《亮剑》被改编成广播剧后，保留了《亮剑》中主要演员的原始声音，著名演员、主持人王刚继《夜幕下的哈尔滨》后再次操刀旁白。此可谓千禧年之后中国内地电视剧改编成广播剧的一次大胆尝试，也是对当下电视剧新的衍生领域的开拓。作为率先打通电视剧与广播节目跨界合作壁垒的"鲁剧"，这一领域的衍生产品开发可以凭借既有优势再行斩获。

(3)电影改编

衍生产品开发环节的电影改编服务"鲁剧"产业，可以通过两种方式与电影制作保持勾连。

其一是将"鲁剧"改编成电影。通常情况下，将电影改编成电视剧的情况较为普遍。国外经典电影《这里的黎明静悄悄》《暮光之城》，国内的《一江春水向东流》《倩女幽魂》《林海雪原》《夜半歌声》《永不消逝的电波》《赵氏孤儿》等影片都被成功地改编成了电视剧版。而将电视剧改编成电影，除了故事扩容增加了编剧难度之外，更需要新一轮的大量资金设备投入，极富挑战性。当前，可以借鉴的成功案例有《将爱情进行到底》《武林外传》《北京爱情故事》和于正的"宫系列"等。

其二是将"鲁剧"的素材剪辑成电视电影的版本，在数字频道及手机、移动终端、公共服务终端等新媒体领域发行播出。这种方式成本小且易于操作，是"鲁剧"制作机构可以重点采用的盈利模式。

(4)网络游戏开发

"鲁剧"产业链衍生产品的网络游戏开发向度，主要指借助互联网信息服务，采用游戏的模式承载"鲁剧"项目内容，吸引年轻受众关注，继发消费需求，贡献"鲁剧"产业价值。

就当前产业操作范式而言，为了将最多电视剧受众吸引到游戏中来，由电视剧改编成的游戏常常采用角色扮演的形式。因此，那些悬疑、冒险色彩浓重的武侠剧、警匪剧、玄幻剧、穿越剧、灾难剧等电视剧类型，更适合于开

---

① 《〈夜幕下的哈尔滨〉的往事》，http://newpaper.dahe.cn/hnrbncb/html/2008-09/06/content_103493.htm，2014年2月2日。

发成网络游戏。例如，哥伦比亚广播公司(CBS)就曾与法国著名游戏发行商育碧合作，将电视剧《犯罪现场》改编成网络游戏《犯罪现场：纽约》。游戏将案件的发生地转移到了大都市纽约，共设置有5个案件等待玩家去破解。而在根据美剧《迷失》改编的同名网络游戏中，玩家将扮演失事的815航班中仅存的几名幸存者之一，在汪洋大海中的一座孤岛上生存并等待获救的机会。

相对于国外成熟的操作经验，我国内地电视剧开发成游戏的情况还不多见。2006年的情景喜剧《武林外传》在这一领域进行了较为大胆的尝试。在播出之前，其同名网络游戏就已经秘密进行了开发制作。网游《武林外传》延续了电视剧中让人印象深刻的人物形象设计，受众通过电视剧获得的精神愉悦在网络游戏中得到了进一步的延伸，经济收益颇丰。

显见，在"鲁剧"传统优势体裁拓展的基础上，增加可以改编为网络游戏的电视剧类型，并委托专业机构进行相应的网络游戏设计，在电视剧播出之后或者与电视剧同步推出，可以满足"鲁剧"产业链下游环节补充开发的期待。随着网络游戏在我国文化产业产值贡献中所占比重的持续提升，网游产业应该成为"鲁剧"衍生产品开发的下一步重点。

(5)动漫产业延伸

动漫产业是指以创意为核心，综合运用声音、语言、文字以及静动态图像等多种视听和互动表现的产业形式，包含动漫图书、报刊、影视、电视、音像制品、舞台剧和现代信息传播技术手段。其产品开发、生产、出版、播出、演出和销售以及相关服装、玩具、电子游戏等产品的生产经营，具有投资回报高、成长速度快、产业关联度大、国际化程度高的特点。

在扩展"鲁剧"产业空间层面，大力发展动漫产业是十分有必要的。我国当前整体的动漫产业原创能力都局限明显，与国外相比缺乏竞争力，基本停留在以引进、加工、代理运营业务为主的阶段。动漫产业是延伸"鲁剧"产业链的必由之路，"鲁剧"需要不断地积累经验，大力寻找齐鲁大地本土的文化元素、历史元素、民俗元素创意，加强对动漫人才的培养，以提升具有中国传统文化色彩的动漫产品的开发能力。

首先，需要将动漫产业置于"鲁剧"产业链之中进行通盘考虑，以动漫产品开发为重点，并以"内容成就品牌"为经营核心，着重于文化创意氛围的创造，集中发展软件开发、集成电路设计、动画卡通、手机信息、多媒体产品的开发。其次，面对研发、推广、销售等市场化的种种问题，充分发挥丰富的"鲁剧"拍摄题材、优秀的人才以及山东省地域文化等资源优势，有效协调艺术、技术、商业三者之间的矛盾。再次，基于发展动漫产业对技术人员的要求常新，需要在网页制作、网络编程的基础上进一步持续技术培训，包括美术设计、Flash动画、影视制作等。最后，以改变传统“鲁剧”产业盈利模式为目的，自主开发网络构架和娱乐网站。由于运行动漫系统要求配置更高的硬件设施，需要与电信、网通等运营商携手，充分利用其优越的网络设施和服务，为动漫爱好者提供优质的欣赏和下载服务。

实现从“鲁剧”产品到动漫产品研发的关键，就是要拥有核心技术和自主知识产权。由于动漫产品可以立体交叉、循环反复地销售，得到多次、多地域、主产品和衍生产品的综合性永久回报，“鲁剧”动漫衍生产品的研发尚需在创意策划、市场调查、创作团队、制片计划、发行计划、资金人才规划等方面做足功课。

(6)文化产品生产、出租与拍卖

“鲁剧”产业链衍生产品开发环节的文化产品生产，主要指利用剧中的角色形象开发文化用品、玩具等衍生产品；其出租与拍卖，则主要以剧中呈现的服饰及道具为对象。

书刊杂志、音像制品、广播电影改编等可以看作是“鲁剧”的一级衍生产品，它们与剧集本身联系紧密，以相同的“鲁剧”项目内容核心外加不同的物质材料构成了一系列不同的产品。玩具等其他商品是“鲁剧”的二级衍生产品，其产品构成中增添了大量并非来自“鲁剧”个体项目的精神内容，比如商品的工艺设计等等。对于二级衍生品而言，电视剧必须成为一种品牌力量，吸引人们去消费另一种商品或服务。“鲁剧”通过热播产生品牌效应以及文化影响力，制片机构将剧中的形象开发成玩具或其他产品，受众在消费此类产品时，除了能够感受其实际功用，更能获得一种心理需求的满足。

对播出效果佳的“鲁剧”而言，其剧中呈现的服装和道具的出租与拍卖，既可强化“鲁剧”项目个案的宣传效果，也能为制作机构开辟又一盈利渠道。世界经典电影依靠道具拍卖盈利的案例屡见不鲜。喜剧大师查理·卓别林在影片《摩登时代》中用过的一根拐棍拍卖成交价为4.78万英镑；奥黛丽·赫本1961年出演影片《蒂凡尼的早餐》时穿过的一件黑色长裙，2006年在伦敦佳士得拍卖会上拍得46.72万英镑的天价。

虽然电视剧的影响力没有电影大，我国的拍卖市场也不及美国成熟，但“鲁剧”制作机构对经典剧集中服装和道具的出租与拍卖还是值得一试。2007年，我国电视剧《贞观长歌》剧组发起的道具戏服拍卖，四件道具全部以高于起拍价的价格卖出；康洪雷执导的《幻想之旅》《我的团长我的团》两剧也在开播典礼上进行了道具的拍卖。电视剧热播时，演员的服装经常会成为观众议论的焦点。人们竞拍影视道具和服装，除了讲究商品的外观，更是收藏明星的社会影响力和该剧在艺术史上的地位。随着网络技术和O2O营销模式的普及,服饰道具出租、拍卖变得越加便捷,对“鲁剧”产业的贡献也日益直接。对于“鲁剧”的服饰道具出租、拍卖而言,决定性因素是明星的社会影响力。因此,制作机构在开拍之前,就可以根据演员阵容设计相应的道具及服装,为后期的出租与拍卖做好准备。

(7)版权服务开发

“鲁剧”是一个知识产权集合体,其不惟是制作机构的核心资源,也是产业链能够纵向打通和横向扩张的基础。“鲁剧”项目个案的盈利过程,就是将一部分的版权进行授权的过程,包括将电视播放权授权给电视台,将网络播放权授权给网站,将人物形象使用权授权给玩具制造商等一系列行为。

当前,我国内地的版权保护制度并不完善,电视剧版权纠纷更是不绝于耳,“鲁剧”制作机构的版权意识有待进一步加强。从投资开始直到制作、发行,每一个环节都应该把确认与版权有关的法律条款作为核心,加强与版权保护单位的合作。电视剧《闯关东 2》尽管与“鲁剧”品牌完全脱离了关系,但其从开机拍摄到正式播出的一年时间里,制片方授权委托大连市版权保护协会等单位对剧本、剧集、作曲、播放等进行版权的全面保护,对于在线播放和下载《闯关东 2》页面的搜索引擎、论坛、博客空间的链接将即时通知予以删除。这是电视剧制片机构与版权保护机构一次积极的合作,“鲁剧”在生产、发行、播出、营销环节对版权实施保护的方式,可以在借鉴以往成功经验的基础上,力求更加多样和完善。

5.营销环节

“鲁剧”市场潜力巨大,但同时面临着严峻的现实:进入播出渠道的少,被受众接受、认可的更少。造成这一局面一个不容忽视的原因,就是营销不力。当前,我国内地电视剧市场中品质优秀的电视剧因为忽略营销宣传而导致盈利受损的案例时有发生。在整合营销传播的时代背景下,越来越多的播出和制作机构认识到,面对激烈的电视剧市场竞争,营销策略必须与电视剧质量相匹配。在产品质量相近的情况下,营销手段的比拼将是决胜的关键。

“鲁剧”产业效应要想发挥到极致,必须采用发散型、多元化的整合营销模式。由于营销环节横跨制作、发行、播出领域,“鲁剧”产业链营销环节的完型策略,也要对这三个领域分别加以分析。

(1)制作营销

①题材规划。题材规划是电视剧营销的入口。“鲁剧”题材不仅要符合国家意识形态要求,更要面向市场受众需求,题材本身大有文章可作。“鲁剧”制作机构需要综合考量多方因素,重视媒介调查和咨询机构提供的收视

数据和评估，进行热点题材的科学预测，找出拟拍题材与受众接受心理的契合点，以此为核心进行营销宣传。如2009年央视一套播出的电视剧《沧海》，就是通过“海军版《亮剑》”这一宣传语，在让受众迅速了解该剧的题材定位的同时，利用受众对军旅题材的心理期待和比较预期吸引收视。

“鲁剧”制作营销层面的题材规划，一方面可以通过对经典剧作进行重新诠释或者拍摄续集，再次开发利用收视率高、口碑好的电视剧产业资源，可视为原剧品牌影响力的延伸与扩展。这一方式需在强调原作题材优势和突出创新之处的层面加以延伸和开拓。另一方面可以通过借力专业调查咨询机构开展市场调研，进行定性、定量分析，搜集热门题材，发掘市场空白，找准受众定位，从而有针对性地进行“鲁剧”创作。

②精品战略。近年来，国内电视剧市场发展趋势表明，市场优胜劣汰的自发调节作用使资源日趋集中于优势企业，中国内地电视剧由数量上的增长转变为质量上的提高，因此，在促进“鲁剧”产业化、市场化的同时，还要注重投入产出比和精品率的提高。

“鲁剧”创作从最初的策划阶段就要树立和强调精品意识，剧本需要反复斟酌，再行拍摄，之后的各个环节也需严格把关，才能保证整部剧的质量。值得注意的是，“鲁剧”的精品战略并不等于大投资和大制作，打造精品“鲁剧”也并不意味着不顾拍摄周期和不计制作成本。事实上，投资有限的低成本电视剧依然能够涌现精品，如《激情燃烧的岁月》《士兵突击》等就是例证。因而“鲁剧”应该明确，无论是大制作还是小成本，都应该牢牢把握市场与受众需求，注重提高自身的艺术层次和摄制水平，在合理控制成本的基础上制作出深受市场欢迎的“鲁剧”精品。

③品牌宣传。品牌是同质化产品在市场竞争中能够脱颖而出的资本和财富。近年来，国内电视剧产业一些著名的制作公司、导演和明星所具有的名牌效应越来越受到重视，从《士兵突击》到《我的团长我的团》，从《奋斗》到《我的青春谁做主》，从《双面胶》到《蜗居》，从《北京人在纽约》到《甄嬛传》……一部剧的成功会继续引发由同一班底打造的后续电视剧，为品牌带来更为广阔的市场前景。

经过多年的市场博弈，国内电视剧市场已经树立了不少品牌，如张纪中的武侠剧品牌、海岩的公安剧品牌、赵本山的农村剧品牌、葛优的喜剧人物品牌、王宝强的“傻根”形象品牌等。一部热播剧的品牌不仅能崛起一系列电视剧，更能由点及面，带动一批演员、导演、编剧成为品牌。热播电视剧连续拍摄续集很常见，并且续集筹拍伊始就会有许多媒体不请自来争相报道，各播出平台也极力争取独播权或是首播权。可见，如果对一部剧的优秀品牌不加以充分利用,等于白白损失掉了极其宝贵的资源。这正是“鲁剧”制作机构在营销环节投注精力的重中之重。

④网络营销。在当前“鲁剧”产量远远大于播出量的情况下,制作机构必须积极开展多轮次、多渠道销售。渠道的扩展必然要寻求更广阔的播出平台,视频网站无疑具有这样的实力与潜质。网络传播能够大大延长“鲁剧”的生命周期,业已成为与电视播出平台争夺“鲁剧”内容资源的一个新的巨大市场。

基于网络信息传播量大、获取方式便捷、互动娱乐性强等特征,一些视频网站创造了不少电视剧的收视奇迹。如《奋斗》在电视台播出时效果并不理想,但由于论坛的发帖、跟帖实现了互动交流,口碑效应呈现巨大推动力,该剧在网络盗版播出时却点击率颇高。网友“顶”出热剧已不新鲜,从台词收集到人物分析,网友自发的热烈讨论和关注,使得这些剧集的曝光度远远比电视剧本身的宣传和广告来得深刻和久远。网络早已成为影视宣传的必经之途,从预热造势到正式开播,网络口碑贯穿始终。

可见,寻求网络合作既可以增加制作机构的收入,减少“鲁剧”资源的浪费,又能够减轻产业盈利过度依赖电视台购买能力的程度,有助于“鲁剧”形成更加健全的定价体制和更加完善的制播模式,是制作环节实施产品营销的有效对策。

(2)发行营销

①版权营销。随着我国电视剧产业市场化程度的加深,版权营销成为“鲁剧”一大收入来源,并且越来越受到重视。诸多网络播出平台已经意识到,优质的电视剧内容带来优质的收视,优质的收视换来优质的广告收入,这成了视频网站在完成流量与用户的积累之后,步入营销的必由之路。除了传统电视播出平台,发行机构可以通过向视频网站出售“鲁剧”版权完成收益积累,依靠视频网站与电视台之间的强势互补更新“鲁剧”发行渠道。这将是下一阶段“鲁剧”发行营销的工作重点。

一方面,“鲁剧”发行机构可以与视频网站携手,尝试开发更多的版权出售方式,探索能够实现双赢的路径。发行机构可以限制网络视频版权的价格,防止市场泡沫堆积,并针对类型、题材、话题效应不同的“鲁剧”进一步细分,在预估成本之上定价。在出售版权时,发行机构应放低姿态并摸清市场,对“鲁剧”项目质量及网络视频市场前景进行较为到位的预估,再根据成本核算对剧集进行不同的定价。具体而言,“鲁剧”发行方可以略低的价格售出剧集,当视频网站播出后,由第三方监控点击量。若热播,双方进行盈利分成;即使未能热播,双方都不至亏损过多。

另一方面，"鲁剧"发行机构可以与视频网站联合制作付费精品，通过付费点播的方式，探索建立良性的前向收费商业模式。视频网站通过自己的大数据平台，及时了解受众对于"鲁剧"项目剧情走向的期待，并告知发行方和制作方，采取"边拍，边播，边看"的模式，在最大程度满足用户定制需求的基础上使双方获取更多的经济效益。当然，这种方式在初期可能会遭遇阻碍，但随着改革的推进，我国政府将更加尊重媒体在电视剧内容生产方面的自主决定权，这种"边拍，边播，边看"的模式对于"鲁剧"而言，完全有望实现。除此之外，在用户对网络视频付费意愿极低的当下，该模式对于培养用户的付费观看习惯作用显著，十分值得"鲁剧"进行探索和实践。

②海外营销。当前，"鲁剧"总体上依然处于"墙内开花墙内香"的自娱自乐的尴尬处境。怎样让"鲁剧"走出国门，承载起传播齐鲁文化、构建山东地域甚至中华民族文化软实力的历史使命，成为发行环节亟待解决的问题。

除去自身原因，中国文化与西方文化的差异或者冲突是"鲁剧"海外营销的最大障碍。文化是社会与政治认同的基础，潜移默化地影响着人们对社会、政治的态度。"鲁剧"的海外传播，是文化的自我扩张，这需要用"国际化表达"来搭建山东故事与世界受众之间的桥梁，即用全球化的叙事方式讲述齐鲁文化景观，传达自身对社会的文化阐释。

"鲁剧"的海外营销，可以从以下五个方面开展：

第一，尝试与国/境外影视机构合作拍摄"鲁剧"。合拍可以在技术和创作团队上形成国际化特色，打破文化隔膜，既可以保证国内受众群体，又可以收获国外受众青睐。不仅如此，合拍还有助于"鲁剧"拓展题材领域，提高制作技术并拓宽融资渠道。

第二，融合齐鲁文化与世界文化元素。越是民族的就越是世界的，齐鲁文化是世界优秀文化的组成部分，将世界文化元素有机融入"鲁剧"中无疑可以提升中国电视剧的国际传播能力。用异质文化的外壳裹挟齐鲁文化内核，从而使齐鲁文化得以在世界范围内有效传播，此谓"鲁剧"海外营销的终极目标。在这方面，好莱坞的做法值得借鉴。电影《功夫熊猫》用中国文化元素做包装，其实质传达的是美国文化的精神。这种融合激发了全球观众的观影热情，获得了高票房收入，中国文化元素是其迎合中国市场的一记重锤。

第三，通过自己做海外平台进行"鲁剧"海外发行营销。做海外平台的好处在于，平台是整体覆盖，不用发行机构和一个个电视台去谈判。目前，我国国家建设的播出平台是长城平台，主要供中央电视台、国内省市电视台和一些境外电视台进行海外传播。民营的海润影视则于 2011 年与香港最大的有线电视系统 NOWTV 合作搭建海外平台,覆盖香港和东南亚,既播出海润出品的作品,也为其他制作机构生产的电视剧提供海外播出服务。此亦可作为“鲁剧”海外营销的平台建设参考。

第四,根据“鲁剧”题材实施多轮发行。由于海外市场对中国历史剧、武侠剧这类古装剧认知度高,可以进行海内外同步播出。现代剧则由于尚未在国际市场形成传播品牌,因而海外发行时间一般滞后于国内。电视剧是精神属性的消耗品,多进行一次消耗,其意义就会得到更大的扩散。多轮销售可以扩大“鲁剧”承载的文化价值和意义,已获得海外受众认可的“鲁剧”经典作品,可以通过多轮销售培养固定的消费群体。因此,“鲁剧”的海外营销可以根据题材进行多轮发行,即只要“鲁剧”项目在海外市场有好口碑,就可以反复地发行。

第五,采取阶梯营销策略。任何电视剧的海外营销都会因为语言、文字、风俗习惯、文化背景差异造成文化折扣。要成功实现“鲁剧”在世界范围内的传播,必须有一个从文化相近性出发、由近及远的发行路线和策略。如韩国 2006 年的《政府对韩流的持续和扩散的支援方案》就将韩流市场分为“深化(中国和日本)—扩散(东南亚)—潜在(中东和中南美)”三个等级,分阶段战略性地开拓全球市场。“鲁剧”的海外营销也可以按此思路进行,按照文化折扣的大小,分成五个发行的梯级:第一梯级面向香港、澳门和台湾;第二梯级通过东盟合作组织向东盟十国开展;第三梯级针对日本和韩国;第四梯级扩展至欧美;第五梯级向中东和非洲延伸(见图 5-4),对于不同区域采取不同的营销策略,销售不同的“鲁剧”项目产品。

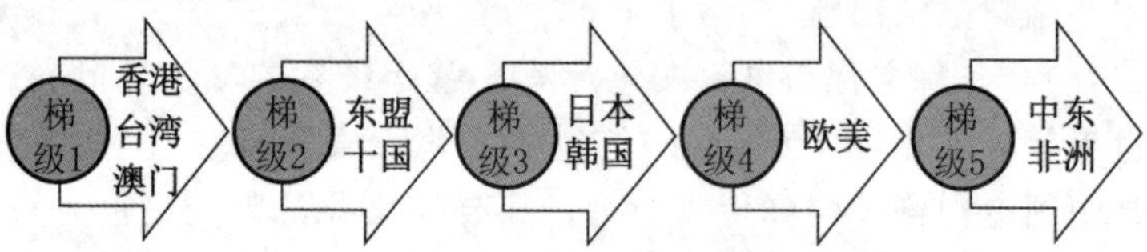

图 5-4 “鲁剧”海外阶梯营销策略示意图

陌生化与共通性是“鲁剧”实现海外传播的两大要素。实际上,成功的跨文化传播基本不会执拗于内向、单一的民族或区域文化,而是用全球化叙事策略和多元文化符号讲述陌生的文化景观或共通的人性故事。为此,“鲁剧”在开展海外营销时,要利用齐鲁大地丰富的文化景观讲述现代故事,进行持续有效的意义生产,从而在世界面前积累并塑造出积极、正面的山东形象、中国形象。

(3)播出营销

在电视产业整合营销传播的大背景下，“鲁剧”产业播出层面的运作更要依托于整合营销传播的智慧和力量，将“鲁剧”产业链条的深度开发和产能释放进行到底。除了目前常见的互动式参与营销和精华版剪辑播出外，创新营销模式，在新一轮播出竞争中寻求突破，成为“鲁剧”产业链营销环节播出层面亟待攻坚的难题。

①集成上游“鲁剧”内容生产。由于收视市场的细分、受众需求的多元以及市场的不稳定性，电视剧市场的投资风险增加，“鲁剧”播出环节的营销竞争延伸到剧本创作阶段。通过预购剧本以及投资的阶段性，“鲁剧”的播出方可以转嫁一部分风险。

自制剧和定制剧可谓内地电视剧整合营销的先行者，也是集成内容生产最典型的代表。由于目前优质电视剧资源的匮乏以及播出平台的竞争加剧，一些电视台开始选择从剧本前期策划介入的方式，通过前期投资或买断掌控购剧前端，确保购剧的优先权和拥有编播的自主权，自制或定制适应其频道定位的电视剧。如由天津卫视全程参与制作和前期参与投资的新版《三国》，不仅扩大了天津卫视的频道影响力，而且获得了全额的投资回报；湖南卫视有85%的电视剧是自制剧，而江苏卫视的引进剧与自制剧的比例是1∶1。

由于自制剧和定制剧的播出平台相对固定和唯一，其最大的优势在于播出渠道的资源独享，播出平台可根据自身定位和品牌形象进行个性化打造，营销模式上将有更大的延展空间。播出方不单是播出平台，更是前期投资、内容生产等“鲁剧”产业链条上游环节的主导者和参与者。通过独占“鲁剧”内容资源，播出平台一方面具备了足够的受众吸引力和影响力，有利于加深品牌烙印；另一方面也能整合力量为“鲁剧”项目进行宣传推广。

②注重频道和剧场品牌化建设。随着受众收视兴趣日益多元，收视分流已是大势所趋。“鲁剧”营销需要注重受众细分，对丰富的资源进行优势整合，由单纯的项目推广上升到对频道和剧场的品牌建设，将“鲁剧”播出口径作为一个整体进行平台宣传推广。

品牌战略是媒介产品或服务开发战略中的一个重要课题。消费时代的受众倾向于记忆媒介品牌的名称并据之选购媒介产品。当今国内电视剧市场上为了锁定某一特定目标受众群体而以某一题材风格命名和定位的电视剧剧场已屡见不鲜，如CCTV 8的“都市剧场”“青春剧苑”，安徽卫视的“雄风剧场”“女性剧场”等。根据清晰的定位将目标受众人群锁定在不同的“剧场”内，不仅能够延长“鲁剧”播出方的收视忠诚度，而且可以增加广告投放的精准性。

在将剧场栏目打包作为一个整体进行营销的基础上,播出方还要对播放“鲁剧”的剧场栏目进行合理的编播,统一打造频道和剧场品牌,以利于编排“鲁剧”播出。电视台应按不同受众类型的收视特征,对“鲁剧”播放时段和内容进行合理安排,要把符合不同群体的日常生活作息习惯和收视习惯作为编排基础,在此基础上完善“鲁剧”播出在整个频道的时空架构。剧场播出时间应尽量固定,以培养特定受众群体的收视忠诚度。此外,播出方还应紧密结合广告商品牌特点灵活进行编播调整,使所播“鲁剧”与广告商的目标消费群有条件互动,达到播出效果与广告品牌的深度契合。

③开展跨媒体合作。以电视为代表的大众传播媒介最大的特点是以传播者为中心的单向的线性传播,而这种传播方式的局限正日益明显。全媒体时代的电视剧受众迫切需要自由、实时、交互的新型大众传播模式,传统媒体的电视与新兴媒体的网络之融合,成为“鲁剧”播出环节开展营销的大势所趋。

传统媒体和新媒体实质上是竞合的关系,两者既能够联合播出,也能够联合运营。电视媒体覆盖面广,普及度高,与受众接触方式简便,而网络平台则个性化、互动性、实时性优势突出。电视台和网络在“鲁剧”播出环节展开合作,可以实现优势互补,提高资源利用率,实现效益最大化。

具体来说,围绕同一“鲁剧”项目资源,电视媒体和网络媒体可以进行诸如网络炒作、手机短信、论坛讨论、主题活动、户外宣传、草根选秀、明星见面会等多种线上和线下活动的合作。如 2009 年的《苏菲日记》第二季,就是采用跨媒体合作的播出营销模式,在东方卫视等多家电视台播出的同时,在网络上开通专区让观众在电视选秀节目的胜出选手中票选出自己心目中的“苏菲”,通过网上投票决定剧情走向,还设计了趣味竞猜、剧组探班等一系列线下活动,取得了可观的收视效益。

④创意公关营销。创意公关营销是指“鲁剧”播出方通过策划、组织和利用具有名人效应、新闻价值以及社会影响的人物或事件,吸引媒体和受众的兴趣与关注,提高“鲁剧”项目知名度,树立良好的品牌形象,并最终促成销售目的的手段和方式。

公关事件向来是低成本、高收益的营销手段,也是品牌知名度快速提升的法宝。“鲁剧”进行公关事件营销,有助于播出平台在短时间内聚合受众注意力,提高收视率,获得竞争优势。结合播出平台形象和“鲁剧”项目特点不断推出各类线下活动,让受众在收看“鲁剧”之外更多地接触媒体,是播出方与受众有效沟通、树立品牌形象的重要手段。

"首播庆典"是制片方和播出方通过整合内容生产与播出平台的资源，联手为"鲁剧"播出预热的营销方式，一方面可以集聚人气，提高受众收视的到达率；另一方面也可借助庆典晚会，通过播出方的时段吸引更多的广告投放，成为"鲁剧"新的盈利点。如2009年北京卫视为配合《铁齿铜牙纪晓岚4》打造的盛大开播首映礼提前在全国十省市展开幸运观众征集活动，被选中的幸运观众不仅可到北京亲临现场参与节目录制，还可参观和珅故居恭王府和纪晓岚故居阅微草堂，与明星亲密接触。2010年，北京卫视为《媳妇的美好时代》首播举行了盛大庆典。鉴于剧情设置的特殊性，此次庆典打破常规，用结婚庆典的形式打造了一台浪漫、洁净的首播盛宴。

⑤植入广告。早前电视剧的广告营销模式只限于广告插播、特约播映、冠名、角标等几种固有类型，投资回报的方式也相对单一，缺乏对电视剧内容资源的深度挖掘和利用。"鲁剧"力求规避风险，务必避免单一的盈利模式，通过加强广告和项目内容的融合，实现"鲁剧"内容运作的新模式。

近年来，植入式广告作为一种营销手段开始受到中国内地电视剧产业链各利益方的青睐。一个好的植入广告既需要注重创意，又需要自然融入剧情之中，其本身就是一次成功的播出营销。如联合利华公司在湖南卫视自制剧《丑女无敌》中的广告投入，是迄今为止国产电视剧中最大的植入式营销投资，在剧本策划阶段就开始创新广告植入，通过充分考虑故事情节和人物个性，全方位、立体化地诠释广告商品牌的个性和内涵并且与剧情同步发展。这种广告深度营销的模式既保证了受众的接受度，也使广告讯息在潜移默化中得到了传播。

以植入式广告为主体的"鲁剧"播出环节整合营销，是用创意整合多种营销手段，使"鲁剧"的艺术和商业实现无缝隙融合。植入广告本身并无是非对错，播出效果的差异取决于其与"鲁剧"内容的贴合程度——毕竟，巧妙的故事植入比起单纯的商标展示或实物出镜要高明得多。可见，拉近与受众的距离，既不引发反感，又能使之深入了解广告品牌的理念和文化，或许是播出营销环节广告植入"鲁剧"的关键所在。

结　语

黑格尔指出，一个核心概念在各个向度上的充分展开，就是全部理论。对于这一论断的阐释不计其数：当康德开始追问“自然如何可能”的时候，他就写出了《纯粹理性批判》；当西美尔开始追问“社会如何可能”的时候，他就写出了一系列的社会理论的基础论文。

本课题研究正是在这种学术传统和思维的指导下，面对当前“鲁剧”发展现实，针对其文本和产业创新面临的主要矛盾和根本问题，提出“题材多元转型和产业链完型”这一研究课题，以全媒体时代的媒介生态为考察变量，以竞争力提升为核心观念，深入系统地论述了“鲁剧”创新发展的思路定位和路径选择。

一、实现文化资源向文化资本转化——“鲁剧”创新发展的核心动力

人类正进入全媒体时代，媒体发展和文化消费的趋势为之引领：媒介之间的边界消失，走向媒介融合和跨媒体传播；文化市场的分众化、个性化、碎片化日渐明显。在多元复合的传播环境中，新的潮流和趋势对电视剧产生了深刻影响，新一轮电视剧产业内外的跨媒体兼并与厮杀更加频繁和激烈。从单一到多重的意识觉醒和从理性到感性的审美变迁，使电视剧创作的题材选择和叙事结构发生了根本性变化，广告主体的传统产业盈利模式被消解，市场细分聚焦电视剧营销主体市场，社交媒体平台拓展电视剧的话题性，多平台、多渠道经营日渐升级，基于大数据分析的收视率产生了新的内涵，有线数字电视开始向宽带互联网转型。

竞争力的强弱决定着“鲁剧”的命运和地位。依据竞争优势理论从产业需求、产业关联、生产能力和文化创新能力四方面对“鲁剧”产业竞争力的分析，将问题集中引向创作题材的多元转型和产业链完型。解决这两个突出问题的充要条件是，完成山东省蕴藏丰富、优势明显的文化资源向文化资本

的转化。由此决定了当前"鲁剧"创新发展的核心动力。

"鲁剧"是山东省传统文化产业之一，也是山东省文化资源整合的最佳平台，资源集聚效应十分显著，同时又是山东省文化产业参与国际竞争的主力军，承载着大量齐鲁文化价值和理念。通过电视台、网络、移动终端等媒介的有效传播，不断完善"鲁剧"资本运营模式，有助于抢占当下竞争激烈的全球文化市场份额，在经济效益之外，为提升山东省形象、构建文化软实力发挥积极作用。谋求"鲁剧"产业链各个环节的完善，必须本着对山东省丰富文化资源更为充分而合理应用的宗旨，将产业链各环节可以发掘利用的文化资源成功转化为能够生成经济价值的文化资本，以"鲁剧"产业链形态构划文化资本形态。

就山东省文化产业总体情况和"鲁剧"产业发展现状而言，亟待补充完型的，是对应层出不穷的"鲁剧"媒介新形态的文化资本赋型和对应现有文化资本的"鲁剧"新媒介形态表达。前者可以通过台网联动、三网联动和大数据应用建立"云平台"，实现"鲁剧"对山东省丰富文化资源转化为文化资本后的优势传播；后者一方面需依靠人才要素，在产业内部内容创意和技术创新上加以提升，另一方面则需要与国内外大型专业传媒集团展开横向合作，积极拓宽市场空间，完成文化资源向文化资本的深层次转化。

以"鲁剧"产业链形态更新、主导并延伸文化资本形态。首先，要依据全媒体时代大数据环境建立起来的"鲁剧"生产"搜集海量数据—分析海量数据—提供决策依据—决定内容生产—帮助产品营销"系统模式，通过对海量数据的广泛搜集和专业化分析，得出受众收视偏好的基准判断，然后根据这一判断调集之前并未善加利用的文化资源，进行"鲁剧"文本策划、制作与营销。其次，要运用创造性思维将文化资源与文化资本紧密相连，经由"鲁剧"及其产业的呈现塑造齐鲁文化在全球范围内的影响力和竞争力。最后，要将"鲁剧"作为电视剧传播媒介的特性和技术因素渗透到齐鲁文化资本之中，使文化产品蕴含"鲁剧"独有的媒介特性。通过对山东地域文化资本的构架与塑形，"鲁剧"进一步构建着山东省文化产业形态，其相关文化产品因为融合、渗透进了产业链不同环节而增添了附加值。齐鲁文化资源对文化资本价值的提取经此过程，最终才得以完善。

文化产业链形态的变化推动着文化资源的资本转换形态和产业业态。无论从外在产品形态、产业形态还是内在的内容形态，山东省蕴含的丰富的文化资源到文化资本的形变都与"鲁剧"产业链各个环节如影随形。"鲁剧"产业链形态的变化催生和推动了齐鲁大地文化资本的形态变化。山东省地域文化资源向资本的现实转化率，正内化为全媒体时代全球化语境下"鲁剧”产业最为强劲的创新动力。

二、培育注重竞争力内涵的文化软实力——“鲁剧”创新发展的核心观念

“鲁剧”产业振兴是山东区域发展对“中国梦”国民呼声的充分回应，其产业竞争力的强化需从软硬两方面展开铺陈。这种铺陈既包含了“鲁剧”内在的生长力因素，也映现了亟待完善的竞争力弱点，主要集中在以收益提升为焦点的发展观念更新问题上。培养注重权益分割与市场延展的“鲁剧”竞争力内涵，立足国际传播视阈提升“鲁剧”软实力，可以有效解决这一问题。由此引发了“鲁剧”创新发展的核心观念。

产业创新的终极目的在于盈利。关于“鲁剧”创新发展中提升收益增长能力的思考，需从权益分割与市场延展两个层面加以拓展。“鲁剧”的现存流通领域基本上采取先制作完成，再集中购买的方式。民营企业主要集中于制作环节，而电视播出平台属于国有且居于垄断地位。这种显而易见的市场主体结构失衡直接导致利益分割明显倾向播出方。乘着“中国梦”的和煦春风，“鲁剧”不仅要“站得稳”，还要“走出去”。实现这一宏伟梦想的前提和基础，在于制作方利益的优先或至少是平等的保证。国有垄断性播出平台和民营竞争性制作平台间的收益分配失衡，是制约当前“鲁剧”收益提升的一大主要因素。培养注重权益分割与市场延展的“鲁剧”竞争力内涵，是发展观念创新的第一个层面。

作为山东地域文化的重要组成部分，“鲁剧”担当着记录并传播社会文化和主流价值观的重要角色，是山东省“软实力”的一个有力支点。伴随全媒体时代的传播进步，文化与文化之间的信息流动渐趋密集，“鲁剧”不仅要放眼全国，更要置于国际传播视野之下实施在地化传播，才能促使产业越做越强。这是“鲁剧”发展观念创新的第二个层面。

当今中国区域竞争日趋激烈。要在竞争中赢得主动，不仅需要硬实力作基础，尚需强大的软实力作保证。“鲁剧”履行着文化载体的功能，以大众传播特有的方式与全中国乃至世界各个角落的人们进行着文化的交融与沟通，其所进行的传播活动移默化地影响着人们的意识和行为，通过一系列影像的表达使受众形成对整个山东形象积极的印象和认识，并激发这种认识的不断加深和渐进向往，最终客观、生动而深刻地彰显山东省优秀传统文化的吸引力、凝聚力和竞争力。

未来“鲁剧”产业的发展需要突破本土竞争的单一思路，立足国家、区域、民族文化传承，放眼国际市场，着力提升对外传播中的软实力。参与国际竞争的“鲁剧”产业，唯以制作、发行机构等相关企业为传播主体，才能具

有市场取向和营利诉求；与此同时，要努力避免为了争取商业利益过度趋向大众化、娱乐化而失去“鲁剧”传统文化内涵与内在底蕴探索动力的可能。

在全球电视剧市场频趋水平联合营销的情况下，“鲁剧”进行国际传播，需要借助国家现有的国际传播媒介与政策条件，培育国际传播领域具备普世性接受可能的成长模式，同时积极钻研国际传播营销手法，以开放性姿态将体现儒家文化、齐鲁文化风采的“鲁剧”转换成适宜全球传播的语言，有效助力自身产业链发展的理想。培育注重竞争力内涵的齐鲁文化对外传播软实力，正渗透为“鲁剧”产业最为核心的创新观念。

三、题材多元转型与产业链完型——“鲁剧“创新发展的核心战略

在“鲁剧”创新发展的路途中，保持固有创作风格与新题材类型探索之间的游移、维持山东影视传媒集团的垄断优势与扩充民营机构市场份额之间的博弈这两个困扰始终弥漫于眼前，挥之不去，成为操作层面限制创新的顽疾。身处全媒体、全球化境地，立足于丰富的人文历史资源背景和当下复杂的国内外竞争环境，在参照自身成长经历和比较同类产业成功经验的基础上，大胆尝试“鲁剧”的题材多元转型与产业链完型，既是解决以上两大问题的现实路径，也是“鲁剧“创新发展的核心战略。

“文化生态学”与“媒介生态学”为“鲁剧”题材由注重主旋律创作转向多元提供了新的契机。文化生态学认为，生态学研究必须恰当地处理文化因素。媒介生态学主张从媒介与社会文化的关系变化中寻求媒介生存发展规律。[①] 文化生态学和媒介生态学倡导的是一个“自然—社会—经济”复合生态系统，有助于深化对地区文化根基特质和人与自然关系的认识，开拓地区文化研究新领域，其区域与国际相结合的研究空间极为广阔，非常适宜借鉴文化优势促进区域可持续发展。

以文化生态学与媒介生态学指导当前“鲁剧”的题材创新，就是以文化生态学与媒介生态学为两层理论支撑，以“彰显文明”与“反思文弊”[②]为双重思想主题，以“陆地齐鲁”与“海上山东”及其所隐含的思维方式为山东文化生态系统框架，以山东人跨越黄海“闯西洋”为突破口，再造“鲁剧”在生态文明时代的新辉煌。题材创新要求紧握齐鲁文化脉络的生生精髓，拓展“鲁

① 参见邵培仁：《媒介生态学：媒介作为绿色生态的研究》，中国传媒大学出版社 2008 年版，第 71 页。

② “文弊”，即“文明”的反面，亦人类历史阴暗、险恶乃至罪恶的一面。参见程相占：《生生美学论集——从文艺美学到生态美学》，人民出版社 2012 年版，第 113 页。

剧"故事素材,根据受众分类确定选题,在新的媒介生态下重新发掘"主旋律"的商业价值,通过反思齐鲁文化传统弊端,激活"鲁剧"题材创新内在动力;通过展现丰富地域文化资源,提升"鲁剧"作为文化产业的核心竞争力;通过涵容当代文化多重景观,重视媒介生态对"鲁剧"受众的潜在影响。

题材创新是"鲁剧"创作永恒的命题,其动力源于文化和媒介两大因素。传承意为保有,创新并非抛弃。在多样共生的基础上突出传统优势的主流意识形态特色,通过成功运作其他题材种类彰显"主旋律"的强大生命力,最终确立"主旋律,看鲁剧"的市场垄断地位,这是实现当今影视产业艺术与商业双赢的旨归,也是"鲁剧"合理而美好的文化和媒介生态。

按照注重权益分割与市场延展的竞争力内涵与国际传播视阈下的软实力建设双重思路定位,产业链各环节的充实匹配是参与并最终赢得市场竞争的充要条件。基于竞争优势理论对电视剧产业价值链竞争力的分析,结合全媒体时代,中国内地电视剧产业的行业整体现状与"鲁剧"发展面临的实际问题,在未来培养注重权益分割与市场延展的竞争力内涵与建构国际传播视野下的软实力战略思路定位明确的前提之下,"鲁剧"的产业链完型可以建构为宏观层面的盈利结构与资源运作两个观照视角,中观层面的政策制度一个管理保障,以及微观层面的开发、制播、发行、消费和营销五个实施环节三方面综合维度。

宏观层面,竞争力视角的产业链探讨的是权益分割与市场延展背后的盈利模式升级问题,而软实力立场的产业链分析的则是全媒体时代全球化背景下的资源优化利用问题。立足盈利结构视角的"鲁剧"产业链完型需在关注后产品开发、加强内容产业整合、进军新媒体领域以及完善山东影视传媒集团产业功能层面下大气力;而基于资源运作视角的"鲁剧"产业链完型,则需更多考量山东省文化资本的运营问题。

中观层面,全媒体时代来临,以互联网技术为代表的传播媒介生态变迁,改变了"鲁剧"原本单一的电视播出渠道,打破了原有经济链条的产业布局,媒介生态的变迁催生了以新型电视平台和基础网络平台为代表的我国电视剧两类产业模式。未来"鲁剧"产业政策的调整,必须充分考虑两种生长趋势的纵向分离性,将建立在新型电视平台与基础网络平台上的电视剧产业区别对待。针对前者可着重加强内容管理、环境建设和生产监督;针对后者可侧重统一行政主体,调整政府角色,平衡竞争态势和加强基础监管。

微观层面,建立在盈利结构调整和资源运作优化两大宏观方向之上,依靠我国电视剧产业发展政策的有力保证,可将"鲁剧"产业链分解为开发、制播、发行、消费和营销五个微观环节依次加以观照,完成建设。开发环节需关注素材、导向及产业链环节呼应的策划活动和私募基金、上市及版权质押的融资方式两方面建设。制播环节可从股权及契约两方面入手，积极探索我国当前制播分离体制下的制播合作模式。发行环节下步可以成立“鲁剧”专业发行机构，并着手打造与媒介咨询机构的战略联盟。消费环节目标定位为“鲁剧”产业链衍生产品，可在书刊杂志、广播节目、电影改编、网络游戏、动画漫画、文化产品以及版权服务向度加以利用。营销环节横跨制作、发行、播出领域，须采用发散型、多元化的整合营销模式，将“鲁剧”产业效应发挥到极致。

全媒体时代，真实与虚拟世界的边界日益模糊，经典理论式微。传播学者梅尔文·德福勒(Melvin DeFleur)不禁感慨——所有的里程碑都何处寻踪？事实上，媒介的复杂和理论话语的多元恰恰说明了制约媒介权力话语的增加。[①] 作为中国特色影视理论研究的题中之意，媒介生态变迁引发的关于“鲁剧”创新发展的命题，在本研究的框架下被建构为实现文化资源向文化资本转化的核心动力、培育竞争力内涵和文化软实力的核心观念以及题材多元转型与产业链完型的核心战略。这既是对当前我国“国家管理＋多元拥有＋社会引导＋商业经营＋伦理牵引”的复合型媒介管理模式的回应，亦是全媒体时代媒介生态变迁下传播体制转型的逻辑必然。

然而，“鲁剧”创新发展研究对于产业的意义绝不仅限于此。它的终极目标是，由最大经济效益转向适度经济效益，由最大生存空间转向适度生存空间。正如欧文·拉兹洛(Ervin Laszlo)描述的那样：“它如同一幅蓝图，帮助我们寻觅第三个千年破晓之时，前方变幻多端、难以离弃、潜能巨大、前途光明的世界之路。”[②]那里，才是“鲁剧”乃至整个中国电视剧产业最为“诗意”的栖居之地。

---

① 参见祁林：《传播研究学科互涉的谱系》，载李瑞腾主编：《典范转移——学科的互动与整合》，中央大学文学院 2009 年版，第 505 页。

② [美]欧文·拉兹洛：《布达佩斯俱乐部全球问题最新报告》，王宏昌译，社会科学文献出版社 2004 年版，第 106 页。

参考文献

一、中文文献

[1][澳]格雷姆·特纳:《电影作为社会实践》,高红岩译,北京大学出版社2010年版。

[2][德]黑格尔:《美学》,朱光潜译,商务印书馆1995年版。

[3][法]丹纳:《艺术哲学》,傅雷译,人民文学出版社2004年版。

[4][美]科特勒等:《营销管理》,吕一林、王俊杰译,中国人民大学出版社2010年版。

[5][美]欧文·拉兹洛:《布达佩斯俱乐部全球问题最新报告》,王宏昌译,社会科学文献出版社2004年版。

[6][日]青木昌彦、奥野正宽:《经济体制的比较制度分析》,魏加宁等译,中国发展出版社2005年版。

[7][英]吉莉安·道尔:《传媒所有权》,陆剑南译,中国传媒大学出版社2005年版。

[8][英]吉莉安·道尔:《理解传媒经济学》,李颖译,清华大学出版社2004年版。

[9][英]罗杰·迪金森等:《受众研究读本》,华夏出版社2006年版。

[10][英]亚当·斯密:《国富论》,武汉出版社2010年版。

[11][加]考林·霍斯金斯等:《全球电视和电影产业经济学导论》,刘丰海、张慧宇译,新华出版社2004年版。

[12]程曼丽:《国际传播学教程》,北京大学出版社2011年版。

[13]程相占:《生生美学论集——从文艺美学到生态美学》,人民出版社2012年版。

[14]郝建:《类型电影教程》,复旦大学出版社2011年版。

[15]金冠军等:《国际传媒政策新视野》,上海三联书店 2005 年版。

[16]刘长允:《山东广播电视发展史》,齐鲁书社 2009 年版。

[17]邵培仁:《媒介生态学:媒介作为绿色生态的研究》,中国传媒大学出版社 2008 年版。

[18]王阁森、唐致卿:《齐国史》,山东人民出版社 1992 年版。

[19]王天铮:《电视内容产业整合研究》,新华出版社 2011 年版。

[20]王志民:《齐鲁文化概说》,山东文艺出版社 2004 年版。

[21]于丽、刘扬、王煊:《电影产业经济学研究》,中国电影出版社 2011 年版。

[22]喻国明、丁汉青、支庭荣、陈瑞:《传媒经济学教程》,中国人民大学出版社 2009 年版。

[23]张海潮、白芳芹、潘超:《剧领天下:2012～2013 中外电视剧产业发展报告》,中国民主法治出版社 2013 年版。

[24]张会军、俞剑红:《中国电影产业发展报告》(2010～2011),中国电影出版社 2011 年版。

[25]周庆山:《传播学概论》,北京大学出版社 2004 年版。

二、英文文献

[1]Moon Haeng Lee, "Strong presence of Korean Drama in AsiaOriental Television Forum: Media New Economy Aconversation between China and the World," Thesis Album, 2005.

[2]Lee S. & Joe. S. K. "Key Issues in the Korean Television Industry: Programmes and Market Structure," In D. French & M. Richards (Eds.), *Television in Contemporary Asia*, London: Sage, 2000.

[3]Julian H. Steward, *Theory of Culture Change: The Methodology of Multilinear Evolution*, University of Illinois Press, 1972.

博士及博士后期间发表的学术成果

一、博士期间发表的学术成果

[1]《大众文化中的童话流行色》，载《山东社会科学》(CSSCI)2006 年第 5 期。

[2]《横向衍进——普遍联系理论与世界文学有感》，载《太平洋学报》(CSSCI)2006 年第 4 期。

[3]《当代大众文化的后现代性》，载《东岳论丛》(CSSCI)2006 年第 3 期。

[4]《浮于市场中的文学个性》，载《文史哲》2004 年增刊。

[5]《礼赞精神家园》，载《文史哲》2004 年增刊。

[6]《中西方女性服饰文化的差异》，载 2003 年 6 月 10 日《山东青年报》。

二、博士后期间发表的学术成果及所做课题

(一)著作

[1]《社会文化导论》，山东人民出版社 2014 年版(参著)。

[2]《摄影作品分析》，东华大学出版社 2013 年版(专著，教材)。

(二)论文

[1]《文化资本转化与主旋律影视题材延展》，载《当代电视》2014 年第 7 期。

[2]《鲁剧题材的创新之途——基于文化生态学与媒介生态学的思考》，载《山东社会科学》(CSSCI)2014 年第 6 期。

[3]《基于媒介生态环境的中国生态影视分期建构》,载《东岳论丛》(CSSCI)2014 年第 4 期。

[4]《洛伦·艾斯利的生态诗学》,载《江苏大学学报》2014 年第 1 期。

(三)课题

承担 2012 年度教育部人文社会科学重点研究基地重大项目“环境美学与美学的改造”子课题“环境美学与电影工业化反思”部分的研究与撰写工作。